Gregor Neunert
Mein Grab, mein Esel, mein Platz in der Gesellschaft

# Edition Manetho

herausgegeben von Nicole Kehrer

Band 1

2010

Manetho Verlag · Berlin

Gregor Neunert

# Mein Grab, mein Esel, mein Platz in der Gesellschaft

Prestige im Alten Ägypten am Beispiel Deir el-Medine

Manetho Verlag · Berlin

Bibliografische Informationen der Deutschen Nationalbibliothek
Die Deutsche Nationalbibliothek verzeichnet diese Publikation in der Deutschen Nationalbibliografie; detaillierte bibliografische Daten sind im Internet über http://dnb.ddb.de abrufbar.

ISBN 978-3-9813741-0-0



Printed in Germany
Einbandgestaltung: Mahmoud Fathy, Kairo
Satz und Typografie: Karin Suhrke, Satz + Gestaltung, Eggersdorf
Herstellung und Produktion: NEUNPLUS1 – Verlag + Service GmbH, Berlin

Besuchen Sie auch www.manetho-verlag.de

# Inhalt

# Vorwort

Für die immerwährende und bekräftigende Unterstützung möchte ich meinen Eltern, denen ich dieses Buch widme, P. Reimann und S. Geiger herzlich danken.

Mein besonderer Dank gilt G. Burkard und A. Verbovsek für die Hilfe im Studium, die Anregungen, die meinen Weg entscheidend beeinflusst haben, und ihr Vertrauen in meine Arbeit.

J. Arp, J. Bagely, E. Roßberger und F. Schneider sowie C. Wastlhuber möchte ich für die gemeinsame Zeit und Arbeit danken, die unsere Teilnahme am Graduiertenkolleg wertvoll und angenehm gemacht hat.

Vielen Dank an K. Cooney und B. Haring für ihre Anregungen, die bei der Abrundung und Fertigstellung dieses Buches sehr hilfreich waren.

Vielen Dank an N. Kehrer für die Hilfe bei der Publikation meiner Arbeit.

Ferner möchte ich mich bei der DFG für die finanzielle Unterstützung bedanken, die ich im Rahmen des Graduiertenkollegs „Formen von Prestige in Kulturen des Altertums“ der Ludwig-Maximilians-Universität München genießen durfte.

München, im Januar 2010 — Gregor Neunert

# Zur Problematik des Themas

Das vorliegende Buch ist eine überarbeitete Version meiner Dissertation, die ich im Frühjahr 2009 an der Ludwig-Maximilians-Universität München eingereicht habe. Meine Aufgabe, Prestige im Alten Ägypten am Beispiel der Arbeitersiedlung Deir el-Medine zu untersuchen, war eines von vielen verschiedenen Projekten des Graduiertenkollegs *Formen von Prestige in Kulturen des Altertums.*

Ohne anfangs eine Vorstellung zu haben, was Prestige für das Alte Ägypten bedeuten könnte, musste ein Thema gefunden werden, das aussichtsreich schien und zugleich in den Rahmen des Kollegs passte. Bereits bei den Überlegungen zur Antragsstellung wurde mir bewusst, dass der ursprünglich geplante Untersuchungsgegenstand, die Wohnarchitektur der Arbeitersiedlung[1], nicht lange im Fokus des Interesses bleiben würde, sondern nur einen Teil des eigentlichen Inhalts der Fragestellung ausmachen konnte. Prestige meint mehr und umfasst soziale und kulturelle Strukturen ebenso wie Wahrnehmungsgewohnheiten und Wertmaßstäbe. Eine Untersuchung von Prestige ist folglich keine Frage der Betrachtung einzelner Gegenstände und Objektgruppen, sondern eine Frage der Betrachtung sozialer wie kultureller Strukturen und deren gesellschaftlicher Wahrnehmung.

In den Veranstaltungen des Graduiertenkollegs zeigten sich unterschiedliche Möglichkeiten der Interpretation des Begriffs ‚Prestige'. Allein der Titel des Kollegs *Formen von Prestige in Kulturen des Altertums* spiegelt ein vages und breites Verständnis von Prestige wider. Während auf der einen Seite Objektgruppen zu Prestigegütern erklärt wurden, da sie mit der Elite oder dem Staatsoberhaupt in Verbindung stehen, wurde auf der anderen Seite die Frage gestellt, warum ausgerechnet bestimmte Objektgruppen Prestigegüter sein sollten und wer davon in welcher Form profitiert. Eine vom Objekt ausgehende Herangehensweise wurde zur Diskussion gestellt und die Idee aufgeworfen, ob nicht auch andere Disziplinen methodische Anregungen geben könnten. Aber wozu? Schließlich kann der Altertumswissenschaftler nur auf die Objekte bzw. Texte als Ausgangspunkt für seine Forschungen zurückgreifen. Objekt und Text bleiben also im Fokus der Arbeit. Wird aber nicht dadurch das Thema Prestige als Untersuchungsgegenstand in antiken Kulturen generell in Frage gestellt, wenn man Prestige eher mit sozialer Wahrnehmung und Bewertung verbinden möchte?

Welchen Weg man bei der Untersuchung von Prestige auch gehen mag, in der Ägyptologie steht man vor einem grundlegenden Problem. Es gibt bisher kaum Vorarbeiten, die sich der Problematik Prestige im Alten Ägypten stellen. Einzig

1 Der ursprüngliche Arbeitstitel lautete *Der Zusammenhang von Prestige und Wohnarchitektur in der Arbeitersiedlung von Deir el-Medine.*

eine erste Anregung wurde von Siegfried Morenz[2] bereits 1969 gegeben. Er kam m. E. zu einer sehr modernen Ansicht:

*„Es frommt nicht überall das Gleiche dem Prestige, aber das Prestige bestimmt überall das Handeln mit.* [...] *Man kann das normale ‚Prestige-Verhalten' fast aller seiner Zeitgenossen in hohem Grade lächerlich oder gar sträflich und verächtlich finden – das Prestige holt einen dennoch auf seine eigene Weise ein. Die Ägypter der Pharaonenzeit, weitestgehend in ihre Gesellschaft eingebunden, haben dieses allgemeine und elementare Prestige mit den Werten ihrer Lebensordnung unlösbar verbunden. Umgekehrt hat es auch die bedeutenden einzelnen Funktionen dieser Ordnung durchwirkt und zum Ganzen fügen helfen.* [...] *So wird uns ein weiteres Mal aufgetragen, die ägyptische Hochkultur als ein wohlgefügtes Ganzes zu begreifen und nichts darin isoliert zu lassen."*[3]

Hier wird bereits verdeutlicht, welche Tragweite eine Untersuchung zu Prestige im Alten Ägypten haben muss. Es ist daher verständlich, dass die Forschungslage zu Prestige sehr dünn ist, und man meist versucht ist den Begriff und seine Bedeutung weitgehend zu umschiffen. In Anbetracht der von Morenz angeführten Tragweite ist es m. E. sinnvoll und notwendig, mit meinen Grundüberlegungen bei Morenz anzuschließen und Prestige eben nicht als eine Objekt gebundene Kategorie zu betrachten, sondern vielmehr als eine soziale Wahrnehmungs- und Bewertungskategorie.

Eine Untersuchung zu Prestige sollte nicht im leeren Raum stattfinden, sondern den Bezug zur altägyptischen Kultur und Gesellschaft gewährleisten. Deir el-Medine eignet sich als Untersuchungsgegenstand besonders, da die dichte und umfassende Quellenlage viele Informationen über die soziale Struktur und den zwischenmenschlichen Umgang in der Arbeitersiedlung bietet. Damit wäre auch dem Problem vorgebeugt, eine *a priori* als Prestigegut gewertete Objektgruppe aus ihrem kulturellen Zusammenhang zu isolieren, ohne schlüssig erklären zu können wie Prestige gesellschaftlich wirkt. Mit einem so gewonnenen Prestigeverständnis ist die Forschung an Objektgruppen dann vielleicht sinnvoller.

Die Zusammenarbeit mit den Kollegiaten zeigte zudem, dass wir in der Untersuchung der Problematik Prestige nicht nur etwas leisten sollten, sondern auch etwas leisten können. Die breit gefächerte Themenwahl der am Graduiertenkolleg beteiligten ägyptologischen Arbeiten[4] verdeutlicht, dass der Titel des Kollegs gut gewählt ist. Es soll eben nicht primär um spezielle Objektgruppen gehen, sondern

2 S. Morenz, 1969.

3 Ebd., S. 60–61.

4 Janne Arp untersuchte die Bedeutung von Prestige als sozialem Mechanismus in der Residenznekropole von Amarna. Alexander Schütze widmet sich dem Prestige der Eliten im Kontext der persischen Fremdherrschaft. Christian Wastlhuber arbeitete über Prestige als Faktor der Beziehungen Ägyptens zur Levante im Mittleren Reich. Alexander Ahrens beschäftigt sich mit der sozio-politischen Bedeutung der Aegyptiaca in der Levante.

um Formen von Prestige, um Möglichkeiten zur Erlangung, Erhaltung und Präsentation von Prestige in Bezug auf die altägyptische Gesellschaft.

Da die fachinterne Forschungsgrundlage zu Prestige genau so wie in nah verwandten Fächern selten über eine unreflektierte Verwendung des Begriffs hinausgeht, und der Begriff Prestige nur indirekt angedacht wurde, war es notwendig eine theoretische Basis durch fachfremde, vor allem soziologische Überlegungen zu schaffen. Bei der Lektüre wurde aber bald deutlich, dass auch in der Soziologie kein reiner Prestigediskurs existiert, sondern Prestige immer Teil anderer, vor allem handlungstheoretischer Fragestellungen ist. Daher habe ich im ersten, kürzeren Abschnitt der Arbeit versucht, den Begriff Prestige zunächst weitgehend unabhängig von den altägyptischen Quellen theoretisch zu verstehen und zu verorten. Dieses Vorgehen ist auch der Fragestellung des Graduiertenkollegs geschuldet, die mich zusammen mit anderen Stipendiaten dazu veranlasst hat, Prestige frei von unseren Quellen zu untersuchen, um ein gemeinsames Grundverständnis des Begriffs und dadurch eine Diskussionsbasis aufzubauen. Diese Basis hat es uns ermöglicht, unsere fachspezifischen Anliegen unter dem Überbegriff Prestige einzuordnen und entsprechende Fragen an das Material zu formulieren. Meine theoretischen Grundüberlegungen habe ich dann den Quellen gegenüber gestellt.

Da zum einen Prestige bisher selten im Fokus der Forschung stand, und zum anderen kein altägyptischer Metadiskurs zu Prestige existiert, erschien die Bildung einer Theorie aus einem bestimmten Quellenkorpus heraus auch aus diesen Gründen wenig hilfreich. Damit war für mich die Schaffung eines Prestigeverständnisses und entsprechender Untersuchungsmethoden notwendig. Die Konfrontation der unabhängig von den Quellen gebildeten Theorie mit dem altägyptischen Material konnte so einen neuen, anderen Blick auf die Quellen eröffnen.

Im zweiten Teil beschäftigt sich die Arbeit mit der Darstellung der Prestigebühne Deir el-Medine. Der Teil umfasst einen Überblick zur Topographie, zur Architektur und zur Geschichte der Siedlung. Die Betonung der Statusunterschiede als möglicher Ausdruck von Prestigeanspruch im dritten Teil der Arbeit forderte vor allem die umfassende Zusammenstellung und Beschreibung der Berufsgruppen der Arbeiterschaft sowie die grafische Darstellung der sozialen Verhältnisse in einem Organigramm. Darüber hinaus wurde der Versuch unternommen, ein Bild der moralischen Werte der Siedlung zu zeichnen. Mit diesem Kapitel soll zudem ein Überblick zu Deir el-Medine geboten werden, der in vergleichbarem Umfang in der deutschsprachigen ägyptologischen Literatur bisher gefehlt hat.

Der dritte Teil bietet dann die Synthese aus den ersten beiden Kapiteln. Die Fallbeispiele, die die Möglichkeiten der Prestigevermittlung auf der Basis der Statusunterschiede untersuchen sollten, sind als Stichproben verschiedener Bereiche des alltäglichen Zusammenlebens zu verstehen. Eine Gesamtuntersuchung der Hinterlassenschaften und Informationen zu Deir el-Medine, wie sie eigentlich für eine Arbeit zu Prestige als sozialer Wahrnehmungs- und Bewertungskategorie notwendig wäre, ist schlichtweg unmöglich. Damit konnte das Material auch nicht die Theorie bestimmen. Vielmehr sollte die Theorie in den Stichproben repräsentativ wiedererkannt werden, um ein für die Siedlung angenommenes Bild von Prestige zu verfestigen.

Die vorliegende Arbeit darf daher nicht als Versuch einer Definition des altägyptischen Prestigeverständnisses verstanden werden. Sie ist vielmehr ein Ausloten einiger Bereiche, in welchen Prestigedenken vorhanden gewesen sein könnte, ein Durchspielen theoretischer Überlegungen an Beispielen, die sich teilweise aus bereits in der Fachliteratur existierenden Annahmen ergeben haben. In diesem Sinne ist die Arbeit zu betrachten und zu verstehen.

# 1. Prestige

## 1.1 Zur Begrifflichkeit

*„Unsere Persönlichkeit in der Gesellschaft ist eine geistige Schöpfung der anderen.“ (M. Proust)*[5]

Der Begriff ‚Prestige‘ lässt sich auf das französische Wort *prestige* zurückführen, das soviel wie Blendwerk oder Zauber bedeutet und sich vom spätlateinischen *praestigium* mit gleichem Sinn ableitet. Heute verstehen wir unter Prestige das positive Ansehen, die positive Geltung bzw. die Wertschätzung einer Person.[6] Prestige ist die *„Geltung, die eine Person, Gruppe oder Institution in den Augen anderer genießt oder anstrebt und auf deren Wahrung sie bedacht ist“*[7]. Das Wörterbuch der Soziologie z. B. charakterisiert Prestige als *„das typische Ausmaß an sozialem Ansehen, sozialer Anerkennung bzw. Wertschätzung, das Merkmalen bzw. Merkmalsträgern – Personen, Gruppen, sozialen Positionen – entgegengebracht wird“*.[8] Folglich ist Prestige eine Art der zwischenmenschlichen Wahrnehmung oder Bewertung. Was aber macht dieses Ansehen bzw. den Zauber einer Person oder Gruppe aus? Wie äußert sich Ansehen und wie lässt dieser Zauber jemanden für andere sichtbar zu einer angesehenen Persönlichkeit werden?

Das Wort ‚Ansehen‘ weist auf ein entscheidendes Merkmal von Prestige hin. Eine Person muss eine andere ansehen oder wahrnehmen. Damit kann eine Persönlichkeit ohne ihr Umfeld nicht existieren. Erst das Umfeld macht eine Person zur angesehenen Person, verleiht ihr Ansehen. Folglich prägt die Wahrnehmung der Mitmenschen das Bild einer Person in der Öffentlichkeit. Die Wahrnehmung kann dabei durch Mittel beeinflusst werden, seien es bestimmte Dinge oder Verhaltensweisen. Letztendlich entscheidet immer mein Gegenüber, was er/sie von mir hält. Die Wahrnehmung der Mitmenschen ist dabei keinesfalls homogen. Es stellt sich also die Frage, inwiefern eine Person ihr Ansehen bei den Mitmenschen beeinflussen kann.

5 Marcel Proust, In Swanns Welt, Frankfurt a. M. 1981, S. 29. Im Original heißt es: *„notre personnalité social est une création de la pensée des autres“* M. Proust, Du côté de chez Swann, 1982, S. 29.

6 Vgl. Prestige, in: Duden, Das große Fremdwörterbuch – Herkunft und Bedeutung der Fremdwörter, Mannheim 2003.

7 Vgl. Prestige, in: Das digitale Wörterbuch der Deutschen Sprache des 20. Jh.

8 S. Lamnek, 2002a, S. 413.

Ansehen, Wertschätzung oder positive Geltung dürfen wir nach unserem Verständnis von Prestige in jeder Kultur erwarten. Prestige ist ein allgemein menschliches Phänomen. Nur die Formen von Prestige und die Möglichkeiten Prestige zu erlangen, können von Kultur zu Kultur, von Gesellschaft zu Gesellschaft und von Gruppe zu Gruppe unterschiedlich sein. Welche Möglichkeiten lässt das gesellschaftliche Umfeld zu, um Prestige zu erwerben? Und durch welche Objekte und Handlungen werden Menschen beeinflusst, einen der Ihren allgemein oder individuell als prestigeträchtige Person wahrzunehmen?

Anders als für Soziologen oder Ethnologen liegt das Problem der Prestigefrage für Ägyptologen in den Quellen. Objekte und Texte liefern kein Meinungsbild oder kein Verhaltensmuster, das mittels Umfragen erstellt oder durch Beobachtung erkannt werden könnte. Die entscheidende Quelle, der antike Mensch selbst, fehlt. Damit bleiben nur die materiellen, bildlichen und textlichen Hinterlassenschaften, und das, was sich aus ihnen rekonstruieren lässt, um dem Phänomen Prestige näher zu kommen. Möglicherweise ist die Sozialstruktur der entscheidende Anhaltspunkt, Ansehen, Wertschätzung und deren Ausprägung zwischen Menschen zu greifen. Die Strukturierung der Gesellschaft bzw. die Erzeugung gesellschaftlicher Ungleichheit zwischen den sozialen Klassen könnte bei der Frage nach Prestige eine entscheidende Rolle spielen. Vielleicht lassen sich auch über den Status der Mitglieder einer Gesellschaft und ihr daraus resultierendes Ansehen[9] Verbindungen zu ihren materiellen Hinterlassenschaften ziehen, um so Objekte als ‚Prestigegüter' oder ‚Prestigeobjekte' werten zu können. Die Archäologen Reinhard Bernbeck und Johannes Müller haben 1996 in einem Kongressband ein ähnliches Verständnis des Prestigebegriffes entwickelt und betont, dass Prestige nur über den sozialen Raum greifbar wird.

> „*Eine Darstellung von Prestige und der Rolle von Prestigegütern* [...] *ist nur möglich, indem der Versuch unternommen wird, erstens soziale Strukturen der jeweils zu untersuchenden Gruppe zu identifizieren, zweitens aus Subsistenz- und Austauschbedingungen auf prestigeträchtige Handlungsabläufe innerhalb der jeweiligen Gemeinschaften rückzuschließen und drittens unter diesen Prämissen sozioökonomischer Strukturen Verteilung und Wechselbezüge von Artefakten in den archäologischen Hinterlassenschaften zu beurteilen.*“[10]

Anhand dieser begrifflichen Orientierung wird deutlich, dass die Frage nach Prestige mehr als Gold, Schmuckwaffen, Armbanduhren oder Luxuslimousinen untersuchen sollte. Denn solche Objektgruppen haben kein Prestige, sondern können vielmehr eine gewisse gesellschaftliche Position kennzeichnen, die Ansehen genießt. Und wenn Prestige zwischenmenschliche Wertschätzung ist, dann bezieht es sich erst zweitrangig auf materielle Güter. Die ägyptologische Frage nach Pre-

[9] Vgl. H. Kluth, 1957, S. 7.

[10] R. Bernbeck und J. Müller, 1996, S. 16–17.

stige sollte daher der von Morenz genannten Tragweite Rechnung tragen, und die Gesellschaftsstruktur oder die sozialen Zusammenhänge mit einbeziehen, zumal diese die Möglichkeiten des Prestigeausdrucks regeln und ihnen gewisse Grenzen setzen. Darüber hinaus beeinflusst das natürliche Umfeld die Ausprägung der Sozialstruktur und damit des Prestigeerwerbs. Eng verflochten mit dieser Überlegung muss auch die Frage gestellt werden, wo der Nutzen von Prestige liegt. Warum ist uns die Wertschätzung anderer wichtig? Ich denke, dass die Beurteilung durch das Umfeld eine Person in ihrem Umfeld festigt. Sie dient der persönlichen Einordnung in die Gesellschaft und kann zum Motor für eine Veränderung der Position werden, wenn man mit der Einordnung unzufrieden ist, weil die Anerkennung ausbleibt. Folglich wäre das Streben nach Ansehen notwendig, um sich gesellschaftlich zu verorten. Denn die Anerkennung der anderen bestätigt die persönliche Entwicklung. Damit ist ein weiterer wichtiger Aspekt von Prestige die Erhaltung und Strukturierung des Sozialgefüges.

Es gilt also vieles zu berücksichtigen, wenn man fragt: Welche Möglichkeiten gibt es innerhalb einer bestimmten Gesellschaftsstruktur mittels bestimmter Objekte oder bestimmter Handlungen einen gewissen Erwerbsanspruch auf Ansehen auszudrücken?

Im Folgenden werde ich versuchen einige allgemeine Kriterien festzulegen, die Handlungen oder Objekte dem Bereich des Prestigeerwerbs zuordnen können und den vielen gesellschaftlichen Ebenen, die Prestige umfasst, annähernd gerecht werden.

## 1.2 Wahrnehmbarkeit und kulturelle Kompetenz

Als zwischenmenschliches Phänomen verlangt Prestige, dass zumindest zwei Menschen anwesend sind, damit es verliehen und wirksam werden kann. Objekte oder Handlungen, die Prestige erzeugen oder reproduzieren sollen, brauchen daher grundlegend jemanden, der sie wahrnimmt und die Erzeugung von Prestige zulässt und durchführt. Die Wahrnehmbarkeit eines Objektes oder einer Handlung ist also im Kontext der Prestigevermittlung von entscheidender Wichtigkeit. Ein Porsche verfehlt seine Wirkung Mitmenschen zu beeindrucken, wenn ihn niemand ansehen kann. Nur das Ausfahren und damit die öffentliche Präsentation des Besitzes kann Eindruck und eine mögliche Anerkennung erzeugen. Ein Porsche hat schon an sich einen bestimmten Wert und spiegelt so die z. B. finanziellen Möglichkeiten seines Besitzers wider. Aber erst durch die Präsentation des Objektes werden der Wert und die dadurch symbolisierte Möglichkeit dem Betrachter näher gebracht. Darüber hinaus muss das präsentierte Objekt oder die präsentierte Handlung vom Betrachter als Ausdruck der jeweiligen Möglichkeiten verstanden werden, die mit der gesellschaftlichen Position, dem Status[11], des Besitzers einhergehen. Erkennt

[11] Mit Status ist hier allgemein der *„relative Ort einer Person in einem eingrenzbaren sozialen Kontext“* gemäß der von Ralph Linton gebrauchten und im Wörterbuch der Soziologie unter 1) zitierten Bedeutung gemeint. Vgl. S. Lamnek, 2002b, S. 575.

der Betrachter den Wert des Objektes nicht oder weiß ihn nicht zu schätzen, wird er auch seinem Besitzer keine Anerkennung für das Statussymbol zollen.

Ein passendes Beispiel für die Wichtigkeit der Wahrnehmbarkeit in Bezug auf Prestige ist die ostentative Verschwendung und Zerstörung von Gütern. Der französische Soziologe und Ethnologe Marcel Mauss, der Anfang des 20. Jahrhunderts erstmals die gesellschaftliche Bedeutung des Gabentauschs als Kulturübergreifende Erscheinung untersuchte, und der französische Anthropologe und Ethnologe Maurice Godelier, der gegen Ende desselben Jahrhunderts das Thema erneut aufgriff, beschreiben ostentative Verschwendung und Güterzerstörung im Phänomen des Potlatchs. Häuptlinge verschiedener nordamerikanischer Indianerstämme geben sich untereinander Geschenke. Jedes Geschenk verpflichtet den Empfänger zu einer Gegengabe, welche jedoch das erste Geschenk in Masse und Wert übersteigen muss. Mauss stellt fest, dass der Häuptling, der seinen Reichtum in höchstem Maße verschwendet oder zerstört, Prestige für sich und seinen Stamm gewinnt.[12] Hintergrund des Gebens ist nach Godelier der Versuch, den rivalisierenden Häuptling und damit seinen Stamm auszustechen.

> *„Zu diesem Zweck gibt man ihm mehr, als er (wie man meint) zurückgeben kann, oder man gibt viel mehr zurück als er gegeben hat. Wie bei den nicht-agonistischen Gaben und Gegengaben verschuldet und verpflichtet die Gabe beim Potlatch den, der sie empfängt, aber das anvisierte Ziel ist ausdrücklich, die Rückkehr einer gleichwertigen Gabe schwierig, wenn nicht unmöglich zu machen: Es besteht darin, den anderen fast permanent zu verschulden, in der Öffentlichkeit sein Gesicht verlieren zu lassen und auf diese Weise so lange wie möglich die eigene Überlegenheit zu behaupten.“*[13]

Die Öffentlichkeit ist damit Jury und Verleiher von Prestige. Bei der ostentativen Verschwendung oder Zerstörung spielt die Wahrnehmung der Öffentlichkeit eine entscheidende Rolle. Ohne sie wäre Potlatch überhaupt nicht möglich. Gegenüber dieser Öffentlichkeit muss der Häuptling sein Gut verschenken oder zerstören, um seinen Anspruch auf Macht und damit verknüpftes Ansehen kenntlich zu machen. Auch das Verständnis der Handlung ist entscheidend. Wie würde eine Art der Machtdemonstration wie die ostentative Güterverschwendung oder -zerstörung auf einen Zuschauer wirken, der die kulturelle Bedeutung der Handlung nicht kennt und nicht versteht?

Das anfangs gewählte Beispiel des Porsches als Statussymbol und Prestigeobjekt hat diese Problematik bereits angeschnitten. Wenn der Betrachter den Wert des Autos nicht kennt oder ihn nicht zu schätzen weiß, dann wird er dem Besitzer auch keine Anerkennung für das Auto zollen. Folglich muss der Betrachter ein bestimmtes Maß an Vertrautheit mit den kulturspezifischen Symbolen und ihren Sinngehalten haben, um den erwünschten Effekt der Prestigevermittlung zu gewährleisten.

[12] Vgl. M. Mauss, 1990, S. 84–86.

[13] Vgl. M. Godelier, 1999, S. 82.

Die Wahrnehmbarkeit von Prestigegütern und Prestigehandlungen verlangt also nicht nur die Mindestanzahl von zwei Kommunikationspartnern, sondern darüber hinaus ein bestimmtes Maß an Verständnisnähe zwischen ihnen. Der deutsche Soziologe Heinz Kluth, der in den 1950er Jahren seine maßgebende Studie *Sozialprestige und sozialer Status* entwickelte, beschreibt diese Bedingung als „*eine nicht zu große oder zu kleine Distanz*“[14]. Zwischen den beteiligten Personen sollte also zumindest ein Kontakt oder eine gewisse Vertrautheit bestehen, die aber auch nicht zu eng sein darf:

> *„Die Distanz darf jedoch nicht so gering werden, dass der andere uns so zugänglich wird, dass wir die für das Prestige entscheidenden Züge seines Wesens auf irgendeine Weise, sei es rational, sei es mit Hilfe eines vorgegebenen Urteils oder Vorurteils, sei es emotional, bewältigen können. ‘Nicht die Innigkeit des Patriarchalismus durchwärmt Prestige – im Gegenteil: familiarity breeds contempt’.“*[15]

Nach Kluth verhindert zu starke Verbundenheit das Wahrnehmen eines Prestigeobjektes oder einer Prestigehandlung als Ausdruck der verschiedenen Möglichkeiten, die durch die gesellschaftliche Position gegeben sein können, und deutet Objekt oder Handlung in einem anderen Zusammenhang, eventuell als ein ‚über die Verhältnisse leben‘. Die Folge wäre keine Anerkennung, sondern Mitleid oder Abneigung aufgrund des offensichtlichen Protzens. Was ist aber das Maß der geforderten Vertrautheit? Kluth meint dazu:

> *„Eine Nähe, die das Interesse ermöglicht und erweckt, und eine Distanz, die den eindringenden und das Geheimnis bewältigenden Zugriff abwehrt, bilden die unerlässliche Voraussetzung für den Aufbau und den Schutz des eigentlichen Elements des Prestiges: des außergewöhnlichen, des unzugänglichen Wertes, der zwar für die Lebenssituation des Beeinflußten, seinem Interesse wesentlich ist oder zu sein scheint, dem er sich jedoch nicht gewachsen fühlt.“*[16]

Die von Kluth genannten Eckpunkte, „*eine Nähe, die das Interesse ermöglicht und erweckt, und eine Distanz, die den eindringenden und das Geheimnis bewältigenden Zugriff abwehrt*“, lassen das gesuchte Maß kaum klarer werden. Diese ungenauen Angaben sind charakteristisch für die Antwort auf die Frage nach dem Maß der geforderten Vertrautheit und verdeutlichen, wie schwierig es ist, eine allgemein gültige Struktur der Prestigevermittlung zu finden. Ein genaues Maß gibt es nicht. Das Maß wird immer durch die Situation und die an der Situation beteiligten Personen bestimmt. Nur durch sie wird klar, welches Maß an Nähe ein Interesse ermöglicht und welches Maß an Distanz dieses Interesse aufrechterhält. Mit Kluth werden die ungefähren Eckpunkte greifbar.

[14] H. Kluth, 1957, S. 9.
[15] Ebd., S. 9–10.
[16] Ebd., S. 10.

Zwischen den Kommunikationspartnern muss ein Kontakt bestehen, der Interesse am Gegenüber weckt, der aber nicht so eng sein darf, dass er als familiär zu bezeichnen wäre und das Interesse dämpft. Hier schließt sich direkt die Frage an, wie eng die Vertrautheit sein muss, um als familiär bezeichnet werden zu können. Es scheint, als würde Kluth familiären Verhältnissen die Vermittlung von Prestige absprechen. Aber auch zwischen sehr vertrauten Personen kann m. E. Prestige vermittelt werden.

Ich denke, der entscheidende Punkt in Kluths Aussage ist das Wort ‚Interesse'. Interesse[17] oder kognitive[18] Anteilnahme an Objekten und Handlungen kann m. E. nur entstehen, wenn man den Wert und die Bedeutung der Objekte und Handlungen einzuschätzen vermag, passend zum Beispiel des Potlatchs.[19] Um zu verstehen, dass mich jemand begrüßen will, wenn er mir die Hand entgegen streckt, muss ich den Bedeutungsinhalt der Geste kennen oder interpretieren können. Wie jede Form der Kommunikation basieren auch die Objekte oder Handlungen, die auf die Prestigevermittlung abzielen, auf einem kulturspezifischen Zeichensystem. Sie sind sozusagen Mittel, die in einem Kommunikationsprozess etwas über Prestige vermitteln sollen. Sie geben einen Inhalt, eine Information wieder, für deren Verständnis der Kenntnis- und Erwartungshorizont sowie das Interesse des Interpreten entscheidend sind.[20] Grundlage für das Verstehen von Prestigeobjekten oder Prestigehandlungen ist damit eine gewisse kulturelle[21] Nähe oder Kompetenz im Umgang mit dem entsprechenden kulturspezifischen Zeichensystem. Ohne den kulturellen Hintergrund oder die Kenntnis der kultu-

[17] Interesse ist *„eine Anzahl relevanter Motivationen, welche die Auswahltätigkeit des Bewusstseins leiten. Interessen fungieren somit als Triebkräfte des menschlichen Handelns, so dass individuelle Handlungen gesteuert, kontrolliert und stabilisiert werden."* Vgl. W. Lauterbach, 2002, S. 255.

[18] Unter Kognition versteht man *„das vorsätzliche Bemühen, Gegenstände zu finden, zu fassen, zu erkennen, zu verstehen, zu unterscheiden, zu beurteilen und als Themen zu behandeln, d. h. durch unterschiedliche geistige Verfeinerung (Konkretisierung und Abstrahierung) zu verändern"*. Vgl. H. Benesch, 1987, S. 179.

[19] Natürlich könnte man Neugier bereits als eine Art Interesse verstehen. Neugier gegenüber etwas, das man nicht versteht, ist aber m. E. noch kein echtes Interesse, sondern eher der Ansporn etwas Neues, Unbekanntes wahrzunehmen. Erst die Bereitschaft, sich mit dem Neuen zu beschäftigen, das Neue zu begreifen und zu verstehen, also der Prozess der kognitiven Anteilnahme, ist echtes Interesse.

[20] L. Schneider, 1979, S. 11.

[21] Unter dem Begriff ‚Kultur' soll in diesem Zusammenhang eine Lebenssicht und Lebensart verstanden werden, die eine bestimmte Gruppe zu einer bestimmten Zeit an einem bestimmten Ort entwickelt hat und durch ihr Verhalten und ihre Produkte ausdrückt. Vgl. auch K. P. Hansen, 2003, S. 13: *„Neutral bedeutet Kultur jetzt das Brauchtum, die Sitten, die Manieren, die Religion etc., kurzum alle Eigenarten und Besonderheiten, die an einem fremden Volk auffallen."* und S. 16: „[...] *Gewohnheiten eines Volkes, Stammes, einer Gruppe oder ganz allgemein eines Kollektivs"*. Oder wie R. Wiehl den Begriff definiert: *„Kultur ist das Ganze aller Lebensgüter, die der Mensch als Geschöpf der Natur diesem seinem Ursprung durch Nutzung seiner Vermögen zu seinem eigenen Besten abringt"*; und: Kultur stellt *„ihrer Möglichkeit nach ein wohlgeordnetes Ganzes, einen Sinn- und Bedeutungszusammenhang bzw. einen menschlichen Kosmos dar."* Vgl. R. Wiehl, 1988, S. 25 und 27.

rellen Codes[22] sind die Handlungen und Objekte eines anderen nur leere Aktion bzw. leeres Material und ermöglichen keine kognitive Anteilnahme, höchstens Neugier. Erst durch sie wird die Wahrnehmung differenziert und das Erfasste mit Sinn gefüllt.[23] Jan Assmann bezeichnet diesen kulturellen Hintergrund als „*situative Kompetenz*“ oder „*kontextuelle*[s] *und situative*[s] *Rahmenwissen*“ und charakterisiert ihn als ein „*unausgedrücktes Alltagswissen*“, dass der Betrachter oder Handelnde haben muss, um Objekte oder Handlungen in kommunikativen Situationen sinnvoll einzusetzen.[24] Dieser erlernte Hintergrund, ein gemeinsames Repertoire an Lauten und Zeichen, ist damit verantwortlich für den erfolgreichen Kommunikationsprozess.[25]

> *„Sie müssen gelernt haben, die Lautfolge „Wiese“ mit dem zu verbinden, worauf diese Lautfolge referiert. Sie müssen gelernt haben, sichtbare Gesten als bestimmte Gesten zu verstehen. Sie müssen gelernt haben, u. U. eine kleinere Figur auf einem Bild z. B. als weniger wichtig oder als weiter entfernt, usw. zu interpretieren.“*[26]

Die zwischenmenschliche Verhandlung von Prestige ist nichts anderes als ein Kommunikationsprozess auf der Basis kultureller Codes. Folglich muss man gelernt haben, einen Porsche oder ostentative Verschwendung als Anzeichen für finanzielle oder ökonomische Möglichkeiten zu verstehen, eine freundliche Handlung als eben freundlich zu interpretieren, eine Uniform als Ausdruck einer gesellschaftlichen Position zu erkennen oder klassische Musik und Literatur als Anzeichen für Bildung und Kultiviertheit zu deuten, um dem Besitzer, dem Handelnden oder dem Uniformierten gegenüber Anerkennung, die passende Wertschätzung oder Respekt aufbringen zu können. Dazu muss man dem Kulturkreis des Gegenübers angehören oder ihn zumindest verstehen, sei es durch die Erfahrung innerhalb des eigenen vergleichbaren Kulturkreises oder die Beschäftigung mit einem fremden Kulturkreis. Die nicht zu große oder zu kleine Distanz Kluths würde ich damit als eine kulturelle Nähe oder in Anlehnung an Assmann als ‚kulturelle Kompetenz‘ verstehen wollen: eine Kenntnis bzw. ein Verständnis der kulturellen Codes, die eine kognitive Anteilnahme am Kommunikationsprozess erst ermöglichen und so für die erfolgreiche Vermittlung von Prestige in einer bestimmten Situation notwendig sind.

Objekte und Handlungen, die Prestige erzeugen und vermitteln sollen, müssen also nicht nur präsentiert und von einem Betrachter wahrgenommen werden, sondern zudem als Mittel der Prestigeerzeugung und -vermittlung verstanden werden. Das Ausmaß der nötigen Kenntnis der kulturellen Codes ist dabei immer an die spezifische Situation gebunden.

[22] L. Schneider, 1979, S. 21.
[23] R. Posner, 1991, S. 57.
[24] J. Assmann, 1989, S. 2–3.
[25] Vgl. G. Endruweit, 2002, S. 280 und L. Schneider, 1979, S. 22.
[26] L. Schneider, 1979, S. 22.

Damit wären die ersten allgemeinen Kriterien für Prestigegüter und Prestigehandlungen die Wahrnehmbarkeit und die kulturelle Kompetenz. Die für die Wahrnehmbarkeit gewählten Beispiele der Luxuslimousine oder der ostentativen Güterverschwendung und -zerstörung stehen für den Bereich der visuellen Wahrnehmung. Die Bedeutung der Wahrnehmbarkeit in der Prestigevermittlung gilt jedoch für alle Sinne. Genauso kann ein gutes Essen, interessante Musik oder ein guter Duft die Wahrnehmung und die Bewertung des Gegenübers beeinflussen. Für die hier präsentierte Untersuchung im Bereich der Ägyptologie spielt aber primär die visuelle Wahrnehmbarkeit eine entscheidende Rolle, da die anderen sinnlichen Wahrnehmungen durch die Quellen ungleich schwieriger nachzuvollziehen sind. Die kulturelle Kompetenz ist hinsichtlich des Untersuchungsgegenstandes Deir el-Medine weniger ein Kriterium als eine Voraussetzung, da durch die Quellen nur in seltenen Fällen rekonstruierbar ist, ob in entsprechenden Situationen, der Prestige vermittelnde Zweck der wahrgenommenen Objekte und Handlungen durch den Kommunikationspartner verstanden wurde oder nicht.

## 1.3 Attraktivität und Respektabilität

Der Luxuswagen meines Nachbarn kann, muss mir aber nicht gefallen, d. h. ich kann seinem Besitzer für das Auto Ansehen verleihen, muss es aber nicht. Diese Entscheidungsmöglichkeit verdeutlicht ein weiteres wichtiges Element hinsichtlich der zwischenmenschlichen Prestigeverhandlung: die Frage, ob der Betrachter Handlung oder Objekt grundsätzlich für prestigewürdig hält, und ob er seinem Gegenüber dafür positive Wertschätzung aufbringen kann oder nicht.[27] Folglich müssen Güter und Handlungen, die zur Erlangung, zum Erhalt und zur Präsentation von Prestige eingesetzt werden, beim Betrachter etwas bewirken. Sie müssen ihn ansprechen oder beeindrucken, d. h. einen gewissen Grad an Attraktivität auf den Betrachter ausüben bzw. Anerkennung durch Respekt erzeugen. Beide Eigenschaften stehen in enger Verbindung zur Sichtweise und damit zur kulturellen Prägung des Betrachters, und knüpfen daher direkt an den vorangehenden Punkt an.

Wie lassen sich aber die Attraktivität und die Respektabilität von Objekten und Handlungen messen? Gerade die mögliche individuelle Ausprägung des menschlichen Prestigeverständnisses stellt den Altertumsforscher erneut vor das Problem der Quellen. Da eine statistische Befragung von ausgewählten Personen unmöglich ist, kann nur die Quellenlage auf Informationen zur Attraktivität oder Respektabilität bestimmter Güter und Handlungen hin ausgewertet werden. Dazu muss ein allgemeines Modell auf dem Hintergrund der Frage, wodurch ein Gut oder eine Handlung allgemein als attraktiv oder respektabel wahrgenommen werden können, entwickelt werden.

[27] Inwiefern der Besitzer das Objekt oder die Handlung für prestigewürdig hält und ob er es/sie in diesem Sinne einsetzt, ist für das Ergebnis der zwischenmenschlichen Verhandlung von Prestige primär nicht wichtig. Der Betrachter bestimmt durch sein Werturteil den Ausgang der Situation.

Ein Modell, das versucht allgemeine Paradigmen erkennbar zu machen, mag zu schematisch wirken. Dem Menschen wird eine zu bewusste und zu rationale Handlungsweise zugeschrieben. Es scheint kaum Raum für die individuellen Ausprägungen der menschlichen Lebens- und Sichtweisen und die Alltagspraxis zu geben, die sich *„durch unbewusste Sicherheit, Takt, Fingerspitzengefühl, Improvisation und ständige Innovation“*[28] auszeichnen. Wenn ein solches Modell dem Spielraum menschlicher Handlungsmöglichkeiten nicht gerecht werden kann, warum ist dann ein allgemeines Modell sinnvoll?

Die Antwort auf die Frage findet man in der auf dem Habitusgedanken basierenden Handlungstheorie des französischen Soziologen Pierre Bourdieu, die er in *Entwurf einer Theorie der Praxis* (1979) und *Die feinen Unterschiede* (1982) publizierte. Ihm zufolge verläuft ein großer Teil der menschlichen Praxis unbewusst oder wird nur sehr begrenzt über das Bewusstsein wahrgenommen.[29] Handlungen folgen bestimmten erlernten und inkorporierten Mustern. Das schließt auch die zwischenmenschliche Verhandlung von Prestige zu einem bestimmten Teil mit ein. Folglich stellt sich bei der Auswertung von Objekten und Handlungen in Bezug auf Prestige folgende Frage: Welche Prinzipien steuern das Handeln bzw. *„welche Kriterien sorgen dafür, dass so und nicht anders gehandelt wird“*[30]? Diese Prinzipien, die eine bestimmte Art des Handelns oder ein bestimmtes Verständnis von Gütern fundieren, kann ein allgemeines Modell aufdecken.

### 1.3.1 Der Habitus als persönlicher Orientierungssinn

Grundlage für eine allgemeine Wahrnehmung oder für das Prinzip des ‚unbewussten Handelns‘ ist ein sozialer Orientierungssinn. Ein Sinn, der die Fähigkeit verleiht, das gesellschaftliche Umfeld anhand bestimmter Klassifikationsmuster wahrzunehmen, zu ordnen und zu interpretieren. Objekte und Handlungen können zum einen mittels moralischer Vorstellungen, zum anderen mittels ästhetischer Ansichten beurteilt werden. Diesen, durch Moral und Ästhetik begründeten, sozialen Orientierungssinn bezeichnete Bourdieu in seiner *Theorie der Praxis* als *Habitus*.[31]

> *„Die für einen spezifischen Typus von Umgebung konstitutiven Strukturen (etwa die eine Klasse charakterisierenden materiellen Existenzbedingungen), die empirisch unter der Form von mit einer sozial strukturierten Umgebung verbundenen Regelmäßigkeit gefasst werden können, erzeugen Habitusformen, d. h. Systeme dauerhafter Disposition, strukturierte Strukturen, die geeignet sind als strukturierende Strukturen zu wirken, mit anderen Worten: als Erzeugungs- und Strukturierungsprinzip von Praxisformen und Repräsentationen, die objektiv ‘geregelt’ und ‘regelmäßig’ sein können, ohne im geringsten das Resultat einer*

[28] B. Rehbein, 2006, S. 85.
[29] Ebd., S. 91 und P. Bourdieu, 1982, S. 283.
[30] B. Rehbein, 2006, S. 85.
[31] M. Schwingel, 1995, S. 62–63.

*gehorsamen Erfüllung von Regeln zu sein; die objektiv ihrem Zweck angepasst sein können, ohne das bewusste Anvisieren der Ziele und Zwecke und die explizite Beherrschung der zu ihrem Erreichen notwendigen Operationen voraussetzen, und die, dies alles gesetzt, kollektiv abgestimmt sein können, ohne das Werk der planenden Tätigkeit eines 'Dirigenten' zu sein."*[32]

Der Habitus ist nach Bourdieu ein Produkt der spezifischen Umgebung und der Sozialstruktur sowie der individuellen menschlichen Erfahrung mit beidem. Folglich hängt der soziale Orientierungssinn eines Menschen von dessen Erfahrung mit seiner Umwelt ab. Damit nimmt die kulturelle Prägung auch bei der Entwicklung des Habitus eine wichtige Position ein. Die kulturelle Prägung bedingt nicht nur den Habitus, sie ist Teil des Habitus. Der Mensch erwirbt und entwickelt seinen Habitus durch soziale Einübung.[33] Dabei spielen mehrere Komponenten eine wichtige Rolle. Vor allem die familiäre und die schulische Erziehung haben prägenden Charakter.

*„Der pädagogischen Arbeit kommt die Funktion zu, den 'wilden Körper' und vornehmlich den a-sozialen Eros, der allzeit und auf der Stelle nach Befriedigung verlangt, durch einen 'habituierten', d. h. zeitlich strukturierten Körper zu ersetzen."*[34]

Der Habitus wird sozusagen von der Gesellschaft ‚eingepflanzt'. Der Mensch wird sozial determiniert. Allerdings ist die Entwicklung damit nicht abgeschlossen. Jede individuelle Situation verlangt durch eine Reaktion die Anwendung des erlernten Habitus und kann gleichzeitig seine Umgestaltung bedingen, indem der Akteur die Erfahrung der Situation seinem Erlernten beifügt und das Erlernte ergänzt oder revidiert. Der Habitus ist damit nicht statisch, sondern entwickelt eine eigene Dynamik, die nur bedingt mit der gesellschaftlichen Dynamik übereinstimmt und immer individuellen Charakter hat.

*„Der Habitus bestimmt das Denken, Wahrnehmen und Handeln, aber er beinhaltet nicht die zukünftigen Bedingungen, auf die er reagieren muss. Die Bedingungen sind vielleicht determiniert, und der Habitus ist determiniert, aber ihr Zusammentreffen eröffnet verschiedene Möglichkeiten mit unterschiedlichen statistischen Wahrscheinlichkeiten."*[35]

Ergebnis sind damit Individuen, die ihre sozialen Wahrnehmungs- und Beurteilungskategorien immer wieder mehr oder weniger durch individuelle Erfahrung verändern. Wie entstehen nun im Vergleich zum individuellen Geschmack allgemeingültige Wahrnehmungs- und Beurteilungskategorien?

[32] P. Bourdieu, 1976, S. 164–165.
[33] B. Rehbein, 2006, S. 30.
[34] P. Bourdieu, 1976, S. 199.
[35] B. Rehbein, 2006, S. 30.

### 1.3.2 Der legitime Geschmack als allgemeiner Orientierungssinn

Über Geschmack lässt sich bekanntlich streiten. Moralische und ästhetische Normen erfahren immer wieder individuelle Auslegungen. Prestigegüter und Prestigehandlungen müssen aber mehr oder weniger mehrheitlichen ästhetischen und moralischen Vorstellungen unterliegen, um gesellschaftlich übergreifend eine Rolle spielen zu können. Die möglichen Ausprägungen dieser Vorstellungen hängen zwar entscheidend von der Situation der zwischenmenschlichen Prestigeverhandlung und der Sichtweise der Teilnehmer an dieser Situation ab. Trotzdem müssen allgemeine ästhetische und moralische Maßstäbe existiert haben und gefunden werden, um Objekte und Handlungen für die Diskussion um Prestige überhaupt heranziehen zu können, ohne sich in einer Variantenvielfalt von individuellen Sichtweisen und möglichen, den verschiedenen Situationen angepassten Ausprägungen zu verlieren. Auch heute lässt sich trotz aller subkulturellen Ausprägungen und der Toleranz gegenüber fast jedem Lebensstil ein allgemeiner Konsens oder ein ‚Mainstream' an ästhetischen und moralischen Vorstellungen feststellen. Ein allgemeiner Konsens war auch für antike Gesellschaften notwendig.

Für einen solchen allgemeinen Konsens ist eine mehrheitlich gesellschaftliche Anerkennung der Maßstäbe grundlegend. Wie kommt sie zustande? Dabei spielen der Geschmack als wichtiger Bestandteil des Habitus[36] und die Struktur einer Gesellschaft entscheidende Rollen.

> *„Wie jede Geschmacksäußerung eint und trennt die ästhetische Einstellung gleichermaßen. Als Produkt einer bestimmten Klasse von Existenzbedingungen eint sie all jene, die aus denselben Bedingungen hervorgegangen sind, unterscheidet sie aber zugleich von allen anderen vermittels dessen, was sie wesentlich besitzen. Der Geschmack ist die Grundlage all dessen, was man hat, wie dessen, was man für die anderen ist, dessen womit man sich selbst einordnet und von den anderen eingeordnet wird.“*[37]

Der Geschmack, der erlernt und durch die individuelle Geschichte geformt wurde, bildet als sozialer Orientierungssinn die Grundlage zur eigenen gesellschaftlichen Einordnung. Aber auch das soziale Umfeld ordnet eine Person aufgrund ihres sozialen Orientierungssinns in der Gesellschaft ein. Der Geschmack eint die, die einen ähnlichen Geschmack haben und trennt jene, deren Geschmäcker verschieden sind. Damit ist er verantwortlich für die unausweichlichen Unterschiede der verschiedenen sozialen Gruppen und die Bestätigung dieser Unterschiede durch deren alltägliche Praxis.[38] Das Verständnis der Richtigkeit und Gültigkeit des eigenen Geschmacks bedingt die Aversion gegen andere Geschmäcker.[39]

[36] *„Der Geschmack bzw. Ethos, der ethisches und ästhetisches Empfinden bestimmt, sowie die Hexis werden durch den Habitus bedingt und sind damit Teil des Habitus.“* Vgl. P. Bourdieu, 1976, S. 195.

[37] P. Bourdieu, 1982, S. 104.

[38] Ebd., S. 279.

[39] Ebd., S. 105.

*„Mittels des Geschmacks nimmt man Gegenstände und Handlungen wahr, beurteilt sie als gut oder schlecht, schön oder hässlich und ordnet sie bestimmten sozialen Universen und Gruppen zu. Damit umfasst der Geschmack mehr als das subjektive Gefallen und mehr als die Ästhetik. Er beinhaltet auch die sozialen und kulturellen Unterschiede zwischen den Menschen. Der Geschmack ist die Erzeugungsformel, die dem Lebensstil zugrunde liegt. Und er ist die Grundlage dessen, 'womit man sich selbst einordnet und von den anderen eingeordnet wird'.“*[40]

Der Geschmack wird zum *„Indikator für die Zugehörigkeit zu einer bestimmten sozialen Klasse“*[41], die sich durch einen gemeinsamen Geschmack und damit einen gemeinsamen Lebensstil auszeichnet. In Bourdieus Gesellschaftsmodell ist der Habitus, der einer Klasse gemein ist, zwar ein *„subjektives, aber nicht individuelles System verinnerlichter Strukturen“*, und damit eine objektivierte Form *„der Wahrnehmung, des Denkens und Handelns“*.[42] Die soziale Position bzw. die Herkunft bilden die Grundlage für die kulturelle Prägung eines Individuums, die mittels Erziehung und Erfahrung eine gewisse Einstellung und damit eine gewisse Klassenzugehörigkeit, einen Klassenhabitus, produziert. Man ordnet sich mittels des erlernten Geschmacks und der Herkunft dort ein, wo man sich zu Hause fühlt. Durch die stetige Möglichkeit zur Modifizierung der eigenen Einstellung kann sich das Individuum an dem orientieren, was ihm gefällt, bzw. was ihm kulturell entspricht, zusagt und im Rahmen der ökonomischen Möglichkeiten erscheint. Damit gibt der Geschmack und der daraus resultierende Lebensstil Auskunft über die soziale Position und die soziale Laufbahn, die ihrerseits wiederum den Geschmack bedingen, beeinflussen und bilden.[43] Der Geschmack als Teil des Habitus ist das Erzeugungsprinzip verschiedener Lebensstile und verschiedener Klassen. Der Geschmack *„eint* [...] *all jene, die aus denselben Bedingungen hervorgegangen sind, unterscheidet sie aber zugleich von allen anderen vermittels dessen, was sie wesentlich besitzen“*[44]. Eine soziale Klasse ist damit eine Gruppe von Menschen mit ähnlichen Lebensbedingungen und, daraus resultierend, einem ähnlichem Verhaltensmuster. Und in dieser von Bourdieu geprägten Bedeutung, ist der Begriff ‚Klasse' im Folgenden zu verstehen.

Die verschiedenen Klassen orientieren sich anhand ihrer kulturellen Sichtweise und ihrer ökonomischen Möglichkeiten im sozialen Raum und bilden dadurch die Gesellschaftsstruktur.[45] Ziel jeder Klasse ist es, sich von anderen Klassen zu unterscheiden[46], um die eigene Position zu erhalten. Darüber hinaus versucht

[40] B. Rehbein, 2006, S. 162.
[41] Ebd., S. 158.
[42] P. Bourdieu, 1976, S. 187–188.
[43] B. Rehbein, 2006, S. 162.
[44] P. Bourdieu, 1982, S. 104.
[45] B. Rehbein, 2006, S. 173.
[46] Ebd., S. 159–160.

die Klasse ihre Position gesamt-gesellschaftlich zu verbessern, d. h. Macht über die Klassifikationssysteme zu bekommen, die der Vorstellung, Wahrnehmung und Bewertung von Objekten und Handlungen zugrunde liegen.

*„Jede Gruppe versucht das Feld so zu verändern, dass die eigenen Bewertungen, der eigene Lebensstil und das eigene Kapital im Wert steigen.“*[47]

Für den deutschen Soziologen und Philosophen Norbert Elias, der sich in den 1930er Jahren eingehend mit den Hintergründen gesellschaftlicher Veränderung, dem Zivilisationsprozess, beschäftigte, ist dieses Auf und Ab der sozialen Gruppen oder Klassen der ganz normale zivilisatorische Alltag.

*„Die Zivilisation vollzieht sich in einer langen Reihe von Auf- und Abstiegsbewegungen. Immer wieder einmal nimmt eine untere, aufsteigende Schicht oder Gesellschaft die Funktion und Haltung der Oberschicht gegenüber anderen Schichten oder Gesellschaften an, die nach ihr von unten nach oben drängen; und immer folgt der aufgestiegenen, der zur Oberschicht gewordenen eine noch breitere, noch menschenreichere Schicht oder Gruppe auf den Fersen.“*[48]

Dabei orientiert sich die aufstrebende Gruppe an der sozial nächst höher stehenden Klasse und versucht durch die allmähliche Aneignung derer wesentlichen Eigenschaften die Kontraste zwischen der eigenen Gruppe und der nächst höheren stetig zu verringern. Motiv ist die soziale Verbesserung der eigenen Position.[49] Auf diesem Weg kann der eigene Geschmack legitimiert werden. Außerdem gewinnt der Geschmack an Anerkennung, sodass der Klassenhabitus nicht nur selbstverständlich wird, sondern auch attraktiv oder zumindest respektabel erscheint und die Gesellschaft durchaus normieren kann.[50]

Die mehrheitliche Anerkennung moralischer und ästhetischer Wertvorstellungen beinhaltet ein mehrheitliches Einverständnis und eine mehrheitliche Bewertung der Maßstäbe als richtig und gut, also eine mehrheitliche geschmackliche Akzeptanz, sonst wären die Wertvorstellungen keine Maßstäbe. Nur wenn man eine Handlung oder ein Objekt ästhetisch oder moralisch ansprechend findet, kann man die Handlung oder das Objekt als richtig und/oder schön bewerten. Handlungen und Objekte im Rahmen mehrheitlich anerkannter moralischer und ästhetischer Maßstäbe wirken somit in gewissem Sinn attraktiv auf den Betrachter, solange er die Wertvorstellungen der Majorität teilt.

Damit können für die Antike Objekte und Handlungen, die sich an ästhetischen und moralischen Maßstäben orientieren, als mögliche Quellen bei der Untersu-

[47] Ebd., S. 158.
[48] N. Elias, 1997, S. 353.
[49] Ebd., S. 355.
[50] B. Rehbein, 2006, S. 162.

chung von Prestige herangezogen werden. Vorausgesetzt die Quellenlage lässt die Bestimmung einer mehrheitlichen Wertvorstellung zu, unabhängig davon, ob sie erzwungen, erkauft oder anders erzeugt wurde. Hierbei ist nicht gesagt, dass das Gegenteil des Meinungskonsenses, die Abweichung von den Wertvorstellungen, nicht auch für die Frage nach Prestige funktionieren kann. Jedoch lassen die Quellen selten eine Bestimmung der Attraktivität oder Respektabilität von Normabweichungen zu.

### 1.3.3 Die Orientierung am Attraktiven und Respektablen

Nach Bourdieu findet sich in jeder Gesellschaft der Drang zur Verbesserung der individuellen sozialen Position, sofern es die Gesellschaft zulässt. Handlungsstrategien können somit auf die Verbesserung der eigenen sozialen Position ausgerichtet sein. Man versucht innerhalb der geltenden Regeln und mit den zur Verfügung stehenden Möglichkeiten *„das Beste aus den eigenen Voraussetzungen zu machen"*.[51] Das Bezugsfeld zur Orientierung ist die Gesellschaftsstruktur.

> *„Die ästhetische Einstellung* [...] *stellt* [...] *den distinktiven Ausdruck einer privilegierten Stellung im Sozialraum dar.*[52] [...] *Die im objektiven wie im subjektiven Sinn ästhetischen Positionen beweisen und bekräftigen den eigenen Rang und die Distanz zu anderen im sozialen Raum."*[53]

Für die gesellschaftliche Orientierung am Attraktiven und Respektablen bieten Jane Austens Romane, die als Spiegel der englischen Gesellschaft des frühen 19. Jahrhunderts verstanden werden können, viele verschiedene Beispiele der zwischenmenschlichen Verhandlung von Prestige unter den strengen Bedingungen der Klassenunterschiede. In ihrem Buch *Stolz und Vorurteil* findet sich z. B. eine passende Stelle. Die Familie Bennet erfährt von einem neuen Nachbarn, Mr. Bingley, der als junger und reicher Mann, dessen Lebensstil den der Bennets deutlich übersteigt, eine aussichtsreiche Partie für eine der Bennettöchter darstellt. Der Aufwartung durch Mr. Bennet folgt ein kurzer Besuch Bingleys. Mrs. Bennet reagiert auf den Besuch mit einer Einladung zum Dinner, dessen *„Speisefolge* [...] *ihrer Haushaltung Ehre machen sollte"*[54]. Mr. Bingley muss das Dinner zu seinem Bedauern verschieben, verspricht aber nach einem Aufenthalt in London der Einladung nachzukommen. Durch weitere Umstände bleibt diese Einladung zunächst unerfüllt. Erst als Mr. Bingley mit seinem ebenfalls sehr wohlhabenden und angesehenen Freund Mr. Darcy gegen Ende der Geschichte das Gut der Bennets erneut besucht, wird er an sein Versprechen erinnert. Mrs. Bennet bedauert jedoch gleichzeitig, dass sie die beiden Herren nicht direkt zum Abendessen einladen kann, da, *„obwohl sie stets eine gute Küche führte,* [...] *kein Mahl unter zwei Hauptgerichten*

[51] Ebd., S. 123 und 158.
[52] P. Bourdieu, 1982, S. 104.
[53] Ebd., S. 107.
[54] J. Austen, 1997, S. 12–13.

*für einen Mann angemessen wäre, auf den sich ihre Pläne so begierig richteten, oder den Appetit und den Stolz des anderen befriedigen könnte, der zehntausend Pfund im Jahr hatte*"[55]. Hier wird deutlich, was unter einer Speisefolge, die Ehre machen soll, zu verstehen ist: Die sozial niedriger stehenden Bennets müssen und wollen die sozial höher stehenden Herren Bingley und Darcy gemäß ihrer Klasse bewirten, um selbst an Ehre oder Prestige zu gewinnen. Die richtige Bewirtung, d. h. die Erfüllung der ästhetischen Einstellung, ist die Grundlage für eine Annäherung der Bennets an den gehobenen Lebensstil der beiden Herren, der durch ein hohes Auskommen gekennzeichnet ist. Die Aussage, dass sich Mrs. Bennet Hoffnungen auf Bingley als Schwiegersohn macht, bestätigt die Attraktivität, die der Lebensstil Mr. Bingleys auf die Bennets ausübt.

Man versucht also immer an den Lebensstilen teilzuhaben, die einem zusagen, ob durch die Umstände gezwungen oder frei wählbar. Wenn man seine Position verändern möchte, würde man sich in den meisten Fällen, gemessen an den eigenen subjektiv wahrgenommenen Möglichkeiten, nach oben orientieren. Man möchte am Lebensstil einer Gruppe teilhaben, die erstens im Wahrnehmungshorizont liegt und zweitens einen richtigeren oder besseren Lebensstil pflegt. Würde diese Gruppe Einfluss auf die mehrheitlich akzeptierten Wertvorstellungen haben, würde sie zusätzlich aus einer objektiven oder mehrheitlich gesellschaftlichen Sicht sozial höher stehend verortet werden.

Dieser Gedanke wird m. E. durch ein weiteres Beispiel illustriert, das Bourdieu in seinen Untersuchungen der kabylischen Gesellschaft in Algerien Mitte des 20. Jahrhunderts beschreibt. Die Intention, die er mit dem Beispiel verfolgt, ist es Veränderungen des gesellschaftlichen Umfeldes durch die Umstrukturierung der wirtschaftlichen Lage zu erklären. Es geht dabei um die Einführung einer Währung durch die französischen Besatzer in die Tauschkultur der algerischen Kabylei und die damit einhergehende langsame Veränderung der vorkapitalistischen traditionellen Wirtschaftsstruktur hin zu einer modernen kapitalistischen.

> „*Weil die ökonomische Notwendigkeit dahin wirkt, die Unterordnung aller Zwecke (vor allem der traditionellen) und aller Mittel des Tätigseins unter den Geldbetrag zu erzwingen, müssen auch die alten Normen, insbesondere diejenigen, die das Verhältnis zwischen den Verwandten regelten, wie auch die alten Werte der Ehre und der Solidarität beginnen, mit den Forderungen und den Erfordernissen des Kalküls zu rechnen und sich ihm manchmal sogar zu beugen.*"[56]

Bourdieu beschreibt weiter, wie auch die Werte durch die ökonomische Veränderung neu strukturiert werden. In der traditionellen Gesellschaft hatte in der Regel der Älteste den Familienvorstand inne und seine Autorität, unabhängig von seinem Beitrag zum wirtschaftlichen Erfolg der Gruppe, beruhte auf der Tradition. Durch moderne Neuerungen, wie eine umfassende Bildung der Jugend, wurde diese traditionelle Autorität in Frage gestellt. Die Bildung verschaffte den

[55] Ebd., S. 392.
[56] P. Bourdieu, 2000, S. 79.

Jüngeren in der modernen Gesellschaft einen entscheidenden Vorteil gegenüber den Alten, und sie begannen die Rolle des Familienvorstandes mit oder ganz zu übernehmen. Es gab verschiedene Nuancen der sozialen Umstrukturierung, aber die ursprüngliche Autorität der Alten wurde verschiedentlich aufgeweicht und der Familienvorstand neu diskutiert.[57] Die Rolle der Alten als Familienoberhaupt und ihre gesellschaftliche Position waren nicht mehr erstrebenswert. Die Autorität, und damit die Möglichkeit der Prägung der Wertvorstellungen, musste an die Jüngeren als Haupterwerbstätige abgeben werden. Deren Position gewann damit an Einfluss und Ansehen. Neue Werte, die die französische Besatzung mit den kapitalistischen Strukturen einführte, genossen nun mehr Ansehen als die traditionellen Werte. Bourdieu beschreibt hier die Kriterien der Attraktivität und Respektabilität in Bezug auf Prestige. Die Autorität über die Wertvorstellung wird neu verhandelt. Die Charakteristika des neuen Lebensstils, Bildung und die damit einhergehende Erwerbs- und Versorgungsfähigkeit nach modernen europäischen Maßstäben, gewinnen an Bedeutung. Die traditionell begründete Autorität der Alten schwindet. Es findet ein Perspektivenwechsel hinsichtlich der Werte statt. Der neue Lebensstil gewinnt an Prestige. Das, was ihn ausmacht ist attraktiver als die Tradition.

Auch in der altägyptischen Literatur gibt es Beispiele, die die Attraktivität und Respektabilität einer höheren sozialen Position anhand der Vorteile eines besseren Lebensstils beschreiben. In der Lehre des Cheti z. B. wird der Beruf des Schreibers gegenüber anderen Berufen als erstrebenswert dargestellt. Dem Verfasser der Lehre zufolge genießt ein Schreiber Ansehen. Er wird gegrüßt. Früh in seiner Laufbahn bekommt er wichtige Aufträge, und egal welche Position er am Hof einnimmt, niemals wird er aufgrund seiner Arbeit bemitleidet werden.[58] Das unterscheidet ihn von anderen Berufen, vor allem handwerklichen Tätigkeiten, die anstrengende, bis in die späten Abendstunden reichende Aufgaben umfassen. Der Holzschneider z. B. arbeitet noch nach Sonnenuntergang, obwohl er schon mehr getan hat, als sein Arm zu tun vermag. Der Schilfschneider geht bei der Arbeit an seine körperlichen Grenzen, während ihn die Moskitos und Sandfliegen zerstechen. Der Töpfer arbeitet unter Tage und wühlt im Dreck, und der Maurer arbeitet draußen im heulenden Wind, kaum bekleidet, mit schmerzenden Seiten und dreckigen Händen, die er nur einmal am Tag waschen kann und trotzdem sein Brot essen muss.[59] All diese unangenehmen Dinge muss der Schreiber aufgrund seiner Position nicht ertragen. Die Lehre des Ptahhotep z. B. fordert, den sozial höher Stehenden für das zu achten, *„was er geworden ist, denn Wohlstand kommt nicht von selbst* [...]. *Den Überfluß hat er sich (zwar) selbst gesammelt, (aber) es ist Gott, der ihn reich werden ließ, er schützt ihn, (auch) wenn er schläft*".[60] Der sozial höher Positionierte genießt demzufolge nicht nur einen besseren Lebensstil durch angenehmere Arbeitsverhältnisse und mehr Reichtum, sondern steht

[57] Ebd., S. 80–85.

[58] R. B. Parkinson, 1997, S. 275, Abschnitt 2 und 3.

[59] Ebd., S. 275–276, Abschnitt 5 und 8 bis 10.

[60] G. Burkard, 1991, S. 203, §10, 180–185.

auch in der Gunst der Götter, die ihm aufgrund seiner Tüchtigkeit Wohlstand und Schutz gewähren. Solche Beispiele beschreiben nicht nur die Vorteile einer besseren sozialen Position, sie weisen auch für die altägyptische Kultur soziale Wahrnehmungs- und Bewertungsmöglichkeiten nach, die eine Orientierung am Attraktiven und Respektablen vermuten lassen.

Geht man nun von einer gesamt-gesellschaftlichen Orientierung am sozial höher Gestellten aus, dann könnte man vermuten, dass die Ausprägungen des ‚angesehenen' Lebensstils, also die Güter und Handlungen, die diesen repräsentieren, auf den Betrachter attraktiv wirken, oder in ihm aufgrund ihrer Respektabilität Anerkennung erzeugen. Auch gesellschaftlich niedriger oder gleichwertig positionierte Lebensstile können als attraktiv oder respektabel empfunden werden und der persönlichen Orientierung dienen. Wichtig ist nur die Relation zwischen Betrachter und betrachtetem Lebensstil.

Für die Untersuchung von Prestige unter allgemeinen Kriterien möchte ich jedoch von der mehrheitlich gesellschaftlichen Orientierung nach einer besseren sozialen Position ausgehen, da der umgekehrte Fall selten von den Quellen dokumentiert wird und daher nur im Speziellen betrachtet werden kann, ohne einen Anspruch auf Allgemeingültigkeit erheben zu können.

Aufgrund der Unterschiedlichkeit der Lebensstile und der daraus resultierenden verschiedenen moralischen und ästhetischen Vorstellungen, entstehen zwischen den in der Gesellschaftsstruktur verteilten Positionen durch gegenseitige Wahrnehmung verschiedene Bewertungen. Bestimmte moralische und ästhetische Vorstellungen und Bewertungen können mehrheitliche Anerkennung finden und so den Geschmack der Mehrheit prägen.

Objekte oder Handlungen repräsentieren bzw. symbolisieren immer einen bestimmten Lebensstil, dessen Bewertung vom mehrheitlich akzeptierten Geschmack abhängig ist. Aufgrund der gesellschaftlichen Orientierung nach dem besser Gestellten können Objekte und Handlungen, die einen sozial besseren Lebensstil repräsentieren, für den Aufstiegsorientierten Betrachter zu Prestigeobjekten bzw. Prestigehandlungen werden. Sie üben auf den Betrachter eine Faszination aus, unabhängig davon, ob sie erreichbar sind oder nicht. Sie sind attraktiv oder zumindest respektabel. Folglich sind die Attraktivität und die Respektabilität von Prestigegütern und Prestigehandlungen weitere Kriterien der Prestigeverhandlung.

## 1.4 Distinktion und Zugänglichkeit

Eine Gesellschaft, geprägt durch Klassen, die sich voneinander maßgeblich durch ihre Lebensführung und Ausprägung des Geschmacks unterscheiden, ist eine Gesellschaft mit klaren sozialen Unterschieden, die Identitäten schaffen. Dies wird z. B. treffend durch eine Stelle aus Karl Phillip Moritz' vierteiligem psychologischen Roman *Anton Reiser* (1785–1790) illustriert. In der heißt es:

*„Am anderen Morgen früh stieg er nun wieder voll ganz anderer Gedanken, als gestern, den Petersberg hinauf; und der gutmütige Abt Günther freute sich, ihn wieder zu sehen, gewährte ihm gern seine Bitte, und fertigte ihm sogleich die Matrikel aus, wobei er ihm die akademischen Gesetzte gedruckt übergab, und deren Befolgung sich durch einen Handschlag angeloben ließ. Diese Matrikel worauf stand: Universitas perantiqua, die Gesetze, der Handschlag, waren für Reisern lauter heilige Dinge, und er dachte eine Zeitlang, dies wolle doch weit mehr sagen, als Schauspieler zu sein. Er stand nun wieder in Reihe und Glied, war ein Mitbürger einer Menschenklasse, die sich durch einen höheren Grad an Bildung vor allen übrigen auszuzeichnen strebt. Durch diese Matrikel war seine Existenz bestimmt: kurz er betrachtete sich, als er wieder vom Petersberge hinunterstieg, als ein anderes Wesen.“*[61]

Erst durch solche Unterschiede ist es den Klassen überhaupt möglich, sich von einander abzugrenzen. Auf der anderen Seite werden solche Unterschiede erst durch den Drang nach sozialer Abgrenzung produziert und reproduziert. Sie bilden so die Grundlage für einen Diskurs über einen Meinungskonsens in Bezug auf Moral und Ästhetik. Ohne sie kann keine Orientierung an anderen, besseren Lebensstilen oder die Pflege des eigenen Lebensstils stattfinden. Folglich strukturieren die verschiedenen Geschmäcker die soziale Welt in Klassen und ermöglichen so die Ausprägung von Identitäten anhand der Differenzen zwischen den Lebensstilen der einzelnen Klassen.[62]

*„Wenn die ‘Manier’, d. h. ‘Stil’ und ‘Eigenart’, eine symbolische Manifestation darstellt, deren Sinn und Wert gleichermaßen von dem abhängt, der sie wahrnimmt, wie von dem, der sie äußert, dann wird verständlich, warum die Eigenart des Gebrauchs symbolischer Güter und zumal jener, die als die Attribute des Vortrefflichen gelten, eines der privilegiertesten Markenzeichen von ‘Klasse’ wie zugleich das strategische Mittel zur Darstellung von Distinktion bildet.“*[63]

Bourdieu macht hier die Tragweite eines Prestigegutes oder einer Prestigehandlung deutlich. Gut oder Handlung werden als Symbol für einen bestimmten Lebensstil bzw. eine bestimmte soziale Position wahrgenommen und entsprechend des Habitus des Betrachters oder Besitzers interpretiert. Sie werden zu Markenzeichen und Mitteln der Möglichkeiten, Prestige zwischenmenschlich zu verhandeln.

Nachdem im vorhergehenden Kapitel die Perspektive des Betrachters angesprochen wurde, ist nun die Perspektive des Besitzers von Bedeutung. Nicht nur der Drang nach oben, auch die Abgrenzung nach unten ist für den Zivilisationsprozess, den Elias als einen stetigen Kampf um die soziale Vormachtstellung beschreibt, wichtig. Die sozial besser positionierte Gruppe versucht sich mittels

[61] K. P. Moritz, 2006, S. 384–385.
[62] P. Bourdieu, 1982, S. 279.
[63] Ebd., S. 120.

ihrer Charakteristika nach unten abzugrenzen, die Kontraste zur nachfolgenden Schicht, die ihre Stellung oder Identität gefährden könnte, zu verdeutlichen. Ziel ist die Erhaltung der eigenen Position mittels Wahrung der sozialen Differenz.[64] Güter und Handlungen, die für einen Lebensstil wesentlich sind, bieten eine Möglichkeit sich von anderen Lebensstilen abzusetzen. Und sie sind nach Elias eine Notwendigkeit zur Bildung und Wahrung der eigenen Identität im sozialen Raum:

*„In einer Gesellschaft, in der jede zu einem Menschen gehörige Form einen Repräsentationswert hat, sind Prestige- und Repräsentationsausgaben gehobener Schichten eine Notwendigkeit, der man sich nicht entziehen kann. Sie sind ein unentbehrliches Instrument der sozialen Selbstbehauptung, besonders wenn ein nie erlöschender Konkurrenzkampf um Status- und Prestigechancen alle Beteiligten in Atem hält.“*[65]

Damit Prestigegüter und Prestigehandlungen der Abgrenzung eines Lebensstils dienen können, müssen sie eine distinktive Fähigkeit haben, die sich aus einer eingeschränkten Zugänglichkeit zu den Gütern und Handlungen ergibt. Güter oder Handlungen, die jeder sozialen Klasse zugänglich sind, können nicht als Distinktionsmittel dienen und auch nicht die Funktion der Vermittlung von Prestige übernehmen. Sie können niemanden beeindrucken und keine Abgrenzung bewirken. Erst der Geschmack macht sie zu distinkten und distinktiven Zeichen.

Wiederum illustriert Austens Roman *Stolz und Vorurteil* hervorragend das distinktive Verhalten der sozial höher Gestellten gegenüber den sozial Schwächeren. Im ersten Drittel des Buches besucht Elizabeth Bennet ihre Schwester Jane, die durch eine Erkältung gezwungen ist, nach einer Einladung zum Dinner bei den sozial besser stehenden Bingleys auf deren Gut Netherfield zu bleiben, um ihre Gesundheit nicht weiter zu gefährden. Elizabeth begibt sich zu Fuß zum Gut der Bingleys, um ihrer Schwester während ihrer Krankheit beizustehen. Ihre Art zu Reisen und ihre Umgangsformen werden von Miss Bingley und ihrer Schwester Mrs. Hurst für:

*„wirklich außerordentlich schlecht erklärt, für eine Mischung aus Stolz und Ungehörigkeit; und sie habe keine Lebensart, keine Vornehmheit, keinen Geschmack, keine Schönheit. Mrs. Hurst meinte das gleiche und fügte hinzu: Kurz gesagt, sie hat nichts, das sie empfehlen könnte, außer dass sie eine ausgezeichnete Fußgängerin ist. Ich werde niemals ihr Erscheinen heute Vormittag vergessen. Sie sah wahrhaftig beinah wie eine Wilde aus.* [...] *Ja, und ihr Unterkleid – du hast es doch hoffentlich gesehen – es steckte ganz bestimmt sechs Zoll tief im Morast; und dass sie ihr Kleid heruntergelassen hat, um es zu verbergen, nutzte gar nichts.* [...] *Drei, vier oder fünf Meilen, oder wie viele es immer waren, knöcheltief im Schmutz, und allein, ganz allein! Was wollte*

[64] N. Elias, 1997, S. 357.
[65] N. Elias, 2002, S. 111.

*sie wohl damit bezwecken? Mir scheint dies lässt eine abscheuliche Art dünkelhafter Unabhängigkeit erkennen, eine äußerst provinzielle Gleichgültigkeit gegenüber Anstand und Schicklichkeit. [...] Darauf folgte eine kurze Pause, bis Mrs. Hurst wieder begann: Ich habe eine außerordentliche hohe Meinung von Jane Bennet, sie ist wirklich ein reizendes Mädchen, und ich wünsche ihr von ganzem Herzen, dass sie sich einmal gut verheiratet. Aber mit einem solchen Vater und einer solchen Mutter und so niederen Verwandten hat sie keine Chance, fürchte ich.*"[66]

Diese Passage hat einen anderen Hintergrund für die Geschichte als die Wahrung der Standesgrenzen. Aber das Funktionieren schicklichen Verhaltens und schicklicher Kleidung in Bezug auf Ansehen oder das Zulassen des Ansehens ausgehend von den sozial besser Gestellten wird deutlich. Der gesellschaftlich höher verortete Lebensstil bestimmt, was schicklich ist und was nicht, wer ihr Verhalten imitieren oder annehmen darf und kann, und wer sich unschicklich verhält. Passend dazu stellt Elias für die höfische Gesellschaft Frankreichs im 18. Jahrhundert fest, dass der Prestigewert einer Handlung gesellschaftlich streng festgelegt war. Etikette, Zeremoniell, Kleidung, Geschmack, Haltung und Konversation waren gründlich ausgeformt.

*„Jede Einzelheit war hier ein stets bereites Instrument im Prestigekampf, und die Durchformung diente nicht nur der demonstrativen Repräsentation und der gegenseitigen Eroberung von Status und Macht, der Distanzierung nach Außen, sondern ebenso der Abstufung der Distanz in Gedanken.*"[67]

Auch hier gilt wiederum die Voraussetzung der Wahrnehmbarkeit und der kulturellen Vertrautheit. Das soziale Umfeld muss den Geschmack und die daraus resultierenden Symbole erkennen und als Distinktionsmerkmal verstehen.[68] Grundlage für die detailgenaue Ausformung von schicklichen Verhaltensweisen und Geschmack ist die bereits erwähnte Notwendigkeit zur Distinktion als Status erhaltende Strategie, die Angst der Oberschicht ihre Vormachtstellung gegenüber der aufstrebenden Schicht zu verlieren.[69] Der ‚gute Geschmack' stellt einen unverzichtbaren Prestigewert dar.

*„Alles was an ihre Peinlichkeitsschwelle rührt, riecht bürgerlich, ist gesellschaftlich minderwertig; und umgekehrt: Alles, was bürgerlich ist, rührt an ihre Peinlichkeitsschwelle. Es ist die Notwendigkeit, sich von allem Bürgerlichen zu unterscheiden, die diese Empfindlichkeit schärft; [...].*"[70]

[66] J. Austen, 1997, S. 43–46.
[67] N. Elias, 2002, S. 192.
[68] P. Bourdieu, 1982, S. 284–285.
[69] N. Elias, 1997, S. 424–425.
[70] Ebd., S. 421.

Mit seiner Untersuchung der französischen Gesellschaft der siebziger Jahre charakterisiert Bourdieu Distinktion als das generelle Abgrenzen gegenüber dem Notwendigen. Es muss grundlegend eine Opposition von Luxusgeschmack und dem zum Leben Nötigen im Konsumverhalten erkennbar sein. Die Klasse, die Luxusgüter genießen kann, setzt sich von der Klasse ab, deren Konsumverhalten durch Primärbedürfnisse geprägt ist. Bourdieu zeigt diesen Unterschied beispielsweise am Konsum von Nahrungsmitteln. Wenn es das Einkommen zulässt, werden magere und leichte Lebensmittel wie Rinder-, Kalb-, Hammel- und Lammfleisch sowie Obst und Frischgemüse gegenüber billigeren und schwer verdaulichen Lebensmitteln bevorzugt, die durch Nudeln, Kartoffeln, Bohnen, Speck, Schweinefleisch und Wein repräsentiert werden.[71]

*„Die wirkliche Ursache der in Konsum wie darüber hinaus zu beobachtenden Unterschiede beruht im Gegensatz zwischen dem aus Luxus (und Freizügigkeit) und dem aus Not(-wendigkeit) geborenen Geschmack: ersterer eignet jenen Individuen, die unter materiellen Existenzbedingungen aufgewachsen sind, deren Kennzeichen die durch Kapitalbesitz abgesicherte Distanz zur Not(-wendigkeit), Freiheit und Freizügigkeit oder wie es zuweilen heißt, Erleichterung sind; letztere bringen gerade in ihrem Angepaßtsein die Notlage und Zwänge zum Ausdruck, aus denen sie hervorgegangen sind. In diesem Sinne lässt sich der Geschmack der unteren Klassen für gleichermaßen nährende wie sparsame Nahrung [...] aus der Notwendigkeit zu weitestgehender kostensparender Reproduktion der Arbeitskraft ableiten, der sich das Proletariat, wie seine Definition bereits besagt, zwangsläufig beugen muss.“*[72]

Diese bewusste wie unbewusste Distinktion durch Distanz zum Notwendigen ist als Ausdruck der Möglichkeiten, d. h. der Zugänglichkeit zu Luxus aufgrund ökonomischer Mittel und Macht, zu verstehen, und damit ein symbolhafter Akt einer Klasse. Geeignet also, um Prestige zu erwerben und zu repräsentieren. Ein solches Verhalten kann auch ostentativen Charakter annehmen und muss sich nicht auf Luxus beschränken. Strategien zur Abgrenzung gegen gesellschaftlich niedriger stehende Klassen orientieren sich an dem, was man hat, und somit reproduziert sich die Klasse immer wieder selbst.[73] Auch in der altägyptischen Literatur lassen sich Passagen finden, die die Distinktion der hierarchisch höher Stehenden gegenüber Personen von niederem Rang darstellen. Der Papyrus Westcar z. B. erzählt die Geschichte des Prinzen Djedefhor, der den Zauberer Djedi an den Hof seines Vaters Cheops einladen möchte, um den König zu unterhalten. Der Prinz bietet dem Zauberer allerlei

[71] P. Bourdieu, 1982, S. 288–289.

[72] Ebd., S. 298–290.

[73] Ebd., S. 367.

Köstlichkeiten, die der König nur seinen Gefolgsleuten gewährt. Außerdem verspricht der Prinz, dass Djedi nach einer angenehmen Lebenszeit durch den König einen Platz im Jenseits erhalten soll.[74] Dem Zauberer wird für sein Kommen folglich der Status als Höfling geboten, der sich durch ausgewählte Speisen, ein schönes Leben und ein Grab sowie dessen kultische Versorgung auszeichnet.

Genauso, wie man sich aus der Perspektive des Betrachters nach dem Attraktiven bzw. Respektablen der sozial Höherstehenden richten kann, wenn man sich nach oben orientieren möchte und deren Güter wie Handlungen zugänglich sind, so versucht die Oberschicht ihre Stellung gegenüber den sozial niedriger Stehenden zu wahren und die Zugänglichkeit zu ihren Privilegien und Gütern einzuschränken bzw. zu kontrollieren. Nach Elias zielen Prestigegüter und Prestigehandlungen als Symbole auf die *„Aufrechterhaltung des Daseins der sich abschließenden Gruppe als einer distanzierten Gruppe und zugleich auf die Verklärung dieses Daseins“*[75] ab. Die Fähigkeit, Objekte oder Handlungen, die allgemeines Interesse finden, in ihrer Zugänglichkeit zu beschränken, ist Ausdruck des sozialen Status und der Macht über Objekte und Handlungen, die im Kontext Prestige eine Rolle spielen können. Ziel ist es, die Exklusivität der eigenen Klasse in den Augen der anderen zu erhalten.

> *„Jede Gruppe versucht, das Feld so zu verändern, dass die eigenen Bewertungen, der eigene Lebensstil und das eigene Kapital im Wert steigen. [...] So verändern sich die Konfigurationen auf dem Feld ständig, und zwar auf ökonomische Weise. Eine höhere Zahl an Menschen mit einem bestimmten Kapital senkt den Wert dieses Kapitals, mächtige Gruppen schaffen neue Zugangsbedingungen und verwandeln ihr altes Kapital in neue, jetzt seltenere Formen von Kapital.“*[76]

Entscheidend für die Bewertung eines Objektes oder einer Handlung als etwas, das strategisch zum Erwerb von Prestige eingesetzt werden kann, ist damit auch die Fähigkeit des Objektes oder der Handlung als Distinktionsmittel gegenüber anderen, besonders sozial schwächeren Positionen zu funktionieren. Diese Fähigkeit bemisst sich in der Art der Zugänglichkeit oder Verfügbarkeit und der daraus resultierenden Art der Präsentation eines solchen Objektes oder einer solchen Handlung. Damit ist auch die Distinktionsfähigkeit ein allgemeines Kriterium für Prestigegüter und Prestigehandlungen.

[74] Vgl. E. Brunner-Traut, 1963, S. 17 und V. Lepper, 2008, S. 43 (pWestcar 7,20–23).
[75] N. Elias, 2002, S. 178.
[76] B. Rehbein, 2006, S. 158.

## 1.5 Vertrauen und Prestige

Die persönliche Bereitschaft, anderen zu vertrauen, spielt für den Bereich der Prestigevermittlung eine wichtige Rolle. Vertrauen, verstanden als „*Grundlage des sozialen Zusammenhalts*“[77], ist Teil unserer täglichen Handlungen und damit auch Teil der Prestigevermittlung. Das zeigen schon die einleitenden Worte des deutschen Soziologen Martin Endress in seiner kurzen Abhandlung über Vertrauen.

> *„Wer wüsste es nicht aus alltäglicher Erfahrung: Vertrauen braucht man. In gewisser Hinsicht scheint damit alles gesagt. Vertrauen bildet offenkundig eine grundlegende Voraussetzung alltäglichen Handelns. Geradezu ubiquitär relevant sind Vertrauen und Misstrauen in unterschiedlichsten Zusammenhängen. Ob es um Vertrauen in den Partner oder die Partnerin, um Vertrauen zu Institutionen, in die Politik und die Politiker geht, das Vertrauen zu landwirtschaftlichen Produkten in Frage steht (BSE-Schock, genetisch veränderte Nahrungsmittel) oder das Vertrauen in die Geldwirtschaft bröckelt (Einführung des Euro) etc.: Die Vielfältigkeit der Bezüge und Verwendungskontexte, in denen Vertrauen oder seine Grenzen und Erschütterungen thematisch werden, sind alltäglich äußerst unübersichtlich.“*[78]

Die Bedeutung von Vertrauen für zwischenmenschliche Beziehungen ist sicherlich kein modernes Phänomen, sondern besaß im pharaonischen Ägypten den gleichen Stellenwert. Vertrauen in das Funktionieren des Staates und der staatlichen Regeln, in die Maat und das bestmögliche Umsetzen der Maat durch die Staatsführung und jeden Mitmenschen, Vertrauen in die Gerechtigkeit und das Wissen der Vorgesetzten, Vertrauen in die Ehrlichkeit bei Tauschgeschäften und im Handel. Das Vertrauen oder die Zuversicht, wie der deutsche Sozialwissenschaftler Niklas Luhmann[79] sagt, in das Funktionieren der Regeln des gesellschaftlichen Zusammenlebens ist eine weitere wichtige Grundlage für das Selbstbild und die eigene Einordnung in die Gemeinschaft, sowie für die Wahrnehmung der Anderen innerhalb des sozialen Umfelds. Es ist gut vorstellbar, dass jemand, dem man Vertrauen schenken kann oder jemand, der das in ihn gesetztes Vertrauen erfüllt, eine gern gesehene Person ist. Prestige und Vertrauen müssten folglich theoretisch und praktisch in einem klaren Zusammenhang stehen.

[77] So wurde eine Aufsatzsammlung zum Thema Vertrauen betitelt, die ich im Folgenden für meine Ausführungen herangezogen habe: M. Hartmann, C. Offe, Vertrauen, Die Grundlage des sozialen Zusammenhalts, Frankfurt a.M. 2001.

[78] M. Endress, 2002, S. 5.

[79] N. Luhmann, 2001, S. 147.

Vertrauen ist als soziale Zuschreibung zu verstehen, und damit funktioniert es ähnlich wie Prestige.

*„In soziologischer Perspektive ist Vertrauen als (implizite wie explizite) reziproke Orientierung von (mindestens zwei) Akteuren zu fassen, die auf einem (impliziten oder expliziten) gemeinsam geteilten Situationsverständnis beruht und in dadurch strukturierten Verhaltensweisen und Handlungen zum Ausdruck kommt, sich darin symbolisiert.“*[80]

Das Vertrauen oder das, was man unter dem Begriff ‚Vertrauen‘ versteht, ist abhängig von der Prägung und Erfahrung eines Menschen. Wieder spielt der Habitus die entscheidende Rolle. Die persönliche soziale Entwicklung bedingt das Vertrauen in jemanden.

*„Die Alternativlosigkeit der ersten Welt stiftet für das Kind sein (bedingungsloses) Vertrauen, die spezifische Geborgenheit, die dem „Wissen“ darüber entspringt, dass „alles in Ordnung“ ist, es nur die eine „dichte Wirklichkeit“ gibt. Und es ist diese Erfahrung der Wirklichkeit, die sich mit fortschreitender Lebenserfahrung sukzessive „auflöst“, die also durch die Akkumulation von Lebenserfahrung typisch verwandelt wird.“*[81]

Diese ‚erste Welt‘ lässt sich mit der Idealvorstellung eines gesellschaftlichen Lebens, in dem Grundvertrauen herrscht, gleichsetzen. Diese Vorstellung wird durch weitere Erfahrungen stetig verändert.[82] Daher wird die Vertrauenswürdigkeit einer Person an einem Gesellschaftsideal gemessen, das je nach persönlicher Erfahrung unterschiedlich geprägt und wirksam ist.

*„Zusammenfassend lässt sich festhalten, dass Schütz mit dem Begriff „Vertrautheit“ den Umstand fokussiert, dass Menschen stets „über ein Wissen von der Typik der Objekte und Vorgänge in der Lebenswelt“ implizit wie explizit verfügen (Schütz 1971d:164f.). Die jeweilige Ausprägung dieser Typik ist bestimmt durch die Erfordernisse (d. h. die motivationsrelevanten Interessenlagen) und Erfahrungen vorhergehender biographischer Situationen mit ihren thematischen Relevanzen. Typologisierungen und Symbolisierungen als die soziokulturell bedingten Ausdrucks- und Deutungsschemata jeder sozialen Gruppe beruhen auf dem zunächst als fraglos gegebenen angesetzten und zu weitaus größten Teilen nicht nur sozial abgeleiteten, sondern auch implizit bleibenden Wissen als elementarer Vertrauensressource.“*[83]

[80] M. Endress, 2002, S. 71.

[81] Ebd., S. 7–8.

[82] M. Endress, 2001, S. 176–177. Vgl. auch A. Baier, 2001, S. 59.

[83] M. Endress, 2002, S. 20–21. Endress bezieht sich auf die Arbeiten von Alfred Schütz, vor allem auf: Alfred Schütz, Strukturen der Lebenswelt, in: A. und I. Schütz (Hrsg.), Gesammelte Aufsätze III, Den Haag 1971, S. 153–170.

Das Zitat von Endress betont ein weiteres Mal die Bedeutung der gemeinsamen gesellschaftlichen Wissens- oder Verständnisgrundlage der sozialen Welt, die sich z. B. in moralischen Vorstellungen manifestiert, dem Einzelnen mehr oder weniger bekannt ist und in der Wahrnehmung und dem Verständnis von Vertrauen (un-)bewusst eine Rolle spielt. Die moralische Regelung der sozialen Wirklichkeit wird als selbstverständlich wahrgenommen, akzeptiert und in der eigenen Biographie verarbeitet sowie umgearbeitet. Sie bildet den gültigen Rahmen für das soziale Handeln. Vertrauen ist folglich eine *„elementare Voraussetzung sozialer Prozesse"*, die *„präreflexiv und habituell"*[84] sein kann. Handlungen müssen aufgrund der Gewohnheit nicht bewusst gemacht werden. Man vertraut auf das Funktionieren gesellschaftlicher Verhaltensregeln und orientiert sich daran. Vertrauen ist ein sich Fallenlassen in die gewohnte soziale Umgebung, *„das Sich-Verlassen auf die Fähigkeit und Bereitschaft eines anderen, sich um die Dinge zu kümmern* [...], *die einem wichtig sind"*.[85] Es entsteht eine Situation des sozialen Austausches, die die Verlässlichkeit des Gegenübers voraussetzt.[86] Das Vertrauen sollte dann durch die erhoffte und erwartete Reaktion bestätigt werden. Der deutsche Sozialwissenschaftler und Philosoph Martin Hartmann charakterisiert in seiner Aufsatzsammlung *Vertrauen, die Grundlage des sozialen Zusammenhalts* Vertrauen wie folgt:

> *„Wer vertraut, geht Risiken ein und unterwirft sich einer Art Wahrscheinlichkeitsrechnung* [...]. *"*[87]

Für Endress gibt es kein Vertrauen ohne Risiko: *„Vertrauen ist ein solches nur, solange es nicht auf definitiv kalkulierbaren Sicherheiten basiert."*[88] Vertrauen birgt folglich das Risiko, das Verhalten des anderen richtig einzuschätzen. Das ist ein wichtiger Punkt in der Betrachtung von Vertrauen innerhalb der Prestigezuschreibung. Es ist nämlich durchaus möglich, dass die erwartete Reaktion nicht eintritt.

Der finnische Philosoph Olli Lagerspetz sieht im Vertrauensmoment keine wirklich bewusste Reflexion des Risikos, sondern vielmehr das Glauben oder *„Nicht-Glauben an das Vorhandensein eines Risikos"*[89]. Er steht damit fast konträr zu Hartmann. M. E. ist die Betonung des Habituellen hier von entscheidender Wichtigkeit. Der Habitus ist als reflektierte Haltung zu verstehen, die durch bestimmte Erfahrungen bewusst gemacht und geformt wird, in den meisten Situationen

[84] Ebd., S. 9 und 22. Diesen Punkt betont auch Olli Lagerspetz. Vertrauen ist in den meisten Fällen kein bewusster geistiger Vorgang, sondern wird erst in dem Moment bewusst, in dem die Routine durchbrochen wird. Vgl. O. Lagerspetz, 2001, S. 96.

[85] A. Baier, 2001, S. 82. So ähnlich auch der Soziologe Diego Gambetta: *„Einer Person zu vertrauen bedeutet zu glauben, dass sie sich nicht in einer uns schädlichen Art und Weise verhalten wird, wenn sich ihr die Gelegenheit bietet."* Vgl. D. Gambetta, 2001, S. 214.

[86] M. Endress, 2001, S. 165.

[87] M. Hartmann, 2001, S. 19.

[88] Vgl. M. Endress, 2001, S. 175.

[89] O. Lagerspetz, 2001, S. 107.

aber durch empirische Erfahrungswerte unbewusst Gestalt annimmt und wirkt.[90] Folglich impliziert das Nicht-Glauben an eine Reaktion, die das Risiko des Vertrauensmomentes bestätigen würde, dass ein Risiko aufgrund empirisch gebildeter Erfahrungswerte persönlich nicht mehr vorstellbar ist und unmöglich scheint. Luhmann formuliert das folgendermaßen:

> „*Der Normalfall ist jener der Zuversicht. Der Mensch ist zuversichtlich, dass seine Erwartungen nicht enttäuscht werden: dass Politiker versuchen, Kriege zu vermeiden, dass Autos keine Panne haben und plötzlich die Straße verlassen, sodass man beim Spaziergang am Sonntagnachmittag überfahren wird. Man kann nicht leben ohne Erwartungen in Bezug auf kontingente Ereignisse zu entwickeln, und man muss die Möglichkeit der Enttäuschung dabei mehr oder minder vernachlässigen. Man vernachlässigt sie, da sie eine sehr selten eintretende Möglichkeit ist, aber auch, weil man nicht weiss* [sic], *was man sonst tun könnte.*“[91]

Aber auch das moralische Verständnis von richtigem Zusammenleben kann blind für die möglichen ungewollten Reaktionen im sozialen Austausch machen. Die Erfahrung wird maßgeblich durch das mehr oder weniger moralische Verhalten des Umfelds geprägt.

> „*Ohne die soziale Norm, gewährtes Vertrauen nicht zu brechen, oder die Klugheitsregel, ein bestehendes Vertrauens-‚kapital' umsichtig auszuwerten, wäre Vertrauen viel zu riskant für den Vertrauenden; Vertrauensbeziehungen würden sich deshalb rasch auflösen*“.[92]

Ob die verschiedenen Möglichkeiten und Reaktionen einer Handlung im Rahmen von Vertrauen bewusst oder unbewusst sind, soll keine Rolle spielen. Für Prestige ist die Bestätigung der erhofften Vertrauenswürdigkeit durch die Erfüllung der erwarteten Reaktion wichtig. Vertrauenswürdigkeit kann demnach als ein geschätztes Gut gesehen werden, das als zugeschriebener und bestätigter Charakterzug Ansehen vermitteln kann und müsste.

> „*Geschieht dies* [die Bestätigung des Vertrauens durch die erwartete Handlung], *erweisen sich andere also in diesem Sinne als vertrauenswürdig, dann kann*

[90] So auch M. Endress, 2001, S. 165: „*So geht jedwedes Vertrauen pragmatisch immer schon von der Verlässlichkeit des anderen aus. Charakteristisch für Vertrauen dürfte dabei sein, dass es sich keinem reflexiven, also explizit vollzogenen Entschluss verdankt, sondern, dass es wirksam ist, und dass man sich erst nachträglich bewusst machen kann, jemanden oder einer Sache vertraut zu haben,* [...].“ Und S. 171: „*Vertrauen ist wesentlich eine implizit bleibende Einstellung, eine präreflexive Form der interpersonalen Zuwendung, die bis auf Widerruf, also bis zum Auftreten einer Enttäuschung sozial sozusagen „mitschwingt“ und erst dann reflexiv „aufgedeckt“ werden kann.*“

[91] N. Luhmann, 2001, S. 147–148.

[92] C. Offe, 2001, S. 256–257.

*es zu einer Intensivierung wechselseitigen Vertrauens, also zum Aufbau von „relations of mutual trust" kommen."*[93]

Hier besteht die direkte Verbindung zur zwischenmenschlichen Verhandlung von Prestige. Eine Person, die das in sie gesetzte Vertrauen durch ihre Reaktion erfüllt, erscheint als vertrauenswürdige, ‚angenehme' Person und kann Ansehen erhalten.[94] Wenn der Handelnde keinen Grund hat, unerwartet zu reagieren, dürfte es im Interesse des Handelnden liegen, das in ihn gesetzte Vertrauen zu erfüllen, um vollständige Vertrauenswürdigkeit und damit Ansehen zu erlangen. Dem deutschen Soziologen Claus Offe zufolge besteht gerade *„im Erwerb des „sozialen Kapitals" von Achtung, Ehre, Respekt, Reputation und Kreditwürdigkeit"* der Reiz *„ein bestehendes Vertrauensverhältnis reziprok zu bedienen"*.[95] Vertrauenswürdigkeit muss damit als Teil der Prestigeverhandlung verstanden werden.[96]

Hartmann merkt an, dass die Art der persönlichen Motivation die Reaktion entscheidend prägt.[97] Es ist ein Unterschied, ob eine Person aus Eigeninteresse oder Wohlwollen handelt. Entsprechend unterschiedlich wird die Zuschreibung von Vertrauenswürdigkeit und Prestige ausfallen. Genauso beeinflusst auch das moralische Wertverständnis wie weit man anderen vertraut.[98] Im Fall des pharaonischen Ägypten, das sich auf die Maat als kosmisches Ordnungskonzept gründet, dürfte das Vertrauen auf die Einhaltung dieses Ideals im Großen wie im Kleinen eine wichtige Rolle gespielt haben.

Für die Untersuchung von zwischenmenschlicher Prestigezuschreibung aufgrund von Vertrauenswürdigkeit sind vor allem die sogenannten Mikrokonstellationen relevant. Hier handelt es sich um die Betrachtung von Interaktionskonstellationen oder *„face-to-face-Beziehungen"*, wie Endress sie auch bezeichnet[99], die sich auf die direkte zwischenmenschliche Ebene im alltäglichen Bereich beziehen. Um auf zwischenmenschlicher Ebene vertrauenswürdig zu erscheinen, gilt es, im persönlichen wie professionellen Umfeld *„den angemessenen Takt der Handlungsschritte einzuhalten, also sozial akzeptierten Handlungsstrategien zu folgen"*.[100] Für Deir el-Medine könnte dies bedeuten, dass die einzelnen Mitglieder der Gemeinschaft ihre Rolle wahrnehmen und gemäß der Maat, also der moralischen Vorstellungen, ausfüllen. Dementsprechend kann die ethische Idee eines moralischen Lebens, also die Maat, Aufschluss über das erwartete Verhalten geben, das zu Prestigegewinn führen konnte.

[93] M. Endress, 2002, S. 23. Endress bezieht sich auf die Arbeiten von Peter M. Blau, vor allem auf: Peter M. Blau, Exchange and Power in Social Life, New York/London/Sidney 1967.

[94] Vgl. M. Endress, 2001, S. 166 und 168.

[95] C. Offe, 2001, S. 254–255.

[96] So auch der amerikanische Politologe Russel Hardin, der in seinem Artikel *Die Alltagsepistemologie von Vertrauen* nicht unbedingt Vertrauen als soziales Kapital begreift, sondern eher auf den erarbeiteten Status der Vertrauenswürdigkeit als soziales Kapital zielt. Vgl. R. Hardin, 2001, S. 329 mit Anm. 71.

[97] M. Hartmann, 2001, S. 30.

[98] D. Gambetta, 2001, S. 230.

[99] M. Endress, 2002, S. 53.

[100] Ebd., S. 65.

## 1.6 Von der Theorie zur Praxis

An diese eher allgemeine Betrachtung von Prestigevermittlung schließt sich die Frage an, ob und in wie weit die theoretischen Ergebnisse auf die altägyptische Arbeitersiedlung Deir el-Medine anwendbar sind?

Die Wahrnehmbarkeit, die kulturelle Kompetenz, die Attraktivität, die Respektabilität und die Distinktionsfähigkeit sowie die Vertrauenswürdigkeit bezüglich der Handlung sind m. E. in jeder Kultur oder Gesellschaftsform wichtige Charakteristika von Prestigegütern und Prestigehandlungen. Damit müssen sie auch in irgendeiner Form an Objekten oder in Handlungen der Gesellschaft Deir el-Medines feststellbar sein. Die Frage ist, wie sie sich ausprägen können? Sie müssen wahrnehmbar sein, also kommuniziert[101] worden sein. Zudem muss der Bedeutungsinhalt des Objektes oder der Handlung, der in einer möglichen kommunikativen Situation vermittelt werden soll, den für die Vermittlung von Prestige entscheidenden Teilhabenden verständlich sein. Zum Bedeutungsinhalt eines Gegenstands oder einer Handlung, gerade in Bezug auf Prestige, gehört dessen Symbolfähigkeit. Objekte und Handlungen, die zwischenmenschlich kommuniziert werden, vermitteln Informationen über den Status des Besitzers oder des Handelnden, und können so attraktiv oder respektabel auf den Betrachter wirken, oder zur Distinktion und damit zur Bewahrung der Identität des Besitzers oder Handelnden genutzt werden. Objekte oder Handlungen, die wenigstens eines der Kriterien Attraktivität, Respektabilität oder Distinktionsfähigkeit erfüllen und in einem kommunikativen Prozess von den Beteiligten wahrgenommen und verstanden werden, könnten innerhalb der Gesellschaft von Deir el-Medine genutzt worden sein, um Prestige zu erlangen, zu erhalten und zu repräsentieren. Aber die Frage, wie Bedeutungsinhalte bzw. die Symbolfähigkeit von Objekten und Handlungen ermittelt werden können, bleibt.

Bedeutungsinhalte werden innerhalb eines kulturellen Rahmens generiert.[102] Die altägyptische Weltsicht, die moralischen Vorstellungen und das Gesellschaftsbild der Arbeitersiedlung bzw. die Geschichte, das Umfeld Deir el-Medines und die

[101] Unter ‚Kommunikation' möchte ich die gängige Bedeutung des Fremdwörter-Dudens verstehen: *„Verständigung untereinander, zwischenmenschlicher Verkehr bes. mithilfe von Sprache, Zeichen."* Vgl. Stichwort *Kommunikation*, in: Duden, Das große Fremdwörterbuch – Herkunft und Bedeutung der Fremdwörter, Mannheim 2003. Gerade Objekte oder Handlungen sind in ihrer Funktion als Prestigesymbol Teil eines Zeichenprozesses und damit Zeichen zur Kommunikation. Vgl. auch G. Endruweit, 2002, S. 280: Kommunikation *„ist als soziologischer Begriff eine Form des sozialen Handelns, durch das der Handelnde (Sender, Kommunikator, Adressant) mit Hilfe eines Kommunikationsmittels (Medium) Mitteilungen für einen oder mehrere Menschen (Empfänger, Rezipient, Adressat) macht."*

[102] Vgl. J. Assmann, 1989, S. 1, 3 und 4 sowie Anm. 2. Jan Assmann bezieht sich in seinen Ausführungen auf die Rahmen-Analyse des amerikanischen Soziologen Erving Goffman. Rahmen sind demnach kulturelle Grundmuster oder (S. 1) *„Organisationsprinzipien sowohl für (soziale) Ereignisse als auch für unsere Anteilnahme an ihnen (Goffman, 19). Indem wir uns an solchen Rahmen orientieren, wissen wir »was gespielt wird«, überblicken die »Situation« und vermögen unser eigenes Handeln ihr anzupassen."*

Besitzverhältnisse der einzelnen sozialen Positionen bieten diesen kulturellen Rahmen, der die Ausprägungsvielfalt der symbolischen Bedeutungen und die Möglichkeiten der Prestigevermittlung kulturspezifisch einschränkt. Damit ist der Frage nach Prestige ein bestimmter Rahmen gesetzt.

Der beste Ansatzpunkt für die Suche nach praktischen Beispielen sind die notwendigen und unabwendbaren Kontraste zwischen sozialen Gruppen, die Statusunterschiede, die Elias als ein wesentliches Element von Gesellschaften beschreibt, das Prestige generieren kann.

> „*In jeder Gesellschaft wird der Bezirk des Verhaltens, der gemäß ihrer Funktion für die Menschen dieser Schicht am lebenswichtigsten ist, auch am sorgfältigsten und intensivsten durchmodelliert. Die Genauigkeit, mit der man in der höfischen Gesellschaft jeden Handgriff beim Essen, jede Etikettereaktion oder etwa auch die Art des Sprechens durchbildet, entspricht der Bedeutung, die alle diese Verrichtungen sowohl als Distinktionsmittel nach unten, wie als Instrumente im Konkurrenzkampf um die Gunst des Königs für die höfischen Menschen haben.* [...] *Sie gehören mit zu den Voraussetzungen für die Achtung der Anderen, für den gesellschaftlichen Erfolg, der hier die gleiche Rolle spielt, wie der Berufserfolg in der bürgerlichen Gesellschaft.*“[103]

Es soll hier nicht die höfische Gesellschaft mit der altägyptischen Arbeitersiedlung verglichen werden. Aber wie Elias feststellt, sind das Verhalten und der richtige Umgang mit dem Besitz in jeder Gesellschaft Hintergrund der Prestigevermittlung. Auch im Alten Ägypten werden Verhalten und Besitz eine wichtige Voraussetzung für die Achtung der Anderen, für den gesellschaftlichen Erfolg gebildet haben. Folglich waren auch die Statusunterschiede der Gesellschaft von Deir el-Medine eine wichtige Voraussetzung, um Möglichkeiten zur Erlangung und zum Erhalt der Achtung anderer auszubilden. Distinktion oder die soziale Betonung klarer Kontraste durch Pflichten, Privilegien oder Besitz und dementsprechend die Zugänglichkeit zu Macht, Einfluss und bedeutenden sozialen Eigenschaften sollen damit den Ansatzpunkt für meine Untersuchung zu Möglichkeiten, die Prestige gesellschaftlich vermitteln, bilden.

Die Kriterien Wahrnehmung und kulturelles Verständnis bieten einen Rahmen, der die Auswahl der Quellen auf Objekte und Handlungen beschränkt, die dem Bereich der Kommunikation zuzuschreiben sind. Attraktivität und Respektabilität könnten sich ebenfalls aus den Statusunterschieden rekonstruieren lassen. Inwiefern sie belegbar sind, ist bisher nur zu vermuten.

Hier könnte man bemerken, dass es sich bei einer solchen Untersuchung eher um eine Arbeit zu Status als zu Prestige handelt. Man mag dafür plädieren die beiden Begrifflichkeiten streng von einander zu trennen. Prestige lässt sich aber nicht von anderen sozialen Themen trennen. Status ist, wie Elias bemerkt hat, eine der entscheidenden sozialen Voraussetzungen für die Entstehung von Ansehen und damit ein wichtiger sozialer Bestandteil der Prestigevermittlung. Die Distinktion

[103] N. Elias, 1997, S. 427.

von Gruppen durch Statusunterschiede ist m. E. einer der wenigen Punkte sozialer Kommunikation, die sich für eine antike Gesellschaft wie das Alte Ägypten fassen und in Bezug zu Prestige auswerten lassen.

Die Gegenstände, mit denen man sich umgibt, und die Handlungen, die man vollführt, können Auskunft über die soziale Gruppenzugehörigkeit geben und ermöglichen es sich gegenüber anderen abzugrenzen. Sie entwickeln einen Prestigewert, eine *„kommunikative Bedeutung"*[104]. Gerade die einer Gruppe eigentümlichen Objekte und Handlungen erfüllen diese Funktion am besten. Gruppen, die eine soziale Distinktion anstreben, müssen entsprechende Objekte benennen und entsprechende Handlungen entwickeln. Dem deutschen Ethnologen Karl-Heinz Kohl zufolge ist es erst eine Erscheinung der Neuzeit, dass sich Gruppen sozusagen freiwillig bilden und absetzen können. In früherer Zeit regelten unbeeinflussbare Faktoren, wie Abstammung, die Zugehörigkeit zu Gruppen.[105] Dies lässt vermuten, dass in solch strengen hierarchischen Strukturen allein die Präsenz von klassischen Statusmarkern, also Rangabzeichen o. ä., gereicht haben könnte, um sich sozial zu unterscheiden und Prestige zu generieren. Für das Alte Ägypten erscheint diese Annahme zunächst zutreffend. Statusmarker wären also Objekte und Handlungen, die einer bestimmten Gruppe eigentümlich sind und aus der Position der Gruppe oder des Individuums in der sozialen Hierarchie resultieren. Dabei sollte der Habitusgedanke Bourdieus nicht außer Acht gelassen werden. Die Statusmarker müssen nicht vollständig oder ausschließlich gewählt sein. Sie werden auch durch den Lebensstil und die Lebenssicht geprägt, die einem Menschen oder einer Gruppe durch seine oder deren Erfahrung mit der sozialen Umwelt zu Eigen sind.

Statusunterschiede in der Gesellschaft von Deir el-Medine könnten z. B. die bessere Bezahlung hierarchisch höher stehender Berufsgruppen sein und sich im funerären Aufwand und exklusivem Eigentum wie Vieh oder privaten Dienern widerspiegeln. Vielleicht lassen auch Aufgaben, Privilegien und Pflichten, die aus einer verantwortungsvollen Position resultieren, auf Statusunterschiede und damit dem Prestige dienliche Strategien schließen. Hinweise hierauf könnten z. B. der juristische Vorsitz im Gericht der Arbeitersiedlung oder andere vertrauenswürdige Aufgaben sowie Personen, bei denen das Dorf Rat suchte, geben. Wenn anhand solcher Beispiele gewisse Regelmäßigkeiten in Besitz und Verhalten deutlich werden, könnte man auf kulturelle Konventionen zurückschließen und soziale Muster formulieren.

Soziale Unterschiede resultieren aus einem Gesellschaftssystem, das den Rahmen für die Betrachtung und Wertung dieser Unterschiede stellt. Dieses System beruht auf dem Gedanken der Maat. Damit wird die Maat, das geistige Konzept, das *„menschliches Handeln und kosmische Ordnung miteinander verknüpft und damit Recht, Moral, Staat, Kult und religiöses Weltbild auf eine gemeinsame*

[104] K.-H. Kohl, 2003, S. 130.
[105] Ebd., S. 130–131.

*Grundlage stellt*"[106], als kollektiv verbindlicher Idealwert zu dem Maß, das die allgemeine Einschätzung zu Verhalten und dem Prestigewert einer sozialen Position begründet.

Viele Ägyptologen haben sich ausgehend von verschiedenen Interessen mit dem umfangreichen Themenkomplex Deir el-Medine beschäftigt, sodass es bereits eine Vielzahl an Literatur gibt.[107] Daher ist es m. E. möglich, die soziale Struktur der Arbeitersiedlung sowie die Weltsicht und die Wertvorstellungen, ausgehend von der Maat, auf die Frage der Prestigevermittlung hin zu untersuchen. Zuvor soll aber die Bühne beschrieben werden, auf der sich die Prestigevermittlung von Deir el-Medine abgespielt hat.

[106] J. Assmann, 1990, S. 17.

[107] Vgl. die Bibliographien L. M. J. Zonhoven, 1982, S. 245–290, B. J. J. Haring, 1992, S. 111–137 und *A Systematic Bibliography on Deir el-Medîna*, aktualisiert 02.2006, auf The Deir el-Medina Database.

# 2. Die Arbeitersiedlung Deir el-Medine

## 2.1 Topographie

Deir el-Medine war die Heimstatt der Handwerker, die im Neuen Reich die Gräber im nahe gelegenen Tal der Könige und Tal der Königinnen ausgeschachtet und dekoriert haben. Bauort der Siedlung war ein Tal auf dem thebanischen Westufer, das zwischen den Ausläufern des Westgebirges und dem Hügel von Qurnet-Murai und auf halber Stecke zwischen dem Tal der Königinnen und Deir el-Bahari liegt.[108] Die Siedlung war Teil der thebanischen Nekropole, die altägyptisch als *pꜣ ḫr* und von den Griechen später als *Memnonia* bezeichnet wurde.[109] Das Areal umfasste den Arbeits- und Lebensbereich der Arbeiter, nämlich das Tal der Könige, das Tal der Königinnen, das Tal von Deir el-Medine und etwas Land in der zum Fruchtland hin liegenden Ebene.[110]

Das gesamte Gebiet der Nekropole war durch eine Mauer vom Fruchtland abgegrenzt, die eher eine Grenzmarkierung des Areals als eine schützende Befestigung darstellte. Das Areal wurde von einer speziell eingerichteten Polizeitruppe kontrolliert. Inwiefern die Arbeiter durch diese staatliche Kontrolle in ihrer Bewegungsfreiheit eingeschränkt waren, ist in der Forschung ein umstrittenes Thema. Ein weiterer Streitpunkt ist die Lage des *ḫtm n pꜣ ḫr*, eines zentralen Ortes im Leben der Arbeiter und des vermutlich wichtigsten Schnittpunktes zwischen ‚Innen' und ‚Außen'. Seine Funktion hat jüngst Günter Burkard einerseits als einen Ort offizieller Amtshandlungen zwischen Deir el-Medine und der staatlichen Verwaltung, andererseits als Gerichtsstätte für die *qnb.t* von Deir el-Medine, Ausgabeort der Warenlieferungen und sozialen Treffpunkt charakterisiert.[111] Seine Lage vermutet Burkard *„in der Nähe des Ausgangs des von*

[108] L. Lesko, 1994, S. 2 und 3 (Plan). Einen guten Überblick über das Areal von Deir el-Medine bieten die Karten und Fotos bei G. Andreu, 2002, Fig. 2, 3, 5 und 7 sowie bei D. Valbelle, 1985, Fig. 2 und M. Gutgesell, 1989, S. 37.

[109] Als erster übersetzte François J. Chabas 1873 den Begriff mit *„le quartier des aux"* oder *„la nécropole"*. Die Bezeichnung *pꜣ ḫr* geht nach Alan Gardiner auf das anzulegende Grab des regierenden Königs zurück, das schlicht als *pꜣ ḫr* „das Grab" tituliert wurde. Damit wurde der gesamte Nekropolenbereich mit dem Grab des regierenden Pharaos identifiziert. Vgl. J. Černý, 2001, S. 2–5 und 22. Zur Interpretation des Begriffs *pꜣ ḫr* gibt es viele Ideen, die übersichtlich von Raphael Ventura dargestellt wurden. Die meisten Ansätze lassen den Begriff unübersetzt. Vgl. R. Ventura, 1986, S. 3–13.

[110] D. Valbelle, 1985, S. 88–89. Ventura setzt mit dem Begriff *pꜣ ḫr* zum einen die Verwaltung der Nekropole, zum anderen das Areal, indem die Arbeiter arbeiten und leben, gleich. Vgl. R. Ventura, 1986, S. 17–18.

[111] G. Burkard, 2006, S. 38. Vgl. auch A. G. McDowell, 1990, S. 177–178.

*Deir el-Medine zum Ramesseum herabführenden Wadis*", und zwar unter den ersten Gehöften des heutigen Ortes Schêch abd el-Qurna.[112]

Das Dorf selbst war von einer Mauer aus gebrannten Ziegeln umgeben, deren Außenecken abgerundet waren.[113] Die Häuser wurden direkt an die Außenmauer gebaut. Das Dorf durchzog eine axial von Norden nach Süden führende, dem Verlauf des Tals folgende Hauptstraße.[114] Mit der Zeit wurden weitere Querstraßen angelegt.[115] Über zwei große und mehrere kleine Bauphasen und durch die ständige Umgestaltung des Dorfes nach den Bedürfnissen der Bewohner erhielt die Siedlung ihre nahezu rechteckige Form, die heute grundsätzlich die letzte große Bauphase unter Ramses II. widerspiegelt.[116] Vom Ursprungsdorf der 18. Dynastie sind kaum mehr Spuren erhalten. Die ursprüngliche Ummauerung wurde bei den Ausbauten teilweise in die Häuser integriert. Heute stehen 68 Häuser auf einer Grundfläche von 131,65 m × 47,5 bis 50 m.[117]

Das Dorf hatte zwei Tore, das ältere im Norden und ein weiteres im Westen, das unter Haremhab gebaut wurde.[118] Inwieweit sich auch ein Zugang im Süden befunden hat, ist fraglich. Die Stärke der Befestigung reichte nicht aus, um einem Überfall von Außen standhalten zu können. Bei Nomadeneinfällen zogen sich die Einwohner in die nahe gelegenen Tempel zurück.[119]

112 G. Burkard, 2006, S. 41.

113 B. Bruyère, 1939, S. 4. Nach Bernard Bruyère schützte die Abrundung vor Winderosion.

114 Ebd., S. 4. Manfred Gutgesell sieht hier eine logische Teilung der Siedlung in ein rechte und eine linke Seite. Er regt an, dass die Wohnhausverteilung sich ebenfalls an der Seiteneinteilung der Arbeiterschaft orientierte: Die rechte Seite lebte rechts der Hauptstraße, die linke Seite links. Vgl. M. Gutgesell, 1989, S. 48.

115 Für das Ende der 20. Dynastie zählt Bruyère insgesamt fünf Wege innerhalb der Siedlung. Die Wege waren an den Biegungen breiter als sonst und die Bodenunebenheiten wurden durch kleine Treppen ausgeglichen. Nach Bruyère waren die Straßen möglicherweise überdacht. Vgl. B. Bruyère, 1939, S. 32–33.

116 A. G. McDowell, 1999, S. 65–66. Andrea McDowell präsentiert als Beispiel für die eigenständige Hausumgestaltung O. Varille 13, auf dem der Arbeiter *P3-nb* einen Vorzeichner für die Arbeit an einem Raum und einer Wand entlohnt. Vgl. auch. L. Meskell, 2000, S. 264.

117 B. Bruyère, 1939, S. 16. Valbelle gibt eine Grundfläche von 5600 m² an. Vgl. D. Valbelle, 1985, S. 114–115. Das kann aber Nira Kleinke zufolge nicht stimmen, da die Maßangaben Bruyères eine Grundfläche von 6253,38 m² bis 6582,50 m² ergeben würde. N. Kleinke, 2007, S. 10, Anm. 104. Zu den verschiedenen Bauphasen vgl. auch die Bauphasen von Deir el-Medine unter Thutmosis I., Thutmosis III. und Ramses II. bei G. Andreu, 2002, S. 25, Fig. 5. Die Datierung der ersten Bauphase orientiert sich an mehreren Ziegeln der östlichen Umfassungsmauer, die mit dem Namen Thutmosis I. gestempelt wurden.

118 B. Bruyère, 1939, S 29–30. Nach Bruyère war das Eingangstor zur Siedlung immer im Norden. Es gab aber auch einen kleinen Ausgang bei Haus N.O. XX, der direkt in das Nekropolenareal führte.

119 D. Valbelle, 1985, S. 115–116.

### 2.1.1 Die Wohnhäuser der Siedlung

Häuser innerhalb der ummauerten Siedlung wurden als *pr*, gelegentlich als *ʿt* und manchmal auch als *ẖnw* bezeichnet.[120] Wenn ein Mann in die Arbeiterschaft von Deir el-Medine eintrat, wurde ihm und seiner Familie ein eigenes Haus zur Verfügung gestellt.[121]

Die Häuser der Siedlung vermitteln den Eindruck, als wären sie regelmäßig strukturiert und nahezu gleich aufgebaut. Sie unterscheiden sich aber in ihrem Aufbau deutlich voneinander. Die zur Straße liegende Fassade kann zwischen 3 m und 7 m breit sein. Die Häuser reichen mit einer Tiefe von 10 m bis 24,5 m an die Außenummauerung. Die Grundflächen der einzelnen Häuser haben zwischen 40 $m^2$ und 120 $m^2$. Funktion und Anordnung der Räumlichkeiten waren vielleicht anfänglich ähnlich. Umbauten, Reparaturen oder Rekonstruktionen von den Bewohnern, die ihre Häuser nach Bedarf und Möglichkeit umstrukturierten, erklären die unterschiedlichen Grundrisse der Häuser, denen der Betrachter heute gegenübersteht. Die Wohnhäuser unterscheiden sich auch aufgrund der geographischen Bedingungen voneinander. Häuser des älteren Teils im Norden der Siedlung stehen gegenüber den Neueren des Südteils leicht erhöht und haben Kellerräume. Die südlichen Häuser haben dagegen eine größere Anzahl an verputzten Lagergruben.[122]

Die Raumeinheiten der Häuser weisen Ähnlichkeiten auf. In einem Durchschnittshaus in Deir el-Medine erreichte man von der Straße aus einen zwischen 8 $m^2$ und 24 $m^2$ großen Raum, der leicht unter dem Niveau der Straße lag.[123] Eine hölzerne Tür trennte den sogenannten Schlafraum[124] von der Straße. Die Wände waren geweißt. Die Decke des Raums war erdfarben und wurde durch Holzbalken getragen. Kleine Dachfenster erhellten den Raum. Möglicherweise hatten einige Häuser, sofern es die Lage der Nachbarhäuser zuließ, knapp unter dem Dach liegende Fenster. In den Wänden gab es kleine dekorierte Nischen, die Platz für Hausrat boten.[125] Im Raum befand sich ein Podest aus Ziegeln, vor dessen Längsseite eine kleine drei- bis fünfstufige Ziegeltreppe stand. Vom Podest aus aufwärts zur Decke konnte eine nahezu geschlossene, dekorierte Mauer gezogen werden, die eine Aussparung über der Treppe hatte, sodass das ummauerte Podest wie ein nur durch eine Tür zugängliches Bett wirkte. Bernard Bruyère, der die Ausgrabungen in Deir el-Medine von 1922 bis 1951 leitete, fühlte sich durch das Podest an ein bretonisches „*lit clos*" erinnert. Daher be-

[120] Ebd., S. 122.

[121] B. Bruyère, 1939, S. 16.

[122] D. Valbelle, 1985, S. 116–117. Vgl. auch B. Bruyère, 1939, S. 65.

[123] B. Bruyère, 1939, S. 54. Das Niveau war bis zu 50 cm tiefer als die Straße und wurde durch zwei bis drei Stufen überbrückt. Bruyère merkt auf S. 64 an, dass der Raum altäyptisch wohl als *ʿrjj.t* bezeichnet wurde.

[124] Ich bezeichne die Räume des Wohnhauses nach den deutschen Begriffen, die bei Gutgesell *Arbeiter und Pharaonen* zu finden sind, vgl. M. Gutgesell, 1989, S. 45.

[125] B. Bruyère, 1939, S. 54–55.

zeichneten die Ausgräber diese Raumeinheit als „*Salle du lit clos*".[126] Nira Kleinke zufolge, die sich mit den „*lit clos*" in ihrer 2007 veröffentlichten Magisterarbeit beschäftigte, handelt es sich bei diesen Podesten um Hausaltäre.[127] Die Häuser der ursprünglichen Siedlung der 18. Dynastie hatten wohl keinen solchen Altar. Erst in der 19. Dynastie scheint er in der Hausplanung obligatorisch gewesen zu sein.[128]

Diesem Raum folgte ein weiterer, der zwischen 14 m² und 26 m² maß und gegenüber dem ersten wieder das Niveau der Straße hatte, sodass er über wenige Stufen zu erreichen war. Die beiden Räume waren durch eine Holztür voneinander getrennt. Der zweite Raum, bezeichnet als Wohnraum[129], war wohl der wichtigste und luxuriöseste Raum des Hauses. Die Decke war höher als die der anderen Räume und wurde von ein bis zwei Holzsäulen gestützt. Ihre Höhe erlaubte schmale Fenster am oberen Ende der Raumwände. Im Wohnraum gab es eine bis zu 20 cm hohe Bank, deren Oberfläche verputzt und geweißt war und je nach Lage zwei, eine oder keine Armlehne hatte. Außerdem gab es einen in die Erde eingelassenen Krug, eine kleine Feuerstelle aus Ziegeln und eine nicht sehr tiefe, rechteckige und verputzte Grube, die von Bruyère als „*Silo*" bezeichnet wurde. Die neueren Häuser im Nord-Westen der Siedlung hatten Falltüren, die zu 3 m bis 4 m tiefer liegenden Kellerräumen führten. Diese Kellerräume waren über eine Treppe unter der Bank zugänglich. Die eher kleinen Keller konnten bis zu zwei Räume haben, die Nischen für Lampen enthielten und der Lagerung von Wertsachen dienten.[130] Die Wände des Wohnraums waren geweißt und konnten mit bis zu vier bunten Scheintüren[131] dekoriert sein, auf denen die Kartuschen der Dorfheiligen Amenophis I. und Ahmes-Nefertari zu lesen waren. In den Wänden befanden sich ähnlich wie im davor liegenden Schlafraum einige Nischen. Der Raumboden wurde im Gegensatz zu den übrigen Räumen gestampft, verputzt und rot gestrichen.[132]

Von dieser Raumeinheit aus waren bis zu zwei undekorierte Nebenräume mit einer Grundfläche zwischen 3 m² und 6 m² zugänglich, die teilweise kleine Fenster zum Wohnraum hatten und als Schlafräume gedient haben könnten. Bruyère

[126] Ebd., S. 62.

[127] Diese Altäre dienten Kleinke zufolge dem kultischen Schutz der Kontinuität der Familie. Das selten erhaltene Dekor zeigt meist einen musizierenden, tanzenden oder feiernden Bes. Darüber hinaus gibt es Darstellungen von Frauen beim Stillen von Säuglingen und bei der Toilette, sowie eine Darstellung einer Person auf einem Boot im Papyrusdickicht. Vgl. N. Kleinke, 2007, S. 18–19 und 75. Vgl. auch W. Kaiser, 1990, S. 272. Werner Kaiser schrieb schon 1990 in einem Artikel zur Büste als Darstellungsform, dass sich im „*ersten Raum, also im Empfangsraum, der Häuser ein Kultplatz zur Aufstellung von Götterfiguren und ‚Ahnenbüsten'*" befunden hätte.

[128] B. Bruyère, 1939, S. 60–62.

[129] Dominique Valbelle bezeichnet diese Raumeinheit als „*Salle principale*", vgl. D. Valbelle, 1985, S. 260. Bruyère dagegen nannte den Raum „*Salle du divan*", vgl. B. Bruyère, 1939, S. 28–29.

[130] B. Bruyère, 1939, S. 65–66.

[131] Ebd., S. 67–68 und 70.

[132] Ebd., S. 28–29, 50–51 und 65–66.

fand hier Haushaltsgerät, Werkzeug, Nahrungsrationen, Kleider, Abfall und Rohfabrikate von Arbeitsvorgängen.[133] Ein weiterer Korridor führte vom Wohnraum ausgehend zur letzten Raumeinheit, der Küche. Kleinere Häuser waren gezwungen einen der Nebenräume als Korridor zur Küche mitzunutzen. Die Küche war nicht überdacht, sodass der Rauch abziehen konnte. Lediglich ein Gitterdach aus getrocknetem Palmholz schützte vor dem einfallenden Licht. Die Küche lag direkt an der Außenummauerung. Sie enthielt einen Brotofen, der Vorzugsweise gegenüber der Zugangstür lag, sowie diverse Feuerstellen und Backtröge. Krüge und Mörser waren oftmals in den Boden eingelassen. Von der Küche aus führten Treppen in kleine Kelleräume, die der Lagerung von Nahrung und anderen Dingen dienten. Diese Räume wurden zum Teil direkt in die Flanke des Qurnet-Murai geschlagen und befanden sich damit unter der Ummauerung. Eine weitere Treppe führte auf das Dach.[134] Die Vorstellung, dass die flachen Dächer in den heißen Monaten als Schlafplatz gedient haben könnten[135], oder dass hier die Wäsche getrocknet, Vögel gehalten und Güter gelagert wurden, scheint möglich. Hintergrund dieser Vermutung ist die Nutzung des Daches in modernen ägyptischen Dörfern, was z. B. Lynn Meskell in ihrer Untersuchung der Räume von Deir el-Medine schildert: „*Numerous activities undoubtedly took place at roof level, much as they do in Egypt today*".[136] Für diese Annahme gibt es in Deir el-Medine keine Belege, aber der enge Raum der Siedlung und die kulturell weit verbreitete Nutzung einer Dachterrasse in den kühlen Abendstunden lassen kaum Zweifel an der Aussage zu.

Die geweißten Raumwände konnten farbig dekoriert werden. Außerdem dienten die Säulen, Fenster, Scheintüren und Türen, Altäre und Naoi, die Bank des Schlafraums sowie Stelen, Büsten und Statuetten, die in den Wandnischen platziert wurden, als dekorative Elemente. Die Türen waren alle ocker-rot gestrichen. Türschwellen waren aus Sandstein oder Kalkstein oder aus Ziegeln, Sykomoren- und Palmenholz. Auch Spolien von Kapellen konnte Bruyère bei der Grabung als Hausdekor identifizieren.[137] Die Inneneinrichtung ist kaum erhalten. Die meisten Informationen stammen aus den Grabdarstellungen. Gefunden wurden Gebrauchsgegenstände aus Keramik, Fayence und Stein sowie Werkzeuge, Skizzen, Entwürfe und Arbeitsrückstände.[138]

[133] Bruyère bezeichnet diese Raumeinheiten als „*Chambres de débarras*". Seiner Meinung nach dienten sie als Dienerzimmer, Abstellraum und Arbeitsraum der Frauen. Vgl. ebd., S. 50 und 71. Gutgesell meint sogar, dass sie als Stall gedient haben könnten. Vgl. M. Gutgesell, 1989, S. 45. Eine Haltung größerer Tiere ist jedoch aufgrund des wenigen Platzes innerhalb der Siedlung kaum vorstellbar.

[134] D. Valbelle, 1985, S. 118–119 und B. Bruyère, 1939, S. 51, 72–76 und 78. Bruyère nimmt an, dass es auch eine Stelle zur Lagerung von Wasser und einen kleinen Altar in der Küche gab.

[135] B. Bruyère, 1939, S. 28.

[136] L. Meskell, 2000, S. 264.

[137] B. Bruyère, 1939, S. 40–45.

[138] Ebd., S. 47–49.

#### 2.1.1.1 Hauseigentümer

Mit Hilfe der archäologischen Quellen konnten immerhin dreizehn Hauseigentümer[139] über die knapp 500 Jahre der Besiedelung von Deir el-Medine rekonstruiert werden.

Haus N.E. VIII gehörte *Qꜣ-ḥꜣ*. Es wurde Bruyère zufolge in der frühen 18. Dynastie errichtet und bis zum Ende der 20. Dynastie nur unwesentlich verändert. Es gehörte mit acht Räumen und 125 m² Grundfläche zu den größten Häusern der Siedlung und hat im Vergleich zu den restlichen Häusern eine andere Raumabfolge. *Qꜣ-ḥꜣ* ist Vorarbeiter der Mannschaft in der 19. Dynastie unter Ramses II. und Merenptah und Kollege des Vorarbeiters *Nfr-ḥtp* und dessen Nachfolger *Nb-nfr*. Seine Eltern waren *Ḫwy* und *Tꜣ-nḥsj*. Seine Frau hieß *Twy*.[140]

Haus N.E. XV war im Besitz des *sꜣw Ḫꜣwj*. Es wurde zum Teil in der frühen und zum Teil in der späten 18. Dynastie gebaut, weshalb es sich nach Bruyère architektonisch von der Masse abhebt.[141]

Haus N.O. XV gehörte dem *sš-qdw.t Pꜣ-šdw*. Sein Haus wurde in der 18. Dynastie gebaut und in der Ramessidenzeit renoviert. Der Vorzeichner hatte fünf Räume zur Verfügung.[142]

Besitzer des Hauses N.O. XVI war der Arbeiter *Jmn-m-ḥb*. Das Haus wurde ebenfalls in der 18. Dynastie erbaut und nach Bruyère zum Teil durch Wassereinbruch zerstört. Es hatte fünf Räume.[143]

Haus C. II bewohnte der *ṯꜣy-mḏꜣ.t Nfr-rnp.t*. Das Haus stammt aus der 18. Dynastie und scheint mehrmals umgebaut worden zu sein. Der Bildhauer hatte fünf Räume zur Verfügung.[144]

Haus C. IV gehörte *Jmn-nḫ.t*. Es wurde in der 19. Dynastie gebaut und später neu ausgerichtet, nachdem der Ortseingang von Deir el-Medine verlegt wurde.[145]

Haus S.E. II wurde am Anfang der 19. Dynastie gebaut. Es hatte drei Räume und die Kellerräume waren Gräber der 18. Dynastie. Das Haus bewohnte ein Mann namens *Ḥr-nfr*, dessen Vater *Nb-ḏfꜣw* hieß.[146]

Haus S.E. VII gehörte dem Arbeiter *Nb-jmnt.t*.[147] Haus S.E. VIII lag in dessen Nachbarschaft. Es gehörte *Nb-jmn*, Sohn des *Nb-jmnt.t*. Das Haus hatte vier Räume.[148]

Haus S.O. II gehörte dem Schreiber *Ḥr-šrj*, der unter Ramses IV. bis Ram-

[139] B. Porter und R. L. B. Moss, 1964, S. 702–703. Benedict G. Davies vermutet vier weitere Hauseigentümer: einer von drei *Mrj-sḫmt* für N.E. IV, *Pꜣ-sr* für N.O. XXVII, der Wächter *Pn-mn-nfr* für C. VI und *ꜥꜣ-mꜥk* für S.E. VI. Vgl. B. G. Davies, 1999, S. 162, 198, 206 und 278 und B. Bruyère, 1939, S. 200, 248, 272 und 299.

[140] B. Bruyère, 1939, S. 251–253 und J. Černý, 2001, S. 294. Dem Besitzer gehörte Grab TT 360.

[141] B. Bruyère, 1939, S. 260–261. Dem Besitzer gehörte Grab TT 214.

[142] Ebd., S. 290–292.

[143] Ebd., S. 292–293.

[144] Ebd., S. 44 und 302.

[145] Ebd., S. 303–304.

[146] Ebd., S. 265–267.

[147] Ebd., S. 44 und 272–273.

[148] Ebd., S. 273–276.

ses IX. lebte. Es wurde in der 19. Dynastie gebaut und nach Westen erweitert. In der 20. Dynastie baute man das Haus um. Der Schreiber hatte sechs Räume zur Verfügung.[149]

Haus S.O. IV bewohnte in der 19. Dynastie der *sš-qdw.t P3-rˁ-ḥtp*. Das Haus wurde Anfang der Ramessidenzeit errichtet und hatte vier Räume.[150]

Die letzten zwei durch die Quellen bekannten Hauseigentümer sind die Arbeiter *Sn-nḏm* und *Ḫˁ-bḫn.t*. Letzterer lebte in Haus S.O. V, einem 19. Dynastie-Haus, das mehrmals umgebaut wurde und fünf Räume hatte.[151] *Sn-nḏm* lebte in Haus S.O. VI, dem letzten Haus im Süd-Westen der Siedlung, das in der 19. Dynastie errichtet wurde. Sein Haus hatte acht Räume und lag in unmittelbarer Nähe zu seinem Grab.[152]

### 2.1.1.2 Haus und sozialer Status

Häuser erhielten nur die Mitglieder der Mannschaft des Grabes und die Wächter. Manfred Gutgesell geht davon aus, dass sich die soziale Position des Wohnhausbesitzers in dessen Wohnqualität niederschlug. Die Größe des Hauses, die Ausstattung und die Bauweise wären damit Indikatoren für den sozialen Status des Besitzers. Aus unserem modernen kulturellen Verständnis heraus erscheint diese Annahme nahe liegend. Als altägyptischer Vergleich wird die Siedlung von Amarna herangezogen, die aufgrund ihrer Beleglage diese Vermutung stützen soll.[153] Grundlage dafür scheint die Arbeit Herbert Rickes über das Amarna-Wohnhaus zu sein. Ricke stellte 1932 die einzelnen Wohnhaustypen in Amarna vom einfachen Grundrisstypen des Amarna-Wohnhauses bis zu den königlichen Wohnpalästen gegenüber. Diese Gegenüberstellung macht es nachvollziehbar, dass die Größenunterschiede der Gebäude und die Unterschiede der Raumeinheiten der einzelnen Haustypen Rückschlüsse auf den Status und das Prestige ihrer Besitzer zulassen. Ricke verglich jedoch die schwächste, belegbare Gesellschaftsschicht mit der höchststehenden, mächtigsten Schicht. Es ist daher kaum verwunderlich, dass soziale Unterschiede in den Bauten deutlich werden.[154] Das Ergebnis eines solchen Vergleichs kann jedoch nicht auf die einzelnen Gebäude der Arbeitersiedlung von Deir el-Medine übertragen werden, deren Bewohner an sich eine eigene Gruppe der altägyptischen Gesellschaft darstellen.[155]

Bruyère sieht im Gegensatz zu Gutgesell in den Häusern keine Widerspiegelung der sozialen Ordnung. Er merkt an, dass das Haus S.O. VI des einfachen

[149] Ebd., S. 315–319 und J. Černý, 2001, S. 231.

[150] B. Bruyère, 1939, S. 320–325.

[151] Ebd., S. 325–329.

[152] Ebd., S. 329–335. TT 1 ist das Grab des *Sn-nḏm*.

[153] M. Gutgesell, 1989, S. 42. In Gutgesells Arbeit wird nicht deutlich, auf welche Forschungsarbeit zur Architektur von Amarna er sich in dieser Aussage bezieht.

[154] H. Ricke, 1932, S. 13–68.

[155] Noch in der von Elke Roik 1988 verfassten Arbeit zum altägyptischen Wohnhaus wird dieser von Ricke erarbeitete Zusammenhang zwischen sozialem Status und Hausgröße in Bezug zu Deir el-Medine vertreten. Vgl. E. Roik, 1988, S. 31.

Arbeiters *Sn-nḏm* im Vergleich zu den umliegenden Häusern sehr groß und reich dekoriert war, ohne dass seinem Besitzer eine hohe Position in der Siedlung aufgrund der Quellen zugewiesen werden kann.[156] Auch Dominique Valbelle schreibt in *Les Ouvriers de la tombe*, dass nichts darauf hindeutet, dass die Vorarbeiter immer die größten Häuser hatten. Solch ein Privileg ist für Deir el-Medine nicht die Regel.[157] Einen Vergleich der Größe und Einrichtung mit dem Status des Hausbesitzers und eine daraus resultierende Differenzierung der Häuser von Deir el-Medine nach Berufsgruppen lässt schon die Beleglage nicht zu. Bisher konnten zu wenige Hauseinheiten Besitzern zugewiesen werden, um solch einen Vergleich durchzuführen. Von 13 Hausbesitzern, die sich über die gesamte Dauer Deir el-Medines verteilen, sind zwei der Führungsschicht zuzuordnen. Ihre Häuser N.E. VIII und S.O. II haben acht und sechs Räume. Die restlichen Häuser haben bis auf Haus S.O. VI zwischen drei und fünf Räumen. S.O. VI, das Haus des Arbeiters *Sn-nḏm*, hat ebenfalls acht Räume und bestätigt damit, dass die Häuser von Arbeitern ebenso viele Räume haben konnten wie die Häuser der Chefs. Folglich spiegelt sich in der Hausgröße nicht zwingend der soziale Status wider.

### 2.1.2 Die Häuser außerhalb der Ummauerung

Außerhalb der Ummauerung fanden die Ausgräber weitere Gebäudestrukturen, die sie als Wohnhäuser identifizierten. Valbelle zufolge können die Gebäude anhand ihrer Lage in drei Klassen unterteilt werden. Zum einen gab es zwölf Häuser, die auf der unteren Etage des nordwestlichen Halbrundes des Westgebirges lagen. Jedes Haus hatte zwischen zwei und acht Silos, einige hatten Kellerräume, was an die Lagerung von Gütern denken lässt. Bruyère beschreibt eines der Häuser (Haus Nr.1312) als hervorragend erhaltenes Hausbeispiel, das an einem der wichtigsten Wege in die Nekropole lag. Es wurde einige Meter vom Dorf entfernt gebaut, hatte einen Hof, einen Keller und einige Räume, von denen zwei mit Kalk geweißt waren. Ein Raum war mit einem Diwan gegenüber der Tür versehen, der andere mit einer Grube. Ein Großteil der Grundfläche ist mit sechs Silos durchzogen, deren Ziegelmauern verputzt waren. Man konnte sie mit einer Abdeckung verschließen.[158] Aufgrund des Fehlens von Schlafraum und Küche sowie der Fassungsmenge der Silos, die sehr bedeutend scheint, vermutet Valbelle jedoch, dass es sich hier nicht um Wohnhäuser, sondern um Schreiberbüros und Magazine handelt.[159]

Die zweite Gruppe, die nordöstlich der Siedlung am Fuß des Qurnet-Murai mit Blick auf den späteren Tempel der Hathor lag, wirkt dagegen eher wie Wohnhäuser. Sie unterscheiden sich nur geringfügig von den Wohnein-

[156] B. Bruyère, 1939, S. 17 und M. Gutgesell, 1989, S. 42–44.

[157] D. Valbelle, 1985, S. 121–122.

[158] B. Bruyère, 1937a, S. 24–26.

[159] D. Valbelle, 1985, S. 120.

heiten im ummauerten Bereich. Zu den beschriebenen Raumeinheiten gab es hier zusätzlich Eselställe. Valbelle vermutet daher, dass es sich um die Häuser von Eselbesitzern handeln muss. Vergleichbare Einrichtungen für Tiere gibt es innerhalb der Ummauerung nicht. Die hier untergebrachten Esel gehörten vermutlich der ganzen Mannschaft, die sie in den Dienst der Versorgungsmannschaft und des Polizeikorps stellte.[160] Die Ställe sind möglicherweise auch für Meskell der Grund, diese Gebäude bestimmten Mitgliedern der Versorgungsmannschaft oder des Kontrollpersonals zuzuweisen. Einer weiteren Überlegung ihrerseits zufolge könnten auch die Dienerinnen in diesen Häusern gewohnt haben.[161] Für keine der drei Gruppen gibt es Quellen, die sie als Bewohner dieser Häuser belegen würden. Erst für die späte 20. Dynastie ist der Wohnort der Versorgungsmannschaft und der *mḏꜣj.w* bekannt.[162]

Die letzte Häusergruppe, die nördlich der Siedlung im Tempelareal noch nördlich des späteren Hathortempels lag, ist schwer zu identifizieren. Bruyère unterscheidet die Häuser H und J und die Konstruktion K. Die beiden letzteren Gebäude ordnet er der 18. Dynastie zu. Die Gründe dafür sind ein Amphorenfund und ein zu Konstruktion K unmittelbar benachbartes Gebäude der 18. Dynastie. Bruyère interpretiert die Konstruktion K als großes Silo, das mit sechs tiefer liegenden Kellerräumen genug Platz zur Lagerung von Waren bot.[163] Meskell betont architektonische Parallelen zu den Häusern innerhalb der Siedlung.[164]

Auch innerhalb des Tals der Könige und des Tals der Königinnen sowie auf dem zum Tal der Könige führenden Pass legten die Arbeiter kleine Hütten an. Allerdings ist die Funktion dieser Gebäude nicht endgültig geklärt. Ob z. B. die Arbeiterhütten im *village du col* als temporäre Bleibe während der Arbeitszeit genutzt wurden und die Arbeiter nicht jeden Abend nach Hause kamen, ist fraglich. Es gibt zwar archäologische Spuren sowie Werkzeuge, Keramik und Textfunde, die diese These unterstützen. Jedoch fehlen jegliche Anzeichen für die Bereitung von Speisen wie Feuerstellen oder für die Lagerung von Wasservorräten. Meskell schlägt vor, dass die Arbeiterhütten des Passes vorrangig der Arbeitsorganisation dienten und weniger eine nächtliche Bleibe waren. Das *village du col* könnte demnach als Versorgungsstation zwischen Siedlung und Arbeitsplatz gedient haben, wo Arbeitsgerät und Versorgungsgüter gelagert und schnell an den entsprechenden Bestimmungsort transportiert werden konnten.[165] In Anbetracht der Hütten im Tal der Könige scheint die Antwort klarer. Hier wurden Kochstellen und Gebrauchskeramik sowie Zeichnungen, Briefe, Schultexte und andere literarische und

[160] Ebd., S. 121.
[161] L. Meskell, 2000, S. 267.
[162] Siehe Kap. 2.3.3.3 und 2.3.3.5.
[163] B. Bruyère, 1952a, S. 32–35.
[164] L. Meskell, 2000, S. 268.
[165] Ebd., S. 266–267.

nicht-literarische Texte gefunden, welche die Arbeiterhütten als einen Aufenthaltsort in den Arbeitspausen und vielleicht auch über Nacht wahrscheinlich machen.[166]

### 2.1.3 Die Nekropole

Die Siedlung hatte eine eigene Nekropole im Tal von Deir el-Medine, in der die Arbeiter selbst ihre Gräber anlegten. Der Ort wurde bereits zu früheren Zeiten als Friedhof genutzt. Verschiedene von Bruyère im Norden des Tals untersuchte Gräber scheinen bereits im Mittleren Reich angelegt und später wiederbenutzt worden zu sein.[167] Die Nekropole der 18. Dynastie verteilte sich über das gesamte Areal. Gräber wurden in der Westnekropole angelegt, die am Fuß der Ostflanke des thebanischen Westgebirges liegt und sich westlich und nordwestlich der Siedlung erstreckt. Dieser Teil der Nekropole beherbergt mehrere Gräber der 18. Dynastie, deren Besitzer unbekannt sind.[168] Weitere Gräber, TT 1439 bis 1443, liegen nördlich des ptolemäischen Hathortempels im Kapellenareal an der Nordmauer des Tempels.[169] In der Ostnekropole, die an der Westflanke des Qurnet-Murai liegt, wurden die Gräber TT 1365 bis 1390(E) angelegt. Nach Bruyère datieren sie in die erste Hälfte der 18. Dynastie. Über der Nekropole wurde ein ungestörter Tell aus Siedlungsschutt gefunden, dessen untere Schichten Objekte aus der späten 18. und frühen 19. Dynastie enthielten.[170] Die ältesten Gräber wurden nahe der Siedlungsmauer gebaut. Südlich des Dorfes gab es nur sehr wenige Grabanlagen.[171]

Die größte Konzentration von Gräbern der 18. Dynastie[172] befand sich am Fuß des thebanischen Westgebirges in der sogenannten Westnekropole. Hier wurden meist Familiengräber angelegt, die über einen Schacht oder einen Treppenabgang zugänglich waren. Prinzipiell waren die Gräber nicht dekoriert und hatten zum Teil einen Graboberbau aus Ziegeln, der sich nicht direkt am Grab befinden musste. Der Oberbau bestand bestenfalls aus einem Pylon, einem Hof und einer kleinen pyramidialen Kapelle, eventuell ergänzt um ein Pyramidion und eine farbige Stele, die meist eine Bestattungsszene mit Opfer zeigt. Die größten Anlagen befanden sich im Nord-Westen. Der Großteil der Gräber wurde in ramessidischer Zeit und noch später wiederverwendet. Viele haben jedoch die sterblichen Überreste und einen Teil der Grabbeigaben ihrer Vorgänger erhalten. Wertvolles

[166] E. Paulin-Grothe und T. Schneider, 2001, S. 4–5 und G. Neunert, 2006, S. 126.

[167] L. Meskell, 2000, S. 261.

[168] Vgl. B. Bruyère, 1937a, S. 9–144. Generell sind nur wenige Grabbesitzer namentlich belegt. Vgl. B. Porter und R. L. B. Moss, 1964, S. 686–688.

[169] Vgl. B. Bruyère, 1952, S. 27–32.

[170] Vgl. B. Bruyère, 1937b, S. 6 und 147–202 und B. Porter und R. L. B. Moss, 1964, S. 701–702.

[171] D. Valbelle, 1985, S. 5–6. Valbelle merkt selbst an, dass die Datierung der 18.-Dynastie-Gräber problematisch ist, da notwendiges Vergleichsmaterial bisher fehlt.

[172] B. Bruyère, 1937a, S. 7. Bruyère spricht von den „*étages inférieurs*" der Nekropole. Die Gräber konzentrierten sich auf den unteren Bereich des Hügels.

wurde allerdings hier nicht mehr gefunden.[173] Viele der Gräber datieren in die erste Hälfte der 18. Dynastie. Fünf Gräber wurden noch nach Amarna benutzt. Elf Grabinhaber konnten identifiziert werden. In diesem Bereich der Nekropole liegen die Anlage des Arbeitschefs *Ḫꜥ*[174], der unter Amenophis II., Thutmosis III. und Amenophis III. diente, und die Gräber der *sḏm.w-ꜥš* *Stꜣw*[175] und *Sn-nfr*[176]. Die drei Gräber wurden als einzige unversehrt oder teils unversehrt vorgefunden.[177]

Die Gräber der Ostnekropole gliedern sich abhängig vom Alter ihrer Bestatteten in drei Abschnitte. Im unteren, südlichen Bereich wurden in über einhundert Gräbern Leichen von Kindern, Säuglingen, Totgeborenen und Föten gefunden. Der nördliche Teil der Ostnekropole ist nach Altersgruppen eingeteilt. Die Gräber enthielten von unten nach oben die Leichen von Kindern, männlichen und weiblichen Jugendlichen und im oberen Abschnitt die Leichen von erwachsenen Männern und vor allem Frauen.[178] Abgesehen von der Ausstattung sind sich die Grabanlagen des mittleren und oberen Bereichs sehr ähnlich. Sie bestehen aus einem unbefestigten senkrechten Schacht von 2 m bis 3 m Tiefe, die zu rechteckigen oder trapezförmig, rund 6 $m^2$ großen und unverputzten Grabkammern führten. Die meisten Gräber sind geplündert worden.[179] Erwachsene wurden entweder einzeln oder in Gruppen bestattet. Ihre Namen sind nur selten erhalten.[180] Die Datierung der Ostnekropole in die frühe und mittlere 18. Dynastie, vor allem in die Zeit der Hatschepsut und ihres Nachfolgers Thutmosis III., beruht auf der Keramik und Skarabäen, die auf den Leichen gefunden wurden. Die Grabbeigaben, Möbel, Körbe, Stäbe, Kleidung, Keramik, Nahrungsmittel, Schmuck, Toilettenartikel und Musikinstrumente, konnten von Grab zu Grab variieren und fielen zum Teil reichlich aus. Geneviève Pierrat-Bonnefois zufolge weisen die Grabbeigaben Gebrauchsspuren aber keine besondere

[173] D. Valbelle, 1985, S. 11. Bruyère sieht in der Entwicklung der Grabanlagen den Wunsch der Menschen nach Hierarchie. Die Gabe der Nachahmung und das Darstellungsbedürfnis religiöser Traditionen gewannen an Bedeutung. Nach Bruyère verstärkt sich der Wille der kleinen Leute, sich zu organisieren und für sich selbst eine eigene Aristokratie, einen distinktiven Geschmack und soziale Klassen zu schaffen. Vgl. B. Bruyère, 1939, S. 4–5. In die 18. Dynastie lassen sich noch die Felskultkammern der Gräber TT 340 und TT 354 sowie vier Ziegelkapellen der Gräber TT 8, TT 291, TT 325 und TT 338 datieren. Vgl. E. Hofmann, 2004, S. 67.

[174] Zum Grab des *Ḫꜥ* TT 8 siehe z. B. E. Schiaparelli, 1927, B. Bruyère, 1925, S. 53–55 und Pl. XIV, B. Bruyère, 1926a, S. 50–51, J. Vandier d'Abbadie, 1939, D. Valbelle, 1985, S. 12–13, S. T. Smith, 1992 und B. Porter und R. L. B. Moss, 1960, S. 16–18.

[175] Zum Grab des *Stꜣw* TT 1352 siehe B. Bruyère, 1937a, S. 95–109 und Pl. III, D. Valbelle, 1985, S. 14–15 und B. Porter und R. L. B. Moss, 1964, S. 668.

[176] Zum Grab des *Sn-nfr* TT 1159A siehe B. Bruyère, 1929, S. 37, Fig. 24 und S. 40–73, D. Valbelle, 1985, S. 15–16 und B. Porter und R. L. B. Moss, 1964, S. 687.

[177] D. Valbelle, 1985, S. 12–14. Interessanterweise fallen die Beigaben im Grab des *Ḫꜥ* teils sehr luxuriös aus, was nach Valbelle in Zusammenhang mit seiner Stellung als *ꜥꜣ n js.t* stehen könnte. Die Grabbeigaben in den Gräbern des *Stꜣw* und des *Sn-nfr* sind weniger reichlich, aber doch von ähnlicher Qualität, obwohl beide nur *sḏm.w-ꜥš* waren. Vgl. D. Valbelle, 1985, S. 17.

[178] C. Näser, 2001, S. 373, L. Meskell, 1999a, S. 163–164 und E. Hofmann, 2004, S. 67.

[179] C. Näser, 2001, S. 374–375.

[180] A. G. McDowell, 1999, S. 19 und D. Valbelle, 1985, S. 7.

Qualität auf.[181] Claudia Näser zeigte in ihrem Aufsatz zur Ostnekropole mittels einer Quellensicht, dass es sich bei diesem Abschnitt der Nekropole nicht, wie von Bruyère vermutet, um den Friedhof der meist ausländischen Tänzerinnen und Musiker handelt. Vielmehr würden die funerären Funde keine Informationen liefern, die eine klare Aussage über die soziale Einordnung der Grabinhaber zulassen.[182] Die Frage ist, ob diese Nekropole überhaupt zur Siedlung gezählt werden kann, oder nicht sogar vor die Siedlungsgründung datiert. Pierrat-Bonnefois zufolge lassen die Beigaben, vor allem die Rischisärge, und das Fehlen von Titeln wie *nb.t-pr* eher Parallelen zu Bestattungen der späten 17. Dynastie bis zur Regierung der Hatschepsut in der gesamten thebanischen Nekropole vermuten. Nach ihr kann der Ostfriedhof nicht Deir el-Medine zugeschrieben werden und wurde möglicherweise noch vor der Besiedelungsphase angelegt. Allerdings gilt das aufgrund der vergleichbaren Beigaben nur für die Erwachsenenbestattungen. In der Westnekropole lassen sich kaum Gräber in diesen frühen Zeitraum datieren.[183]

Die wenigen Anlagen im Süden der Siedlung wurden durch die späteren Erweiterungen des Ortes einfach überbaut und teilweise als Keller weiter genutzt. Graboberbauten sind nicht mehr vorhanden, und Bruyère fand nicht einmal Spuren von möglichen Kapellen oder kleinen Pyramiden. Seiner Ansicht nach sind solche Oberbauten auch aufgrund der Nähe der Schächte zueinander kaum vorstellbar. Trotzdem möchte er irgendwelche sichtbaren ‚Marker', wie pyramidenförmige Tumuli oder Stelen annehmen.[184]

Die Gräber der Ramessidenzeit konzentrieren sich hauptsächlich auf die Westnekropolen. Nur wenige befinden sich im Bereich des ptolemäischen Hathortempels und an der Nordseite des Qurnet-Murai.[185]

181 D. Valbelle, 1985, S. 6–10, A. G. McDowell, 1999, S. 18, G. Pierrat-Bonnefois, 2003, S. 52 und 53–54 und L. Meskell, 1999a, S. 165. Meskell bietet einen Überblick über die nummerierten Gräber des Ostfriedhofs. Unter den Grabbeigaben waren Eva Hofmann zufolge *„zahlreiche weißgrundige Särge der frühen 18. Dynastie mit sehr knappem, fast emblematischem Dekor"*. E. Hofmann, 2004, S. 67.

182 C. Näser, 2001, S. 374 und 387–391.

183 G. Pierrat-Bonnefois, 2003, S. 56–61 und L. Meskell, 1999a, S. 164–165. Diese Überlegung ist hinsichtlich der Gründungsfrage Deir el-Medines interessant und könnte ebenfalls dafür sprechen, dass erst unter Hatschepsut bzw. Thutmosis III. die Siedlung gebaut wurde. Vgl. Kap. 2.2.1.

184 B. Bruyère, 1937b, S. 8 und 16. Bruyère fand im Schutt der Ostnekropole Fragmente kleiner Kalksteinstelen, die diese Annahme stützen.

185 Die Gräber 1390 bis 1433 datieren nach Jean-Luc Bovot in die 19. und 20. Dynastie. Vgl. J.-L. Bovot, 2002, S. 49. Bei Bruyère findet man diese Annahme bestätigt mit Ausnahme der Gräber Nr. 1403 bis 1410, die zwar in die Ramessidenzeit datieren, sich aber in der Westnekropole befinden. Vgl. B. Bruyère, 1948, S. 117. Die Gräber Nr. 1437, 1438 und 1444 bis 1454, die ebenfalls auf der Nordseite des Qurnet-Murai liegen, wurden teilweise durch Häuser weiterbenutzt. Bruyère hält sich mit der Datierung allerdings zurück und schreibt nur, dass die Gräber während des Neuen Reiches benutzt und teilweise bis in ptolemäischer Zeit wieder benutzt wurden. Vgl. B. Bruyère, 1953, S. 92–123 und 130.

Die frühe 19. Dynastie, vor allem die Zeit Sethos I. und Ramses II., hat die meisten und größten Gräber, und außerdem die qualitativ hochwertigsten Grabbeigaben hervorgebracht. In der 19. Dynastie wurden viele neue Gräber angelegt, möglicherweise auf Kosten älterer Gräber. Sobald die rechtliche Lage über die Neuanlage oder die Wiederverwendung einer alten Grabanlage geklärt war, konnte man mit der Arbeit am Grab beginnen. Es wurden aber auch ältere Gräber, die meist Mitglieder der eigenen oder der Familie der Ehefrau beherbergten, als Familiengruft weiterbenutzt. In der 20. Dynastie gibt es kaum neue Anlagen. In der Regel wurden alte Gräber wieder verwendet oder Familienanlagen um einige Kammern erweitert.[186]

Das ramessidische Grab von Deir el-Medine[187] weist grundlegend dieselben Elemente wie die Gräber der 18. Dynastie auf, nämlich eine Grabpyramide, eine Grabkapelle, einen Vorhof, einen Schacht und die Grabkammer. Im Detail gibt es einige wichtige Unterschiede. Die Oberbauten und die dazu gehörigen Gräber sind selten räumlich getrennt. Die Grabkapelle wurde einerseits als Ziegelkonstruktion mit zwei kleinen gewölbten Kammern, bedeckt von einer Pyramide, gebaut, die an die Grabkapellen der 18. Dynastie erinnert und eine monumentale Stele, Statuen und Säulen enthalten konnte. Andererseits wurde die Grabkapelle ganz oder nur zur Hälfte in den Fels gebaut. Diese Felskapellen sind verhältnismäßig groß und haben oft einen Naos, der mit Götterdarstellungen[188] dekoriert werden konnte. Die Felskapellen boten Platz für die Aufstellung von Statuen oder Stelen. Die Wahl der Kapellenart hing von der Lage des Grabes ab. Vor den Grabkapellen wurden auf einer Terrasse ein oder zwei Höfe angelegt, die eventuell Säulen und einen aus Ziegeln konstruierten Pylon hatten. Die Höfe konnten je nach Lage des Grabes über eine Treppe oder eine Rampe erreicht werden. In die Grabkammer gelangte man häufig über einen Schacht, seltener über eine Treppe. Die Schächte befanden sich meist im Vorhof, konnten aber auch im Inneren der Kapelle liegen. Ein Grab hatte zwischen drei und vier Kammern. Es sind aber auch bis zu zehn Kammern in einem Grab belegt. Über eine erste, meist gewölbte Kammer gelangte man in die verschiedenen Grabkammern, die jeweils bestimmten Familienzweigen vorbehalten waren.[189] Man könnte nun folgern, dass sich die Gräber in Deir el-Medine sehr ähnlich sind, aber, wie Eva Hofmann feststellt, lässt sich „*in keinem anderen Nekropolenteil* [...] *eine derartige Vielzahl architektonischer Varianten unterscheiden*"[190], was eine Kategorisierung nach Grabtypen schwierig macht. Ein weiterer auffälliger Unterschied zwischen der 18. und der 19. Dynastie ist die Anzahl an erhaltenen Gräbern. Während aus der 18. Dynastie häufiger Schächte mit Grabkammern erhalten und Graboberbauten bis auf wenige Beispiele wie die Anlage des *Ḫꜥ* seltener erhalten sind, häufen sich Graboberbauten mit Höfen und

[186] D. Valbelle, 1985, S. 287–289 und A. G. McDowell, 1999, S. 67.

[187] D. M. Mostafa, 2000 S. 220–222.

[188] Hierbei handelt es sich meist um Darstellungen von Osiris und Re-Herachte oder Darstellungen von Osiris, Isis und Hathor. Vgl. D. Valbelle, 1985, S. 290.

[189] Ebd., S. 289–291.

[190] E. Hofmann, 2004, S. 68.

Pyramiden sowie Familiengrüfte in der Ramessidenzeit, vor allem in der 19. Dynastie. Möglicherweise wurden die Oberbauten der Gräber der 18. Dynastie ab- oder umgebaut, um Raum für die Bauten der Ramessidenzeit zu gewinnen. Andererseits stellt Lynn Meskell in ihren *Spatial Analyses* eine interessante Überlegung zur Zunahme der Oberbauten der 19. Dynastie an. Meskell vermutet in den Oberbauten eine Annäherung an die Beamtenschicht der 18. Dynastie, deren Grabanlagen in den nahe gelegenen Beamtennekropolen von Theben-West sichtbar waren, häufig repräsentative Oberbauten hatten und die Grabbauer von Deir el-Medine inspiriert haben könnten. Die Imitation von Kapellen bedingt die Konzentration auf den Westteil des Tals. Hier konnte man die Kapellen in den Fels schlagen. Die Oberbauten waren dadurch haltbarer als Lehmziegelbauten.[191] Diese Überlegung muss jedoch eine Hypothese bleiben, da die Situation der Oberbauten der 18. Dynastie unbekannt ist.

Die Wände der Kapelle und des Grabes konnten durch Bemalung, seltener durch Reliefs, dekoriert werden. Einige Gräber blieben unvollendet und zeigen oft nicht mehr als eine Vorzeichnung. Häufig sind der Tote und seine Familie bei kultischen Handlungen wie Götteropfern und Zeremonien dargestellt, seltener zeigen die Bilder das diesseitige Leben und den Alltag des Toten und seiner Familie. Szenen, wie die Vorbereitungen auf den Tod, die Bestattung und die Riten, die das Leben im Jenseits sichern, sind besonders prominent in den Darstellungen. Auch das soziale Umfeld des Toten neben der Familie, wie Kollegen, Freunde und Diener, konnte dargestellt werden. Vignetten und illustrierte Sprüche aus dem Pfortenbuch und dem Totenbuch entstammen der guten Textkenntnis und der hohen handwerklichen Fähigkeiten der Schreiber und Arbeiter.[192]

Wie eine Grabausstattung in Deir el-Medine ausgesehen haben kann, ist aus einigen Quellen bekannt. Prominent sind das intakte Grab des *Ḫꜥ* aus der 18. Dynastie und das Grab des *Sn-nḏm*[193] aus der Zeit Sethos I., das als einziges ramessidisches Grab in einem ungestörten Zustand gefunden wurde. Darüber hinaus informieren vor allem die teilweise ungestörten Gräber der 18. Dynastie, die Gräber des *Stꜣw* und des *Sn-nfr* sowie die Gräber des Ostfriedhofs. Auch die Darstellungen im Grab des *Jpwy*[194] bieten Informationen zum typischen Grabinventar. Sie zeigen die Herstellung von Grabmobiliar sowie die handwerklichen Fähigkeiten des Grabherren und seines Sohnes. Eine weitere Quelle findet sich in den Beigaben eines geöffneten Grabes, das während der 20. Dynastie in der Regierungszeit Ramses III. inspiziert wurde und dessen Besitzer unbekannt ist. Das Grab wird in die frühe 19. Dynastie datiert. Außerdem geben die in der Siedlung gefundenen Grabbeigaben, die wahrscheinlich vor Ort gefertigt wurden,

[191] L. Meskell, 2000, S. 261–262.

[192] D. Valbelle, 1985, S. 291–293.

[193] Zum Grab des *Sn-nḏm* TT 1 siehe z. B. E. Toda, 1920, B. Bruyère, 1959, D. Valbelle, 1985, S. 294–298, A. G. Shedid, 1994, E. Hofmann, 2004, S. 65–92 und B. Porter und R. L. B. Moss, 1960, S. 1–5.

[194] Grab TT 217. Vgl. B. Porter und R. L. B. Moss, 1960, S. 315–317.

Aufschluss über eine Grabausstattung in Deir el-Medine. Neben den archäologischen Quellen stammen viele Informationen zu Grabbeigaben aus textlichen Quellen, die diverse in Deir el-Medine oder am westlichen Nilufer gefertigte Beigaben erwähnen.[195]

Das Grabinventar variierte über die Jahrhunderte und konnte von Person zu Person unterschiedlich ausfallen. Bestattet wurde der Tote in einem Sarg oder mehreren Särgen, deren oberster Sargdeckel in der 20. Dynastie anthropomorph gestaltet wurde. In der Ramessidenzeit gab man dem Toten zur Sicherung des ewigen Lebens Möbel, Geschirr, Kleider sowie reale oder fiktive Nahrungsmittel mit. Im Vergleich zur 18. Dynastie fiel die Anzahl der Grabbeigaben geringer aus. Die Grabbeigaben der 18. Dynastie weisen öfter Gebrauchsspuren auf, was auf ihre Nutzung durch die jeweiligen Besitzer zu deren Lebzeiten schließen lässt. In der 19. Dynastie fehlen solche Gebrauchsspuren meist. Die Grabbeigaben wurden speziell für die Bestattung angefertigt. Grabmobiliar z. B. wurde aus Holz hergestellt und reich dekoriert. Dagegen ist das Alltagsmobiliar, wenn es aus Holz gefertigt war, nicht mehr erhalten. In der Siedlung wurden hauptsächlich Kalksteinmöbel gefunden. Aus der 20. Dynastie sind nur wenige Grabbeigaben erhalten. Im Gegensatz dazu scheint die Keramik variantenreicher geworden zu sein.[196]

### 2.1.4 Die Tempel und Kapellen

Wenige bauliche Reste zeugen von den Kultanlagen der 18. Dynastie. Unterhalb des ptolemäischen Hathortempels im Norden der Siedlung konnte Bruyère einige Kapellen der Thutmosidenzeit rekonstruieren. Bruyère bezeichnete die Heiligtümer als „*Chapelles des Confréries*“ (Votivkapellen, Kapellen der Bruderschaft). Die Kapellen wurden im Tempelareal aber auch in der Westnekropole und auf dem Weg zum Tal der Königinnen errichtet.[197] Neben den wenigen architektonischen Resten geben vor allem die archäologischen Kleinfunde Aufschluss über die kultische Situation der 18. Dynastie. Sie lassen die Verehrung verschiedener Könige vermuten. An erster Stelle stand hier Amenophis I.[198], der als „Amenophis des Ortes“ vergöttlicht und in der Regel von seiner Mutter Ahmes-Nefertari begleitet wurde.

Heiligtümer gab es auch für Thutmosis III. und Hatschepsut, die Bruyère[199] zufolge den Bau einiger Wasserdepots und Kapellen in Deir el-Medine ermöglichten.[200] Stelenfunde aus Gräbern und die Darstellungen in den Kapellen be-

195 D. Valbelle, 1985, S. 298–300.

196 A. G. McDowell, 1999, S. 21 und D. Valbelle, 1985, S. 262–264 und 300–302. Hier beschreibt Valbelle auch die Grabausstattung des Schreibers *Bw-th-Jmn.*

197 B. Bruyère, 1939, S. 3–39, B. Bruyère, 1930, S. 5–69 und B. Bruyère, 1924, S. 58–60 und 66–67. Vgl. zu den Votivkapellen auch B. Porter und R. L. B. Moss, 1964 S. 689–691.

198 Zu seinem Heiligtum in Deir el-Medine siehe: B. Porter und R. L. B. Moss, 1964, S. 693–694.

199 B. Bruyère, 1939, S. 7.

200 Zu Kapellen der 18. Dynastie siehe: B. Porter und R. L. B. Moss, 1964, S. 690–691.

legen für Valbelle die Verehrung vieler Götter des ägyptischen Pantheons. Die Bilder zeigen häufig Osiris in Begleitung von Anubis, seltener von Hathor oder Re-Herachte. Stelen, die im Bereich der Heiligtümer gefunden wurden, sind hauptsächlich Amun, mit einigen Ausnahmen auch Ptah oder Thot gewidmet. Hathor, Herrin des Westens, wurde wohl erst später als Herrin der Nekropole ins Zentrum der Verehrung gerückt. Zumindest gibt es für sie keine Belege in der 18. Dynastie.[201]

Die Religion durchzog alle Lebensbereiche der Bewohner Deir el-Medines. Ausdruck fand sie im Lokalkult, wie z. B. in der Verehrung von Ptah, des Schutzherrn des Tals der Königinnen, und Meretseger, der Schutzherrin der Nekropole, oder in der Götterverehrung in der Nekropole, sowie in Hauskulten[202] und in anderen Kulten, die außerhalb der Siedlung durchgeführt wurden.[203] Bruyère zufolge war die ganze Siedlung ein Ort der religiösen Praxis, die sich nicht ausschließlich auf das Kapellen- und Tempelareal im Norden der Siedlung beschränkte. Vielmehr war gerade das Areal der Kapellen und Tempel durch die direkte Nähe zur Siedlung eng in das tägliche soziale Leben eingebunden und kann folglich nicht ausschließlich dem Kult gedient haben.[204] Nach Dieter Kessler waren die Bewohner Deir el-Medines zu Kultgemeinschaften zusammengeschlossen, deren Oberhaupt meist die Vorarbeiter oder Schreiber waren. Den Dienst des *wꜥb*-Priesters, der die zugehörige Kulteinrichtung betreute, übernahm abwechselnd ein Mitglied der Kultgemeinschaft. Über die jeweiligen Kapellen, die an größere Tempel angeschlossen waren, wurden Kessler zufolge die Kultgemeinschaften zusätzlich versorgt.[205] Bewohner des Dorfes, die von weiter entfernt kamen, brachten vor allem in der Ramessidenzeit fremde Kulte aus fernen Teilen Ägyptens oder aus dem Ausland mit.[206] In diesem Zusammenhang ist vor allem die syro-palästinische Gottheit Reschef zu nennen. Reschef

201 D. Valbelle, 1985, S. 17–20 und 313–318. Valbelle spricht von einem lokalen Pantheon, dem die Götter Meretseger, Hathor – Herrin der Westens, Ptah und Amun sowie der vergöttlichte König Amenophis I. und dessen Mutter Ahmes-Nefertari angehören. Darüber hinaus wurden weitere Götter wie Renenutet, Taweret, Bes, Upuaut, Horus, Re, Soped und Min, sowie Osiris, Anubis, Isis und Nephthys verehrt. Gefunden wurden drei Stelenfragmente, die den opfernden König Amenophis I. zeigen: ein Opfertisch, eine fragmentarische Statue des Königs als Sphinx und eine Sitzfigur des Königs, die sich heute in Turin befindet (Inv. Kat. 1372). Gestempelte Ziegel mit den Namen des Senenmut und der Kartusche Pharao Thutmosis IV. wurden im Kapellenareal gefunden. Ein Stelenfragment, das Thutmosis III. beim Blumenopfer zeigt, eine Kalksteinstatuette des Königs und zwei Vasen, eine Statuette Amenophis' II., drei Stelen des Haremhab und weitere Funde belegen verschiedene Königskulte. Vgl. auch M. Gutgesell, 1989, S. 114.

202 Vgl. dazu auch D. Kessler, 2009, S. 267.

203 D. Valbelle, 1985, S. 313.

204 B. Bruyère, 1939, S. 5.

205 D. Kessler, 2009, S. 264–266 und 269.

206 D. Valbelle, 1985, S. 317–318. Verehrt wurden in Deir el-Medine Thot von Hermopolis, Anuket von Sehel, Chnum und Satet von Elephantine, Sobek, Seth von Ombos, Month von Armant, Nebethetepet von der Insel der Weide und Onuris-Chu von This. Valbelle nennt als ausländische Götter Reschef und Qedeschet, die in Verbindung mit Min auftreten können, und Anat. Daneben gibt es Gottheiten, die bislang nicht näher fassbar sind.

und die Göttin Qedeschet, deren Ursprung und Rolle Thema einer Hamburger Dissertation sind, werden häufig in Verbindung mit Min dargestellt.[207]

In der Ramessidenzeit wurden mehrere Heiligtümer im Kapellen- und Tempelareal von Deir el-Medine erweitert und neu errichtet.[208] Ramses II. ließ einige Heiligtümer im Bereich des späteren ptolemäischen Hathortempels bauen. Der Grundriss seines Hathorheiligtums, „die Residenz Ramses II.", das trotz seiner Bescheidenheit als das wichtigste religiöse Bauwerk in Deir el-Medine in dieser Zeit gilt, kann nicht mehr rekonstruiert werden. Spuren lassen jedoch vermuten, dass das Ramesseum als architektonisches Vorbild gedient haben könnte. Ein Gebäude südlich des ersten Hofes des Heiligtums war möglicherweise das Büro des Schreibers *Rˁ-msw*.[209]

## 2.2 Historischer Überblick

### 2.2.1 Von Thutmosis I. bis Haremhab (18. Dynastie)

Nur wenige Quellen berichten über die Entwicklung Deir el-Medines in der 18. Dynastie. Der Gründungszeitpunkt der Siedlung oder der Arbeiterschaft als königliche Institution ist fraglich. Die Verehrung Amenophis I. und seiner Mutter Ahmes-Nefertari als ‚Lokalheilige', von der späten 18. Dynastie bis in die späte Ramessidenzeit[210], wird oft als Ergebnis der *„Grundsteinlegung der Arbeitersiedlung"*[211] verstanden.[212] Die kürzlich veröffentliche Habilitation von Daniel Polz zur historischen Situation des frühen Neuen Reiches zeigt jedoch, dass gerade die kultische Ebene kaum einen Anhaltspunkt in der Gründungsfrage Deir el-Medines bieten kann. In Anlehnung an Gabi Hollender[213] weißt Polz darauf hin, dass Anzeichen für die Verehrung Amenophis I. und seiner Mutter Ahmes-Nefertari in der theba-

[207] K. Lahn, 2005, S. 205, 223 und 225. Zur Göttin Qedeschet entsteht eine Dissertation: Kristina Lahn-Dumke, Die Göttin Qedeschet, Ursprungs-, Erscheinungs- und Funktionsanalyse einer Hybridgottheit, Dissertation, Hamburg 2009.

[208] B. Porter und R. L. B. Moss, 1964, S. 690–691 und 694–697.

[209] D. Valbelle, 1985, S. 168–169 und B. Porter und R. L. B. Moss, 1964, S. 695.

[210] D. Valbelle, 1985, S. 1–2. Nach Dominique Valbelle gibt es kaum Spuren einer kultischen Verehrung Amenophis I. vor der Amarnazeit. Lediglich einige Keramikscherben, die den Namen des Königs tragen, wurden in einem Grab der 18. Dynastie gefunden, das in der Ramessidenzeit als Keller des Hauses S.E. VIII weiterbenutzt wurde. Valbelle möchte in ihnen die frühesten Belege für einen Kult Amenophis I. in Deir el-Medine sehen. Sie schreibt auch von einem kleinen Heiligtum, das Amenophis I. im Talkessel von Deir el-Medine bauen ließ und so vielleicht den Platz für die Siedlung festlegte (vgl. S. 23). Allerdings fehlt eine nachprüfbare Referenz oder Angabe archäologischer Spuren.

[211] F.-J. Schmitz, 1978, S. 229–230.

[212] N. Strudwick und H. Strudwick, 1999, S. 175.

[213] Daniel Polz beruft sich bei seiner Vermutung mehrfach auf die Kölner Magisterarbeit Gabi Hollenders *Amenophis I. und Ahmes-Nefertari: Untersuchungen zur Entwicklung ihres posthumen Kultes anhand der Privatgräber der thebanischen Nekropole*, die kürzlich überarbeitet und erweitert als SDAIK 23 veröffentlich wurde.

nischen Nekropole hauptsächlich in Dra' Abu el-Naga zu finden sind, und dass die früheste Darstellung des vergöttlichten Paares in Deir el-Medine in die Zeit Ramses II. datiert wird. Die Darstellung des Königs und seiner Mutter könnte *„schlicht die Übernahme eines populären Motivs"*[214] aus dem kleinen Heiligtum Sethos' I. im Norden der Siedlung gewesen sein.[215] Ursprünglich würde das Motiv aus anderen Privatgräbern der Nekropole von Theben-West stammen, wo es in die Zeit Amenophis III. zurückreicht. Polz stellt außerdem die Frage, welche Rolle die Königsmutter Ahmes-Nefertari bei einer vermeintlichen Siedlungsgründung gespielt haben könnte, um eine solche posthume Verehrung in Deir el-Medine zu erfahren.[216] Trotzdem möchte er die Gründung der Arbeiterschaft durch Amenophis I. als plausiblen Grund für die Verehrung des Königs durch die Arbeiterschaft nicht ausschließen. Polz hält es für möglich, dass der König verantwortlich für die *„Gründung bzw. das Ausheben einer speziellen Arbeiterschaft"*[217] war, vor allem da die neue Konzeption der königlichen Grabanlagen der frühen 18. Dynastie im Gegensatz zu denjenigen der 17. Dynastie eine organisierte Arbeiterschaft unumgänglich machte, die auch mit der Errichtung der Tempelanlagen vor Ort beauftragt gewesen sein könnte.[218]

Die archäologischen Quellen lassen vermuten, dass der Bau der Siedlung erst unter dem Nachfolger Amenophis' I., Thutmosis I., begonnen wurde. Mehrere Ziegel der östlichen Umfassungsmauer der ältesten Bauphase, die die Kartusche des Königs zeigen, bilden die Basis für diese Annahme.[219] Valbelle und Charles Bonnet zufolge gibt es aber wenige Spuren, die auf eine frühere Benutzung des Tals von Deir el-Medine deuten könnten. Darunter befinden sich zwei Gräber aus dem Mittleren Reich, ein Skarabäus mit den Namen des Amenophis I. und der

[214] D. Polz, 2007, S. 190.

[215] Siehe hierzu auch G. Hollender, 2009, S. 156–157 und A. v. Lieven, 2000 und 2001. In beiden Artikeln zeigt Alexandra von Lieven, dass der Kult für Amenophis I. und Ahmes-Nefertari kein auf Deir el-Medine beschränktes Phänomen ist, sondern als *„gesamtgesellschaftliches Phänomen* [...] *auch an anderen Orten in Ägypten und Obernubien"* (2001, S. 41) vorkommt. Die Belege für eine Vergöttlichung des Königs und seiner Mutter reichen vom Neuen Reich bis in die 22. Dynastie (2001, S. 51). Ihrer Auffassung nach, resultiert der Kult aus dem erneuten Aufblühen der ägyptischen Kultur im thebanischen Raum nach der 2. Zwischenzeit und dem *„enormen Aufschwung"* des Amunkultes in der frühen 18. Dynastie, dessen Einfluss und Bedeutung bis in die 3. Zwischenzeit anhält (2001, S. 51–52). Amenophis I. und Ahmes-Nefertari stehen wirkmächtig am Beginn dieser ‚thebanischen Ära'. Damit wäre der Kult für Amenophis I. und seine Mutter in Deir el-Medine als Ausdruck einer allgemein gesellschaftlichen Orientierung zu betrachten.

[216] D. Polz, 2007, S. 190–191.

[217] Ebd., S. 191.

[218] Ebd., S. 191–192.

[219] B. Bruyère, 1939, S. 29 und Pl. VII. Die Mauer erstreckt sich vom Siedlungseingang im Norden, über die gesamte Ostseite des älteren Siedlungsteils bis zur ramessidischen Erweiterung im Südosten (von Haus N.E. I bis Haus N.E. XIX).Vgl. auch C. Bonnet und D. Valbelle, 1975, S. 431.

Ahmes-Nefertari[220] und ein Skarabäus mit dem Namen des Ahmose[221] aus dem Ostfriedhof am Fuß des Qurnet-Murai.[222] Das heißt aber noch nicht, dass auch die Siedlung in die unmittelbare Anfangsphase der 18. Dynastie zu datieren ist. Gräber wurden offensichtlich auch schon früher in diesem Areal angelegt, ohne dass sie in direktem Zusammenhang mit Deir el-Medine standen. Zusätzlich dazu berichten Bonnet und Valbelle von Kalksteinfundamenten unter der östlichen Mauer Thutmosis' I., die sie älter schätzen als die thutmosidische Lehmziegelmauer.[223] Damit könnten im Tal Bauten gestanden haben, die vor der vermeintlichen Siedlungsgründung durch Thutmosis I. errichtet wurden. Diese These unterstützen sie mit einer quadratischen Steinmauerung, die Bruyère 1935 in der Lehmbodenschicht von Haus N.O. XIX gefunden hatte.[224] Sie schreiben, dass auch die seltsame Form der ursprünglichen Siedlung ein Indiz für die Möglichkeit einer früheren Gründung durch Amenophis I. sein könnte. Ihre nicht ganz rechteckige Form, die im Norden breiter als im Süden ist, könnte bedeuten, dass im Norden bereits einige Gebäude gestanden hatten, die dann erst durch Thutmosis I. zu einer Siedlung erweitert und ummauert wurden.[225] Zu bedenken bleibt, dass die mit dem Namen Thutmosis I. gestempelten Ziegel nicht unbedingt bedeuten, dass die Ummauerung auch aus seiner Regierungszeit stammen muss. Dass in Ägypten mit Spolien gebaut wurde, ist keine Neuigkeit und sollte hier zumindest als eine Möglichkeit bedacht werden. Damit ist die Datierung der ersten Bauphase in die Zeit Thutmosis' I. nicht gesichert, und auch die Datierung vermeintlich älterer Schichten muss eine Vermutung bleiben.

Bei Bruyère findet sich ebenso die Annahme, dass Amenophis I. im Bereich von Theben-West Werkstätten gründen ließ, die Thutmosis I. dann zur ursprünglichen Siedlung erweiterte. Ein wesentlicher Grund für diese Hypothese ist das Grab Thutmosis I., das durch seine Lage den Ort der Siedlungsgründung nahe der neuen Nekropole bestimmt haben soll.[226] Als Grab Thutmosis I. wurde KV 38 angesehen, das damit als erstes Grab des Tals der Könige gilt. Grund für diese Vermutung war ein in dem undekorierten Grab gefundener gelber Quarzit-Sarkophag mit der Kartusche des Königs. KV 38 muss aber nach Polz keineswegs die letzte Ruhestätte dieses Königs gewesen sein. Der Sarkophag war erst unter Thutmosis III. produziert worden, und auch andere Objekte aus dem Grab konnten in die Zeit Thutmosis III. datiert werden. Es gibt mit Polz also

220 B. Bruyère, 1937b, S. 67. Generell finden sich nahe der Ostmauer an der Flanke des Qurnet-Murai die ältesten Gräber im Tal. Vgl. Kap. 2.1.3.

221 Ebd., S. 7.

222 Vgl. C. Bonnet und D. Valbelle, 1975, S. 432 und S. 431, Anm. 3. Grab 1200 gehörte dem Wesir *Jmn-m-ḥ3t* und datiert in die 11. Dynastie.

223 Ebd., S. 435 und C. Bonnet und D. Valbelle, 1976, S. 318.

224 C. Bonnet und D. Valbelle, 1976, S. 320 und Pl. LVII A. Allerdings merken Bonnet und Valbelle an, dass beide Funde, das Kalksteinfundament und die Steinmauer in Haus N.O. XIX, noch kein Beweis für Bauten vor der Zeit Thutmosis I. in Deir el-Medine sind.

225 C. Bonnet und D. Valbelle, 1975, S. 435–436.

226 B. Bruyère, 1939, S. 3.

keinerlei „*archäologische oder inschriftliche Evidenz*“[227], die eine Datierung des Grabes KV 38 in die Zeit vor Thutmosis III. zulässt.[228] Für Polz ist das Grab der Hatschepsut, KV 20, die erste Anlage im Tal der Könige, da die Gräber Thutmosis I. und Thutmosis II. bisher dort nicht klar nachgewiesen werden können. Polz vermutet beide Gräber außerhalb des Tals, Thutmosis I. „*möglicherweise in der Nekropole von Dra‘ Abu el-Naga*“[229]. Er rekonstruiert, dass der Leichnam Thutmosis I. von Hatschepsut in ihr Grab KV 20 gebracht und nach ihrem Tod erneut von Thutmosis III. umgebettet wurde, und zwar in das neu angelegte Grab KV 38.[230] Diese Sichtweise zeigt überzeugend, dass die Gründungszeit der Arbeitersiedlung auch nicht mittels Erschließung der neuen Königsnekropole geklärt werden und in die Regierungszeit vor Thutmosis III., vielleicht sogar vor Hatschepsut, gelegt werden kann.

Ähnliches lassen die frühesten Belege für Mannschaftsmitglieder vermuten, die in die Zeit Thutmosis’ III. und Amenophis’ II. datiert werden. Dabei handelt es sich um den Diener an der Stätte der Wahrheit *Jmn-ḥtp*, der auf einer Stele vor Thutmosis III. opfernd dargestellt ist[231], und den Vorarbeiter *Ḫ*ꜥ.[232] Der Titel des Dieners an der Stätte der Wahrheit ist zusätzlich zur Stele des *Jmn-ḥtp* erstmals in TT 340 belegt, das nach Valbelle nicht genauer als in die erste Hälfte der 18. Dynastie datiert werden kann.[233] Damit muss die Frage nach der genauen Gründungszeit der Arbeiterschaft aufgrund mangelnder Sicherheiten zurück gestellt werden. Klar scheint nur, dass die Siedlung unter Thutmosis III. bzw. Amenophis II. existierte.

Spuren der ursprünglichen Siedlung sind kaum mehr erhalten. Sie sind fast gänzlich unter den späteren Überbauten der 19. und 20. Dynastie verschwunden.[234] Valbelle und Bonnet konnten allein für die 18. Dynastie bis zu zwölf unterschiedliche Phasen nachweisen, die eine rege Bautätigkeit in der Siedlung zeigen.[235] Daher ist es schwierig, die anfängliche Ausdehnung und die ursprüngliche Anzahl der Häuser zu rekonstruieren. Andrea McDowell vermutet, dass die Siedlung der 18. Dynastie im Vergleich zur Ramessidenzeit relativ klein gewesen sein muss, da für die Art der Grabdekoration in dieser Zeit weniger Arbeiter gebraucht wurden.[236] Die Ausmaße der ursprünglichen Siedlung werden auf ca.

[227] D. Polz, 2007, S. 213.
[228] Ebd., S. 211–213.
[229] Ebd., S. 219.
[230] Ebd., S. 219–221. Für eine ausführliche Darstellung der Belege zu diesen Vermutungen siehe S. 211–224.
[231] Publiziert bei W. Spiegelberg und B. Pörtner, 1902, S. 15, Pl. XIV 26.
[232] C. Bonnet und D. Valbelle, 1975, S. 432.
[233] D. Valbelle, 1985, S. 24, Anm. 1.
[234] Bruyère fand unter den Siedlungserweiterungen der Ramessidenzeit die ‚Müllhaufen‘ der 18. Dynastie, die neben verschiedenen Kleinfunden vor allem Keramik enthielten. Vgl. B. Bruyère, 1939, S. 336–345.
[235] C. Bonnet und D. Valbelle, 1975, S. 442.
[236] In den Gräbern der 18. Dynastie wurden im Vergleich zu den ramessidischen Gräbern die Korridore nicht dekoriert. A. G. McDowell, 1999, S. 18. Diese Vermutung wird durch die Pläne der Grabungen Bruyères deutlich. Vgl. B. Bruyère, 1939, Pl. V, VI und VII.

2800 m² geschätzt. Die Anzahl der Häuser ist unsicher. Es sollen zwischen 21 und 30 gewesen sein.[237] Auf dem entsprechenden Plan Bruyères zählt man innerhalb der Ummauerung 21 Häuser.[238] Im Süden der Siedlung an der Stelle der späteren ramessidischen Siedlungserweiterung vermuten Bonnet und Valbelle Stallungen oder einen Platz für Tiere.[239]

Valbelle rekonstruiert für die 18. Dynastie zwei große Bauphasen, zum einen die Siedlungsgründung zum anderen die Wiederbesiedelung nach der Amarnaperiode im Jahr 7 Haremhab.[240] Bruyère dagegen nimmt eine weitere große Bauphase unter Thutmosis III. an, in der die Siedlung erweitert wurde. Dafür sprächen die Ziegel der Westummauerung, die mit den Kartuschen des Königs gestempelt wurden. Die Siedlung wurde ihm zufolge auf 52 (53) Häuser innerhalb und acht Häuser außerhalb der Ummauerung erweitert.[241]

Die wenigen schriftlichen und materiellen Quellen der Amarnazeit lassen vermuten, dass Deir el-Medine während dieser Phase nicht verlassen war, und dass wohl nur ein Teil der Arbeiter dem König in die neue Residenz folgte, um dort die Gräber der Elite zu bauen.[242] Mit der Rückkehr der Residenz nach Theben wurden in Deir el-Medine neun weitere Häuser gebaut und die Mannschaft vergrößert. Grabarchitektur und Grabdekor unterscheiden sich von der Voramarnazeit. Offensichtlich kehrten die Arbeiter mit einem erweiterten Repertoire zurück, das sich nun in ihrer Arbeit niederschlägt.[243] Textfunde aus dieser Zeit sind rar[244], sodass diese Quellengattung nur wenig zur Rekonstruktion Deir el-Medines in der 18. Dynastie beitragen kann.

237 E. P. Uphill, 2000, S. 325–326. Die Diskussion zu dieser Frage wird ausführlich bei N. Kleinke dargestellt. Siehe N. Kleinke, 2007, S. 9–10.

238 B. Bruyère, 1939, Pl. V.

239 C. Bonnet und D. Valbelle, 1976, S. 318.

240 D. Valbelle, 1985, S. 25.

241 B. Bruyère, 1939, S. 6 und Pl. VI und VII. Auf Bruyères Plan finden sich jedoch 36 Häuser. 53 Häuser lassen sich auf dem dritten Ortsplan Bruyères, Pl. VII, zählen, wenn man die ramessidische Erweiterung im Süden unbeachtet lässt. Bei diesem Plan handelt es sich um das Siedlungsbild der späten Ramessidenzeit. Inwiefern Umbauten oder Neubauten das Siedlungsbild verändert haben, ist nicht nachzuvollziehen. Die Zahl 53 scheint aufgrund des letzten Plans wahrscheinlich, wobei es sich um die Bauphase unter Haremhab handeln dürfte.

242 A. G. McDowell, 1999, S. 20. Eine Handvoll Arbeiter aus Deir el-Medine sind namentlich auch in der Arbeitersiedlung von Amarna belegt, darunter der Name *Sn-nfr*, der durch seine Popularität in dieser Epoche allerdings kein Beweis für die Abwanderung einer solchen Person von Theben-West nach Amarna ist. Außerdem belegen Funde aus Deir el-Medine, die den Namen des Gottes Aton, die Bezeichnung Theben-Wests in dieser Phase oder die Kartuschen Echnatons nennen, dass in Deir el-Medine weiter Menschen lebten und arbeiteten.

243 D. Valbelle, 1985, S. 4–5 und B. Bruyère, 1939, S. 8 und Pl. VI. McDowell merkt an, dass die Spuren größerer Brände im Dorf archäologisch nachgewiesen sind, und dass solche Brände einen ‚Neuanfang' und eine Umstrukturierung der Siedlung erleichterten. Vgl. A. G. McDowell, 1999, S. 21.

244 D. Valbelle, 1985, S. 21.

### 2.2.2 Von Ramses I. bis Tausret (19. Dynastie)

Deir el-Medine wurde durch Haremhab in die 19. Dynastie geführt. Seine Regierungszeit präsentierte sich als eine Übergangsphase von der 18. Dynastie zur Ramessidenzeit, in der nach der Amarnazeit das Land neu strukturiert wurde. Im Jahr 7 der Regierungszeit Haremhabs wurde Deir el-Medine wiederbesiedelt und erstmals vergrößert. Neue Häuser entstanden im Westen.[245] Die Mannschaft wurde neu organisiert. Ihre Benennung als *js.t n pꜣ ḫr* ist erst seit dieser Zeit[246] belegt. Das unvollendete Grab Haremhabs lässt vermuten, dass die Mannschaft bis zu seiner Beerdigung am Grab gearbeitet hat. Die kurze Regentschaft seines Nachfolgers Ramses I. und dessen schneller Tod ließen ebenfalls kaum Zeit zum Bau eines Grabes. Sein bescheidenes Grab kann die Arbeiter kaum mehr als ein Jahr beschäftigt haben.[247]

In der Regierungszeit Sethos I. wurde das Dorf erneut vergrößert. Die neuen Häuser wurden im Süden an die Außenmauer gebaut und die Ummauerung wurde durch eine Steinmauer erweitert. Nach Bruyère wurde die Häuserzahl auf 68 erhöht. Quellen aus dieser Zeit zeigen, dass die Mannschaft zu diesem Zeitpunkt mindestens 50 Mann stark gewesen sein muss. Die wirtschaftliche Situation scheint konstant gewesen zu sein, die Siedlung und die Nekropole wuchsen, und dem Tempelareal im Norden der Siedlung wurden weitere architektonisch maßgebende Bauten hinzugefügt.[248] Unter der Regierung Sethos I. und seines Nachfolgers Ramses II. kann für Deir el-Medine von einer Blütezeit gesprochen werden. Eine große Anzahl von Krugetiketten zeigt, dass die Mannschaft regelmäßig verschiedene Produkte wie Wein, Öl, Honig, Dattelbrei und Fleisch zusätzlich zu ihrer gewöhnlichen Versorgungsmenge als Entlohnung erhielt. Der Lebensstandard dieser Zeit scheint so hoch wie nie zuvor gewesen zu sein.[249]

Das Datum, an dem Ramses II. den Thron bestieg, ist durch mehrere Umstände belegt. Aus Quellen ist bekannt, dass der 27. Tag des dritten Monats der *šmw*-Jahreszeit noch in der 20. Dynastie gefeiert wurde. Aus den ersten 19 Regierungsjahren des Königs ist nur wenig über die Mannschaft des Grabes bekannt. Sie umfasste wohl 48 Arbeiter und vier Vorarbeiter. Im 5. Jahr wurde *Rꜥ-msw* der Schreiber des Millionenjahrhauses Thutmosis' IV. als Nekropolenschreiber der Mannschaft des Grabes ernannt. In den Folgejahren ließ Ramses II. das Hathorheiligtum, die

[245] Auch hier variiert die Häuserzahl in der Literatur. Uphill spricht von 69 Häusern (vgl. E. P. Uphill, 2000, S. 326) und Valbelle nennt 53 Häuser (vgl. D. Valbelle, 1985, S. 161), wobei nicht deutlich wird, ob es sich um die Erweiterung durch Haremhab oder um eine Erweiterung vor Haremhab handelt, sodass die Häuserzahl der von Bruyère angegebenen Anzahl nach der Erweiterung durch Thutmosis III. und Haremhab entsprechen würde (vgl. Anm. 96). Die Annahme von 53 Häusern innerhalb der Ummauerung zu Beginn der 19. Dynastie scheint mir wahrscheinlich, da Bruyère und Valbelle diese Zahl nennen, beide an den Grabungen in Deir el-Medine maßgeblich beteiligt waren und die Pläne dies nachvollziehbar machen.

[246] J. Černý, 2001, S. 101.

[247] D. Valbelle, 1985, S. 160–163.

[248] Ebd., S. 163–166. Vgl. auch B. Bruyère, 1939, S. 9.

[249] D. Valbelle, 1985, S. 173–174.

„Residenz (*ḫnw*) Ramses II.“, im Norden der Siedlung bauen, und die von Sethos I. begonnene Siedlungserweiterung im Süden fertigstellen. Ein Bericht über die Lieferung von Werkzeugen im Jahr 10 lässt bereits regelmäßige Arbeit im Tal der Könige vermuten, möglicherweise an KV 5, dem ersten Grab Ramses' II. Aber erst ab Jahr 20 gibt es gesicherte Belege[250] für eine dortige Baustelle. Das zweite Grab Ramses' II., KV 7, ist eines der seltenen vollendeten ramessidischen Königsgräber. Im Tal der Königinnen wurden während seiner Herrschaft Gräber für die große königliche Gemahlin Nefertari und die drei Töchter Ramses' II., Neb-taui, Merit-Amun und Bent-anat gebaut. Die Größe seiner Familie lässt vermuten, dass die Mannschaft noch weitere Gräber in dieser Zeit baute. Nach Ostrakon O. BM 5634 war die Mannschaftsstärke im 40. Jahr bereits auf 40 Arbeiter ohne Vorarbeiter und Schreiber geschrumpft, während O. Cairo 25809 aus dem Jahr 38 noch 48 Arbeiter ohne Vorarbeiter und Schreiber nennt. Möglicherweise nahm die Arbeit der Mannschaft stetig ab. Im Jahr 64 ist die Zahl der Arbeiter weiter gesunken. Nach O. DeM 621 und O. IFAO 1080 zählte die Mannschaft zum Ende der Regentschaft Ramses' II. nur noch 32 Mitglieder.[251]

Die Länge und Konsequenz der Regierungszeit Ramses' II. und der daraus resultierende Wohlstand des Landes ermöglichte den Arbeitern eine gute Arbeitssituation. Mehr als zwanzig Gräber wurden in der Nekropole von Deir el-Medine angelegt und dekoriert. Manche bauten für sich und ihre Verwandtschaft oder Dienerschaft sogar mehrere Gräber wie die Schreiber *Rʿ-msw* oder *Jmn-m-jp.t*. Die bedeutendsten Anlagen dieser Zeit sind das Grab des Vorarbeiters *Nfr-ḥtp*, das wohl in der zweiten Hälfte der Regierung Ramses' II. entstand, und die Gräber des *Jpwy* und des *Ḫʿ-bḫn.t*.[252]

Gegen Ende der 19. Dynastie wechselten die Regenten sehr rasch, weshalb sie nur wenig Einfluss auf Deir el-Medine ausübten. Ramses II. folgte sein Sohn Merenptah auf den Thron. O. Cairo 25581 zeigt, dass bereits im 2. Jahr an dessen Königsgrab gearbeitet wurde. Die Rückseite des Ostrakons berichtet von der Rekrutierung acht neuer Arbeiter. Zudem wurde die Versorgungsmannschaft verstärkt. Merenptah stiftete Statuen an den Hathortempel von Deir el-Medine, und der Fund einiger Statuenfragmente des Wesirs *Pꜣ-nḥsj* und zweier Stelen, die den Namen des Königs tragen, veranlasste Bruyère zu der Annahme, dass Merenptah die Kapelle nördlich des Hathortempels bauen ließ. Im 7. Jahr belohnte der Schatzhausverwalter *Ṯꜣj* im Auftrag seiner Majestät die Mannschaft des Grabes mit Brot und Öl aufgrund der guten Fortschritte auf der Baustelle des königlichen Grabes, wie Valbelle aufgrund von O. Cairo 25504 vermutet. Zwei Tage später wurden die Götterbilder des Königs an ihren Bestimmungsort gebracht und am 13. Tag des 4. *šmw* wurden die Vorarbeiter zusammengerufen, um Arbeitsanweisungen bezüglich eines Alabaster-

250 O. Cairo 25502, 25645 und 25803 siehe J. Černý, 1935a, S. 1/1*, 47–48/68* und 93/115*. Die Ostraka dokumentieren Lieferungen von Arbeitsmaterial in das Tal der Könige und nennen die Jahre 20+x, 20 und 24.

251 D. Valbelle, 1985, S. 171–172.

252 *Rʿ-msw* (TT 7, 212 und 250), *Jmn-m-jp.t* (TT 215 und 265), *Nfr-ḥtp* (TT 216), *Jpwy* (TT 217), *Ḫʿ-bḫn.t* (TT 2). Vgl. Kap. 3.3.2.

blocks entgegenzunehmen. Daraufhin kamen der Wesir und einige Beamte in das Tal der Könige, um den Sarkophag Pharaos zu platzieren. Am 19. Tag wurde die Mannschaft erneut belohnt, obwohl das Grab unvollendet blieb. Man darf wohl von einer nach wie vor guten wirtschaftlichen Lage des Landes ausgehen.[253]

Wer Merenptah auf den Thron folgte, ist nicht geklärt. Die ägyptologische Diskussion kennt verschiedene Möglichkeiten, die alle durch unterschiedliche Quellen gestützt werden können. Eine Möglichkeit sieht Sethos II. als Nachfolger Merenptahs und Regent im Norden des Landes vor, während Oberägypten von Amenmesse regiert wurde. Vivienne G. Callender zufolge konzentrieren sich auch die von Amenmesse gebauten Monumente mit Ausnahme eines Beispiels auf Oberägypten. Eine andere Möglichkeit ist die Thronusurpation durch Amenmesse in den Jahren 2 bis 5 der Regierung Sethos' II. Wiederum andere sind davon überzeugt, dass Amenmesse direkt nach Merenptah den Thron an sich nahm und nur kurz regierte, bis Sethos II. auf den Thron folgte. Wie auch immer sich die Thronfolge in dieser Zeit gestaltete, die Namen und Titel Amenmesses wurden von Sethos II. ausgelöscht und durch seine eigenen Titel und Namen ersetzt.[254] Nur wenige Quellen aus der Regierungszeit Amenmesses berichten von dessen Kontakt zu Deir el-Medine. Neben der Arbeit am Königsgrab war die Mannschaft auch an anderen Gräbern tätig. In dieser Zeit fällt erstmals der Arbeiter *Pꜣ-nb* negativ auf, der bereits seit dem 66. Jahr Ramses' II. als Mannschaftsmitglied belegt ist.[255] König Sethos II. besuchte noch in seinem ersten Regierungsjahr die Region, womöglich um eine Stelle für sein Grab zu bestimmen. Nach seiner Ankunft wurde die Arbeit an der königlichen Baustelle aufgenommen. Zwei Abrechnungen aus dem 5. Jahr seiner Regentschaft nennen erstmals *Pꜣ-nb* als Vorarbeiter[256], und diverse Abrechnungen über Lampendochte belegen den Arbeitsfortschritt im Grab. Im letzten Jahr der Regierung Sethos' II., Jahr 6, berichtet das Nekropolentagebuch vom Fortschritt der Arbeiten am Grab, dass jedoch unvollendet blieb. Juristische Texte dokumentieren verschiedene kleine Verbrechen, die sich innerhalb der Mannschaft abgespielt haben. Dem Vorarbeiter *Pꜣ-nb* wird u. a. auch Diebstahl an den ‚Werkzeugen Pharaos' zur Last gelegt. Die Lage in Deir el-Medine scheint sich zu verschlechtern.[257]

Einen Monat nach den Trauerfeierlichkeiten für Sethos II. wurden bereits neue Anweisungen zum Bau des Grabes des Siptah, des Nachfolgers Sethos II., gegeben.

[253] D. Valbelle, 1985, S. 175 und 177–178.

[254] V. G. Callender, 2004, S. 82–83. Callender bespricht in ihrem Artikel die Familienverhältnisse Amenmesses und Sethos' II. und die möglichen historischen Szenarien der späten 19. Dynastie. Da aber die Politik des Königshauses nicht direkt etwas mit den Geschehnissen in Deir el-Medine zu tun hat, soll dieser Punkt hier nicht weiter ausgeführt werden.

[255] D. Valbelle, 1985, S. 179–180.

[256] Die Ernennung des *Pꜣ-nb* zum Vorarbeiter geschah durch den Wesirs *Pꜣ-rꜥ-m-ḥb*, dem *Pꜣ-nb* fünf Diener schenkte, die ursprünglich aus dem Besitz des Vaters des verstorbenen Vorarbeiters *Nfr-ḥtp* stammten. Bei der Ernennung wurde der eigentliche Amtserbe *Jmn-nḫ.t*, der Bruder des *Nfr-ḥtp*, übergangen. *Jmn-nḫ.t* klagte *Pꜣ-nb* an. Vgl. J. Černý, 1929, S. 244.

[257] D. Valbelle, 1985, S. 181–182.

Die Mannschaft erhielt neues Werkzeug. Nachfolger des Wesirs *P3-rꜥ-m-ḥb* wurde ein gewisser *Ḥrj*. In dieser Zeit gibt es viele erhaltene Absentenlisten, die belegen, dass die Vorarbeiter regelmäßig Arbeiter zum Bau ihrer eigenen Gräber abzogen. Der Papyrus Salt 124 berichtet, dass *P3-nb* nicht nur sein eigenes Grab von den Arbeitern bauen ließ, sondern zudem Material von der königlichen Baustelle für seine eigene Anlage nutzte. Der Wechsel des Wesirs scheint keinen Einfluss auf die kriminelle Situation im Ort gehabt zu haben. Nur wenige Übeltaten des *P3-nb* wurden bestraft.[258] Es gibt mehrere Quellen, die über die Mannschaft in der Regierungszeit Siptahs berichten. Ostrakon HO 51,1 aus dem 2. Regierungsjahr nennt eine nahezu vollständige Liste der Mannschaft inklusive *P3-nb* und seinen Sohn *ꜥ3-pḥty*. Beide fehlen auf dem zwei Jahre jüngeren O. Gardiner 111, einer Getreidelieferung, die allerdings nur 19 Arbeiter nennt. Belege für die Anwesenheit des *ꜥ3-pḥty* in der Mannschaft gegen Ende der 19. Dynastie und noch in späterer Zeit sind zahlreich. Nach Jahr 4 Siptah kam der Diener *B3y*, der erste Höfling des Königs, nach Theben, um sich über den Fortschritt des Königsgrabes und des Millionenjahrhauses zu informieren. Der frühe Tod des Königs ließ kaum Zeit für die Arbeit am Grab. Es blieb unvollendet. Tausret, seine Mutter, übernahm für einige Jahre die Regierung. Ihr Grab ist ebenfalls unvollendet. Es wurde direkt durch Sethnacht den Begründer der 20. Dynastie usurpiert.[259]

### 2.2.3 Von Sethnacht bis Ramses XI. (20. Dynastie)

Über die Phase des Dynastiewechsels ist kaum etwas bekannt. Einzig der Papyrus Harris I beschreibt die Zeit als chaotisch. Erst mit der Krönung Sethnachts scheint wieder Ruhe und Ordnung einzukehren. Seine kurze zweijährige Regentschaft zwang ihn, Tausrets Grab KV 14 zu okkupieren.[260]

Sein Nachfolger Ramses III. schloss sich ideologisch direkt an Ramses II. an, um eine gewisse Kontinuität in der 20. Dynastie zu vermitteln, ohne die kurzen Regierungen der späten 19. Dynastie mit einzubeziehen. *Ḥrj*, eingesetzt unter Siptah, blieb in den ersten Jahren der Wesir Ramses III. *B3k-n-ḫnsw* war in dieser Zeit der erste Prophet des Amun in Karnak. Wahrscheinlich war bereits in den frühen Regierungsjahren die Baustelle an KV 3[261], dem ersten Grab Ramses III., in Betrieb. Lieferungen von Gips und Lampendochten in den Jahren 5 und 7 bestärken diese Annahme. Das Grab wurde wegen der schlechten Felsqualität aufgegeben.

[258] Der Autor des pSalt 124 beklagt sich über Straffreiheit des *P3-nb*, der Verursacher von Plünderung, Grab- und Tempelschändung, Korruption, Drohungen gegenüber Mannschaftsmitgliedern, vor allem Morddrohungen gegen die Vorarbeiter *Nfr-ḥtp* und *Ḥ3y*, von Verführung und Vergewaltigung mehrerer Frauen des Ortes, und vielleicht auch Mord war. Sein Sohn *ꜥ3-pḥty* war Komplize und Verursacher weiterer Verbrechen. Vgl. J. Černý, 1929, S. 244–246.

[259] D. Valbelle, 1985, S. 183–185.

[260] C. Maderna-Sieben, 1991, S. 60–61 und 74–80 und B. Porter und R. L. B. Moss, 1964, S. 527–532.

[261] B. Porter und R. L. B. Moss, 1964, S. 500. Reeves schreibt, dass das Grab einem Berliner Ostrakon zufolge als Prinzengrab angelegt wurde. Vgl. N. Reeves und R. H. Wilkinson, 1997, S. 161.

Für das zweite Grab, KV 11, wurde die verwaiste Baustelle des Sethnacht[262] mit einer Änderung der Achse wieder aufgenommen. Die Mannschaft war zu diesem Zeitpunkt 56 Mann stark. In der thebanischen Region zeichnete sich die Regierungsphase Ramses III. durch einen gewissen Wohlstand aus, der sich in seinem Millionenjahrhaus, in seinen Bauten in Karnak, einem stabilen Kornpreis sowie neuen religiösen Gründungen widerspiegelt. Im Jahr 16 ernannte der Wesir *T3*, Nachfolger des *Ḥrj*, den Schreiber *Jmn-nḫ.t* zum neuen Schreiber der Mannschaft. Die Nekropolentagebücher zeigen, dass bis zum Jahr 26 regelmäßig im Tal der Königinnen gearbeitet wurde. Neben dem Grab der Isis, der Frau Ramses' III., wurden mindestens fünf weitere Gräber für jung verstorbene Kinder des Königs vorbereitet.[263]

Ein undatierter Brief des Schreibers *Nfr-ḥtp* an den Wesir *T3* berichtet zum einen von der Arbeit an den Prinzengräbern, zum anderen signalisiert er eine Zeit der Armut für die Mannschaft. Edward F. Wente ordnet den Brief dem Jahr 28 zu, in dem der Staat erstmals unter Ramses III. finanzielle Probleme zu haben schien.[264]

Im 29. Jahr der Regierung Ramses' III. wurden die wirtschaftlichen Schwierigkeiten größer. Die Getreidelieferungen an Deir el-Medine blieben aus. Die Arbeiterschaft streikte und begab sich nach Deir el-Bahari in den Bereich des Tempels Thutmosis' III., um ihrem Unmut Ausdruck zu geben. Einige Zeit danach setzte der Schreiber *Nfr-ḥtp* die Priester des Tempels des Haremhab über die anhaltenden Missstände in Kenntnis und klagte die fehlende Getreidemenge von 46 Sack für die Mannschaft ein.[265] Aufgrund der Ernennung des *T3* zum Wesir der beiden Länder und der dadurch bedingten häufigen Abwesenheit des obersten Vertreters des Königs entstand in Theben ein Verwaltungsproblem. Die Folge war das weitere Ausbleiben der Löhne für die Mannschaft des Grabes, die über Hunger klagend die Arbeit erneut niederlegte. Die Streiks hielten über Monate an, ab und zu unterbrochen durch unregelmäßig ausgegebene Güter der verschiedenen Tempel der Westseite. Mit Hilfe der Priesterschaft der Westseite versuchte die Mannschaft den ausgebliebenen Lohn einzufordern. Das schien zu gelingen, da die Vorarbeiter dazu rieten, die Arbeit auf der Baustelle wieder aufzunehmen. Es entstanden Streitigkeiten unter den Arbeitern, die nur durch Bestrafungen seitens der Vorarbeiter unterbunden werden konnten. Die Streiks gingen trotz gelieferten Getreides weiter.[266] Bei einem Aufenthalt in Theben sandte der Wesir den Hauptmann der *mḏ3jw Nb-smn* mit einer Nachricht, in der er sich über die Anschuldigungen, Getreide zu unterschlagen, entrüstet zeigte. Eine Erklärung zu den Gründen der Knappheit der Kornvorräte gab er nicht. Nach wenigen Tagen wurde das versprochene Getreide geliefert.[267] Damit waren die Probleme aber noch nicht beseitigt.

262 B. Porter und R. L. B. Moss, 1964, S. 518–527 und N. Reeves und R. H. Wilkinson, 1997, S. 159–162.

263 D. Valbelle, 1985, S. 186–189 und B. G. Davies, 1999, S. 105.

264 E. F. Wente, 1961, S. 252 und 255.

265 P. Grandet, 1993, S. 324–325.

266 D. Valbelle, 1985, S. 191.

267 P. Grandet, 1993, S. 328.

Erneut entstand Streit innerhalb der Mannschaft. Der Arbeiter *Pn-ʿnqt* klagte zwei seiner Kollegen schlimmer Verbrechen im Stil des *P3-nb* an. Wenig später beschuldigten zwei andere Arbeiter einen weiteren, sein eigenes Grab im Tal der Königinnen anzulegen. Das Nekropolentagebuch berichtet von einer offiziellen Untersuchung, die aufgrund einer weiteren Denunziation des *Pn-ʿnqt* stattfand, der ein zweites Mal für Aufregung sorgte, da er seine Vorgesetzten bedrohte sich mit Anschuldigungen an den Wesir zu wenden. Gegen Ende des Jahres begab sich die Mannschaft erneut an das Ramesseum, um Klage vor dem ersten Propheten gegen den Bürgermeister von Theben einzureichen, da dieser kein Opferbrot für die Götteropfer geliefert hätte. Deir el-Medine scheint im Jahr 29 keine Ruhe zu finden und von Problemen jeglicher Art heimgesucht worden zu sein. Der Mangel an Getreidelieferungen hatte vermutlich auch innere Spannungen provoziert.[268]

Ostrakon Turin 57072 zeigt, dass die Mannschaft in den Jahren 28 und 29 wieder mit Getreide versorgt wurde, auch wenn die gelieferten Mengen nur einen Teil der ausstehenden Lohnrationen erfüllten.[269] Die Streiks wurden anscheinend in Jahren 30, 31 und 32 Ramses' III. immer wieder beendet und erneut aufgenommen. Die Situation hatte sich vermutlich kaum verbessert, und der Staat musste sparen. Die Arbeit am Königsgrab wurde „*tant bien que mal*" fortgesetzt.[270]

Ramses IV. folgte Ramses III. auf den Thron. Bereits einen Monat nach der Krönung berichtet O. Berlin P 12631[271] davon, dass die Löhne der Arbeiterschaft ausblieben, und dass die Mannschaft ihre Bezahlung bei den Tempeln des thebanischen Westufers einfordern musste. Mit der Zeit hatte sich eine regelmäßige Verzögerung des Lohns eingestellt. Weitere Streiks sind allerdings für die Anfangsjahre der Regierung Ramses' IV. nicht belegt. In den ersten Monaten wurden die Vorbereitungen für das Begräbnis Ramses' III. getroffen. Noch vor der Bestattung vergrößerte man die Arbeiterschaft. Die Lehrlinge wurden befördert und in die Mannschaft aufgenommen. 40 Mann maß die Mannschaft des Grabes am Ende der Regierung Ramses' III. Um wie viel Mann sie verstärkt wurde, ist nicht belegt. Nach der Bestattung des Vorgängers Ramses' IV. wurde die Mannschaft mehrfach belohnt.[272]

Am 17. und 18. Tag des 2. Achet im 2. Jahr kam der neue Wesir *Nfr-rnp.t*, der Nachfolger des *T3*, mit zwei königlichen Dienern ins Tal, um einen Platz für das Grab Ramses' IV., KV 2, auszusuchen. Der Plan des Grabes ist auf der Rückseite des Papyrus Turin Cat. 1885 erhalten. Allerdings belegt ein Ostrakon, dass die Mannschaft bereits vorher eine Baustelle hatte, was Valbelle ignoriert. Die Arbeit am Grab begann unmittelbar danach, und schon nach den ersten drei Monaten wurde die Mannschaft für ihre Mühe belohnt. Im gleichen Jahr ver-

268 D. Valbelle, 1985, S. 192–193.

269 J. López, 1978, S. 39, Tav. 42a/42 und 43a/43 und A. G. McDowell, 1999, S. 236–237. Der Schreiber des Ostrakons führt die gelieferten Lohnmengen und die zum eigentlich zu liefernden Lohn fehlenden Restmengen auf.

270 D. Valbelle, 1985, S. 193 und P. Grandet, 1993, S. 330.

271 Vgl. „Berlin P 12631" in: Deir el-Medine online.

272 D. Valbelle, 1985, S. 195–196.

kündeten der Wesir und der Verwalter des Schatzhauses *Mnṯw-(m)-tȝwj*, dass die Mannschaft auf 120 Mann angehoben werde. Die Vergrößerung überrascht, zumal schon am Anfang der Regierung Ramses' IV. Schwierigkeiten bei der Entlohnung auftraten. Obwohl die Versorgungen seither nahezu regelmäßig eintrafen, legte die Mannschaft, anscheinend durch die Erfahrung mit der Regierung Ramses' III. sensibilisiert, schon bei der geringsten Verspätung die Arbeit nieder, bis die Güter geliefert wurden. Ein Bericht aus Jahr 4 belegt jedoch einen mehr oder minder stetigen Arbeitsfortschritt am Königsgrab. Die Versorgungsengpässe scheinen also keine nennenswerte Beeinträchtigung der Arbeit der Mannschaft gewesen zu sein.[273]

Gegen Ende der Regierung Ramses' IV. im Jahr 6 gab es eine Serie von Diebstählen im Umfeld der Mannschaft des Grabes sowie in den Tempeln des Ptah, Amenophis' I. und Ramses' II. Die Gemeinschaft von Deir el-Medine wurde dadurch gestört, und die Fälle wurden durch ein lokales Tribunal untersucht.[274]

Im ersten Jahr der Regierung Ramses' V. war die Mannschaft mit den Vorbereitungen für die Bestattung Ramses' IV. beschäftigt. Der Papyrus Turin Cat. 2044 berichtet, dass alle 120 Arbeiter beim Transport der Grabbeigaben halfen. Der Bau des Grabes Ramses' V., KV 9, scheint ebenfalls im ersten Regierungsjahr begonnen worden zu sein. Die Rückseite des pTurin Cat. 2044 belegt, dass im Laufe des 1. *pr.t* aufgrund einer Bedrohung durch „Feinde" die Arbeit am Grab unterbrochen werden musste.[275] In Jahr 2 wies der Wesir durch seinen Schreiber *Pȝ-sr* an, dass die Mannschaft auf 60 Mann reduziert und die Übrigen der Versorgungsmannschaft *smd.t* (*n bnr*) zugeordnet werden sollten.[276]

Über die Thronbesteigung Ramses' VI., Sohn Ramses' III. und damit Onkel seines Vorgängers, erfuhr die Mannschaft durch den Wesir. Von den Arbeiten am Grab des Königs berichten verschiedene Quellen wie der Papyrus Turin Cat. 1923 und einige weitere Papyrusfragmente. Zudem wird von der Arbeit an sechs weiteren Gräbern im Tal der Königinnen berichtet. Die Mannschaft des Grabes scheint demnach von Beginn an beschäftigt gewesen zu sein. Im 2. Jahr wurde der Vorgänger Ramses V. bestattet. Unter Ramses VI. erfuhr die Organisation der Nekropole einige Neuerungen. Die Wasserträger und die anderen Mitglieder der *smd.t* erhielten ihren

273 Ebd., S. 196–197. Wie Valbelle erwähnt, belegt O. Cairo 25652 v°, dass bereits im ersten Regierungsjahr Ramses' IV. im Tal der Könige gearbeitet wurde. Allerdings bleibt hier ungeklärt, ob es sich um die Arbeit am Grab Ramses' III. oder auf einer anderen Baustelle handelt.

274 Der Deir el-Medine Database zufolge ist die entsprechende Quelle pTurin Cat. 1966 vso. bisher unpubliziert. Vgl. „P. Turin 01966" in: The Deir el-Medina Database und D. Valbelle, 1985, S. 79 und 198.

275 Černý bemerkt, dass die Quelle, pTurin Cat. 2044, nicht sicher unter Ramses V. zu datieren ist, sondern auch der Regentschaft seines Nachfolgers Ramses VI. zugewiesen werden kann. Die Zeit Ramses' IV. schließt Černý aufgrund der angegebenen Arbeiterzahl von 120 aus, da diese im ersten Jahr Ramses' IV. noch nicht so hoch gewesen sein kann. Vgl. J. Černý, 1975, S. 612–613. Zwei Jahre zuvor datierte er die Quelle in der ersten Ausgabe seines Buches *a community of workmen* noch in die Regierungszeit Ramses' IV. Vgl. J. Černý, 2001, S. 277–278 (erste Ausgabe 1973).

276 J. J. Janssen, 1982b, S. 134 und 142–143.

Lohn zur gleichen Zeit wie die Mannschaft. Die 29 Männer der Versorgungsmannschaft folgten in den Lohnlisten direkt den Türhütern. Die *ḥwtj.w* wurden um einen Vorsteher der Zeichner erweitert. Insgesamt war die Mannschaft 66 Mann stark.[277]

Aus der Zeit Ramses' VII. gibt es kaum Quellen, die etwas über seine Regentschaft berichten könnten. Ein Sandstein-Türpfosten aus Deir el-Medine belegt, dass Ramses VII. ein Sohn Ramses' VI. war. Bruyère nimmt an, dass der Türpfosten zu einer Kapelle gehört hat, die für den Totenkult Ramses' VII. in der Siedlung errichtet wurde.[278] Ramses VIII. hat in seiner einjährigen Regierungszeit keine Spuren hinterlassen.

Mit den Ramessiden der 20. Dynastie scheinen die innenpolitischen und wirtschaftlichen Probleme immer stärker geworden zu sein. Die Streiks, das Unterschlagen von Getreide und Gold durch die Regierung, sowie die Erhöhung des Getreidepreises unterstreichen diese Entwicklung.[279] Der Getreidepreis, der unter Ramses III. erhöht wurde, stieg unter den folgenden Ramessiden stetig weiter und erreichte in der Regierungszeit Ramses' VII. seinen Höhepunkt.[280] Die Siedlung von Deir el-Medine war durch ihre Abhängigkeit von der Regierung direkt von den entstandenen Problemen betroffen. Die Entlohnung blieb aus.

Nach der kurzen und unbedeutenden Regierung Ramses' VIII. bestieg Ramses IX. den ägyptischen Thron. Kaum eine Quelle informiert über seine ersten Regierungsjahre. Erst ab Jahr 6 gibt es Texte, die in die Zeit Ramses' IX. datieren. Die Mannschaft zählte in der frühen Regierungsphase 66 Mann. Die Papyri Turin Cat. 1930 und 2013 berichten von Getreidelieferungen an die Mannschaft im 6. Jahr und in Auszügen aus den Jahren 4 und 5. Sie vermitteln den Eindruck, dass die Versorgung der Mannschaft regelmäßig war. Während in diesen Jahren das Getreide noch aus der Gegend stammte, wurde Getreide in den Jahren 7 und 8 teilweise durch Steuern im Süden gesichert und nach Theben geliefert und teilweise von den Kornkammern des Maattempels ausgegeben. Weitere Versorgungsgüter wurden durch die königliche Verwaltung gestellt. In dieser Zeit wurde auch die *smd.t* regelmäßig in den Lohnlisten aufgeführt. Bis zum Jahr 9 wurde die Mannschaft um sieben Mann verstärkt. Die Baustelle des Grabes Ramses' IX., KV 6, war bereits im 8. Jahr in Betrieb. Der Plan des Grabes ist auf Ostrakon O. Cairo 25184 erhalten.[281]

O. DeM 571 berichtet von einem weiteren Streik der Mannschaft. Nachdem die Arbeiter am *ḫtm* und an der *mrj.t* protestiert hatten, beschwerten sie sich beim ersten Propheten des Amun[282] vermutlich aufgrund auftretender Versorgungs-

[277] D. Valbelle, 1985, S. 201–203.

[278] B. Bruyère, 1925, S. 92–93. Der Türpfosten wurde in acht Fragmente geteilt in den Gräbern Y2 und TT 323 gefunden. Vgl. auch K. A. Kitchen, 1972, S. 182.

[279] D. Valbelle, 1985, S. 204.

[280] J. Černý, 1934, S. 176–177 und J. J. Janssen, 1975, S. 116.

[281] D. Valbelle, 1985, S. 207–208.

[282] P. J. Frandsen, 1989, S. 122.

schwierigkeiten seitens der Regierung. Valbelle datiert diesen Streik in das Jahr 9 Ramses' IX., obwohl das Ostrakon keine Datumsangabe enthält. Ihr zufolge wurde der Mannschaft daraufhin der Lohn mehrerer Monate ausbezahlt. Als Quelle dafür versteht Valbelle den pTurin Cat. 2072/142.[283] Die von Valbelle zitierte Stelle des Papyrus lässt jedoch diese Interpretation nicht zu. Hier heißt es nur, dass der Mannschaft Getreide geliefert wurde.[284] In den Folgejahren scheint die Regierung weitere Versorgungsprobleme gehabt zu haben. Gegen Ende des 13. Jahres wurde im Nekropolentagebuch festgehalten, dass die Mannschaft die Arbeit erneut niederlegte. Hunger wird als Grund für den Streik angegeben. Daraufhin begab sich der Wesir nach Norden. Die Lage in Theben bleibt unverändert, bis das Nekropolentagebuch von einer Gemüselieferung berichtet. Hinzu kommen andere Probleme wie erneute Grabplünderungen durch einige Mannschaftsmitglieder. Der Papyrus BM 10054 berichtet von Untersuchungen am Grab des Sobekemsaf, die die Arbeit der Mannschaft beeinträchtigt haben. Erst im 14. Jahr wurde die Arbeit am Königsgrab wieder aufgenommen.[285] Aber die Versorgungsprobleme ließen nicht nach. Die Lohnzahlungen blieben unregelmäßig, die Mannschaft litt Hunger und legte Anfang des Jahres 16 erneut die Arbeit nieder. Sie zählte in dieser Zeit 67 Mann.[286]

Im 16. Jahr Ramses' IX. ereignete sich die prominenteste Grabraubuntersuchung der Ramessidenzeit, die gleichzeitig zum Machtspiel der hohen Beamten von Theben wurde. *Pꜣ-sr*, der Bürgermeister von Theben beschuldigte die Bewohner der Nekropole des Grabraubs und bezichtigte damit *Pꜣ-wr-ꜥꜣ*, den Bürgermeister von Theben-West, die Ordnung in seinem Verwaltungsbereich nicht aufrechterhalten zu können und die Plünderungen der Gräber, unter denen sich mehrere königliche Anlagen befanden, zu zulassen. Weiter beschuldigt er den Wesir *Ḫꜥ-m-wꜣs.t* den Bürgermeister von Theben-West zu decken und die notwendigen Untersuchungs- und Strafmaßnahmen gegenüber *Pꜣ-wr-ꜥꜣ* zu unterlassen. *Pꜣ-sr* drohte, sich mit seinem Anliegen direkt an Pharao zu wenden.[287]

Am 14. Tag des 3. *ꜣḫ.t* begannen die Verhöre der Grabräuber. Papyrus BM 10054 schildert zuerst die Befragung eines *Jmn-pꜣ-nfr*, der seine Komplizen benannte und detailgetreu das Vorgehen der Räuber und ihre Beute schilderte, die hauptsächlich aus Gold- und Silberobjekten bestand. Auf sein Verhör folgt die Befragung des Schmieds des Grabes *Pꜣ-ḫjj-ḥꜥt*, der ebenfalls seine Komplizen und Diebstähle beschrieb.[288] Am 18. Tag entsandte der Wesir ein Untersuchungskomitee, das von einem Schreiber des Wesirs und einem Schreiber des Verwalters des Schatzhauses begleitet wurde. Ihre Aufgabe war die Inspizierung der königlichen und privaten

[283] D. Valbelle, 1985, S. 208.
[284] Vgl. S. Allam, 1973b, S. 330 und W. Helck, 2002, S. 497.
[285] D. Valbelle, 1985, S. 208–209. Nach Vabelle zeigt das Nekropolentagebuch Giornale 13, dass am Königsgrab gearbeitet wurde. Vgl. auch G. Botti und T. E. Peet, 1928, S. 13, Tav. 7/III.
[286] W. Helck, 2002, S. 512–513.
[287] D. Valbelle, 1985, S. 210.
[288] T. E. Peet, 1930, S. 60–62, Pl. VI und VII.

Gräber der Nekropolen Dra‘ Abu el-Naga und Deir el-Bahari. Papyrus BM 10221 (pAbbott) zufolge waren die untersuchten Königsgräber alle intakt. Die meisten Privatgräber wurden jedoch beraubt. Am 19. Tag inspizierte der Wesir persönlich das Tal der Königinnen. Zu seiner Erleichterung waren hier alle Gräber intakt. Dieses zufriedenstellende Ergebnis sollte in einer Prozession ganz Theben-West mitgeteilt werden, um die von *P3-sr* beschuldigten Bewohner von Deir el-Medine und ihren Bürgermeister *P3-wr-ˁ3* zu rehabilitieren.[289]

Dieser Erfolg missfiel anscheinend *P3-sr*, der weiter versuchte Arbeiter des Grabraubs zu überführen. Er traf sich mit dem Vorarbeiter *Wsr-ḫpš*, dem Schreiber des Grabes *Jmn-nḫ.t* und dem Arbeiter *Jmn-ḥtp*. Er konfrontierte sie erneut mit der Plünderung des Grabes des Sobekemsaf, die schon einige Jahre zurück lag und bereits untersucht worden war. Diesen Fall wollte *P3-sr* direkt vor den König bringen, um *P3-wr-ˁ3* und den Arbeitern auf diesem Weg zu schaden.[290] Daraufhin tagte am Tag 21 eine Gerichtsversammlung unter der Leitung des Wesirs. *P3-sr* und andere hohe Staatsbeamte waren zugegen. Die Anschuldigungen des *P3-sr* gegen drei Männer, die im Tal der Königinnen Gräber geplündert haben sollen, wurden aufgrund der Ergebnisse der Inspektion von Tag 19 abgewiesen. Die Männer wurden freigelassen und in die Obhut des ersten Propheten des Amun gestellt. Die Angelegenheit war damit anscheinend beendet. Thomas E. Peet interpretiert die Gerichtssitzung von Tag 21 als Erfolg für *P3-wr-ˁ3*. Ihm zufolge beschwerte sich dieser beim Wesir über die intriganten Versuche des *P3-sr*. Die Gerichtssitzung war notwendig, um diese politischen Machtspiele durch die höchste Instanz zu beenden und die Grabplünderungen endgültig zu klären. Weitere Beschwerden des *P3-sr* schildert der Papyrus Abbott nicht.[291]

15 Tage später übergab der Wesir persönlich die Löhne für die Mannschaft und am Folgetag wurden Kleider aus dem Maattempel geliefert. Im 17. Jahr kaufte die Mannschaft einige Rinder.[292] Aber schon kurze Zeit später wurden erneut Gräber beraubt. Dem Papyrus BM 10053 zufolge wurden acht Mitglieder der Mannschaft, vornehmlich aus zwei Familien, wegen Grabraub im Tal der Königinnen angeklagt, verurteilt und aus der Institution des Grabes ausgeschlossen.[293] Die Mannschaft zählte nach diesen Ereignissen nur noch 44 Mann. Weitere Untersuchungen in der Nekropole folgten. Die Arbeiter streikten erneut wegen nicht gelieferter Versorgungsgüter. Die Versorgungslage scheint sich nicht gebessert zu haben. Im selben Jahr am 21. Tag des 2. *pr.t* erschienen die Vorarbeiter vor dem Wesir und dem ersten Propheten des Amun, um wieder gefundene Grabraubbeute zurückzugeben. Die Verwaltung forderte sie auf, die schuldigen Kollegen zum Tempel Ramses’ III. zu begleiten, wo sie unter der Aufsicht des Bürgermeisters von Theben-West und des Distriktschreibers eingesperrt

[289] Ebd., S. 30–33 und 37–40, Pl. I–III.

[290] Ebd., S. 31, 34 und 40–42, Pl. III.

[291] Ebd., S. 31–32, 34–35 und 42, Pl. IV.

[292] D. Valbelle, 1985, S. 212.

[293] T. E. Peet, 1930, S. 103–109, Pl. XVII–XIX.

wurden. Noch im 18. Jahr wurden Grabräuberprozesse geführt.[294] Im Jahr 19 ist die Mannschaftsstärke wieder auf 52 Mann angestiegen, vier Vorgesetzte, 30 Arbeiter und 18 Lehrlinge.[295]

Valbelle zufolge haben drei entscheidende Faktoren die Mannschaft seit dem 9. Jahr in der gesamten Regierungszeit Ramses' IX. bei der Arbeit beeinträchtigt. Zum einen die Überfälle durch Libyer und Meschwesch, die immer wieder in den textlichen Quellen erwähnt werden. Zum anderen das Ausbleiben der Löhne und die daraus resultierenden Streiks. Und zum dritten die Grabplünderungen, an denen einige Arbeiter beteiligt waren, und die folgenden Prozesse. Nach Valbelle zwang möglicherweise die regionale wirtschaftliche Lage zum Grabraub. Vielleicht begünstigte auch eine schlechte Überwachung der Region die Plünderungen. Und sicherlich waren nicht alle Beamten der Korruption abgeneigt. Valbelle erwähnt, dass die sichtbare Unsicherheit der Region ein Zeichen für die Machtlosigkeit der Regierung sei, die eine langsame Zersetzung der wirtschaftlichen Situation und daraus resultierende Steuererhebungen zur Folge hatte.[296]

Mit der Regierung Ramses' X. übernahm der erste Prophet des Amun in Karnak die Verantwortung für Deir el-Medine. Den Quellen zufolge befand sich die Baustelle des Königsgrabes im 3. Jahr in Betrieb. Die Arbeit der Mannschaft wurde jedoch ständig durch Feierlichkeiten, Einfälle ausländischer Räuber oder durch den Wechsel des Arbeitsgerätes unterbrochen. Jeden Tag war etwas Neues für die Abwesenheit der Mannschaft von der Arbeit verantwortlich. Und wenn es keinen bestimmten Grund gab, notierte der Schreiber einfach „Abwesenheit" in das Nekropolentagebuch. Mehrmals werden Zuteilungen von Getreide genannt, die bereits erwartet wurden und daher möglicherweise mit Verspätung eintrafen. Möglicherweise waren diese Versorgungsengpässe verantwortlich für den geringen Arbeitsenthusiasmus der Mannschaft. Trotz aller Schwierigkeiten, vor allem der räuberischen Einfälle, fand die Versorgung durch die *smd.t* regelmäßig statt. Auch Streiks scheinen an der Tagesordnung gewesen zu sein. Erst als der erste Prophet des Amun mittels des *mḏ3j Ns-jmn* eine Nachricht an die Mannschaft sandte, in der er sich über die Arbeitsmoral beschwerte und ihnen befahl die Arbeit wieder aufzunehmen, normalisiert sich die Situation in der Nekropole. In der Folgezeit kam es jedoch immer wieder zu Versorgungsschwierigkeiten und Streiks. In dieser Zeit scheint die Institution des Grabes kaum noch funktioniert zu haben, was der Zustand des Grabes Ramses' X. nahe legt.[297]

Der Papyrus Turin Cat. 2018, eine Lohnliste der Mannschaft aus den Jahren 8 bis 10, nennt die Zusammensetzung der Arbeiterschaft zu dieser Zeit. Zur Mannschaft des Grabes gehörten zwei Schreiber, zwei Vorarbeiter, zwei *jdnw* und 17 Arbeiter. Unterstützt wurden sie durch zwei Türhüter und zwölf Mitglieder der Versorgungsmannschaft, die unter der Verantwortung zweier weiterer Schreiber

294 D. Valbelle, 1985, S. 212–214.
295 Vgl. K. A. Kitchen, 1983, S. 685 und W. Helck, 2002, S. 532.
296 D. Valbelle, 1985, S. 214–215.
297 Ebd., S. 216–219.

standen. Die Abwesenheit eines Wasserträgers erklärt Černý durch den Umzug der Mannschaft in die schützenden Mauern von Medinet-Habu. Das Ramesseum wäre zu diesem Zeitpunkt bereits durch sein Personal heruntergewirtschaftet worden.[298]

Versorgt wurde die Mannschaft mit dem Ertrag aus den Steuern, die in der Region südlich von Theben erhoben wurden. Eine Maßnahme, die durch den Verwalter der königlichen Kornkammern *P3-nḥsj* angeordnet wurde, der anscheinend die Aufgaben des ersten Propheten des Amun *Jmn-ḥtp* übernommen hatte.[299] Über den Wesir und dessen politischen Einfluss findet sich in den Quellen in dieser Zeit kaum etwas. Schon unter Ramses X. trat er selten in Erscheinung. Für das 18. Jahr sind durch das Nekropolentagebuch (pTurin Cat. 1888) ein Wesir namens *Wnn-nfr* und ein Schatzhausverwalter namens *Mn-m3ʿ.t-rʿ-nḫt* belegt.[300]

Während des 19. Jahres Ramses' XI. wurde die Jahreszählung geändert, und das Jahr als Jahr 1 der *wḥm-msw.t*-Ära bezeichnet. Mit dieser Erneuerung wurde einer der höchsten Staatsbeamten ausgetauscht. *P3j-ʿnḫ* übernahm nun die Aufgaben des *P3-nḥsj* und übte in der Folgezeit die Ämter des ersten Propheten des Amun, des Oberbefehlshabers der Armee und des Vizekönigs von Kusch aus.[301] Im selben Jahr untersuchte die Verwaltung neue Grabraubfälle. Die Untersuchung leitete der Wesir *Nb-m3ʿ.t-rʿ-nḫ.t*. Ihm standen u. a. der Verwalter des Schatzhauses *Mn-m3ʿ.t-rʿ-nḫ.t* und der Nekropolenschreiber *Ns-jmn-m-jpt* zur Seite. Der pBM 10052 berichtet von der Befragung verschiedener Grabräuber und deren Plünderung des Grabes einer Königin. Unter den Dieben waren drei Männer aus Deir el-Medine, der Arbeiter *P3-wr-ḫt=f*, der Arbeiter *P3-wr*, der den Räubern das Grab zeigte, und

[298] Vgl. K. A. Kitchen, 1983, S. 851–863 und W. Helck, 2002, S. 562–563. Helck rekonstruiert drei Torwächter. Der Name des Torwächters der linken Seite ist aber unvollständig erhalten und beginnt genauso wie der Name des ersten Torwächters der rechten Seite mit *Ḏḥwtj*. Bei Kitchen steht dagegen in jeder Auflistung der Mannschaftsseiten nur ein Torwächter pro Seite. Daher sollten m. E. nur zwei Torwächter insgesamt angenommen werden. Helcks *Ḏḥwtj-*... der linken Seite ist wahrscheinlich mit dem *Ḏḥwtj-msw* der rechten Seite identisch. Vgl. auch J. Černý, 2001, S. 189–190.

[299] Ob ein politischer Machtkampf zwischen *P3-nḥsj* und *Jmn-ḥtp* rekonstruiert werden kann, bleibt offen. Černý meint, dass zu diesem Zeitpunkt *Jmn-ḥtp* bereits durch einen Feldzug des *P3-nḥsj* abgesetzt worden war und *P3-nḥsj* die Verwaltungshoheit in Theben übernommen hat. Vgl. J. Černý, 1975, S. 632–633. Wente dagegen meint, dass *P3-nḥsj* in seiner Funktion als Vizekönig von Kusch dem mit der nahezu anarchischen Situation in Theben überforderten *Jmn-ḥtp* zur Hilfe kam, um ihn in seinem Amt als Beamter des Königs zu stärken. Vgl. E. F. Wente, 1966, S. 85. Karl Jansen-Winkel spricht sich wiederum gegen diese Hilfsaktion aus. Vgl. K. Jansen-Winkeln, 1992, S. 31. Valbelle hingegen schreibt, dass die Quellen aus dem 12. Regierungsjahr keine Spannungen suggerieren. Theben und Medinet-Habu müssen nicht unter dem Befehl des *Jmn-ḥtp* gestanden haben. Möglicherweise war dieser anderweitig beschäftigt und hatte keinen Grund gegen *P3-nḥsj* zu intervenieren. Zudem ist *P3-nḥsj* als Verwalter der königlichen Kornkammern für die Löhne der Mannschaft verantwortlich. Vgl. D. Valbelle, 1985, S. 220.

[300] W. Helck, 2002, S. 565.

[301] K. Jansen-Winkeln, 1992, S. 28 und 31 und S. Häggman, 2002, S. 44, 278 und 287–288. Im Gegensatz dazu sehen Andrzej Niwinski und Kitchen *Ḥrj-Ḥr* als den Nachfolger des *P3-nḥsj*. Vgl. A. Niwinski, 1992, S. 238 und K. A. Kitchen, 1996, S. 248.

der Schmied des Grabes *Wꜥ-rs*, der gesehen wurde, wie er Diebesgut über den Fluss brachte. Die Befragten nannten Hunger als Grund für ihre Tat, und dass die Beute den Erwerb von Nahrungsmitteln ermöglichte.[302]

Noch für das 2. Jahr sind immer wieder Diebstähle in Tempeln und Plünderungen von Kapellen und Gräbern belegt. Im 6. Jahr ließ der erste Prophet *Ḥrj-Ḥr* die Gräber Ramses' II. und Sethos' I. erneuern. *Ḥrj-Ḥr*, der Nachfolger des *Pꜣj-ꜥnḫ*, hatte wohl das Amt des ersten Propheten des Amun von *Pꜣj-ꜥnḫ* bereits übernommen. Aus diesem Jahr stammen auch 17 Papyri, die die Plünderungen der Gräber und Tempel der Westseite zum Thema haben. *Pꜣj-ꜥnḫ* schickte im 7. Jahr den Schreiber des Grabes *Ḏḥwtj-ms* nach Mittelägypten, Elephantine und Nubien. *Ḏḥwtj-ms* schreibt im Jahr 10 regelmäßig Briefe nach Theben mit den Anweisungen des Generals. Sein Briefpartner ist sein Sohn *Bw-th-jmn*, der sich im Süd-Westen von Medinet-Habu ein Büro errichtet hatte. Die Schreiber des Grabes übernahmen immer mehr Verwaltungsaufgaben in Medinet-Habu und arbeiteten für die großen königlichen Vertreter dieser Zeit, während die Arbeiter einer eher trostlosen Zukunft entgegen sahen. Deir el-Medine scheint zu dieser Zeit bereits stark ruinös, während die zugehörige Nekropole noch inspiziert und teilweise genutzt wurde.[303]

Gegen Ende der Regierung Ramses' XI. arbeitete die Mannschaft an den Gräbern der ersten Propheten des Amun und an ihren eigenen Familiengräbern. Die Bestattung des ersten Propheten des Amun *Pꜣj-nḏm*, Sohn des *Mn-ḫpr-ꜥ*, die im 10. Jahr des Siamun stattfand und bei der die beiden Vorarbeiter erwähnt sind, ist das letzte Zeugnis der Arbeiter von Deir el-Medine.[304]

### 2.2.4 Das Ende der Siedlung

Wann genau die Siedlung aufgegeben wurde, ist nicht bekannt. Nach dem *Stato Civile*[305] war Deir el-Medine noch in den Jahren 16 und 17 der Regierungszeit Ramses' IX. bewohnt. Papyrus Turin Cat. 1932+1939 aus dem Jahr 19 belegt, dass die Mannschaft 51 Mann stark war, wohl zu groß, um in Medinet-Habu zu leben. Für die Regierungszeit Ramses' X. ist die Quellenlage zu lückenhaft, um Aussagen über die Entwicklung der Siedlung zu machen. Valbelle meint, dass die unvollendete Grabanlage Ramses' X. ein Zeichen dafür sein könnte, dass die Mannschaftsstärke stetig verringert wurde. Wie bereits erwähnt, hatte auch die zunehmende Unsicherheit in der Nekropole und das Ausbleiben von Versorgungslieferungen eine deutliche Abnahme der Lebensqualität in Deir el-Medine zur Folge. Die Siedlung scheint in der Regierungszeit Ramses' X. und Ramses' XI. immer ‚lebensfeindlicher' geworden zu sein. In den Jahren 17 und 18 der Regierungszeit Ramses' XI. sprechen Belege

302 T. E. Peet, 1930, S. 139–141, 142–143, Pl. XXV und XXVI sowie S. 152, 153 und 156, Pl. XXXI, XXXII und XXXIV.

303 D. Valbelle, 1985, S. 223–225, G. Maspero, 1884, S. 553 und S. Häggman, 2002, S. 315–316.

304 J. Černý, 2001, S. 124 und J. Černý, 1946, S. 26–27.

305 Der *Stato Civile* ist ein Textkorpus aus über 80 Papyrusfragmenten des Ägyptischen Museums in Turin, der die einzelnen Haushalte Deir el-Medines auflistet. Černý datiert den *Stato Civile* in die Regierungszeit Ramses' IX. Vgl. D. Valbelle, 1985, S. 56–61.

bereits für den Umzug der Arbeiterschaft nach Medinet-Habu. Einige Briefe[306] aus den Jahren 2 bis 10 der *wḥm-msw.t*-Ära erwähnen Deir el-Medine als einen verlassenen Ort, und dass einige der Arbeiter in Medinet-Habu wohnhaft waren.[307] Jacobus J. Janssen schlägt aufgrund einer Textstelle im Papyrus Turin Cat. 2018 vor, dass der Umzug nach Medinet-Habu vor dem 8. Regierungsjahr Ramses' XI. stattfand. Bei dieser Quelle handelt es sich um Rationslieferungen aus den Jahren 8 bis 10 des letzten Ramessiden und eine Hausliste, die Mitglieder der Versorgungsmannschaft auflistet. Das Fehlen von Wasserträgern und Fischern im Text nimmt Janssen zum Anlass für seine Vermutung. Beide Berufsgruppen wären nach wie vor notwendig für die Versorgung Deir el-Medines gewesen. Nur ein Umzug der Arbeiter von Deir el-Medine nach Medinet-Habu macht ihr Fehlen in der Hausliste für Janssen verständlich, da ihre Arbeit hier nicht mehr gebraucht wurde.[308] Jüngst äußerte Ben J. J. Haring gegenüber den Gründen für die Aufgabe der Siedlung Zweifel. Für ihn lassen die spärlichen Belege keinen Rückschluss auf einen Umzug und mögliche Gründe eines Umzuges zu. Vielmehr scheint nur der Schreiber des Grabes *Ḏḥwtj-ms* nach Medinet-Habu gezogen zu sein. In einem Brief, datiert in das Jahr 2 der *wḥm-msw.t*-Ära, schreibt er, dass die Mannschaft in Theben, also auf dem Ostufer war und zu ihm zurückkommen sollte. Die Mannschaft folgte dieser Anweisung. Nach Haring war sie Ende der 20. Dynastie und Anfang der 21. Dynastie in der Nekropole wieder aktiv.[309] Wann genau und aus welchen Gründen die Arbeiter Deir el-Medine verlassen hatten, bleibt nach wie vor ungeklärt.

Lediglich der Friedhof von Deir el-Medine wurde in späterer Zeit wiederbenutzt. Vor allem in der 23. und 24. Dynastie lassen hier einige Priester des Tempels des Amun, der Mut und des Month sowie Schreiber der Kornkammer und Schatzkammer der Domäne des Amun ihre Gräber bauen.[310] Der ptolemäische Hathortempel ist eines der letzten Zeugnisse der Nutzung des Tals, die bis in die griechisch-römische Zeit reichte.

## 2.3 Die gesellschaftlichen Strukturen

Um Prestige anhand sozialer Unterschiede untersuchen zu können, muss die Struktur der Gesellschaft von Deir el-Medine dargestellt werden. Die Struktur spiegelt sich in den einzelnen Status, d. h. den gesellschaftlichen Positionen wider. Die verschiedenen Positionen oder Berufsgruppen sollen im Folgenden so

306 Die Briefe wurden von Černý veröffentlicht in: J. Černý, Late Ramesside Letters, in: BAe IX, 1939. Die Übersetzung und Datierung der Briefe publizierte Edward Wente in: E. F. Wente, Late Ramesside Letters, in: Studies in ancient oriental Civilization 33, Chicago 1967. Exemplarisch sei hier Brief 12 genannt. Valbelle liest auch in den Briefen 4, 5, 8 und 28 Hinweise auf die Situation von Deir el-Medine in der ausgehenden 20. Dynastie.

307 D. Valbelle, 1985, S. 123–125.

308 J. J. Janssen, 1992a, S. 12–14.

309 B. J. J. Haring, 2006, S. 111–112.

310 D. Valbelle, 1985, S. 226.

weit wie möglich beschrieben und einander gegenüber gestellt werden. Zu diesem Zweck habe ich ein neues Organigramm (Falttaf. 1) erstellt, das sich an der Arbeit Friedrich Junges orientiert, der bereits in seiner Neuägyptischen Grammatik[311] die hierarchische Struktur der Arbeitersiedlung präsentiert hat.

Die Personengruppen, die für Deir el-Medine eine Rolle spielen, lassen sich grundsätzlich in zwei Bereiche gliedern. Den ersten Bereich bildete die Gruppe der Personen, die im Ort lebten oder mit der Versorgung und Sicherung des Ortes beauftragt waren. Dazu zählen die Mannschaft des Grabes, die *smd.t*, die Dienerinnen, der Schuster und der Skorpionbändiger sowie die Wächter, die Torwächter, die *ꜣṯw.w* und die *mḏꜣj.w*. Dieser Bereich bildet die Gesellschaft von Deir el-Medine oder von *pꜣ ḫr*. Der zweite Bereich umfasst Personen, die zwar durch ihre Verwaltungsaufgaben mit der Arbeitersiedlung zu tun hatten, sich aber nur selten im Bereich der Nekropole aufhielten. Dabei handelt es sich um die königliche Verwaltung, d. h. den Wesir, sowie den ersten Propheten des Amun, die Bürgermeister von Theben und deren Beamte, vor allem die Schreiber des Wesirs und des Schatzhauses.

In Bezug auf die Frage nach Prestige werde ich mich ausschließlich auf den ersten Bereich beziehen, da die Mannschaft des Grabes, die Versorgungsmannschaft, die Dienerinnen, die Wächter und Torwächter sowie die Polizeitruppe einen geschlossenen gesellschaftlichen Bereich bilden, der sich über seinen Arbeits- und Lebensbereich innerhalb der Nekropole definiert. Die Verwaltung kann m. E. bei einer Untersuchung von Prestige vernachlässigt werden. Ihr Arbeitsfeld und Arbeitsplatz beschränken sich nicht hauptsächlich auf Deir el-Medine und die Nekropole, sondern sind mehr oder weniger nur nebenbei mit ihr verknüpft. Daher ist die Arbeitersiedlung nicht ihr eigentliches soziales Feld und ihr Prestige resultiert nicht maßgeblich aus der Interaktion mit der Gesellschaft von Deir el-Medine. Damit ist die Verwaltung bezüglich des geschlossenen gesellschaftlichen Alltags der Arbeitersiedlung nicht relevant. Innerhalb des Organigramms tritt die Verwaltung nur der Vollständigkeit wegen auf. Der für die Arbeit entscheidende Teil des Organigramms umfasst den hellgrün unterlegten Abschnitt „Deir el-Medine" (Falttaf. 1).

### 2.3.1 Löhne als Maß für den Status

Die Hierarchie der Gesellschaft von Deir el-Medine resultiert maßgeblich aus dem Informationsgehalt der Rationslisten zum monatlichen Durchschnittslohn der einzelnen Gruppen. Dazu gibt es zahlreiche Untersuchungen. Grundlegend haben sich vor allem Černý und Janssen mit den Löhnen der Menschen von Deir el-Medine beschäftigt.[312]

[311] Vgl. F. Junge, 1996, S. 316–320. Neben diesem Organigramm gibt es ein weiteres, das jedoch ausschließlich die Hierarchie der Mannschaft des Grabes und der *smd.t n bnr* darstellt. Vgl. J. Toivari-Viitala, 2001, S. 7.

[312] Vgl. J. Černý, 2001, J. J. Janssen, 1997, J. J. Janssen, 1975, Part III/I und J. J. Janssen, 1997, S. 13–35.

Altägyptisch wurden die Löhne als *ḥtrj* bezeichnet.[313] Sie bestanden in erster Linie aus Getreide der königlichen Kornkammer, *jt* „Gerste“ und *bd.t* „Emmer“, das zu Brot und Bier verarbeitet wurde. Die Lohnmenge wurde in *ẖ3r* gemessen. Bei Janssen entspricht 1 *ẖ3r* einer Menge von 76,88 Litern.[314] Zusätzlich wurde die Mannschaft mit Kleidern, Ölen und Fetten, Wein, Dattelbrei und gelegentlich Honig, Salz, Fleisch, Leder und Milchprodukten durch die königlichen Institutionen versorgt. Die umliegenden Tempel spendeten Brot, Kuchen, Bier und Datteln, und die *smd.t* lieferte regelmäßig Wasser, Fisch, Gemüse, Früchte, Brennholz und Keramik.[315]

Die Lieferungen, dokumentiert durch das Nekropolentagebuch, richten sich entweder an die ganze Mannschaft oder an eine Seite der Mannschaft. Nach Janssen scheinen die Warenlieferungen nie regelmäßig eingetroffen zu sein.[316] Dennoch wurde die Mannschaft, außer in Streikzeiten, anscheinend konstant mit allem versorgt, was sie brauchten. Die Schreiber der Versorgungsmannschaft kontrollierten die Warenlieferungen und führten über sie Buch. Einige Quellen zeigen, dass die Schreiber jeweils am 10., 20. und 30. des Monats die Waren auflisteten, sodass die Lieferungen, die innerhalb einer Dekade geliefert wurden, eine bestimmte Menge erfüllen mussten.[317] Inwiefern in diesem Zeitraum solche Mengen eingehalten wurden und ob sie erst am letzten Tag der Dekade geliefert oder über die Dekade gesammelt und dann ausgegeben wurden, ist schwer zu klären. Die von Janssen angesprochene Unregelmäßigkeit der Lieferungen wird durch die Quellen genauso bestätigt wie die regelmäßige Lieferung oder Ausgabe, die durch Datumsangaben eindeutig sind. Daneben gibt es auch Notizen über Restmengen, die nicht geliefert werden konnten und noch ausstanden. Solche Fehlbeträge können dann wiederum in Zusammenhang mit einem bestimmten Empfänger genannt werden, sodass auch die Auslieferung von Waren an Individuen belegt scheint.

Meist sind die Rationslisten nach dem gleichen Prinzip aufgebaut. Zuerst werden die beiden Vorarbeiter, dann der Schreiber des Grabes genannt. Danach folgt hierarchisch die Mannschaft des Grabes, unterteilt in Arbeiter, Junggesellen und Alte. Nach ihnen werden die Wächter, die Dienerinnen, die Torwächter, die verschiedene Listenplätze[318] einnehmen können, und die Versorgungsmannschaft aufgeführt. Als letztes werden die Gottesopfer gelistet. Dabei handelt es sich um Getreideopfer, häufig kleine Mengen, die den Gottheiten und toten Königen der thebanischen Nekropole gewidmet sind.[319]

[313] J. J. Janssen, 1997, S. 1.

[314] J. J. Janssen, 1975, S. 109. Janssen merkt an, dass Černý eine etwas kleinere Menge, nämlich 76,56 Liter, mit 1 *ẖ3r* gleichsetzt (S. 109, Anm. 40). Für die Umrechnung von Maßeinheiten, z. B. *ẖ3r* in Kupfer-*dbn*, können die Mengen an Gerste und Emmer addiert werden, da nach Janssen in der Ramessidenzeit die beiden Kornarten in der Regel den gleichen Preis erzielten. Die Umrechnung von *ẖ3r* in *dbn* erfolgt nach folgender Regel: 1 *ẖ3r* entspricht 2 *dbn* (S. 110–111). Vgl. auch J. Černý, 1954, S. 915–916.

[315] D. Valbelle, 1985, S. 148.

[316] J. J. Janssen, 1975, S. 455 und 459.

[317] E. Frood, 2003, S. 44.

[318] M. Goecke-Bauer, 2003, S. 92–93.

[319] J. J. Janssen, 1997.

Grundsätzlich ermöglichten die Löhne eine vernünftige Ernährung für die Lohnempfänger und ihre Familien. Die Lohnmenge war abhängig von der wirtschaftlichen und politischen Situation und konnte daher variieren. Falls Getreide in der Staatskasse knapp war, konnte als Lohnäquivalent Leder und Metall ausgezahlt werden. Ein zu langes Ausbleiben der Löhne wie gegen Ende der Regierung Ramses III. hatte Streiks zur Folge.[320]

Gutgesell schrieb, dass die Löhne und Versorgungsgüter zum einen aufgrund der Bedürfnisse und zum anderen nach der sozialen Schichtung verteilt wurden. Darüber hinaus sei für Deir el-Medine bekannt, dass sich Höhergestellte ihren Lohn in qualitativ hochwertigeren Waren statt einer größeren Menge an normalen Waren ausbezahlen lassen konnten, sodass man statt vielen Broten höherwertige Genussmittel bekam, was den hierarchisch höheren Status unterstrich. Gutgesell führt zu dieser Vermutung keine Belege an.[321]

Darüber hinaus gab es unregelmäßige *mkw*, sogenannte „Sonderzuteilungen" oder *„extra provisions*", die nach Janssen zu besonderen Anlässen zusätzlich zum normalen Lohn ausgegeben wurden.[322] Diese Prämien wurden an die gesamte Mannschaft verteilt.[323]

### 2.3.2 Die Mannschaft des Grabes

Die Bewohner der Siedlung waren die Handwerker[324], die die königlichen Grabanlagen im Tal der Könige und Tal der Königinnen ausgeschachtet und dekoriert haben. Kollektiv wurden sie *tꜣ is.t n pꜣ ḫr* „die Mannschaft des Grabes", oder kurz *tꜣ js.t*, genannt. Die Bezeichnung tritt in dieser Form erstmals unter Haremhab auf und blieb der offizielle Name der Arbeiterschaft bis zur Aufgabe der Siedlung am Ende der 20. Dynastie.[325] Die Mannschaft wurde in zwei gleichgroße Gruppen geteilt, *tꜣ rj.t wnmj* „die rechte Seite"

[320] D. Valbelle, 1985, S. 149–150.

[321] M. Gutgesell, 1989, S. 72 und 74–75. In dieser Hinsicht könnte O. Ashmolean Museum (HO) 219 + O. BM (EA) 25289 ein Hinweis sein. Vgl. B. J. J. Haring, 2004, S. 216–219. Hier erhalten einige Arbeiter und ein Nekropolenschreiber Waren. Der Schreiber bekommt u. a. einen Krug *šdḥ*-Wein, eine für eine Lohnlieferung unübliche Ware. Allerdings wird bei dieser Quelle nicht deutlich, ob es sich um eine Lohnzahlung oder eine Sonderleistung handelt.

[322] J. J. Janssen, 1997 S. 1.

[323] J. J. Janssen, 1975, S. 488–493.

[324] Eigentlich: die Handwerker und ihre Familien. Wie viele Menschen in Deir el-Medine gelebt haben, lässt sich aufgrund der schwankenden Bewohnerzahl – die Extreme liegen bei 16 bzw. 120 Arbeiter – kaum schätzen. Trotzdem gab es immer wieder Hochrechnungen zur Bevölkerungszahl der Siedlung, die auf 525 bis 1200 Einwohner kommen. Vgl. J. Kraus, 2004, S. 108–109. Passend zu der großen Spanne und gleichzeitig ernüchternd hinsichtlich der Frage nach der Bevölkerungsdichte ist Kraus' Aussage auf S. 119–120: *„Andererseits weisen moderne Beispiele aus Staaten des Nahen Ostens darauf hin, daß Theoriebasierte Betrachtungen zu Wohnfläche und Bevölkerungsdichte in der Realität ungünstige Ergebnisse zeigen und die Fläche, die einer einzelnen Person zur Verfügung steht, deutlich geringer ausfällt, was in einer prinzipiell höheren Zahl an Bewohnern pro Wohneinheit resultiert."*

[325] J. Černý, 2001, S. 49–50 und 99.

und *tꜣ rj.t smḥj* „die linke Seite".[326] Obwohl die Arbeiter in der Regel einer Seite zugeteilt waren, konnten sie die Seite wechseln, um die Arbeiterzahl pro Seite auszugleichen. Auch unbegründete Wechsel der Seite sind belegt.[327] Bei den Lohnlieferungen war die Entlohnung beider Seiten zum gleichen Zeitpunkt nicht zwingend. Wurde nur eine Seite bezahlt, ist das in den Quellen, sofern die rechte oder linke Seite nicht namentlich erwähnt wird, an der Anwesenheit nur eines Vorarbeiters erkennbar.

Die Führung der Mannschaft teilten sich in der Regel der Schreiber des Grabes und die zwei Vorarbeiter, die entweder der rechten oder der linken Seite vorstanden. Die Vorarbeiter hatten je einen Stellvertreter, der bei Černý definitiv nicht zur Führungsschicht, sondern zur Mannschaft gezählt wird.[328]

Zwei Kriterien sind für Valbelle entscheidend, die jemanden als Mitglied der Mannschaft des Grabes klassifizieren. Man muss bei der Getreideverteilung als Arbeiter gekennzeichnet sein, und man muss ein Haus im Dorf oder ein Grab in der Nekropole besitzen. Der Titel *n ẖnw* „von Innen" kennzeichnete eine Person ebenfalls als Mannschaftsmitglied.[329]

Die Anzahl der Arbeiter variierte und war abhängig von der benötigten Arbeitskraft. Ihre Extreme liegen bei 16 bzw. 120 Mann. Die wirtschaftliche Lage des Landes scheint kein Kriterium für die Größe der Mannschaft gewesen zu sein, da die 120 Arbeiter zur der Zeit angestellt waren, als die Mannschaft aufgrund ausbleibender Getreiderationen in den Streik trat. Durchschnittlich waren vermutlich 40 bis 60 Mann beschäftigt.[330] Neue Arbeiter, die als Lehrlinge angelernt wurden, kamen entweder aus dem Dorf oder konnten außerhalb der Siedlung rekrutiert werden. Außenberufungen waren bei großen Bauvorhaben notwendig. Mit Vollendung der Arbeit in der Nekropole nahm die Stärke der Mannschaft stetig ab, vor allem während längerer Regierungsphasen. Verstorbene Arbeiter wurden nicht systematisch ersetzt. Unter Ramses V. wurde die Mannschaft auf die Hälfte reduziert und die übrigen Mitglieder der *smd.t* zugeordnet. Das „Entlassen" *ẖꜣꜥ r bnr* eines Arbeiters ist selten belegt. Kinder, die nicht versorgt werden konnten, wurden „nach Außen" geschickt.[331] Andreas Dorn zufolge konnten sie dank ihrer in der Siedlung erworbenen *„Schreibkompetenz [...], als ‚kleiner' Schreiber in einem der thebanischen Toten- oder Göttertempel"* eingestellt werden.[332]

[326] Ebd., S. 101. Vgl. auch F. Junge, 1996, S. 318. Junge bezeichnet hier die beiden Seiten als *tꜣ rj.t smḥ.t* und *tꜣ rj.t jmnt.t*, die linke und die rechte Seite.

[327] J. Černý, 2001, S. 109.

[328] Ebd., S. 146 und D. Valbelle, 1985, S. 104, Tableau III.

[329] D. Valbelle, 1985, S. 99.

[330] Ebd., S. 99–102 und 104, Tableau III.

[331] Ebd., S. 112–113.

[332] A. Dorn, 2009, S. 82.

### 2.3.2.1 Die Führungsschicht

Den Vorstand der Mannschaft bildeten die sogenannten *nꜣ ḥwtj.w n pꜣ ḫr* oder *ḥwtj.w n tꜣ js.t* „die Vorgesetzten des Grabes“ oder „die Vorgesetzten der Mannschaft“, kurz die Chefs, die auch einzeln als *ḥrj* „Vorsteher“ bezeichnet wurden.[333] Die Anzahl der Mitglieder der Führungsschicht konnte variieren. Aber in den meisten Fällen werden durch die Texte *pꜣ 3 ḥwtj.w* „die drei Chefs“ genannt.[334] Diese Aussage bezieht sich dann auf die beiden Vorarbeiter und den Schreiber des Grabes, die zusammen die Führungsschicht bildeten. Sie waren verantwortlich für das reibungslose Funktionieren der Dorfgemeinschaft und der Arbeit in der Nekropole. Die meisten Chefs waren vor der Übernahme des höheren Amtes selbst einfache Arbeiter.[335]

Die Mitglieder der Führungsschicht bildeten mit einigen Verwaltungsbeamten das übergreifende Gremium der *rwḏ.w n pꜣ ḫr* „Aufseher des Grabes“. Entscheidend für den Schreiber und die beiden Vorarbeiter ist hier der Zusatz *n ḫnj*, der sie als Aufseher „von Innen“ ausweist und sie gegenüber den Verwaltungsbeamten „von Außen“ absetzt.[336]

Die Chefs treten in den Textquellen immer als Gruppe auf. Nie vertrat ein Mitglied allein die ganze Gruppe. Sie rationierten und verteilten das Getreide, gaben Öl an die Mannschaft und waren verantwortlich für die Lampen und Lampenfette. Sie befehligten die Arbeitskräfte und beriefen neue Arbeiter, die mit dem Einverständnis der Verwaltungsautorität eingestellt wurden.[337] Die Chefgruppe repräsentierte die Mannschaft und vertrat sie vor dem Wesir und der Verwaltung. Sie nahmen den Lohn entgegen und kümmerten sich um verspätete Lohnlieferungen. Sie waren der Verwaltung gegenüber für das Kupferwerkzeug und dessen Reparatur verantwortlich. Juristische Fragen wurden unter ihrem Vorsitz geklärt. Im Fall einer juristischen Auseinandersetzung zwischen Mitgliedern der Mannschaft und Leuten „von Außen“ vertraten sie ihre Schützlinge. Sie nahmen an den groß angelegten Inspektionen der thebanischen Nekropole in der 20. Dynastie teil, die aufgrund der vermehrten Grabraubfälle durch die Verwaltung angeordnet und ausgeführt wurden. Die Nekropole von Deir el-Medine war dagegen ihr Bereich, um deren Ordnung sie sich kümmerten.[338]

#### 2.3.2.1.1 Vorarbeiter

Der Vorarbeiter wurde altägyptisch als *ꜥꜣ n js.t*[339] „Großer der Mannschaft“ oder auch *ḥrj js.t*[340] „Mannschaftsvorsteher“ bezeichnet. In der Regel waren es zwei. Jeder stand

[333] J. Černý, 2001, S. 231 und 245.
[334] Ebd., S. 234.
[335] D. Valbelle, 1985, S. 106.
[336] J. Černý, 2001, S. 255–256.
[337] Ebd., S. 237.
[338] Ebd., S. 237–239.
[339] Ebd., S. 109.
[340] F. Junge, 1996, S. 319.

einer Seite der Mannschaft vor. Mehr als zwei Vorarbeiter[341] sind selten belegt und dürfen als Ausnahme gesehen werden. Ihre Position verlieh ihnen ein gewisses Ansehen in der Gemeinschaft der Arbeiter.[342]

Neben der Verantwortung für die Siedlung genossen die Vorarbeiter vor allem das Privileg einer guten Bezahlung. Für ihre Arbeit erhielten sie eine monatliche Getreideration von ca. 5,5 *ẖꜣr bd.t* und 2 *ẖꜣr jt*.[343] Die Summe entsprach der Getreidemenge, die eine ganze Seite der Mannschaft als Gehalt erhielt. Diese Angabe kann jedoch nur als ein Durchschnittswert verstanden werden, da die Rationsverteilung nicht einmal, sondern mehrmals im Monat stattfand, und die Teilmengen des monatlichen Lohns jedes Mal leicht variierten.[344] Daher kann im Folgenden auch nur von einem monatlichen Durchschnittsgehalt gesprochen werden. Sicher ist, dass es sich hier um den höchsten monatlichen Durchschnittsverdienst in Deir el-Medine überhaupt handelt.

Auch im Bereich der Versorgung mit Kleidung wird der Unterschied zwischen den Vorarbeitern und der Mannschaft des Grabes deutlich. Es ist nur wenig über die Kleidungsgewohnheiten in Deir el-Medine bekannt. Nach Valbelle wurde von der Mannschaft ein Kleidungsstück namens *rwḏw*, möglicherweise eine Art Schurz, getragen. Die Vorarbeiter bekamen stattdessen das *dꜣjw* geliefert.[345] Während Valbelle vermutet, dass der Unterschied zwischen *rwḏw* und *dꜣjw* vielleicht in der Menge liegt und das ein *dꜣjw* mehr Stoff als ein *rwḏw* umfasst, deuten Janssens Untersuchungen zu Waren und Preisen darauf hin, dass der Preis beider Kleidungsstücke unterschiedlich ist. Der Preis eines *dꜣjw*-Kleidungsstücks lag deutlich über dem eines *rwḏw*, unabhängig davon, welche Stoffqualität die Kleider hatten.[346] Allerdings lässt sich dieser Unterschied in der Zuteilung von Kleidung nur zwischen der Führungsschicht und den Arbeitern feststellen. Die von Valbelle zitierte Quelle Papyrus Turin Cat. 2004+2007+2057/58+2106/396 zeigt, dass die *ḥwtj.w* mit *dꜣjw*-Gewändern und 61 Mann sowie zwei *jrj.w-ꜥꜣ* mit *rwḏw*-Kleidern entlohnt wurden. In der Liste werden aber auch andere Personen genannt, die mit beiden Kleidungsstücken entlohnt wurden.[347] Das *dꜣjw* war folglich nicht nur der Führungsschicht vorbehalten.

Die Vorarbeiter hatten als Chefs der Arbeiterschaft grundsätzlich die Aufgabe, die Arbeit auf der Baustelle zu verwalten sowie das Leben der Siedlung zu

341 Im 7. Jahr Ramses' II. sind vier Vorarbeiter und im 16. Jahr Ramses' IX. drei Vorarbeiter belegt.

342 J. Černý, 2001, S. 121 und 191.

343 J. J. Janssen, 1975, S. 460.

344 J. J. Janssen, 1997, S. 13.

345 D. Valbelle, 1985, S. 281–282. Nach Janssen ist das *rwḏw* eine Art Schal. Vgl. J. J. Janssen, 1975, S. 284–286.

346 J. J. Janssen, 1975, S. 266, Table XLII und S. 285, Table XLVI. Siehe auch D. Valbelle, 1985, S. 282–283. Ägyptische Stoffe wurden Janssen zufolge in vier Qualitätsstufen unterteilt: *sšr-nsw „royal linen"*, *šmꜥ nfr „fine thin cloth"*, *šmꜥ „thin cloth"* und *nꜥꜥ „smooth cloth"*. Vgl. J. J. Janssen, 1975, S. 256.

347 Vgl. M. Goecke-Bauer, 2003, S. 92, Tab. 3, K. A. Kitchen, 1983, S. 651, Zeile 2–11 und W. Helck, 2002, S. 515.

regeln und die Ordnung zu wahren. Die Vorarbeiter konnten Arbeiter oder eine ganze Seite von der Arbeit am Königsgrab befreien und anderweitig einsetzen. Ihr eigenes Fehlen an der Arbeitsstelle wurde von den Schreibern genauso gewissenhaft notiert wie das Fehlen eines Arbeiters.[348] Die Quellen zeigen, dass die Vorarbeiter in wirtschaftlichen wie juristischen Angelegenheiten Autorität hatten. Sie waren verantwortlich für die öffentliche Ordnung und für die ordentliche Verteilung von Versorgungsgütern und Werkzeugen.[349] Sie repräsentierten die Mannschaft vor den höheren Autoritäten. Sie erstatteten dem Wesir Bericht, manchmal in Zusammenarbeit mit dem Schreiber, der für die schriftliche Ausführung des Berichts zuständig war. Sie waren die erste Anlaufstelle bei internen Problemen der Gemeinschaft. Sie bezeugten Eide der Arbeiterschaft, schlichteten Streit und hatten den Vorsitz über die *qnb.t*, das örtliche Gericht, deren Entscheidungen sie verkündeten. Die Erfüllung der gesprochenen Urteile überwachten sie ebenfalls. Sie konnten auch gerichtliche Entscheidungen höherer Institutionen kritisieren, die die Arbeiterschaft betrafen. Sie fungierten als Zeugen bei Transaktionen. Sie waren bei Prozessionen und Orakelentscheidungen zugegen. Sie waren an Inspektionen beteiligt, die den Arbeiterfriedhof umfassten, und untersuchten ungeklärte Todesfälle in der Arbeiterschaft. Vorarbeiter überwachten die Werkzeuge und die anderen Materialien, die für die Arbeit am Grab gebraucht wurden. Sie forderten den Lohn der Arbeiter ein, wenn er ausblieb, und verteilten ihn, vor allem wenn es sich um Kleidung handelte. Sie regelten auch die Aufgaben der *smd.t* zusammen mit dem Schreiber und der Mannschaft.[350]

Der Vorarbeiter bekleidete sein Amt wohl bis zu seinem Tod. Der neue Vorarbeiter, sei es der Sohn oder ein anderer Amtsnachfolger, wurde durch den Wesir oder auf Anraten des Wesirs durch den Pharao berufen. Damit wurde der Führungsanspruch des Vorarbeiters über die Arbeiterschaft legitimiert und außer Frage gestellt.[351] Obwohl das Amt des Vorarbeiters in der Regel erblich war, ist die Weitergabe vom Vater an den Sohn nur in zwölf von 28 Fällen belegt. War ein Vorarbeiter ohne männlichen Nachwuchs, wurde in der Regel ein Nachfolger unter den Mitgliedern der Mannschaft benannt. Ein viel belegter Brauch ist die Adoption eines zukünftigen Nachfolgers. Da meist der Stellvertreter der Sohn des Vorarbeiters war, wurde im Fall einer Adoption der Adoptivsohn zum Stellvertreter und damit zum Nachfolger des Vorarbeiters. Beförderungen von einfachen Arbeitern gab es ebenfalls. Der Fall des Arbeiters *Pꜣ-nb*, der im Papyrus Salt 124 dokumentiert ist, zeigt, dass der Vorarbeiterposten auch durch Korruption direkt unter den Augen der Chefgruppe oder des Wesirs erreicht werden konnte.[352]

[348] J. Černý, 2001, S. 129.
[349] D. Valbelle, 1985, S. 109.
[350] J. Černý, 2001, S. 129–131. Vgl. auch M. Gutgesell, 1989, S. 54.
[351] D. Valbelle, 1985, S. 138.
[352] Ebd., S. 111–112 und J. Černý, 2001, S. 126–127.

#### 2.3.2.1.2 Schreiber

Die Nekropolenschreiber wurden als *sš n pꜣ ḫr* „Schreiber des Grabes" oder *sš m S.t-Mꜣꜥ.t* „Schreiber an der Stätte der Wahrheit" bezeichnet. Sich selbst bezeichneten die Schreiber in den Texten als *jmj-rꜣ-jst m S.t-Mꜣꜥ.t* „Vorsteher der Mannschaft an der Stätte der Wahrheit". Den Titel *sš-nswt* verwendeten die Schreiber, um sich als Angestellte des Königs zu präsentieren, was jedoch nur in privaten hieroglyphischen Texten oder Graffiti vorkommt und niemals in offiziellen Verwaltungsdokumenten Verwendung fand.[353]

Ein Schreiber des Grabes verdiente im Monat durchschnittlich dasselbe Gehalt wie ein Vorarbeiter, 5,5 *ḫꜣr bd.t* und 2 *ḫꜣr jt*. Allerdings erhielten sie nur eine Hälfte des Lohns, 2,75 *ḫꜣr bd.t* und 1 *ḫꜣr jt*, bei der Bezahlung einer Seite, während sie bei der Bezahlung der anderen Seite die andere Hälfte erhielten. Daher versteht Janssen die Schreiber als gleichberechtigt gegenüber den Vorarbeitern.[354] Normalerweise war den beiden Vorarbeitern ein Nekropolenschreiber zur Seite gestellt, was durch die meist dreiköpfige Führungsschicht deutlich wird. Černý gibt aufgrund der Zweiteilung der Mannschaft zu überlegen, ob es vielleicht auch zwei Schreiber, je einen pro Seite, gegeben haben könnte. Dann entspräche die Bezahlung eines Schreibers nicht mehr der eines Vorarbeiters und die Gleichstellung der beiden Ämter müsste in Frage gestellt werden. Die wenigen Quellen, die von mehreren Schreibern berichten, deuten eher auf Ausnahmen hin. Am Anfang der Regierung Ramses' XI. z. B. gehörte der dreiköpfigen Chefgruppe ein weiterer Schreiber an, den Černý als *ḥrj sš-qdw.t* „Vorsteher der Zeichner" erkannte.[355]

Zu den Aufgaben des Nekropolenschreibers gehörte die Führung des Nekropolentagebuchs. Notiert wurden die Abwesenheit von Mannschaftsmitgliedern bei der Arbeit und die entsprechende Begründung dafür, der Arbeitsfortschritt und besondere Geschehnisse im Arbeitsalltag. Die Schreiber verfassten offizielle Briefe und Berichte auf Papyrus, die die königliche Verwaltung über den Verlauf der Arbeit und andere Ereignisse informierten. Sie führten Protokolle bei Anhörungen und verwalteten die juristischen Akten. Ihre Aufgabe war das Anfertigen von Listen über Lieferungen von Löhnen und Versorgungsgütern wie Kleidung, Fette und Öle, Honig, Fleisch, Baumaterial, Werkzeug, Lampenöl und Lampendochte. Weiter inventarisierten die Schreiber das Werkzeug und die Werkmaterialien. In dieser Funktion konnten sich die Schreiber als *jmj-rꜣ pr-ḥḏ m S.t-Mꜣꜥ.t* „Vorsteher des Schatzhauses an der Stätte der Wahrheit" bezeichnen, wobei „Schatzhaus" Černý zufolge als eine besondere Bezeichnung für *wḏꜣ* „Lagerhaus" zu verstehen ist, dem Ort, an dem das Material aufbewahrt wurde. Die Schreiber waren neben den Vorarbeitern die wichtigsten Mitglieder der *qnb.t*. Gegen Bezahlung setzten sie für die Mannschaftsmitglieder Briefe privater oder offizieller Natur auf, fertigten schriftliche Orakelanfragen an und bezeugten die entsprechenden Orakel-

[353] J. Černý, 2001, S. 191 und 224–225.
[354] J. J. Janssen, 1975, S. 461.
[355] J. Černý, 2001, S. 191 und 236–237. Vgl. auch D. Valbelle, 1985, S. 110.

entscheidungen.[356] Auch den Menschen außerhalb Deir el-Medines stellten sie ihr Spezialwissen zur Verfügung und ließen sich dafür gut bezahlen. Ihre Arbeit war nicht billig, wie die Quellen belegen. Ein ‚kleines Zusatzvermögen' erwirtschaftete z. B. der Schreiber *Ḥr-šrj*, indem er drei Särge für Persönlichkeiten außerhalb Deir el-Medines dekorierte und abzüglich des Materialaufwands 95 *dbn*[357] an diesem Auftrag verdiente.[358]

Das Amt des Nekropolenschreibers war erblich. Jedoch wurde ein neuer Schreiber, ob von Außen oder Innen, durch den Wesir benannt.[359] Aus der 18. Dynastie kennen wir nur die zwei Schreiber *Jmn-m-jnt* und *Nfr-ḥtp*.[360]

Der Nekropolenschreiber konnte den Texten zufolge direkt im Ort oder im nahe gelegenen Tempel von Medinet-Habu wohnen. Gerade in der späten 20. Dynastie hatten die Nekropolenschreiber ihr Büro im westlichen Areal um den Tempel. Gräber von Schreibern in der Nekropole von Deir el-Medine sind identifiziert.[361]

### 2.3.2.2 Stellvertreter

Meist wurde der Stellvertreter des Vorarbeiters schlicht als *jdnw* bezeichnet. Der volle Titel lautete *jdnw n tꜣ js.t* „stellvertretender (Vorarbeiter) der Mannschaft". Es gab immer zwei *jdnw*, die je einem der Vorarbeiter zur Seite standen.[362]

Ihr Amt konnten die Stellvertreter an ihre Söhne weitergeben, wenn sie selbst den Posten des Vorarbeiters übernahmen. Solch eine familiäre Amtsnachfolge ist zumindest in fünf Fällen belegt. Nur ein Fall ist bekannt, bei dem das Amt des *jdnw* vom Vater an den Sohn überging, ohne dass der Vater zum Vorarbeiter aufgestiegen wäre. In den meisten Fällen wurde der *jdnw* jedoch aus der Arbeiterschaft besetzt. Unter Ramses IX. z. B. arbeiteten die Stellvertreter *Pꜣ-ꜥn-qnj* und *Jmn-ḥtp*, deren Väter, *Jmn-wꜥ* und *Pn-tꜣ-wr.t*, beide einfache Arbeiter gewesen waren. Sie wurden also ohne familiären Hintergrund in den Stand eines *jdnw* befördert.[363]

Es war die Aufgabe der *jdnw*, die Vorarbeiter bei ihrer Arbeit und der Verantwortlichkeit für die Ordnung in der Siedlung zu vertreten und zu unterstützen. Es gibt keine Hinweise darauf, ob die Arbeit der *jdnw* sich maßgeblich von der Arbeit der einfachen Arbeiter unterschied. Die Stellvertreter gehörten der Gruppe an, der Bericht erstattet wurden. Sie waren Mitglieder der *qnb.t*, bezeugten Eide und Transaktionen und waren für die Verteilung verschiedener Waren an die Mannschaft

356 J. Černý, 2001, S. 226–229. Vgl. auch D. Valbelle, 1985, S. 111.

357 Dass es sich bei dieser Menge um eine beträchtliche Geldsumme handelt wird deutlich, wenn man den Monatsverdienst eines Vorarbeiters oder Schreibers, den Janssen mit 11 *dbn* bemisst, in Relation setzt. Vgl. J. J. Janssen, 1975, S. 534.

358 J. Černý, 2001, S. 229.

359 Ebd., S. 223–224.

360 D. Valbelle, 1985, S. 24–25.

361 J. Černý, 2001, S. 229–231.

362 Ebd., S. 109 und 133–134.

363 Ebd., S. 146.

verantwortlich. Die Stellvertreter verwalteten Gegenstände und Kupfer, mit dem die Rinder bezahlt wurden. Sie begleiteten die Vorarbeiter bei Inspektionen und Untersuchungen der Nekropole.

Auf den Lohnlisten werden die *jdnw* nicht wie die Vorarbeiter als separate Gruppe genannt, sondern sind Teil der Mannschaft. Im Durchschnitt bekam ein Stellvertreter monatlich 4 *ẖ3r bd.t* und 1,5 *ẖ3r jt*. Ihr Posten brachte also kein höheres Gehalt mit sich. Dennoch dürfte die Position des *jdnw* einen Gewinn an sozialem Ansehen bedeutet haben, zumal ein Stellvertreter in der Regel zum Vorarbeiter aufstieg.[364]

### 2.3.2.3 Arbeiter

Ein einzelnes Mannschaftsmitglied wurde als *rmṯ-js.t n p3 ḫr* „Mensch/Mitglied der Mannschaft des Grabes" oder *sḏm-ʿš m S.t-M3ʿ.t* „Diener an der Stätte der Wahrheit"[365] bezeichnet. Gewöhnlich wurde der erste Titel einfach zu *rmṯ(-js.t)* abgekürzt. Die Mannschaftsmitglieder konnten auch als *rmṯ ḥmw* „Handwerker" benannt werden, was sie dann klar gegenüber den *rmṯ smd.t* „Hilfskräften" absetzte.[366] Unabhängig seines Ranges konnte ein Arbeiter auch *wʿw n js.t* „Arbeiter/ Mitglied der Mannschaft" betitelt werden. Nach Černý bezeichneten sich vor allem die Bewohner Deir el-Medines selbst als *wʿ.w n js.t*.[367]

Die Mannschaft setzte sich aus verschiedenen Spezialisten zusammen, die allgemein *ḥmw* genannt wurden. Unter ihnen waren *ḥmw ẖ3y* „die Handwerker des *ẖ3*-Werkzeuges"[368], die auch als *ḫrtj.w-nṯr* „Steinmetze" oder „Steinbrecher"[369] bezeichnet werden konnten. Ihre Aufgabe war es die Räume und Gänge des Grabes in den Fels zu treiben und das gebrochene Gestein abzutransportieren.[370] Nach Černý konnten jedes Mitglied der Mannschaft *ḫrtj-nṯr* genannt werden.[371] Neben den Steinbrechern gab es die *ṯ3j.w-mḏ3.t* „Graveure" oder „Reliefbildhauer"[372]. Sie waren Spezialisten im Umgang mit dem *mḏ3.t*-Meisel und dem Dächsel.[373] Und es gab den *sẖ3-qdw.t* oder *sš-qdw.t* „Maler" oder „(Vor-)Zeichner"[374], der für die Be-

[364] Ebd., S. 146–147 und J. J. Janssen, 1997, S. 21. Vgl. auch M. Gutgesell, 1989, S. 53.

[365] J. Černý, 2001, S. 49–50.

[366] D. Valbelle, 1985. S. 100.

[367] J. Černý, 2001, S. 109–110 und 112. Später erwähnt Černý, dass der Titel durchaus als Gegenstück zum „Cheftitel" *ḥwtjw* zu verstehen ist und den Status des einfachen Arbeiters betitelt. Vgl. J. Černý, 2001, S. 248.

[368] D. Valbelle, 1985, S. 100.

[369] Vgl. R. Hannig, 2006, S. 694 und A. Erman und H. Grapow, 1929, S. 394–395. Einmalig wurden Steinbrecher mit *sd-jnr* bzw. *sḏ-jnr* „Steinbrecher" betitelt. Die Bezeichnung verwendet das Verbum *sḏ* „brechen" und illustriert so hervorragend ihre Arbeit. Vgl. J. Cerný, 1973, S. 17, Anm. 8 und 9.

[370] J. Černý, 1973, S. 19.

[371] J. Černý, 2001, S. 251–255. Den Begriff leitet er von *ḫr.t-nṯr* „Nekropole" oder „göttlicher Grund" ab.

[372] Vgl. A. Erman und H. Grapow, 1931, S. 348 und R. Hannig, 2006, S. 1018.

[373] D. Valbelle, 1985, S. 101, Anm. 2.

[374] Vgl. A. Erman und H. Grapow, 1931, S. 81 und R. Hannig, 2006, S. 821.

schriftung und Bemalung verantwortlich war. Beide trugen das Dekor des Grabes auf die bereits verputzten Wände auf.[375]

Das durchschnittliche Monatsgehalt eines Mitgliedes der Mannschaft betrug 4 *ḫ3r bd.t* und 1,5 *ḫ3r jt.*[376] Von diesem Lohn wurde die ganze Familie oder die Hausgemeinschaft ernährt. Folglich konnten in der Regel Frau und Kinder und weitere im Haushalt lebende Familienmitglieder wie die verwitwete Mutter des Hausherrn oder dessen unverheiratete bzw. verwitwete Schwester mit dem Einkommen eines Mannes versorgt werden. Gutgesell zufolge ermöglichte es die Lohnmenge den Arbeitern ihren Eltern und Großeltern kleine Renten auszuzahlen, um deren Wohlergehen sicherzustellen.[377] Neben den Familienmitgliedern konnten weitere Personen, wie private Diener zum Haushalt gehören. Sie wurden vermutlich zur Bewirtschaftung der Äcker oder zur Haltung des Viehs angestellt. Ob diese allerdings mit in den Häusern gelebt haben und damit mitversorgt werden mussten, ist nicht geklärt.[378] Inwiefern all diese Versorgungskosten allein auf das durchschnittliche Monatsgehalt geschlagen werden müssen, bleibt fraglich, umso mehr als die Arbeiter durch ihre handwerklichen Fähigkeiten die Möglichkeit hatten, zusätzliche Waren und Werte zu erwerben. Rechnungen belegen z. B., dass die Mitglieder der Mannschaft ihre gefertigten Waren in der Region von Theben verkauften und so ihr monatliches Gehalt deutlich anheben konnten.[379] Folgt man Janssen und seinen Ausführungen zur Bezahlung der Arbeiter, scheint der Lohn für ein sorgenfreies Leben ausgereicht zu haben, da allein 4 *ḫ3r bd.t* ungefähr 300 Litern entsprechen, und damit dem Arbeiter und seiner Familie täglich 10 Liter an Emmer zu Verfügung standen. Janssen merkt an, dass diese Menge den monatlichen Verdienst eines erwachsenen römischen Arbeiters des ausgehenden 2. Jahrhunderts v. Chr. deutlich übersteigt. Es ist sogar zehnmal mehr als der tägliche Konsum eines Niederländers im mittleren 16. Jahrhundert bis frühen 18. Jahrhundert n. Chr. Aus diesem Vergleich folgert Janssen, dass der Lohn in Deir el-Medine nicht nur die Versorgung abdeckte, sondern das Getreide auch als Tauschmittel zum Handel mit anderen Waren gedient hat.[380]

#### 2.3.2.4 Der Arzt

Die ärztlichen Aufgaben übernahm ein Mitglied der Mannschaft, das oftmals bei der Arbeit fehlte, um Arzneien herzustellen oder Kranke zu betreuen, wie z. B. der Arbeiter *P3-ḥrj-pḏt*, der unter Ramses II. für die medizinische Versorgung des Ortes verantwortlich war.[381] Die zusätzliche Tätigkeit des Mannschaftsmitgliedes

375 J. Černý, 1973, S. 41.
376 J. J. Janssen, 1975, S. 460.
377 M. Gutgesell, 1989, S. 80–81.
378 D. Valbelle, 1985, S. 123.
379 Z. B. pTurin Giornale 17B, 7–17 publiziert bei G. Botti und T. E. Peet, 1928, S. 36, Tav. 40 und 41, bearbeitet bei J. Černý, 2001, S. 229 und K. M. Cooney, 2003, S. 176–179. Mehr zum Nebenverdienst in Kap. 3.2.
380 J. J. Janssen, 1975, S. 463.
381 D. Valbelle, 1985, S. 127–128 und 285. Vgl. auch J. J. Janssen, 1980, S. 137.

wurde durch den nur selten belegten Titel *wr swnw m S.t-M3ˁ.t* oder *swnw n p3 ḫr* gekennzeichnet.[382] Seine Position war offiziell und wurde durch die Verwaltung entlohnt. Das bescheidene monatliche Durchschnittsgehalt von 1 *ẖ3r bd.t* und 0,25 *ẖ3r jt*[383] entsprach nach Janssen kaum der gesellschaftlichen Bedeutung seiner Aufgabe und sollte daher als Ergänzung des Lohns eines Mannschaftsmitgliedes verstanden werden. Folglich verdiente der Arzt im Monat durchschnittlich 5 *ẖ3r bd.t* und 1,75 *ẖ3r jt*, ähnlich dem Gehalt eines Vorarbeiters oder Schreibers. Es gibt eine Quelle[384], die zeigt, dass der Arzt für seine Tätigkeit von der Familie des Kranken zusätzlich belohnt werden konnte, doch war dies nach Janssens Auffassung nur eine freiwillige Aufwandsentschädigung oder eine Geste des Dankes, da der Arzt staatlich entlohnt wurde.[385]

Janssen zufolge konnte er mit den Türhütern und anderen als „einer von Außen" bezeichnet werden und wurde damit klar von der Mannschaft des Grabes getrennt. Ab Ramses XI. deuten die Quellen darauf hin, dass der Arzt nicht mehr mit der Mannschaft zusammen lebte und auch nicht mehr zusammen mit der Mannschaft entlohnt wurde.[386] Die Gründe für diese Separierung bleiben allerdings unklar.

#### 2.3.2.5 Kinder, Junggesellen und Alte

Die *ms ḫr* „Kinder des Grabes" waren Söhne von Mitgliedern der Mannschaft, die imstande waren, in der Mannschaft zu arbeiten. Sie wurden als Lehrlinge aufgenommen und erfüllten zunächst kleinere Aufgaben. In der Regel wurde der Beruf vom Vater an den Sohn weitergegeben. Für ihre Arbeit wurden die Kinder vermutlich nicht entlohnt, da sie Teil einer von einem Arbeiter versorgten Familie waren. Später konnten sie in die Mannschaft als *mnḥ.w* „Junggesellen" berufen werden.[387] Im Gegensatz zu den *mnḥ.w* zählten die *ms ḫr* nicht zur Mannschaft.

Černý führt als weitere altägyptische Bezeichnung für die jungen Arbeiter *ˁḏd.w* „Jungs" an. Der Begriff bezeichnete nach Černý die Vorstufe eines Kindes zum jungen Mannschaftsmitglied. Den Textquellen zufolge wurde er verwendet, um die Lehrlinge zu kennzeichnen, die durch den Wesir in den Stand von *mnḥ.w* gehoben werden sollten.[388]

[382] F. Jonckheere, 1958, S. 38, Nr. 27 und J. Černý, 2001, S. 17.

[383] J. J. Janssen, 1997, S.14–15. Quellen zum Lohn des Arztes sind selten. Janssen nennt die Ostraka O. DeM 376, O. Gardiner 184 und O. Cairo 25608.

[384] Ebd., S. 27. Janssen führt hier den Turiner Streikpapyrus pTurin Cat. 1880, vso. 5, 2–12 an. In der Textstelle erhält ein anonymer Arzt von einem gewissen *Wsr-ḥ3.t* Waren, vermutlich für seine Arbeit. Vgl. A. H. Gardiner, 1948, S. 47.

[385] J. J. Janssen, 1997, S. 26–27.

[386] Ebd., S. 26. Janssen präsentiert hier als Quelle das unpublizierte O. Berlin [K]. Vgl. auch D. Valbelle, 1985, S. 127–128, Anm. 8 und 9.

[387] J. Černý, 2001, S. 117 und D. Valbelle, 1985, S. 244.

[388] J. Černý, 2001, S. 113.

Bei den *mnḫ.w* „Junggesellen“, von Černý als „*striplings*“, Grünschnäbel[389], bezeichnet, handelt es sich um junge ledige Mitglieder der Mannschaft, die im heiratsfähigen Alter waren. In den Rationslisten wurden sie nach den *sḏm.w-ꜥš* aufgeführt und bekamen weniger Getreide, da sie nur sich selbst versorgen mussten.[390] Dies unterstrich nach Janssen ihren Status gegenüber den erfahrenen Arbeitern. Das monatliche Durchschnittsgehalt eines Junggesellen betrug ca. 1,5 *ẖꜣr bd.t* und 0,5 *ẖꜣr jt*.[391] Nach Černý wurde in der Siedlung zwischen Junggesellen, die von Außen kamen, und Söhnen von Arbeitern unterschieden.[392]

In einigen Quellen taucht eine kleine Gruppe auf, die als *nꜣ jꜣw.w* „die Alten“ bezeichnet wird. Nach Janssen handelt es sich um ältere Mitglieder der Mannschaft, die bereits im Ruhestand waren, aber von der staatlichen Verwaltung bei der Rationsverteilung weiter bedacht wurden, sozusagen eine kleine Rente bekamen. Ihr Lohn betrug ca. 1 *ẖꜣr bd.t* pro Monat und war wohl ausreichend, um ihren Bedarf zum Leben zu decken.[393] Möglicherweise waren sie weiterhin am Arbeitsprozess beteiligt. Es wäre durchaus vorstellbar, dass ihre Erfahrung eine wertvolle Hilfe für die Arbeiter darstellte und die Alten einen entsprechend würdigen Platz in der sozialen Hierarchie fanden.

### 2.3.3 Andere Beschäftigte der Nekropole

Neben den Mitgliedern der Mannschaft waren noch andere in der Nekropole beschäftigt, die durch ihre Aufgaben im sozialen Leben von Deir el-Medine eine entscheidende Rolle spielten und daher in direkter Verbindung zur Mannschaft standen. Zu dieser Personengruppe gehörten das Wachpersonal, die sogenannten Dienerinnen und die Hilfskräfte, die mit der Versorgung der Mannschaft betraut waren. Sie wurden nicht zur Mannschaft des Grabes gezählt, und wenn sie in den Rationslisten aufgeführt wurden, dann stehen sie hinter den Mannschaftsmitgliedern.

#### 2.3.3.1 Wächter

Der *sꜣw* oder *sꜣwty* „Wächter (des Grabes)“[394] stand in unmittelbarer Verbindung zu den Arbeitern von Deir el-Medine. Nach Černý variierte die Anzahl der Wächter des Grabes zwischen einem Wächter, der dann der linken Seite zugeteilt war, und zwei Wächtern, die jeweils einer Seite zugeteilt waren. Ihr Lohn

[389] Ebd., S. 113.
[390] Ebd., S. 113.
[391] J. J. Janssen, 1997, S. 19–20.
[392] J. Černý, 2001, S. 113–114.
[393] J. J. Janssen, 1997, S. 21–22.
[394] J. Černý, 2001, S. 149–150. Der Begriff *sꜣw* ist Černý zufolge nur hieratisch in der 20. Dynastie belegt, *sꜣwty* wurde hieratisch wie hieroglyphisch in der 19. und 20. Dynastie verwendet. Auch der Zusatz *n pꜣ ḫr* „des Grabes“ ist belegt.

entsprach dem der Arbeiterschaft, 4 *ẖ3r bd.t* und 1,5 *ẖ3r jt*. In den Rationslisten standen sie direkt hinter den Arbeitern und wurden gleichzeitig mit der Mannschaft bezahlt.[395]

Hauptaufgabe der *s3w.w* war die Aufsicht und Verwaltung der zur Arbeit notwendigen Materialien, besonders der Kupferwerkzeuge. In Gegenwart der Vorarbeiter und Schreiber gaben sie das Werkzeug und Werkmaterial an die Arbeiter aus oder tauschten abgenutzte Werkzeuge durch neue aus. Altes, unbrauchbares Werkzeug überbrachten sie den Schmieden zur Reparatur. Neben den Werkzeugen verwalteten sie die Öle und Fette, die man zum Tränken der Lampendochte benötigte, sowie die fertigen Lampendochte, die bei Bedarf an die Mannschaft ausgegeben wurden. Jaspis, Farbpigmente, Ledersäcke sowie Kleider waren ebenfalls unter ihrer Kontrolle. Die Quelle O. Cairo 631 zeigt, dass Wächter und Torwächter auch verantwortlich für den Transport des Getreides für die Arbeiter sein konnten.[396]

Černý zufolge waren die Wächter angesehene Mitglieder der Gemeinschaft von Deir el-Medine. Sie fungierten als Mitglieder der *qnb.t*, bezeugten Eide, Orakelentscheidungen, Tauschhandel und andere Transaktionen zwischen den Bewohnern der Siedlung. Sie erstatteten Bericht über Missstände und bildeten die Eskorte für Gefangene. Folglich waren sie Personen, deren Schutz und Fürsorge man andere anvertraute. Die Wächter nahmen auch an den Gräberinspektionen im Tal der Königinnen und in der Nekropole von Deir el-Medine teil.[397]

Aufgrund dieser Aufgaben vermutet Gutgesell, dass die Wächter in der Nähe ihrer Arbeitsstelle, den Magazinen der Siedlung, gewohnt haben mussten. Damit stellt sich die Frage, wo diese Magazine zu suchen sind. Gutgesell lokalisiert sie außerhalb von Deir el-Medine, an der Grenze zwischen Fruchtland und thebanischem Westgebirge.[398] Es gibt aber keine Quellen, die diese Vermutung stützen. Der Wohnort der Wächter muss damit offen bleiben. Möglicherweise lebten die Wächter auch in den Häusern außerhalb der Ummauerung in direkter Nähe der Siedlung an der nordöstlichen Flanke des Qurnet-Murai.[399] In einem Fall ist der Wohnort eines Wächters bekannt. Der *s3w Ḫ3wj* wohnte innerhalb der Siedlung in Haus N.E. XV und wurde in TT 214 bestattet.[400] Vielleicht hatten sie ihre Häuser demnach innerhalb der Ummauerung. Da nur wenige Häuser ihren Besitzern zugewiesen werden können und unter 13 bekannten Hausbesitzern ein Wächter ist, kann diese Möglichkeit nicht ausgeschlossen werden.

[395] Ebd., S. 151.

[396] Ebd., S. 159–160.

[397] Ebd., S. 159 und M. Gutgesell, 1989, S. 57. Gutgesell bemerkt, dass es mehrere Dokumente gibt, die die Wächter als Verteiler von Getreide nennen. Černý nennt dagegen nur O. Cairo 631. Vgl. auch A. G. McDowell, 1990, S. 75–78.

[398] M. Gutgesell, 1989, S. 57. Mit der Frage nach der Lage der Magazine von Deir el-Medine geht die Frage nach der Lage des *p3 ḫtm n p3 ḫr* einher, siehe Kap. 2.1. Burkards neuere Überlegung zum *ḫtm n p3 ḫr* unterstützt die Idee Gutgesells. Vgl. G. Burkard, 2006, S. 41.

[399] Vgl. Kap. 2.1.2 und L. Meskell, 2000, S. 267.

[400] Vgl. Kap. 2.1.1.1.

#### 2.3.3.2 Torwächter

Die Torwächter wurden altägyptisch als *jrj-ꜥꜣ* „zum Tor gehörend" bezeichnet.[401] Durch ihre Aufgaben waren sie direkt mit der Mannschaft des Grabes verbunden. Ihr Wohnort ist unbekannt und sie hatten keine Gräber[402] in Deir el-Medine. Die gesellschaftliche Position der Torwächter ist schwer zu fassen. Sie wurden nicht zur Mannschaft gerechnet.[403] Ihr geringerer Status gegenüber den Mitgliedern der Mannschaft wird vor allem in den Rationslisten deutlich. Sie werden meist am Ende der Listen nach der Mannschaft, den Wächtern und sonstigen Beschäftigten der Nekropole aufgeführt. Sie können sogar nach den Gottesopfern stehen. Es gibt aber einige Quellen, die sie zwischen den Mannschaftsmitgliedern, noch vor den Junggesellen oder den Alten nennen.[404] Der Turiner Streikpapyrus (pTurin 1880) listet die Torwächter unter den Mitgliedern der Versorgungsmannschaft auf und berichtet indessen an anderer Stelle (vso. II), wie der *jrj-ꜥꜣ Ḫꜥj-m-wꜣs.t* vor dem Schreiber des Grabes Bericht über die Rekrutierung von neuem Hilfspersonal erstattet hat. In diesem Fall war also ein Torwächter für die Zusammenstellung der Versorgungsmannschaft verantwortlich.[405] Daher ist ihre Zugehörigkeit zur Versorgungsmannschaft auch nicht eindeutig zu klären. Sie nahmen eine Zwischenstellung ein.

Der durchschnittliche Monatsverdienst eines Torwächters lag deutlich unter dem eines Arbeiters. Er betrug 1 bis 1,5 *ḫꜣr bd.t* und 0,5 bis 1,5 *ḫꜣr jt*.[406] Janssen wirft die Frage auf, ob man von diesem Gehalt überhaupt leben konnte, vor allem da die Junggesellen, die keine Familie zu versorgen hatten, etwas mehr Lohn bekamen. Wenn man davon ausgeht, dass die Rente der Alten gerade zum Leben reichte, dann muss der Verdienst eines Torwächters unzureichend gewesen sein, um die Versorgung einer ganzen Familie zu sichern. Janssens Überlegung, dass die Torwächter möglicherweise für ihre vielen unverzichtbaren Aufgaben Trinkgeld bekamen, konnte jüngst durch Maren Goecke-Bauer[407] bekräftigt werden. Offensichtlich verdienten sich die Torwächter mit ‚Gelegenheitsjobs' ein kleines Zubrot. Ob der Torwächter als ‚armes' Mitglied der Gesellschaft[408] von Deir el-Medine gesehen werden muss, ist damit fraglich. Zumindest gab es Möglichkeiten die Bezahlung aufzubessern.

401 J. Černý, 2001, S. 161. Eine ausführliche Untersuchung des Titels mit Quellenangaben findet sich bei M. Goecke-Bauer, 2003, S. 64–77. Die Torwächter konnten mit dem Zusatz *(n) pꜣ ḫr* „des Grabes" betitelt werden. Die Arbeit Goecke-Bauers zeigt, dass es auch einen Vorsteher der Torwächter *ḥrj jrj.w-ꜥꜣ* gab, der zumindest einmal belegt ist. Vgl. M. Goecke-Bauer, 2003, S. 72, Tab. 1/22a und S. 137–138.

402 J. Černý, 2001, S. 170. Allerdings gibt es viele unbekannte Grabinhaber in Deir el-Medine und nur ein Bruchteil der Hausbesitzer ist bisher bekannt.

403 Ebd., S. 170.

404 M. Goecke-Bauer, 2003, S. 92–93.

405 Ebd., S. 123 und 132.

406 Ebd., S. 89–91.

407 Ebd., S. 108–109. Ostrakon DeM 428 beschreibt, wie ein Torwächter das Vieh eines Bewohners von Deir el-Medine über vier Monate hinweg fütterte und dafür mit bestimmten Waren entlohnt wurde.

408 Janssen möchte ihn zwar als arm, aber durchaus als wichtig und unentbehrlich für die Bewohner von Deir el-Medine verstehen. J. J. Janssen, 1997, S. 31.

In der Regel waren zwei Torwächter im Dienst, die jeweils einer Seite zugeteilt wurden und in den Texten explizit als „2 Torwächter“, „Torwächter, 2 Mann“ oder „die zwei Torwächter“ bezeichnet werden.[409] Manchmal findet sich in den Rationslisten der Plural *nꜣ jrj.w-ꜥꜣ* „die Torwächter“, der sich ebenfalls auf zwei und nicht drei oder mehr Torwächter bezieht.[410]

Der Turiner Streikpapyrus (pTurin Cat. 1880) beschreibt ihre Aufgabe folgendermaßen: Er ist es, „der die *Verschlussmöglichkeit* öffnet“. Allerdings legen die Quellen nicht klar da, wo welche Verschlussmöglichkeit bewacht wurde. Černý nimmt an, dass der Arbeitsplatz der Torwächter am Ufer des Nils an der *mrj.t*, dem Hafen, war, da sie dort „Tag und Nacht“ verbrachten.[411] Hier möchte er auch das *ḫtm n pꜣ ḫr* lokalisieren, das für ihn den Arbeitsplatz der *jrj.w-ꜥꜣ* darstellt. Diesen Schluss zieht er aus der textlichen Erwähnung *„the two Doorkeepers, the two doorkeepers of the closure of the Tomb“*.[412] Die Wiederholung interpretiert er als Erklärung und nicht als Nennung einer zweiten Gruppe von Torhütern. Dass jedoch eine räumliche Trennung zwischen *ḫtm n pꜣ ḫr* und *mrj.t* angenommen werden muss, zeigt O. DeM 103. Es beschreibt, dass zwei Torwächter einige Nächte am Hafen verbracht haben und das *ḫtm* während dieser Zeit verlassen war.[413] Raphael Ventura versteht im Gegensatz zu Černý die zusätzlich zu den *jrj.w-ꜥꜣ* in den Quellen erwähnten *nꜣ (jrj.w-)ꜥꜣ n pꜣ ḫtm n pꜣ ḫr* als eigenständige Gruppe. Das *ḫtm* lokalisiert Ventura am nördlichen Ausgang des Tals in Richtung Ramesseum. Noch zwischen Dorf und dem *ḫtm* vermutet er die Arbeitsstelle der ersten Gruppe, der *jrj.w-ꜥꜣ (n pꜣ ḫr)*, die eine zweite Barriere zwischen Innen und Außen darstellte.[414] Auch Janssen nimmt eine zweite Gruppe an und übersetzt sie mit *„the doorkeepers of the Enclosure of the Necropolis“*.[415] Valbelle zufolge, wurden die Torwächter des *ḫtm* von zwei Hilfsarbeitern bei der Bewachung und Verwaltung der Materialien im *ḫtm n pꜣ ḫr* unterstützt.[416] Tatsache ist, dass es zwei unterschiedliche Titel für Torwächter gab, und dass das *ḫtm n pꜣ ḫr* nicht am Hafen lag[417]. Daher scheint mir die Annahme zweier Gruppen folgerichtig, und zwei unterschiedliche Titel für eine Gruppe wären sinnlos. Folglich gab es sowohl die Torwächter, die der Mannschaft näher standen, die *jrj.w-ꜥꜣ (n pꜣ ḫr)*, als auch die Torwächter, die am *ḫtm n pꜣ ḫr* arbeiteten und nach Goecke-Bauer der Versorgungsmannschaft *smd.t n bnr* zuordnet wurden.[418]

409 M. Goecke-Bauer, 2003, S. 93.
410 Ebd., S. 93 und J. Černý, 2001, S. 161–163.
411 J. Černý, 2001, S. 170–171 und J. J. Janssen, 1997, S. 30.
412 J. Černý, 2001, S. 162.
413 M. Goecke-Bauer, 2003, S. 135.
414 R. Ventura, 1986, S. 110 und 176.
415 J. J. Janssen, 1997, S. 30.
416 D. Valbelle, 1985, S. 126–127. Für eine Zusammenfassung der Diskussion zu den Torwächtern und deren Arbeitsplatz vgl. auch M. Goecke-Bauer, 2003, S. 134–135. Sie schließt sich der Auffassung Venturas an, dass es zwei Torwächtergruppen gegeben haben muss.
417 Vgl. G. Burkard, 2006, S. 38 bzw. Kap. 2.1.
418 M. Goecke-Bauer, 2003, S. 137.

Die Torwächter waren ein wichtiger Bestandteil des öffentlichen Lebens der Siedlungsbewohner. In den meisten Fällen dürften die textlichen Quellen die Torwächter des Grabes meinen.[419] Das nach Deir el-Medine gelieferte Getreide und das Bier sowie andere Lebensmittel und Waren wurden von den Torwächtern an die Mannschaft ausgeliefert. Nur eine Quelle zeigt, dass Torwächter solche Waren auch in Empfang nehmen konnten. Möglicherweise taten sie das an ihrer Arbeitsstelle und verwahrten die Waren, bis zur Verteilung. Ausgebliebene Lohn- und Warenlieferungen forderten sie für die Mannschaft an den regionalen Tempeln ein. Abgenutzte Werkzeuge konnten sie anstelle der Wächter an das *ẖtm n pꜣ ḫr* liefern. Die Torwächter wurden als offizielle Boten zwischen der königlichen Verwaltung, den thebanischen Tempeln und der Mannschaft des Grabes eingesetzt. Sie überbrachten Nachrichten des Wesirs und lieferten Gaben der Mannschaft an den Wesir ab. Darüber hinaus konnten sie als Eskorte des Schreibers dienen, wenn er in offiziellen Angelegenheiten unterwegs war.[420] Teilweise mussten sie der Verwaltung Bericht über bestimmte Arbeiter und ihr Verhalten in der Gemeinschaft erstatten. Die Torwächter waren als Gerichtsdiener auch für die Vollstreckung der bei Gerichtsverhandlungen gesprochenen Urteile verantwortlich. Sie konnten vor der *qnb.t* auftreten, um selbst Zeugenaussagen zu machen oder Eide der Beklagten zu bezeugen, eine Rolle, für die anscheinend speziell die Torwächter anwesend sein sollten. Auch bei Gottesurteilen dienten sie als Zeugen.[421] Sie erfüllten viele verschiedene, kleine, offizielle und private Aufträge für die Mannschaft und die Vorarbeiter, wie z. B. das Hüten und Füttern der Tiere. Sie fungierten als Lieferanten von Waren, die bei Geschäften zwischen den Bewohnern von Deir el-Medine getauscht wurden, und konnten selbst in Handelsbeziehungen zu den Arbeitern treten.[422] Über die Torwächter des *ẖtm* und ihre Aufgaben gibt es kaum Informationen. Es lässt sich lediglich sagen, dass sie diejenigen waren, die das *ẖtm* öffneten. Daher liegt die Vermutung nahe, dass sie für die Zugangskontrolle zuständig waren.[423] Verließ ein Torwächter seinen Posten, wurde dies vom zuständigen Schreiber vermerkt, und ein anderer musste wachen.[424]

Das Aufgabengebiet der Torwächter war äußerst vielfältig. Wichtig waren eine gute körperliche Verfassung und eine hohe Belastbarkeit, um die Warenlieferungen, den Botendienst und die Reisebegleitung der Schreiber zu bewerkstelligen. Sie benötigten eine sichere Orts- und Menschenkenntnis. Als Bote in offiziellem Dienst und als Mittler zwischen Tauschpartnern war eine hohe Vertrauenswürdigkeit zu erwarten. Eine besondere Ausbildung war sicherlich nicht

419 Ebd., S. 138.

420 Ebd., S. 132, 139–140. Wo genau die Waren in Empfang genommen und von wo sie ausgeliefert wurden, ist in den Quellen nicht erkennbar. Meist wird in der Literatur das *ẖtm n pꜣ ḫr* als Umschlagsplatz genannt. Die Ausführungen Goecke-Bauers machen aber deutlich, dass diese Annahme bisher nicht verifiziert werden kann.

421 Ebd., S. 113–117.

422 Ebd., S. 103–111.

423 Ebd., S. 138–139.

424 J. Černý, 2001, S. 173 und M. Goecke-Bauer, 2003, S. 96–99.

notwendig.[425] Die Nähe zur Mannschaft, die ein Torwächter durch seine Aufgaben hatte, und die Vertrauenswürdigkeit sowie das Verantwortungsbewusstsein, das manche dieser Aufgaben verlangte[426], lassen vermuten, dass der *jrj-ꜥꜣ* ein in die Gesellschaft von Deir el-Medine stark eingebundener und wahrscheinlich gern gesehener Mitmensch war. Goecke-Bauer sieht in dem arabischen Beruf des *bawwab* einen treffenden Vergleich zum *jrj-ꜥꜣ*. Der *bawwab*, der seinen Bereich am Eingang eines Hauses hat, übernimmt sozusagen die Funktion des Hausmeisters, Portiers und Boten, der für die Hausbewohner gegen einen geringen Lohn einkauft und andere Besorgungen erledigt. Aufgrund dieser vielen kleinen aber nützlichen Aufgaben schlägt sie auch vor, den Begriff *jrj-ꜥꜣ* unübersetzt zu lassen. Das deutsche Wort „Torwächter" würde der Funktion und Bedeutung eines *jrj-ꜥꜣ* nicht gerecht.[427] Die Vermutung Venturas, der Torwächter hätte keinen Zutritt zum Dorf gehabt, muss überdacht werden. Goecke-Bauer zeigt auf, dass diese Annahme nur auf einer Quelle beruht und nicht verallgemeinert werden kann. Vielmehr legen die Aufgaben der Torwächter die Vermutung nahe, dass sie im Dorf ein- und ausgingen.[428]

Der Aufgabenbereich der Torwächter war in weiten Teilen mit dem der Wächter verbunden. Söhne der Wächter konnten für das Amt des Torwächters berufen werden. Černý vermutet zudem, dass der Posten des Torwächters eine Art ‚Karrieresprungbrett' war, das die Möglichkeit bot, das Amt des Wächters und dadurch einen besseren Status zu erlangen. Demnach waren die Wächter zuvor Torwächter. Das würde erklären, warum es keine Gräber von Torwächtern, sondern nur von Wächtern in Deir el-Medine gibt.[429]

#### 2.3.3.3 Die *mḏꜣj.w* des Grabes

Viele der gefundenen Ostraka wie Listen, Abrechnungen, Zuteilungen, Briefe oder literarische Texte, die als Schulübungen gedient haben, zahlreiche archäologische Spuren, wie z. B. die Arbeiterhütten mit ihren Kochstellen und der vielen Gebrauchskeramik,[430] sowie die Grabplünderungen der 20. Dynastie zeichnen ein sehr lebendiges Bild vom Tal der Könige, dem Hauptarbeitsplatz der Mannschaft des Grabes. Um die Ordnung auf dieser „belebten Baustelle" und in der gesamten thebanischen Nekropole garantieren zu können, stellte die königliche Verwaltung eine besondere Polizeieinheit auf, die *mḏꜣj.w n pꜣ ḫr*. Sie unterstand, wie die anderen *mḏꜣj.w*-Einheiten, direkt dem Wesir, der lokal durch den Bürgermeister von Theben-West oder den ersten Propheten des Amun vertreten wurde. Ursprünglich waren die *mḏꜣj.w* eine

[425] M. Goecke-Bauer, 2003, S. 140.
[426] R. Ventura, 1986, S. 116.
[427] Vgl. M. Goecke-Bauer, 2003, S. 142.
[428] Ebd., S. 144–146.
[429] J. Černý, 2001, S. 158 und M. Goecke-Bauer, 2003, S. 143–144.
[430] Vgl. z. B. G. Neunert, 2006 oder E. Paulin-Grothe und T. Schneider, 2001.

nubische Militäreinheit[431], die nach dem Erfolg über die Hyksos als Ordnungskräfte eingesetzt und im Verlauf des Neuen Reiches immer mehr in die ägyptische Gesellschaft integriert wurden. In der 19. und 20. Dynastie waren sie nahezu vollständig ägyptisiert. Der Begriff *mḏꜣj.w* wurde immer mehr mit ihrer Aufgabe als Polizeitruppe als mit einer ethnischen Bedeutung in Verbindung gebracht.[432]

Černý zufolge zählte die Nekropolenpolizei in der Zeit Ramses' IV. 60 Mann. Die steigende Unsicherheit dieser Zeit erklärt die hohe Zahl. Einfallende Libyer brachten die Arbeit in der Nekropole zum Stillstand und machten eine massive Verstärkung der Schutztruppe notwendig. Unter Ramses IX. dienten 24 Mann, eine ebenfalls überdurchschnittlich hohe Anzahl. Černý vermutet, dass dies aufgrund mehrerer Fälle von Grabraub geschah, die in der Regierungszeit Ramses' IX. bekannt und untersucht wurden. Beide Zahlen, 24 und 60 Mann, sind nach Černý als obere Grenze zu verstehen. Er nimmt an, dass die *mḏꜣj.w* normalerweise weniger Mitglieder hatten. Mehrere Quellen zeigen, dass die Nekropolenpolizei zwei *ḥrj.w mḏꜣj.w n pꜣ ḫr* „Kommandanten" hatte. Ihnen ordnet Černý je drei Polizisten unter, sodass die *mḏꜣj.w* durchschnittlich acht Mann waren.[433]

Die Hauptaufgabe der *mḏꜣj.w* war die Aufrechterhaltung der Ordnung in der Nekropole und die Sicherung der Gräber, insbesondere des Königsgrabes. Sie wachten auch über die Ordnung in Deir el-Medine und gewährten der Mannschaft des Grabes Schutz in unsicheren Zeiten. Die *mḏꜣj.w* konnten auch für Kämpfe im Delta gegen Fremdvölker, wie die Meschwesch, abgezogen werden. Im alltäglichen Leben dienten sie wie die *jrj.w-ꜥꜣ* als Zeugen bei Vertragsabschlüssen wie dem Verleihen eines Esels oder sie bezeugten Orakel, Lieferungen reparaturbedürftiger Werkzeuge, Getreidelieferungen und die Ausgabe spezieller Zuteilungen an die Mannschaft. Nach Černý halfen sie bei der Anwesenheitsüberprüfung der Arbeiter und überwachten die Umorganisierung der Mannschaft, um bei möglichen Unstimmigkeiten einschreiten zu können. Außerdem waren sie Mitglieder des örtlichen Gerichts und vollzogen zusammen mit den Torwächtern die Urteile der *qnb.t*. Sie unterstützten die Schreiber bei den Untersuchungen von Grabraubfällen, nahmen an Inspektionen der Nekropole teil und eskortierten hohe Beamte in die Nekropole. Zwischen der Mannschaft und dem Wesir übermittelten sie mündliche und schriftliche Nachrichten, selbst wenn dieser in Unterägypten weilte. In einer solchen Funktion betitelt sie der Papyrus Abbott als „*mḏꜣj* des Grabes, Bote seiner Majestät". Sie überbrachten auch persönliche Briefe der Bewohner von Deir el-Medine, insbesondere der Schreiber des Grabes. Gelegentlich waren sie auch Überbringer von Waren, meist Lebensmitteln. Valbelle zufolge halfen sie beim Transport der königlichen Grabbeigaben, wenn der verstorbene König bestattet wurde. Bei Streiks der Arbeiterschaft standen ihnen die *mḏꜣj.w* zur Seite.

[431] F. M. Sabbahy, 1986, S. 88–93.

[432] D. Michaux-Colombot, 2007, S. 84. Vgl. auch J. Černý, 2001, S. 261–262 und D. Valbelle, 1985, S. 123.

[433] J. Černý, 2001, S. 262–263 und 277. Černýs einzige Quelle für diese Vermutung ist Papyrus Turin Cat. 93.

Zumindest suggeriert das eine Aussage des Kommandanten *Mnṯw-ms*, der die Arbeiter aufforderte, ihr Werkzeug zu nehmen, ihre Häuser zu verriegeln und ihm zusammen mit ihren Familien zum Tempel Sethos' I. zu folgen, um dort zu streiken. Ostrakon Varille 39 zeigt, dass derselbe Kommandant einige Tage später den Streikenden im Auftrag der Verwaltung Bier und Brot als Entschädigung brachte.[434]

Ihre Einheit gehörte zwar zum Verwaltungsbereich *pꜣ ḫr*, aber man zählte sie nicht zur Mannschaft des Grabes. Daher wurden sie auch nicht mit der Mannschaft entlohnt, im Gegensatz zu den Wächtern und Torwächtern. Von wem die Nekropolenpolizei bezahlt wurde und wie viel Lohn sie erhielten ist nicht bekannt. Die *mḏꜣj.w* wohnten nicht in der Siedlung und kein *mḏꜣj* wurde innerhalb der Nekropole von Deir el-Medine bestattet. Zumindest gibt es nach Černý keine Quellen, die das Gegenteil vermuten ließen. Vielmehr zeigt der Papyrus BM 10068, dass die Nekropolenpolizei in der späten 20. Dynastie in einer Siedlung in der Ebene zwischen den Millionenjahrhäusern Sethos' I. und Medinet-Habu lebte.[435] Dennoch hatten sie durch ihre Aufgaben täglich Kontakt mit den Bewohnern von Deir el-Medine. Neben ihrer Arbeit hatten sie vermutlich auch die Zeit Waren zu verkaufen und vielleicht auch handwerklich herzustellen. Einige Quellen belegen den Verkauf eines Meißels, von Sandalen und von einem Korb an Mitglieder der Mannschaft. Ebenso zeigen die Quellen, dass die *mḏꜣj.w* Waren und Vieh kauften oder beispielsweise Särge bei den Arbeitern in Auftrag gaben. Sie liehen sich Esel von den Arbeitern, die sie normalerweise bezahlten. Juristische Quellen berichten, dass dies nicht immer der Fall war.[436] Die Nekropolenpolizei sollte also eine angemessene Bezahlung bekommen haben, deren Höhe im Bereich der Mannschaft des Grabes, vielleicht sogar der Führungsgruppe, gelegen haben könnte. Anscheinend haben sie ihr Gehalt durch den Verkauf eigener Waren und kleine Dienste aufgebessert. Vielleicht war dieser Zusatzverdienst auch notwendig. Der Kauf von Vieh und der Auftrag, Särge

[434] Ebd., S. 277–281 und D. Valbelle, 1985, S. 134–135.

[435] Vgl. hierzu I. Shaw, 2004, S. 19. Der Papyrus BM 10068 datiert nach Shaw in die Regierungsjahre 16 und 17 Ramses' IX. und zeigt auf der Rückseite eine Liste, die verschiedene Haushalte zwischen den Millionenjahrhäusern Sethos' I. und Ramses' III., vielleicht topographisch geordnet, nennt. Hierbei werden neben den *mḏꜣj.w* auch Mitglieder der *smd.t n bnr* genannt, die demnach in der späten 20. Dynastie ebenfalls in diesem Areal wohnten. Vgl. auch N. Strudwick, 1995, S. 103–104. Im angesprochenen Bereich nimmt Strudwick zwei kleinere Siedlungen mit je 10 und 14 Haushalten an. Sie lagen jeweils zwischen dem Millionenjahrhaus Sethos' I., dem Ramesseum und Medinet-Habu. Hinzu kommt der Ort „Maiunehes" mit 155 Haushalten, der direkt bei Medinet-Habu, dem damaligen Verwaltungszentrum der Nekropole, lag. Insgesamt rekonstruiert Strudwick hier rund 1000 Bewohner. Er datiert den Papyrus mit Kitchen in die Regierungszeit Ramses' XI. Vgl. K. A. Kitchen, 1983, S. 749 und J. Kraus, 2004, S. 91–92. Grundsätzlich ist die Datierung des Papyrus problematisch. Kraus erwähnt, dass das *Recto* unter Ramses IX. datiert, und merkt an, dass nach Černý und Janssen die Häuserliste früher, und zwar in die Zeit Ramses' III. anzusetzen sei. Allerdings liegt hier ein Druckfehler vor, gemeint ist Ramses XI. Janssen selbst datiert mit Peet das *Recto* in das Jahr 17. Ramses' IX. Das auf dem *Verso* genannte Datum kann Černý zufolge nur in die Regierungszeit Ramses' XI. datiert werden. Vgl. J. J. Janssen, 1992a, S. 9.

[436] J. Černý, 2001, S. 280–282.

anzufertigen lassen m. E. annehmen, dass die *mḏꜣj.w* zu den besser Verdienenden in Deir el-Medine gehört haben könnten. Auch gesellschaftlich dürften sie gemäß ihrer Aufgabe eine angesehene Position gehabt haben. Die Anwesenheit der *mḏꜣj.w* bei Gericht, bei der Lohnverteilung und bei vielen kleinen Verträgen und Verhandlungen bestärkt diese Vermutung. Auch die Tatsache, dass sie persönliche Briefe oder Waren überbracht haben, setzt ein bestimmtes Maß an Vertrauenswürdigkeit und Zuverlässigkeit voraus.

### 2.3.3.4 Die *ꜣṯw.w*

Neben der Nekropolenpolizei gab es zwei weitere Personen, die Valbelle zufolge mit der Aufrechterhaltung der Ordnung in der Nekropole betraut waren, nämlich die beiden *ꜣṯw.w*.[437] Ein *ꜣṯw* war nach Helck eine Art Stadtkommandant, der polizeiliche Aufgaben hatte. Näher spezifiziert wird die Tätigkeit eines *ꜣṯw*[438] nicht. Helck erwähnt lediglich, dass das Amt von Veteranen übernommen werden konnte, und dass jede Stadt zwei *ꜣṯw.w* hatte, wie z. B. Theben-West die *ꜣṯw.w n jmnt.t njw.t*.[439]

Deir el-Medine hatte ebenfalls zwei Stadtkommandanten. Ostrakon Cairo 25581, das wahrscheinlich in die frühe Regierungsphase Merenptahs datiert, nennt auf der Rückseite mehrere Arbeiter und einige Hilfskräfte, die für die Nekropole rekrutiert wurden. Darunter befinden sich zwei *ꜣṯw.w*, die McDowell in ihrer Übersetzung als „*officers*" benennt. Und auf O. Chicago OI 16996 werden *nꜣ n ꜣṯw n pꜣ dmj* „die *ꜣṯw* des Dorfes" aufgelistet.[440] Obwohl sie schon früh in der 19. Dynastie auftreten, ist über die Tätigkeit der *ꜣṯw.w* von Deir el-Medine kaum etwas bekannt. Sie agierten als Mitglieder der *qnb.t* und sind als Zeugen bei Gerichtsverhandlungen belegt. Weiter ist bekannt, dass sie die Rückgabe gebrauchter Werkzeuge von den Arbeitern bezeugten. Valbelle vermutet, dass sie identisch mit den *ꜣṯw.w n jmnt.t njw.t* sind, die dem Bürgermeister von Theben-West und dem Distriktschreiber assistierten.[441] Allerdings gibt es dafür keine Belege, und Helcks Annahme von zwei *ꜣṯw.w* pro Siedlung würde dagegen sprechen. Indes ist auch Helcks Vermutung nur sehr spärlich belegt, sodass sich die Frage stellt, ob jede Siedlung Stadtkommandanten hatte oder ob nur größere Ansiedlungen solche Beamten beschäftigten.

Auch über den Lohn der *ꜣṯw.w* ist nichts bekannt. Der oben erwähnte pBM 10068 zeigt die enge Verbindung der *ꜣṯw.w* zu den *mḏꜣj.w* in der späten Ramessidenzeit. Sie lebten in ihrer direkten Nachbarschaft.[442]

[437] D. Valbelle, 1985, S. 135.

[438] Vgl. L. H. Lesko und B. S. Lesko, 2002, S. 10.

[439] W. Helck, 1958, S. 243–244.

[440] A. G. McDowell, 1999, S. 228–229, D. Valbelle, 1985, S. 135 und A. G. McDowell, 1990, S. 90.

[441] D. Valbelle, 1985, S. 135.

[442] I. Shaw, 2004, S. 19 und D. Valbelle, 1985, S. 135.

### 2.3.3.5 Die Versorgungsmannschaft *nꜣ smd.t n bnr*

Die Versorgungsmannschaft spielte eine zentrale Rolle im Leben der Menschen von Deir el-Medine. Sie wurde als *(nꜣ) smd.t n bnr* bezeichnet, was so viel wie „die Hilfsmannschaft von Außen“ bedeutet. Černý übersetzte den Begriff *smd.t* mit „*serfs*“, um den Statusunterschied zur Arbeiterschaft von Deir el-Medine hervorzuheben.[443] Adolf Erman und Hermann Grapow verstehen unter *nꜣ smd.t „untergebene Leute, niedere Angestellte*“ oder die „*Angestelltenschaft*“, während Rainer Hannig und Leonard H. Lesko die Leute der Versorgungsmannschaft schlicht als „*(Hilfs-) Personal*“ bzw. „*service-personal, staff, serfs*“ bezeichnen.[444]

Ein einzelnes Mitglied der *smd.t* wurde als *rmṯ smd.t*, mehrere als *nꜣ rmṯ.w smd.t*, bezeichnet.[445] Das erste Mal wird die Versorgungsmannschaft unter Merenptah erwähnt.[446] Dokumentierte Lieferungen wie die Ostraka DeM 1–28 und 30 sowie O. Berlin P 10840 belegen aufgrund der aufgeführten Waren, dass die Versorgungsmannschaft schon früher und zwar unter Sethos I. existierte. Wo die Mitglieder der Versorgungsmannschaft rekrutiert wurden, ist nicht bekannt. Allerdings konnten sie beliebig versetzt werden. Ihre Aufgaben bekamen sie von den Vorarbeitern und dem Nekropolenschreiber. Unterstellt waren sie zwei Schreibern.[447]

In den Rationslisten der Mannschaft des Grabes taucht die Versorgungsmannschaft normalerweise nicht auf. Erst in der späten 20. Dynastie ab der Regierungszeit Ramses' VI. wird die *smd.t* zusammen mit der Mannschaft entlohnt. Die textlichen Informationen lassen kaum Schlüsse auf die Höhe des Lohns zu. Die Versorgungsmannschaft bekam wohl nur einen Bruchteil des Mannschaftslohnes. Der Papyrus Turin Cat. 2002 berichtet z. B., dass die Mitglieder der *smd.t* 20 *ẖꜣr bd.t* und 4 *ẖꜣr jt* erhielten. Allerdings wird nicht deutlich, unter wie vielen Mitgliedern diese Menge aufgeteilt wurde. Nach Janssen muss der Lohn eines Mitgliedes der Versorgungsmannschaft zwischen 0,75 *ẖꜣr* und 1 *ẖꜣr* gelegen haben.[448] Bis auf die Schreiber bekamen vermutlich alle Mitglieder der *smd.t*, unabhängig von ihrer Berufsgruppe, den gleichen Lohnanteil. Für diese Annahme gibt es jedoch keine stützenden Quellen.

Allgemein wird die Versorgungsmannschaft als „die, die für die Mannschaft tragen“ umschrieben. Ihre Hauptaufgabe war die geregelte Lieferung von Waren wie Wasser, Gemüse, Fisch, Holz und Keramik sowie das Erledigen der Wäsche und die Herstellung von Gips. Die zu liefernden Waren transportierten sie zum Teil mit

443 J. Černý, 2001, S. 183. Alternativ zu *smd.t n bnr* findet sich bei Junge auch die Bezeichnung *smd.t pꜣ ḫr* „Hilfskräfte des Grabes“, allerdings ohne genaue Literaturangabe. Vgl. F. Junge, 1996, S. 320 und 365. Eine Quellenangabe zu der Bezeichnung *nꜣ smd.t pꜣ ḫr* findet man bei: S. Eichler, 1990, S. 139–141. Zitiert wird hier der Turiner Streikpapyrus.

444 A. Erman und H. Grapow, 1930, S. 147, R. Hannig, 2006, S. 769, L. H. Lesko und B. S. Lesko, 2004, S. 46.

445 J. Černý, 2001, S. 183–184.

446 Quelle: O. Cairo 25581.

447 J. Černý, 2001, S. 189.

448 J. J. Janssen, 1997, S. 33.

Eseln, die sie sich von den Mitgliedern der Mannschaft ausliehen. Die Mietpreise scheinen mit 0,2 bis 0,33 Oipe, also durchschnittlich 0,27 Oipe pro Tag erschwinglich. Ein Monat kostet Janssen zufolge 2 *ẖꜣr* Mietgebühr. Mietzeiten fallen dabei zwischen wenigen Tagen und einigen Monaten unterschiedlich aus.[449] Vergleicht man nun den monatlichen Mietpreis eines Esels mit dem Lohn eines Mitgliedes der *smd.t*, dann könnte man annehmen, dass die Mitglieder der Versorgungsmannschaft eine zusätzliche Lohnquelle gehabt haben mussten, um Esel überhaupt mieten zu können. Janssen vermutet daher, dass die Versorgungsmannschaft eine weitere Eselquelle hatte, eine die nicht so ‚teuer' war. Er vermutet weiter, dass das Mieten eines Esels bei einem Mannschaftsmitglied als Sonderfall zu verstehen ist. Es gibt jedoch nur eine einzige Quelle, die einen Hinweis auf die Vermutungen Janssens bietet. Auf pTurin Cat. 2084+2091 werden *pꜣ 6 ꜥꜣ.w n pꜣ ḫr* „die sechs Esel des Grabes" erwähnt[450], nach Janssen möglicherweise eine kleine Herde der Mannschaft des Grabes, die der *smd.t* frei zur Verfügung stand. Jeder weitere Esel musste gemietet werden.[451]

Die Anzahl der Mitglieder der *smd.t* variierte. Die durch die Quellen bekannten Extreme liegen bei mindestens 10 und höchstens 88 Personen.[452] Ähnlich wie die Mannschaft des Grabes wurde auch die Versorgungsmannschaft in zwei Seiten geteilt. Die Mitglieder konnten innerhalb der *smd.t* die Seiten sowie die Tätigkeit wechseln.[453] Warum die *smd.t* ebenfalls in eine rechte und eine linke Seite aufgeteilt wurde, oder welche Bedeutung es z. B. für einen Holzschneider hatte, zur rechten Seite zu gehören, ist bisher unklar. Janssen vermutet, dass jeweils die rechte bzw. linke Seite der Versorgungsmannschaft die rechte bzw. linke Seite der Mannschaft des Grabes versorgte. Dementsprechend vermutet er auch, dass sich die Mitgliederzahl der *smd.t* an der Mannschaft orientierte.[454]

Mitglieder der Mannschaft des Grabes konnten der *smd.t* zugeteilt werden. Grund für eine solche ‚Degradierung' war die Verkleinerung der Mannschaft durch den Wesir, falls die Arbeit in der Nekropole weniger wurde und die Mannschaftsstärke für die verbleibende Arbeit einfach zu groß war. Der umgekehrte Fall, die Berufung eines Mitglieds der Versorgungsmannschaft zum Arbeiter von Deir el-Medine, ist nicht belegt.[455] Die Versorgungsmannschaft nahm den Quellen zufolge an den Festen, Streiks und Demonstrationen der Arbeiter teil, sodass eine enge Bindung zwischen beiden Mannschaften vermutet werden kann. Auch für die Inspektionen der Grabraubkommission konnten Mitglieder der *smd.t* herangezogen werden.[456]

449 J. J. Janssen, 2005, S. 96–100 und J. J. Janssen, 2003, S. 26–27.
450 Vgl. K. A. Kitchen, 1983, S. 604 (2:8).
451 Vgl. J. J. Janssen, 2003, S. 27.
452 D. Valbelle, 1985, S. 131.
453 J. Černý, 2001, S. 185–186. Černý zitiert hier den Turiner Streikpapyrus, der über die Aufgaben der *smd.t* unterrichtet.
454 J. J. Janssen, 2003, S. 2 und 12.
455 J. Černý, 2001, S. 185.
456 D. Valbelle, 1985, S. 129–133.

Die *smd.t n bnr* bestand aus mehreren Berufsgruppen. Unter den Mitgliedern der Versorgungsmannschaft waren Holzlieferanten oder Holzschneider, Töpfer, Wäscher, Wasserträger, Fischer, Gärtner, Gipsmacher, Dattelsammler und Schmiede. Die bereits oben beschriebenen Torwächter und Torwächter des *ḫtm n p3 ḫr* konnten ebenfalls zur Versorgungsmannschaft gezählt werden.

Wo die *smd.t* wohnte, ist nicht bekannt. Janssen vermutet, dass ihre Häuser möglicherweise nahe am Flussufer standen, was für Wäscher und Fischer günstig gewesen wäre. Für diese Annahme spricht auch der schon erwähnte Papyrus pBM 10068[457], der zumindest für die späte Ramessidenzeit den Wohnort einiger Mitglieder der Versorgungsmannschaft nennt. Dieser Quelle zufolge wohnten neben den *mḏ3j.w* und *3ṯw.w* die Holzschneider, Töpfer, Fischer, Gärtner, Wäscher und Schmiede in den kleinen Siedlungen zwischen dem Tempel Sethos' I. und Medinet-Habu. Nach Janssen lebten auch einige Mitglieder der Mannschaft des Grabes bei Medinet-Habu, die von Deir el-Medine in den Tempel umgezogen waren.[458] Wo die *smd.t* in den Jahrzehnten vorher wohnte, kann nur vermutet werden. Janssen könnte sich vorstellen, dass sie am *ḫtm n p3 ḫr*, *„the place of storage and the centre of the distribution of food for the workmen"*[459] lebten, ein interessanter Gedanke, der aufgrund mangelnder Grabungsergebnisse nur eine Idee bleiben muss.

Nach Janssen waren die Torwächter im Auftrag der königlichen Verwaltung, letztlich der Nekropolenschreiber, verantwortlich für die Suche nach neuen Mitgliedern für die Versorgungsmannschaft. Einzige Quelle dafür ist der bereits erwähnte Turiner Streikpapyrus, der von einem Schwur des Torwächters *Ḫꜥj-m-w3s.t* berichtet. Hierbei versicherte der *jrj-ꜥ3*, dass er die einzelnen Berufsgruppen der Versorgungsmannschaft mit neuen Mitgliedern verstärken werde.[460] Im Folgenden sollen die einzelnen Berufsgruppen der *smd.t* näher betrachtet werden.

#### 2.3.3.5.1 Schreiber

Neben dem Schreiber des Grabes gab es zwei weitere Schreiber, die der Versorgungsmannschaft vorstanden und insbesondere mit der Buchhaltung der Listen der von der *smd.t* gelieferten Güter betraut waren. Nach Valbelle sind diese Schreiber schon seit der Zeit Sethos' I. belegt. Als Lohn erhielten sie dieselbe Getreidemenge wie die Vorarbeiter und Schreiber des Grabes, also 5,5 *ḫ3r bd.t* und 2 *ḫ3r jt*. Ihren Lohn erhielten sie mit der *smd.t*.[461] In den Listen wurden sie an erster Stelle der Mitglieder der Versorgungsmannschaft genannt. Ihre Zugehörigkeit zur *smd.t* ist damit geklärt. Betitelt wurden sie dagegen ganz einfach als *sš*.[462]

[457] Vgl. Kap. 2.3.3.3 und I. Shaw, 2004, S. 19.
[458] J. J. Janssen, 1992a, S. 12–14 und 16–17. Siehe auch Kap. 2.2.4.
[459] J. J. Janssen und R. M. Janssen, 2002, S. 7.
[460] J. J. Janssen, 1997, S. 38–39.
[461] D. Valbelle, 1985, S. 110 und J. Černý, 2001, S. 191.
[462] Vgl. hierzu K. A. Kitchen, 1983, S. 854, vs. 1:1–3 und W. Helck, 2002, S. 562.

#### 2.3.3.5.2 Holzschneider

Ein großer Teil der textlichen Quellen, die Waren thematisieren, betreffen Brennmaterial, vor allem Holz. Die Gruppe, die diese Waren lieferte, wurden als *šˁd.w ḫt* „Holzschneider" bzw. in Texten der 19. Dynastie als *jn.w ḫt* „Holzlieferanten" bezeichnet. Ihre Aufgabe war das Zuschneiden von Holz zu feuergerechten Scheiten und die Auslieferung von Brennholz sowie von Reisig und Dung.[463] Sie mussten innerhalb von zehn Tagen eine bestimmte Menge anliefern, um ihr Soll zu erfüllen. Diese konnte über die Dekade verteilt in kleinen Lieferungen gebracht werden. Es kam auch vor, dass ein Holzschneider seinen Soll in wenigen Tagen erfüllte und seine Arbeit als *mḥ* „erfüllt" notiert wurde, oder dass nicht genug geliefert wurde und Fehlbeträge entstanden. Janssen schreibt, dass die zu erfüllende Menge nicht für jeden Holzschneider gleich war. Die geforderte Menge konnte sich über die Jahre verändern, wie im Fall des Holzschneiders *Ptḥ-msjw*, der in seiner Anfangszeit 500 Einheiten Brennmaterial pro Dekade und ab Jahr 31 Ramses' III. 750 Einheiten abliefern musste. Genauso konnte die geforderte Menge auch reduziert werden. Eine Richtlinie ist nicht erkennbar, da die gelieferten Mengen nicht nur von Person zu Person, sondern auch von Jahr zu Jahr bzw. von Dekade zu Dekade stark variierten.[464] Die Spanne der gelieferten Gesamtmenge aller Holzschneider pro Dekade ist sehr hoch, sodass es ebenfalls keinen Anhaltspunkt für die geforderte Gesamtmenge gibt. Innerhalb von zehn Tagen konnten zwischen 800 und 2700 Einheiten Brennmaterial geliefert werden. Janssen geht von dem Mittelwert 1800 Einheiten als mögliche Orientierungshilfe für die geforderte Gesamtmenge aus, bemerkt aber zugleich, dass es sich nur um eine Hypothese handelt. Durch die Untersuchung Janssens lässt sich die Durchschnittsmenge der gelieferten Menge pro Mann bei 500 bis 700 Einheiten pro Dekade vermuten.[465]

Woher das Brennmaterial stammte ist nicht bekannt. Ebenso fehlt jegliche Information darüber, ob die Holzschneider ihre Lieferung direkt an die Arbeitersiedlung oder zu den Magazinräumen des *ḫtm n pꜣ ḫr* lieferten. Janssen hält die direkte Ablieferung der Ware in Deir el-Medine für sinnvoll, da sich ihm zufolge alle Arbeiter auf der Baustelle befanden und nur an den letzten zwei Tagen der Dekade nach Hause kamen. Sie hätten daher nicht die Zeit gehabt, ihren Brennholzvorrat am *ḫtm* abzuholen. Allerdings ergänzt er: *„That it looks logical does not mean that it is correct."*[466] Die Lage des *ḫtm* ist nicht geklärt, und man vermutet, dass die Arbeiterschaft nicht geschlossen bei der Arbeit war, sondern sich die rechte und die linke Seite der Mannschaft pro Dekade abwechselten, sodass immer einige Arbeiter in der Siedlung waren. Janssen scheint auch die Familien der Arbeiter zu vergessen, die die Waren hätten abholen können. Trotz aller Vorbehalte wirkt die Vorstellung einer direkten Lieferung an den Ort passend.

[463] J. J. Janssen, 2003, S. 1–2.

[464] Ebd., S. 18–20. Fehlbeträge konnten teilweise sehr hoch ausfallen und nachgeliefert werden. Vgl. S. 21–22.

[465] Ebd., S. 22–24.

[466] Ebd., S. 25.

Obwohl die Anzahl der Mitglieder der Versorgungsmannschaft über die Zeit variierte, blieb Janssen zufolge die Zahl der Holzschneider relativ konstant. Für die rechte und linke Seite waren jeweils drei Holzschneider tätig, d. h. insgesamt sechs. Gegen Ende der 20. Dynastie sind nur noch zwei Holzschneider belegt, was für Janssen kaum verwunderlich ist, da die Mannschaftsstärke zu diesem Zeitpunkt nur noch 15 Mann betrug und vermutlich zwei *šꜥd.w ẖt* ausreichten, um die Mannschaft des Grabes mit Brennmaterial zu versorgen.[467] Einen Sonderfall stellt die bereits erwähnte Stelle des Turiner Streikpapyrus dar, an der der *jrj-ꜥꜣ Ḫꜥj-m-wꜣs.t* von der Rekrutierung neuer Mitglieder für die Versorgungsmannschaft spricht.[468] Hier berichtet der Torwächter davon, dass er für die rechte und linke Seite jeweils sieben Holzschneider, insgesamt 14, einstellen werde. Inwiefern diese Zahl mit den von Janssen erwarteten sechs Holzschneidern in Einklang gebracht werden kann, ist fraglich.[469]

Neben den Holzschneidern konnte das Brennmaterial auch von anderen Bewohnern Deir el-Medines gebracht werden. Wasserlieferanten, Torwächter, Frauen und sogar Schreiber tauchen in den Quellen als Holzlieferanten auf. Janssen kommentiert solche Textstellen wie folgt:

> „*What reality it does reflect we cannot see. As always and everywhere in actual life, there happen to be irregularities which an outsider is unable to explain by lack of information, but which are selfevident* [sic] *to those involved.*“[470]

Wahrscheinlich wurde in diesen Fällen nur die Gelegenheit genutzt, den Holzschneidern die Lieferung der Waren abzunehmen, damit diese nicht den Weg zum Dorf gehen mussten, wenn andere bereits unterwegs waren. Gerade im Fall der Wasserlieferanten, die täglich mit Eseln frisches Wasser nach Deir el-Medine liefern mussten, bot sich von Zeit zu Zeit ein solcher ‚Freundschaftsdienst' an. Denkbar ist auch der umgekehrte Fall, dass die Holzschneider anderen Berufsgruppen bei ihrer Arbeit halfen. Janssen listet einige Quellen auf, die von Personen berichten, die namentlich in mehreren Berufsgruppen auftauchen. Es stellt sich die Frage, ob es sich hier um verschiedene Personen handelt, oder die gleiche Person an verschiedenen Stellen aushelfen konnte.[471]

#### 2.3.3.5.3 Töpfer

Viele staatliche Organisationen beschäftigten Töpfer. Auch zur Versorgungsmannschaft von Deir el-Medine gehörten einige Töpfer. Ägyptisch wurde ein Töpfer als *pꜣ qd* bezeichnet. In ihrer Quellenaufarbeitung zu den Töpfern schreibt

[467] Ebd., S. 12–13.
[468] Vgl. auch Kap. 2.3.3.2.
[469] J. J. Janssen, 2003, S. 13.
[470] Ebd., S. 14.
[471] Ebd., S. 14–15.

Elizabeth Frood, dass der Titel irreführend sein kann, da auch die Maurer so bezeichnet wurden. Bezüglich der *smd.t n bnr* meint der Titel aber immer „Töpfer".[472]

Die Aufgabe der Töpfer war es, die Mannschaft des Grabes regelmäßig mit einer bestimmten Menge an Keramik zu versorgen. Keramik spielte nicht nur im häuslichen Alltag Deir el-Medines, bei der Lagerung, dem Anrichten und Servieren von Lebensmitteln sowie anderen Waren, sondern auch im Arbeitsalltag eine sehr wichtige Rolle. Das legen die großen Mengen an gefundener Keramik nahe.[473] Hauptbestandteil der Lieferungen waren die sogenannten *ṯbw*- und *qbw*-Krüge. Daneben wurden noch andere Topf- bzw. Krugarten ausgeliefert. Ob die monatlichen Lieferungen eine bestimmte Menge an Keramik erfüllen sollte, ist nicht bekannt.[474] Für die Produktion und Auslieferung waren in der Regel zwei Töpfer angestellt, die jeweils einer Seite der Mannschaft zugeteilt wurden. Die Anzahl der Töpfer blieb über die gesamte Zeit, die Deir el-Medine besiedelt war, konstant.[475] Im Gegensatz zu den Holzschneidern wurden die Töpfer bei ihren Lieferungen nicht durch andere Mitglieder der Versorgungsmannschaft unterstützt. Möglicherweise lieferten sie die Ware allein in mehreren kleinen Lieferungen aus. Frood spekuliert, dass sie vielleicht auch Hilfe von Personen bekamen, die aufgrund ihres Status in den Quellen nicht erwähnt wurden.[476] Über die Verteilung der Keramikwaren unter der Mannschaft ist ebenfalls wenig bekannt. Die Quellen zeigen, dass die Töpfer auch direkt an einzelne Mitglieder der Mannschaft des Grabes liefern konnten. Ostrakon DeM 337 berichtet z. B. von Restmengen, die noch an zwei bestimmte Arbeiter ausgeliefert werden mussten. Eine weitere Quelle aus dem zweiten Regierungsjahr Ramses' II., O. BM 50728, berichtet von der Verteilung einer Lieferung von *jnḥ.t*-Krügen an die linke Seite der Mannschaft. Nach Frood handelt es sich dabei wahrscheinlich um mit Öl gefüllte Krüge, also um eine Öllieferung anstelle einer Keramiklieferung. Interessant an der Verteilung ist, dass je ein Krug an je einen von vier Arbeitern verteilt wurde, während eine Person namens *B3kj* zwei Krüge erhielt. Frood vermutet hier den Vorarbeiter *B3kj*, der Anfang der 19. Dynastie dieses Amt bekleidete. Die Verteilung erfolgte vermutlich nach hierarchischen Regeln. Folglich könnte eine größere Menge an *jnḥ.t*-Krügen[477] und an dem in den Krügen gelieferten Öl ein Statusmarker gewesen sein.[478]

Wo sich die Werkstätten der Töpfer befanden, ist offen. Bruyère vermutete, dass die Keramik von Deir el-Medine im direkten Umfeld der Siedlung produziert wurde, und zwar in der Nähe von Haus S.E. I, direkt an der Außenseite der Ummauerung

[472] E. Frood, 2003, S. 29–30.

[473] Ebd., S. 54.

[474] Ebd., S. 29, 44, 46 und 50–51.

[475] Ebd., S. 39–40.

[476] Ebd., S. 42–43.

[477] Ebd., S. 57–59. Frood hat in ihren Untersuchungen zu den Töpfern von Deir el-Medine herausarbeiten können, dass die *jnḥ.t*-Krüge gegenüber den *qbw*-Krügen eine höhere Wertigkeit hatten. Die ersteren beschreibt sie als spezielle Bierkrüge, die im Kontext von Ritualen und Festen eine Rolle spielten, und deren Qualität daher besonders wichtig war. In Listen werden die *jnḥ.t*-Krüge unterschieden in Krüge guter Qualität und Krüge schlechter Qualität.

[478] Ebd., S. 43.

im Süd-Osten der Siedlung. Grund für diese Annahme sind ihm zufolge Überreste des Keramikbrennens, die er hier gefunden hatte, und die Identifizierung des nördlich der Siedlung gelegenen „Grand Puits" als Tongrube unterstützt diesen Gedanken.[479] Auch Valbelle geht davon aus, dass die Gebrauchskeramik in der Nähe des Dorfes hergestellt wurde.[480] Frood betont dagegen, dass archäologische Untersuchungen zu Brennöfen für Keramik keine Öfen bei Deir el-Medine lokalisieren konnten. Sie nimmt dagegen an, dass die Produktionsstätten im Fruchtland lagen, was in Anbetracht der Menge an Wasser, die für die Arbeit mit Ton notwendig ist, günstiger wäre. Zudem werden die Töpfer zur Versorgungsmannschaft gezählt, deren Arbeitsplatz wohl außerhalb des Nekropolenareals lag, und die ihre Waren möglicherweise nur am *p3 ḫtm n p3 ḫr* abzuliefern hatten.[481] Letztlich fehlen für eine Entscheidung in dieser Frage abgesehen vom „Grand Puits" die entsprechenden archäologischen und textlichen Quellen.

Auch die scheinbar übliche Nutzung von Eseln als Transporttier ist bei den Töpfern nur indirekt belegt. Eine einzige Quelle berichtet von einem Streit zwischen einem Töpfer und einem Arbeiter über das Mieten eines Esels. Für Frood ist dieser Fall ein Sonderfall, obwohl der häufige Transport von Keramik mit Hilfe von Eseln sehr gut vorstellbar ist. Möglicherweise haben die Töpfer Esel nur dann gemietet, wenn die bei Janssen erwähnte Eselherde von Deir el-Medine sozusagen ausgebucht war.[482]

#### 2.3.3.5.4 Wasserträger

Zu den wichtigsten Versorgungsgütern in Deir el-Medine und dem gesamten Bereich der Nekropole gehörte Wasser. Da es vor Ort keine Brunnen gab, musste es regelmäßig zur Ortschaft gebracht werden. Diese Aufgabe übernahmen die *jnj.w-mw*, die „Wasserträger" oder „Wasserholer". Ihre Anzahl variiert in den Quellen. Die Extreme liegen bei 6 und 24 Personen. Die Anzahl von 24 Wasserträgern ist im Turiner Streikpapyrus belegt, und zwar im Bericht des Torwächters *Ḫꜥj-m-w3s.t* über die Rekrutierung von neuem Hilfspersonal.[483] Inwiefern die hohe Zahl 24 als Richtwert oder als Obergrenze für die Anzahl der Wasserträger gesehen werden muss, können die Quellen nicht belegen. Durch ihre einmalige Nennung sollte man die Zahl 24 als Ausnahmefall werten. Was durch die Quelle aber deutlich wird, ist, dass auch die Wasserträger wie die Töpfer und Holzschneider auf die Mannschaftsseiten aufgeteilt wurden. Im Fall des Turiner Streikpapyrus sind es dann 12 Träger zur rechten und 12 Träger zur linken Seite.[484]

479 B. Bruyère, 1939, S. 264 und 341 und R. Klemm und D. Klemm, 2009, S. 274.

480 D. Valbelle, 1985, S. 265. Für diese Annahme gibt sie jedoch keine Quellen an. Möglicherweise greift sie nur Bruyères Idee auf.

481 E. Frood, 2003, S. 38. Im Gegensatz dazu steht die Überlegung Janssens, der annimmt, dass die Waren auch direkt nach Deir el-Medine geliefert worden sein könnten. Siehe Kap. 2.3.3.5.2.

482 Ebd., S. 44 und siehe Kap. 2.3.3.5.

483 S. Eichler, 1990, S. 140–141. Siehe auch Kap. 2.3.3.2.

484 Ebd., S. 141.

In manchen Quellen tritt ein *ḥrj jnj.w-mw*, ein „Oberster der Wasserträger“, auf. Man könnte daher annehmen, dass es innerhalb dieser Berufsgruppe eine hierarchische Struktur gegeben habe. Allerdings lässt sich dies in den wenigen Quellen nicht sicher greifen. Außerdem wird der *jnj-mw Pn-tꜣ-wr.t* teils mit teils ohne den Zusatz „Oberster“ genannt.[485] Man könnte daher annehmen, dass er den Titelzusatz erst im Laufe seine Karriere bekam, aber die Quellen lassen auch diesen Schluss nicht zu.[486]

Ebenso wie bei den anderen Berufsgruppen der *smd.t n bnr* wurden die Wasserlieferungen von den zuständigen Schreibern notiert. Eine Lieferung ging entweder an die Mannschaft, eine Seite der Mannschaft oder an einzelne Personen. Fehlbeträge wurden schriftlich festgehalten.[487] Das gelieferte Wasser maß man wie das Getreide in *ẖꜣr*.[488] Einige Quellen geben Aufschluss über die Wassermenge, die täglich nach Deir el-Medine geliefert wurde. Ostrakon Petrie 34 zeigt nach Wolfgang Helck, dass die Tagesration für einen Arbeiter vermutlich 1,25 *ẖꜣr* Wasser, ca. 96 Liter[489], betrug.[490] Diese Menge scheint zunächst sehr groß. Bedenkt man aber, dass damit eine mehrköpfige Familie einen Tag lang auskommen musste, ist die Wassermenge durchaus angemessen. Nun hat ein Wasserträger nach Helck am Tag mehr als nur eine Ration geliefert. Ein Tagessoll könnte 10,75 *ẖꜣr*, ca. 826,5 Liter, betragen haben. Das bestätigt die Rückseite des O. DeM 351, auf der eine Tageslieferung der *smd.t* an die rechte Seite der Mannschaft festgehalten wurde. Demnach wurden neben Datteln, Brot und Holz auch 5,5 *ẖꜣr* Wasser geliefert, und als Fehlbetrag wurden 5,25 *ẖꜣr* Wasser notiert. Selke Eichler bemerkt richtig, dass diese Wassermenge sehr groß ist, und dass für die Verifizierung solcher Angaben zu viele Faktoren wie das Fassungsvermögen der Transportgefäße[491], die Tragkraft der Esel sowie der Zeitaufwand und die zu bewältigende Wegstrecke unbekannt sind.[492] Sie wäre aber in Anbetracht der Esel als Transportmittel denkbar. Bei Janssen findet sich eine interessante Preisangabe für Wasser, das ihm zufolge nicht nur in *ẖꜣr* sondern auch in *ꜥꜣ.t* „Esellast“[493] berechnet werden konnte. Fünf *ꜥꜣ.t* Wasser waren durchschnittlich eine Oipe wert.[494]

485 Ebd., S. 141–142.

486 Der Turiner Streikpapyrus, der *Pn-tꜣ-wr.t* als *ḥrj jnj.w-mw* bezeichnet, datiert in die Jahre 29 und 30 der Regierung Ramses' III. Vgl. A. H. Gardiner, 1948, S. XVI–XVII. Während andere Quellen, die ihn schlicht *jnj-mw* nennen, vor bzw. nach der Aussage im Turiner Streikpapyrus datieren. Vgl. z. B. O. Berlin P 01121, das in das Jahr 28 Ramses' III. datiert, oder O. Cairo 25598, das in die Jahre 3 und 4 Ramses' V. bzw. in Jahr 1 Ramses' VI. datiert. Vgl. hierzu W. Helck, 2002, S. 297, 430–431 und 440.

487 S. Eichler, 1990, S. 146–147.

488 W. Helck, 1961-1970, S. 845.

489 Zur Umrechnung von *ẖꜣr* in Liter siehe Kap. 2.3.1.

490 W. Helck, 1961-1970, S. 846. Helck bezeichnet das Ostrakon hier als GČ 29. Publiziert wurde es bei J. Černý und A. H. Gardiner, 1957, S. 9.

491 Als mögliche Transportgefäße schlägt Eichler Wasserschläuche vor, die ein hohes Fassungsvermögen haben, komfortabel zu tragen und verschließbar sind. Vgl. S. Eichler, 1990, S. 155–156.

492 Ebd., S. 155.

493 Vgl. hierzu R. A. Caminos, 1954, S. 310–311.

494 J. J. Janssen, 1975, S. 448–449.

Diese Information klärt nun keine der vorhergehenden Fragen, liefert aber einen Anhaltspunkt zum Nebenverdienst. Eichler meint, dass Notizen zu Lieferungen, die eine Preisangabe enthalten nur Zusatzlieferungen sein könnten, da die Arbeiter das Wasser nicht bezahlen mussten. In Rechnungen, die Preisinformationen zu Wasser enthalten, sieht sie daher einen Hinweis auf einen lukrativen Nebenverdienst der Wasserträger. Überschüssige Lieferungen konnten sie verkaufen.[495]

Die zum Warentransport gemieteten Esel wurden meist von einfachen Arbeitern der Mannschaft, seltener von Schreibern des Grabes oder Vorzeichnern an die Mitglieder der Versorgungsmannschaft verliehen. Die Gerichtsprotokolle, die Streitfälle aufgrund unbezahlter Eselsmieten aufführen, nennen Personen aus dem Kreis der Mannschaft des Grabes in der Rolle des Vermieters und Klägers. Ähnlich wie die anderen Berufsgruppen der Versorgungsmannschaft waren die Wasserträger vermutlich zu arm, um selbst Esel zu besitzen.[496] Falls es die von Janssen angenommene Eselherde wirklich gab, wurde sie von den Wasserträgern im Gegensatz zu den anderen Berufsgruppen der *smd.t* am meisten in Anspruch genommen. Jedenfalls war Wasser die am häufigsten transportierte und in Menge und Gewicht vermutlich auch schwerste Ware, und damit prädestiniert für den Eseltransport.[497] Neben dem Warentransport wurden die Esel auch in einigen Fällen *r sk3* „für die Feldarbeit“ gemietet. Aus Quellen ist aber nicht ersichtlich, ob die Wasserträger selbst eine solche Feldarbeit mit Hilfe des Esels verrichteten oder ob sie die Esel an andere überbrachten, die sie zur Feldarbeit nutzten. Der Fall, dass ein Wasserträger den Esel nur überbrachte oder selbst weiter vermietete, ist belegt.[498]

Die Wasserträger konnten Eichler zufolge auch andere Waren anliefern. Sie brachten z. B. Holz zur Siedlung. Wie bereits erwähnt, übernahmen sie diese Aufgabe für die Holzschneider. Der Grund für diesen Dienst ist nicht ersichtlich.[499] Eichler nimmt an, dass die Wasserträger für solche Zusatzdienste entlohnt wurden und sich so das Gehalt aufbesserten. Manche Quellen berichten von Diensten gegenüber der Mannschaft des Grabes, die nicht in das Aufgabengebiet der Wasserträger fallen. Z. B. haben sie nach Eichler im Auftrag der Bewohner von Deir el-Medine Waren auf dem Rückweg von der Siedlung ins Fruchtland zu den entsprechenden Empfängern gebracht, oder als Mittelsmänner Eselskäufe oder andere Warenkäufe für die Arbeiter erledigt. Allerdings erwähnt keine dieser Quellen, dass sie für diese Dienste entlohnt wurden.[500] Vorstellbar wäre es.

Die Frage nach dem Ort, an den das Wasser geliefert wurde, bleibt unbeantwortet. Eichler präsentiert in ihrer Magisterarbeit zwei Möglichkeiten.[501] Geht man von einer

495 S. Eichler, 1990, S. 175.

496 S. Eichler, 1991, S. 176–177 und 191. Vgl. auch Kap. 3.4.

497 Noch heute wird das Wasser an Brunnen am Fruchtlandrand geholt und mit Eseln in die Dörfer am Fuß des thebanischen Westgebirges gebracht.

498 S. Eichler, 1991, S. 178–181.

499 Vgl. Kap. 2.3.3.5.2.

500 S. Eichler, 1990, S. 168–175.

501 Ebd., S. 149–153.

Lieferung an ein Magazin aus, das die Ware an die Ortsbewohner weiterverteilte, steht man vor dem Problem, dass jeglicher archäologischer Hinweis auf solche Magazinräume bzw. Umschlagsplätze wie das bereits mehrfach erwähnte *p3 ḫtm n p3 ḫr* oder das *p3 ḫtm n dmj.t* fehlt. Auch die nach wie vor ungeklärte Frage nach der Bewegungsfreiheit und der Kontaktfreiheit der Bewohner nach Außen erschwert eine Lösungsfindung. Archäologisch nachgewiesen sind nur die Wasserbehälter in den Küchen der Hauseinheiten und die sogenannten *„Postes d'eau"* innerhalb der Siedlung und direkt vor dem Eingang im Norden der Siedlung.[502] Das lässt eher eine direkte Lieferung, zumindest bis zu den ‚Wasserposten' vor der Siedlung vermuten. Letztlich kann in dieser Frage nur die archäologische Suche nach den Magazinräumen und dem *ḫtm n p3 ḫr* Aufschluss geben.

### 2.3.3.5.5 Fischer

Auch einige Fischer waren der Versorgungsmannschaft zugeteilt. Wie ihre Kollegen lebten auch sie nicht in Deir el-Medine. Sie wurden als *wḥꜥ.w* bezeichnet und standen unter der Leitung eines nur selten belegten „Oberfischers" *ḥrj wḥꜥ.w*.[503]

Die Höhe ihres durchschnittlichen Monatslohns ist nicht bekannt. Er dürfte im Rahmen des Lohns der *smd.t n bnr* anzunehmen sein. Wie viele Fischer für die Mannschaft von Deir el-Medine gearbeitet haben, wird in einigen Quellen deutlich. An bekannter Stelle des Turiner Streikpapyrus, nämlich dem Bericht des *jrj-ꜥ3 Ḫꜥj-m-w3s.t*, kann man von einer Erhöhung der Fischer auf zwanzig Personen, zehn je Seite, lesen. Dass es sich bei dieser Anzahl um einen Extremwert handelt, wird in derselben Quelle deutlich. An anderer Stelle[504] werden namentlich je zwei Gruppen mit vier Fischern aufgezählt. Genau betrachtet sind es je Gruppe drei Fischer, da der Fischer *Ḫꜥj-mtr* auf beiden Seiten tätig war. Janssen erwähnt, dass weitere Quellen die Zuteilung der Fischergruppen zu je einer Seite verdeutlichen. Die Quellenangaben fehlen. Wiederum andere Quellen wie z. B. O. DeM 83,1 und das unpublizierte O. Černý 11,1 berichten von mindestens drei Fischern pro Seite. Nach Janssen konnten einige Fischer, wie im Fall des *Ḫꜥj-mtr*, für beide Seiten arbeiten. Janssen schließt daraus, dass für die Versorgungsmannschaft mindestens sechs Fischer tätig waren.[505]

### 2.3.3.5.6 Schmiede

Unter den Mitgliedern der Versorgungsmannschaft sind die Schmiede am schwersten zu fassen. Über ihre Werk- und Wohnstätten oder ihre Position innerhalb *smd.t n bnr* ist nichts bekannt. Ostrakon Cairo 25581, das in die Regierungszeit des Merenptah datiert, berichtet von der Einstellung neuer Arbeitskräfte u. a. für die

[502] B. Bruyère, 1939, S. 34–35 und 76.
[503] J. J. Janssen, 1997, S. 39, Anm. 22.
[504] A. H. Gardiner, 1948, S. 46, vs. 2,1–2,5 und S. 47, vs. 3,19–3,23.
[505] J. J. Janssen, 1997, S. 38–39.

Versorgungsmannschaft. Dort werden zwei *ḥmtj.w* „Kupferarbeiter“[506] zwischen Steinbrucharbeitern und Sandalenmachern aufgelistet.[507] Steinbrucharbeiter gehörten zur Mannschaft des Grabes und Sandalenmacher lassen sich nicht eindeutig der Versorgungsmannschaft zuweisen[508], sodass unklar ist, ob diese Schmiede überhaupt der *smd.t* angehörten, oder ob sie hier vor den Mitgliedern der Versorgungsmannschaft aufgelistet wurden. Erst der Papyrus Turin Cat. 2018, der unter Ramses XI. datiert, ordnet sie eindeutig der *smd.t n bnr* zu.[509]

Dagegen ist ihr Aufgabenbereich klar umrissen. Sie waren für das Herstellen und Ausbessern der Werkzeuge Pharaos verantwortlich.[510] Ihre Anweisungen erhielten sie von den Vorarbeitern und den Schreibern des Schatzhauses von Medinet-Habu. Valbelle bemerkt, dass der Umgang mit den Werkzeugen Pharaos, die sehr wertvoll waren, bei den Schmieden eine hohe Vertrauenswürdigkeit vermuten lässt. Es waren jedoch auch Schmiede in Grabraubfälle verwickelt.[511] Sie schreckten also vor Diebstahl nicht zurück.

#### 2.3.3.5.7 Gipsmacher

Problematisch ist die Gruppenzuweisung der *qḏ(j).w* „Gipsmacher“[512], die sich zunächst nicht klar der Versorgungsmannschaft zuordnen lassen. Erstmals tauchen Gipsmacher unter Merenptah auf, und zwar auf dem oben zitierten O. Cairo 25581. Hier werden sie direkt nach den Graveuren und noch deutlich vor den Hilfskräften der *smd.t* aufgelistet[513], was für eine Zuteilung zur Mannschaft des Grabes sprechen würde. Černý zählt sie dennoch nicht dazu. Später, unter Siptah, gibt es Belege dafür, dass die Mannschaft des Grabes den Gips selbst hergestellt hat.[514] Erst unter Ramses III. werden erstmals Gipsmacher genannt, die m. E. der Versorgungsmannschaft zugerechnet werden müssen. Černý und Valbelle identifizieren sie allerdings als Mitglieder der Mannschaft des Grabes.[515] Quelle ist der von Janssen später publizierte Papyrus Greg. Auf diesem wird jeweils für die rechte und die linke Seite der Mannschaft ein Gipsmacher genannt. Die Quelle dokumentiert Lieferungen, die durch verschiedene Berufsgruppen der *smd.t n bnr* an die Mannschaft getätigt wurden. Die Wendung „erhalten“, der von X gebrachten Ware „durch“ den Empfänger Y verdeutlicht, dass die Gipsmacher der Versorgungsmannschaft zugewiesen werden können, da die Lieferanten immer Mitglieder der *smd.t* sind und die Gipsmacher zu den Lieferanten

[506] Vgl. R. Hannig, 2006, S. 573.

[507] J. Černý, 1935a, S. 52*, 25581 vso. und A. G. McDowell, 1999, S. 228–229. Chris Eyre sieht in dieser Quelle den Beleg dafür, dass die Schmiede nicht zur Versorgungsmannschaft gezählt wurden. Vgl. C. J. Eyre, 1980, S. 118, Anm. 5.

[508] Vgl. Kap. 2.3.3.6.

[509] Vgl. W. Helck, 2002, S. 562–563 und B. G. Davies, 1999, S. 46.

[510] A. G. McDowell, 1999, S. 229 und B. G. Davies, 1993, S. 43.

[511] D. Valbelle, 1985, S. 128–129.

[512] Vgl. R. Hannig, 2006, S. 939 und A. Erman und H. Grapow, 1931, S. 82.

[513] W. Helck, 2002, S. 48.

[514] J. Černý, 1973, S. 36.

[515] D. Valbelle, 1985, S. 101 und J. Černý, 1973, S. 37.

gehören.[516] Jüngere Quellen aus der Zeit Ramses' III. belegen dann zweifelsfrei ihre Zugehörigkeit zur *smd.t*. Meist arbeiteten zwei *qḏj.w* für die Nekropole. Sie wurden jeweils der rechten und linken Seite zugeteilt.[517] Ob die Gipsmacher bereits in der 18. und 19. Dynastie zur Versorgungsmannschaft gezählt wurden, bleibt ungeklärt. M. E. zeigt aber O. Cairo 25581, dass sie während der frühen ramessidischen Phase noch nicht zur *smd.t* gehörten. Das Herstellen von Gips durch die Mannschaft, wie unter Siptah, sollte als Sonderfall betrachtet werden.

Ihre Aufgabe war das Herstellen von Gips bzw. Stuck, damit die Grabwände für die darauf folgende Dekoration verputzt werden konnten.[518] Ob ihre Aufgabe auch das Verputzen war, oder ob dies die Mannschaft des Grabes übernahm, ist unklar. In Anbetracht ihrer Zugehörigkeit zur *smd.t* erscheint mir die Annahme, dass sie den Gips nur lieferten, wahrscheinlicher.

Die Mengen, die sie lieferten, variieren nach Černý zwischen 0,0625 und 6 *ḫ3r* Gips, sodass die geforderte Menge für eine Dekade nicht feststellbar ist. Die Gipsmacher lieferten auch andere Waren an die Siedlung wie z. B. Holz. Oder sie wurden in Zeiten, in denen weniger Gips gebraucht wurde, mit anderen Arbeiten wie dem Brechen von Steinen beschäftigt.[519]

#### 2.3.3.5.8 Dattelsammler

Die *bnrj.w* „Dattelsammler"[520] oder „Dattellieferanten"[521] werden nur im Turiner Streikpapyrus erwähnt. Der Torwächter *Ḫˁj-m-w3s.t* rekrutiert für die *smd.t* je einen *bnrj* für die rechte und die linke Seite der Mannschaft, insgesamt zwei.[522] Ihre Aufgabe kann nur aufgrund ihres Titels vermutet werden. Es gibt keine Quelle, die ihre Arbeit beschreibt oder sie in direkten Zusammenhang mit den Dattellieferungen bringt. Datteln waren Bestandteil des Lohns der Arbeiter und gehörten zu den regelmäßigen Lieferungen der *smd.t*. Nach Janssen wurden sie in unterschiedlicher Form, entweder frisch in Schalen oder getrocknet zu Blöcken gepresst, an die Siedlung geliefert.[523] Wie viele Dattelsammler in der Regel für die Siedlung tätig waren, ist nicht bekannt. Zwei Mann, wie im Turiner Streikpapyrus angegeben, könnten angestellt gewesen sein, auch wenn die anderen Angaben zur Anzahl der neu rekrutierten Mitglieder anderer Berufsgruppen der Versorgungsmannschaft eher zu hoch scheinen.[524]

516 J. J. Janssen, 1997, S. 116–125. Die Zeilen, die Lieferanten der *smd.t* erwähnen, beginnen mit „*Received*", die der Empfänger mit „*By*". Lieferanten sind immer Mitglieder der Versorgungsmannschaft.

517 J. Černý, 1973, S. 38.

518 Ebd., S. 35–36.

519 Ebd., S. 39–40.

520 D. Valbelle, 1985, S. 131.

521 D. Meeks, 1980, S. 118, 77.1260. Meeks übersetzt den Begriff *bnrj.w* mit „*fournisseurs de dattes*" im Gegensatz zu Černý, der die im Turiner Streikpapyrus erwähnten *bnrj.w* mit „*confectioner*" übersetzt. Vgl. J. Černý, 2001, S. 189.

522 J. Černý, 1973, S. 189.

523 J. J. Janssen, 1975, S. 474–475 und W. Helck, 1961-1970, S. 760.

524 Vgl. Kap. 2.3.3.5.2 und 2.3.3.5.4.

### 2.3.3.5.9 Gärtner

Neben den Dattelsammlern gab es die *k3rj.w* „Gärtner" und deren *ẖrj.w-ˁ* „Gehilfen".[525] Auch über diese Berufsgruppe ist bis auf ihre Titel nichts bekannt. Ihre Aufgabe war wohl die Versorgung der Siedlung mit Obst und Gemüse. Valbelle vermutet, dass sie Felder bestellten, die möglicherweise den Mitgliedern der Mannschaft gehörten. Der Besitz von Lagerhäusern und Hütten im Fruchtland ist belegt.[526] Wie viele Gärtner für die Mannschaft des Grabes arbeiteten, ist ungewiss. Der Turiner Streikpapyrus nennt an einer Stelle drei Gärtner mit jeweils einem Gehilfen.[527] An anderer Stelle, der Erklärung des *Ḫˁj-m-w3s.t*, werden zwölf Gärtner jedoch ohne Gehilfen genannt.[528] Der spätere Papyrus Turin Cat. 2018 aus dem 8. Jahr Ramses' XI. listet nur noch den Gärtner *ˁḥ3wtj-nfr* für die linke Seite der Versorgungsmannschaft auf, ohne dass ein Gehilfe oder ein Gärtner für die andere Mannschaftsseite erwähnt werden.[529]

### 2.3.3.5.10 Wäscher

Die *rḫtj.w* „Wäscher"[530] reinigten die eingesammelte oder gelieferte Wäsche der Siedlungsbewohner am Flussufer. Nach Janssen war die Arbeit des Wäschers Männerarbeit, obwohl er nicht ausschließt, dass auch Frauen, wenn es die Situation erlaubte, Wäsche wuschen. Wäscher verdienten von allen Mitgliedern der Versorgungsmannschaft am schlechtesten. Sie bekamen 0,75 *ẖ3r* im Monat.[531] Daraus und aus der Lehre des Dua-Cheti, die die Arbeit des Wäschers als unangenehm und schmutzig charakterisiert, wird gefolgert, dass Wäscher in der Hierarchie der Gesellschaft ganz unten standen und kaum Ansehen genossen.[532] McDowell zufolge erledigte ein *rḫtj* täglich die Wäsche für durchschnittlich acht Haushalte.[533] Die oben genannten Quellen, die Papyri Turin Cat. 1880 und 2018, nennen auch im Fall der Wäscher unterschiedliche Zahlen. So listet der Turiner Streikpapyrus an mehreren Stellen jeweils nur einen Wäscher[534] auf, an einer anderen Stelle ist von acht Wäschern die Rede, vier Mann pro Seite.[535] Der pTurin Cat. 2018 nennt dagegen drei Wäscher, zwei für

525 A. Erman und H. Grapow, 1931, S. 108 und A. Erman und H. Grapow, 1929, S. 393.
526 D. Valbelle, 1985, S. 132 und 254–255.
527 Vgl. A. H. Gardiner, 1948, S. 46, vs. 3,12–18, J. Černý, 2001, S. 185–186 und W. Helck, 2002, S. 304.
528 J. Černý, 2001, S. 189.
529 K. A. Kitchen, 1983, S. 855, Vs. A. 1:13, J. Černý, 2001, S. 190 und W. Helck, 2002, S. 562–563.
530 A. Erman und H. Grapow, 1928.
531 J. J. Janssen und R. M. Janssen, 2002, S. 2–3 und 8–9.
532 Ebd., S. 2 und 11.
533 A. G. McDowell, 1999, S. 59–61.
534 Vgl. auch A. H. Gardiner, 1948, S. 47, vs. 4,9, J. Černý, 2001, S. 185–186 und W. Helck, 2002, S. 304.
535 J. Černý, 2001, S. 189 und J. J. Janssen und R. M. Janssen, 2002, S. 4–5.

die rechte und einen für die linke Seite.[536] Andere Quellen nennen manchmal einen oder auch zwei *rḫtj.w*, sodass die genaue Anzahl an Wäschern, die für die Mannschaft des Grabes angestellt waren, kaum zu klären ist.[537] Wohnort und Arbeitsplatz bleiben ebenfalls fraglich. Janssen vermutet, dass sie ihre Arbeit am Flussufer verrichteten. Es ist aber bisher nicht geklärt, wo sich das Bett des Nils im Neuen Reich entlang gezogen hat. Der Begriff *mrj.t* kann auch ein Kanalufer meinen. Ihr Arbeitsplatz lag vermutlich östlich der Millionenjahrhäuser in Richtung des Fruchtlandes. In der späten 20. Dynastie sind Wäscher in der Siedlung um Medinet-Habu belegt. Wo sie vorher wohnten, kann nur vermutet werden, Janssen zufolge möglicherweise am *ḫtm n p3 ḫr*.[538]

#### 2.3.3.6 Schuster

Der Beruf des Schusters oder Sandalenmachers ist kaum greifbar, obwohl Sandalen fester Bestandteil des Lohns der Mannschaft waren. Nur zwei Quellen nennen Schuster in Bezug auf Deir el-Medine. Unter Ramses II. sind immerhin die *ṯbw.w* „Schuster"[539] *Mḥy* und *Ḥꜥj* belegt. Sie werden auf O. DeM 240 in Zusammenhang mit zwei Vorzeichnern, einem Schreiber und weiteren Personen genannt.[540] Valbelle meint jedoch, dass sie nicht sicher den Menschen von *p3 ḫr* zugewiesen werden können.[541] Die Schuster werden im Text auch nicht eindeutig als Personen bezeichnet, die im Areal der Nekropole tätig waren. Die Tatsache, dass das Ostrakon aus Deir el-Medine stammt, macht die Verbindung zur Siedlung und zur Arbeiterschaft aber sehr wahrscheinlich.[542] Das bereits zitierte O. Cairo 25581 nennt zwei *ḥmw ṯw.t* „Sandalenmacher". Die Schuster werden direkt vor zehn neu eingestellten Hilfskräften der Versorgungsmannschaft aufgelistet, ohne dass diese durch ihre Berufsbezeichnungen explizit unterschieden werden. Sie werden einfach als *rmṯ js.t smd.t* bezeichnet. Daher können die Schuster nicht sicher in die Versorgungsmannschaft eingereiht werden. Über den Lohn der Schuster gibt die Quelle

536 K. A. Kitchen, 1983, S. 854, Vs.A.1:4 und 5 und S. 855, Vs.A.1:16, J. Černý, 2001, S. 190 und W. Helck, 2002, S. 562–563.

537 J. J. Janssen und R. M. Janssen, 2002, S. 4–5. Genannt werden hier die Quellen O. DeM 578 und O. Gardiner 193 (jeweils 1 Wäscher), O. Turin 57058 und pTurin Cat. 2014 (2 Wäscher).

538 Ebd., S. 6–7.

539 Zur Bezeichnung „Schuster" vgl. R. Drenkhahn, 1976, S. 13–14 und 158. Nach Rosemarie Drenkhahn ist der *ṯbw* eigentlich kein Schuster, sondern ein Lederarbeiter, der alle Arbeitsschritte zur Herstellung von Sandalen und anderen Lederwaren selbst vollführen kann. Trotzdem weist sie darauf hin, dass im Produktionsprozess Arbeitsteilung stattgefunden hat. Da die Arbeiten in einem Kollektiv ausgeführt wurden, war das Ergebnis eine Gemeinschaftsproduktion. Die Arbeitsteilung findet sich ihrer Ansicht nach in allen Handwerksbereichen und ist auf Grabwänden bildlich dargestellt.

540 J. Černý, 1937b, S. 13 und Pl. 24, 240 rto. 8 und 9.

541 D. Valbelle, 1985, S. 129.

542 Zum Fundort vgl. J. Černý, 1935b, S. III–VII.

keine Auskunft, auch ihr Status ist aus diesem einmaligen Beispiel nicht zu erschließen. Valbelle bezweifelt, dass überhaupt zwei Schuster Deir el-Medine zugeteilt waren.[543]

### 2.3.3.7 Dienerinnen und Diener

Zur Gesellschaft von Deir el-Medine gehörten auch die sogenannten *nȝ ḥm.wt n njw.t* „die Dienerinnen der Stadt", kurz *ḥm.wt* „die Dienerinnen", die für die gesamte Mannschaft da waren. Für diese Position waren überwiegend Frauen vorgesehen.[544] Aber Ostrakon Gardiner 90 zeigt, dass durchaus auch Männer, betitelt als *ḥm*, in der Siedlung in dieser Stellung arbeiteten.[545] Die Hauptaufgabe der Dienerschaft war nach Černý das Mahlen und Backen[546], wobei Janssen anmerkt, dass die Belege dafür fehlen. Die Dienerschaft wurde vermutlich grundsätzlich als Haushaltshilfen eingesetzt. Aufgrund ihrer Anzahl errechnete Janssen[547], dass ein bestimmter Haushalt alle drei Tage auf die Hilfe einer Dienerin zurückgreifen konnte, demnach 10 Tage im Monat Anspruch auf die Dienstleistungen der Dienerinnen hatte. Darüber hinaus fungierten die Dienerschaft bzw. ihre Dienstleistungen als Tausch- oder Verkaufsobjekt. Ihre Arbeitstage konnten von den Arbeitern vermietet oder sogar ‚testamentarisch' vermacht werden. Trotzdem waren die *ḥm.wt* keine Privatangestellten und nicht ‚Besitz' einer Arbeiterfamilie. Tobias Hofmann zufolge wurden sie auf Landgütern der Tempel rekrutiert und zur Arbeit nach Deir el-Medine überstellt.[548] Sie waren staatliches Eigentum, zählten nicht zur Arbeiterschaft, sondern unterstanden der Verwaltung des Grabes. Ob sie in den Häusern der Arbeiter, in eigenen Häusern oder gar nicht in der Siedlung wohnten, ist unbekannt.[549] Černý vermutet aufgrund der textlichen Quellen, dass die Dienerschaft den beiden Seiten der Mannschaft zugeteilt wurde. Die Seite wird in den Rationslisten jedoch oft nicht spezifiziert. Nur wenn der Vorarbeiter genannt wird, kann man die aufgelisteten *ḥm.wt* seiner Seite zuordnen. Werden beide Vorarbeiter genannt, ist klar, dass die Dienerinnen und Diener beider Seiten gemeint sind.[550]

Der Staat versorgte die Dienerschaft mit. In den Rationslisten werden sie in der Regel als letzte genannt. Der Lohn einer Dienerin ist kaum zu ermitteln, da die Anzahl der *ḥm.wt* in den Quellen stark variiert. Die Rationslisten berichten von einer bis zu sechs Dienerinnen. Einmal sind 16 belegt. Janssens Lohnangabe von 0,25 *ẖȝr* pro Dienerin scheint in den Quellen öfter bestätigt zu werden. Aber

[543] D. Valbelle, 1985, S. 129.
[544] J. Černý, 2001, S. 175.
[545] T. Hofmann, 2005, S. 237–238 und 332 und T. Hofmann, 2006, S. 115.
[546] J. Černý, 2001, S. 177. Hofmann bemerkt, dass Haushaltsarbeiten wie das Mahlen von Korn zumindest im Mittleren Reich für die Gruppe der *ḥm.wt* belegt sind. Vgl. T. Hofmann, 2005, S. 240.
[547] J. J. Janssen, 1997, S. 23.
[548] D. Valbelle, 1985, S. 123 und T. Hofmann, 2006, S. 115.
[549] J. Černý, 2001, S. 178.
[550] Ebd., S. 177.

in diesen Quellen wird niemals der Lohn für einen gesamten Monat angegeben.[551] Vor einigen Jahren konnte Pierre Grandet etwas Licht in die Lohnfrage bringen. Das von Grandet publizierte O. IFAO 1603 enthält eine Liste von sechs Dienerinnen und ihren Lohnzuweisungen.[552] Dabei werden 1,5 *ḫ3r* als Lohngesamtmenge genannt. Die Dienerinnen erhielten aber zusammen nur die Hälfte des Gesamtbetrages, jede eine halbe Oipe[553], was 0,125 *ḫ3r* entspricht. Nach Grandet ist der gezahlte Individuallohn von einer halben Oipe der Lohn einer Seite. Und er erwähnt, dass mit hoher Wahrscheinlichkeit für die andere Seite die andere Hälfte der Gesamtmenge ausgezahlt wurde, sodass am Ende die Rechnung der Rationsliste O. IFAO 1603 wieder stimmt. Allerdings bleibt die Getreideverteilung auf dem Ostrakon unklar. Möglich wäre, dass die Gesamtmenge für sechs Dienerinnen galt, die für ihre Arbeit für jede Seite einmal bezahlt wurden, und so auf den doppelten Verdienst kamen, nämlich 0,25 *ḫ3r*. Eine andere Möglichkeit wäre, dass der Gesamtlohn tatsächlich an zwölf Dienerinnen, sechs pro Seite ausgezahlt wurde, was bedeuten würde, dass die Dienerinnen weit unter dem Lohnniveau lagen, das Janssen für sie angenommen hat. Zwölf *ḥm.wt* wären bei einem belegten Maximum von 16 Dienerinnen vorstellbar. Hofmann schlägt die Brücke zu Janssen und entscheidet sich für die erste Möglichkeit. Er nimmt sechs Dienerinnen an, die dann pro Person 0,25 *ḫ3r bd.t* verdienten, eine Lohnmenge, die nach Janssen gerade zum Leben reichte.[554] Der Lohn der Dienerschaft betrug folglich zwischen 0,125 und 0,25 *ḫ3r*. Er war bescheiden, und ob er zur Sicherung der Existenz ausreichte oder mit Hofmann *„weit unterhalb des Subsistenzminimums“*[555] lag, kann bisher nicht geklärt werden.

#### 2.3.3.8 Der sogenannte ‚Skorpionbändiger‘

Die Person des Skorpionbändigers[556], altägyptisch *ḫrp srq.t*, taucht selten in den Quellen auf. Dennoch scheint er eine wichtige Persönlichkeit im Leben der Menschen von Deir el-Medine gewesen zu sein. Seine Aufgabe war nach Janssen das Fangen von Schlangen und Skorpionen sowie die medizinische Behandlung von Schlangenbissen und Skorpionstichen. Möglicherweise ist der Skorpionbändiger wie der Arzt ein Mitglied der Mannschaft gewesen, das durch seine Erfahrung die Rolle eines solchen Heilers übernehmen konnte. Vermutlich hatte er Anrecht auf einen bestimmten Teil der monatlichen Rationslieferungen. Die Höhe seines Lohns ist schwer festzustellen. Janssen nimmt an, dass der Skorpionbändiger den Lohn eines Mannschaftsmitgliedes erhielt und für seine Tätigkeit als Skorpionbändiger

[551] J. J. Janssen, 1997, S. 23–25.

[552] P. Grandet, 2000, S. 125–127.

[553] Eine Oipe *jp.t* entspricht laut Janssen 0,25 *ḫ3r* Getreide. Vgl. J. J. Janssen, 1975, S. 109.

[554] T. Hofmann, 2006, S. 116–117.

[555] Ebd., S. 117–118.

[556] Der Titel *ḫrp srq.t* ist bereits im Mittleren Reich belegt. Hans-Werner Fischer-Elfert übersetzt den Titel als *„Leiter-der-Selqet“*, *„Skorpionbeschwörer“* und *„scorpion charmer“*. Vgl. H.-W. Fischer-Elfert und A. Grimm, 2003, S. 68–70 und 80.

mit 1,5 *ḫ3r* zusätzlich belohnt wurde. Ähnlich wie beim Arzt würde der Lohn dadurch der wichtigen Bedeutung entsprechen, die seine Arbeit für die Bewohner der Arbeitersiedlung gehabt haben dürfte.[557]

Um den Schutz der Götter gegen Krankheit, deren Ursachen und Auswirkungen sowie gegen böse Geister zu beschwören und zu sichern, stellte der *ḫrp srq.t* Amulette und magische Formeln her, die er an die Bewohner von Deir el-Medine verkaufte. Es gab zahlreiche medizinisch-magische Rezepte zu Tränken, Rauchopfern, Praktiken und Sprechformeln, die allumfassend eingesetzt werden konnten oder bestimmte Krankheiten heilen sollten.[558] Hans-Werner Fischer-Elfert merkt in seiner Besprechung der Statue des *ḫrp srq.t Zš(š)n* an, dass dieses Wissen etwas Besonderes war, das nicht jedem zugänglich gewesen sein dürfte.[559]

### 2.3.4 Frauen

Für Jaana Toivari-Viitala wurde die Gesellschaft von Deir el-Medine nicht nur von den Arbeitern, sondern auch zu einem erheblichen Teil von ihren Ehefrauen und weiblichen Verwandten gebildet und geprägt.

> „*The women who came to live at Deir el-Medina were in the first instance spouses of the workmen who were being employed for the construction of the royal tombs. As the time passed, there would also be an increasing number of daughters, sisters and mothers, as well as other female relatives of the workmen, stemming from reproduction and intermarriages in the community.*“[560]

Für Valbelle ist die Rolle der Frau in den Quellen weniger klar umrissen als die des Mannes. Nur ein kleiner Prozentsatz der Ostraka berichtet über das weibliche Geschlecht.[561] Viele Texte beschreiben den Arbeitsalltag der Mannschaft am Königsgrab. Daher tauchen Frauen, die am Arbeitsprozess in der Nekropole nicht beteiligt waren hauptsächlich in Briefen, Transaktionen, Gerichtsverfahren, Orakeltexten sowie dem dokumentierten Schenken von Gaben auf. Namen und Familienverhältnisse sind nach Janssen vor allem aus Grabdarstellungen und Stelen bekannt.[562]

Auf Grabmonumenten wird Toivari-Viitala zufolge die Frau aus Deir el-Medine als *nb.t pr* „Herrin des Hauses“ bezeichnet. Daher wird ihr die Organisation des Haushaltes zugeschrieben. Den Titel *nb.t pr* möchte Toivari-Viitala weniger als Berufsbezeichnung, sondern eher als Ehrentitel im funerären und monumentalen Bereich entsprechend dem männlichen Titel *sḏm-ʿš m S.t M3ʿ.t* verstehen.[563] Frauen

[557] J. J. Janssen, 1997, S. 27–29.

[558] D. Valbelle, 1985, S. 285–286. Fischer-Elfert zufolge wurden diese Zauber als *3ḫ.w* bezeichnet. Der Skorpionbändiger war ein „*mediator between the world of the living and the realm of the dead*“. Vgl. H.-W. Fischer-Elfert und A. Grimm, 2003, S. 73 und 80. Vgl. auch Kap. 2.3.4.1.

[559] H.-W. Fischer-Elfert und A. Grimm, 2003, S. 74.

[560] J. Toivari-Viitala, 2001, S. 5.

[561] Ebd., S. 11.

[562] J. J. Janssen, 1997, S. 55.

[563] J. Toivari-Viitala, 2001, S. 16 und 18.

wurden auch als *ʿnḫ.t n njw.t* „Bürgerin" bezeichnet. Dieser Titel kennzeichnet sie als Mitglieder der Gesellschaft von Deir el-Medine und dürfte das Äquivalent zum männlichen *rmṯ-js.t* gewesen sein, unabhängig davon, welche Position die Frau in der Siedlung einnahm und ob sie verheiratet oder ledig war.[564]

Inwiefern die Frauen an der Verwaltung des Dorfes beteiligt waren, ist nur schwer nachzuvollziehen. Man vermutet, dass die Frauen keine Funktion in der Dorfverwaltung hatten, da sie auch keine Funktion in der Mannschaft erfüllten. Dennoch konnten Frauen wohl Teil der *qnb.t* sein. Im Jahr 12 Ramses' XI., als die Mannschaft bereits in Medinet-Habu lebte, ist die Sängerin des Amun und Frau des Schreibers *Ns-jmn-m-jp.t* bei der Lieferung des Getreides anwesend. Valbelle sieht hier aber einen Einzelfall, der nicht repräsentativ für die Frauenrolle dieser Zeit ist.[565] Mehrere Quelle zeigen, dass Frauen immer wieder in den Lohnabrechnungen der Mannschaft auftreten können. Ob sie nur ihren Ehemann vertraten, selbst für eine Arbeit bezahlt oder als Witwen vom Staat weiter versorgt wurden, bleibt mangels Information Spekulation.[566] Die staatliche Witwenrente wird aufgrund einer Quelle vermutet, die vier Frauen unter den Getreiderationsempfängern auflistet. Sicher ist, dass die Familien Witwen mitversorgten und ihnen so eine Existenzgrundlage boten.[567]

Die Frauen lebten nicht nur vom Lohn ihrer Ehemänner. Die Quellen zeigen, dass sie sowohl durch eine Erbschaft, als auch durch eigenes Wirtschaften zu Besitz kommen konnten. Im Falle einer Scheidung stand der Ehefrau ein Drittel des ehelichen Eigentums zu, das auch vor der *qnb.t* geltend gemacht werden konnte.[568] Darüber hinaus nutzten sie ihre Geschäftsfähigkeit und traten als Handelspartner sowie Vermittler von Tauschgeschäften auf. Außerdem webten und verkauften sie Stoffe. Die Waren scheinen nach Toivari-Viitala nicht auf das Geschlecht begrenzt. Frauen handelten ebenso wie Männer mit Waren aller Art wie Eseln, Land und der Arbeitszeit der Dienerinnen. Der Art des Eigentums einer Frau sind demnach in Deir el-Medine grundsätzlich keine Grenzen gesetzt. Ob und wie viel von ihrem selbst erwirtschafteten Eigentum in die Ehegemeinschaft einfloss, ist nicht bekannt.[569] Sogar durch Grabraub und Diebstahl bereicherten sie sich. Es gibt einige Fälle, in denen Frauen das Eigentum von Männern gestohlen haben und erwischt wurden. Die umgekehrte Variante, dass Frauen Eigentum von Männern gestohlen wurde, ist nicht belegt. Möglicherweise hatten Männer mehr Besitz, und Frauen besaßen Objekte, die für Männer nicht von Interesse waren. Die Quellen berichten von Diebstählen einer Witwe, einer Ehefrau, einer Frau, deren Status nicht bekannt ist, und der Tochter des Schreibers *Jmn-nḫ.t*. Diebstahl lässt sich somit nicht auf sozial schwächeren Personen und Frauen, die auf sich alleingestellt waren, beschränken.[570] Nur bei Grabbeigaben wird der Mengenunterschied zwischen Männern und

[564] Ebd., S. 47–48.
[565] D. Valbelle, 1985, S. 240–241. Vgl. Kap. 4.2.
[566] J. Toivari-Viitala, 2001, S. 122–123.
[567] Ebd., S. 209–213.
[568] Ebd., S. 96–97.
[569] Ebd., S. 123–127 und 233–234.
[570] D. Valbelle, 1985, S. 242 und J. Toivari-Viitala, 2001, S. 132–134.

Frauen deutlich. Die Grabbeigaben und Bestattungsutensilien einer Frau fallen in der Regel wesentlich geringer aus. Und gerade bei hierarchisch höher stehenden Personen ist nach Toivari-Viitala dieser Unterschied sehr stark ausgeprägt.[571] Eine Tatsache, die die Vermutung nahe legt, dass der ‚funeräre Besitz' nicht geeignet ist, um den realen Status der bestatteten Frau widerzuspiegeln.

Während der Ramessidenzeit wurden die Frauen der Schreiber und Vorarbeiter meist als Sängerinnen der Hathor und des Amun eingesetzt. Toivari-Viitala möchte das eher als Ehrentitel verstehen, auch wenn die Titel eine reale Funktion im Kult der Gottheiten beschreiben.[572] Ihnen wurde gelegentlich eine besondere Zuteilung gewährt. Andere Frauen waren entsprechend in die lokalen Kulte eingebunden und gewährleisteten so die Versorgung der vielen Gottheiten in Deir el-Medine. Frauen und Kinder halfen auch bei den Festen in der Region oder nahmen an den Demonstrationen während der Streiks unter Ramses III. teil.[573] Bei lokalen Festen, religiösen oder privaten, war es typisch, dass Frauen Speisen mitbrachten. Die Anzahl der Frauennamen in dementsprechenden Gabenlisten ist sehr hoch. Außerdem arbeiteten Frauen auch als professionelle Klagefrauen, nach Toivari-Viitala eine angesehene Tätigkeit.[574]

Der primäre Aufgabenbereich der Frau ist für Valbelle der Haushalt, die Wäsche und die Erziehung der Kinder, bei der sich die Frauen untereinander halfen. Manche von ihnen arbeiteten als Ammen.[575] Da kaum Belege für die alltäglichen Tätigkeiten der Frauen existieren, kann dies alles nur angenommen werden. Das Arbeitsteilungsverständnis von Haushalt und Kinderpflege für die Frau und Handwerk für den Mann, wie es Valbelle für Deir el-Medine angenommen hat, resultiert möglicherweise aus einem häufig wahrgenommenen Gesellschaftsbild in vielen Kulturen.[576] Und es scheint auch auf Deir el-Medine anwendbar. In der altägyptischen Literatur werden dazu passend Mutterschaft und Kindererziehung gelobt.[577] Die oben aufgezählten Tätigkeiten wie das Handeln zeigen m. E., dass die Frauen von Deir el-Medine weniger dem klassischen Rollenbild einer Frau, zuständig für Heim und Herd, entsprachen. Sie wurden vermutlich durch Dienerinnen und zum Teil durch private Dienerschaft im Haushalt unterstützt. Für die Wäsche wurden Wäscher in der *smd.t* angestellt. Die Frauen sind mehrfach als Partner in Tauschgeschäften, als Akteure im Kultgeschehen und noch in anderen Bereichen belegt, sodass die Frau in Deir el-Medine mit allen Rechten, Pflichten, Betätigungsmöglichkeiten und der anscheinend uneingeschränkten Geschäftsfähigkeit unabhängiger wirkt, als es Valbelles Bild der sorgenden Hausfrau vermuten lässt. Auch der Unterricht war wohl keine reine Männersache. Einige Quellen zeigen, dass Frauen und Mädchen

[571] J. Toivari-Viitala, 2001, S. 135.
[572] Ebd., S. 236.
[573] D. Valbelle, 1985, S. 240–241.
[574] J. Toivari-Viitala, 2001, S. 130–132, 226 und 235.
[575] D. Valbelle, 1985, S. 242.
[576] J. Toivari-Viitala, 2001, S. 235.
[577] Ebd., S. 186.

lesen und schreiben konnten.[578] In den *Late Ramesside Letters* z. B. findet sich eine Stelle, in der die Tochter des *Ḫnsw-ms* aufgefordert wird, zu lernen und einen Brief an den Schreiber *Ḏḥwtj-ms* zu schreiben. Ein anderes mögliches Beispiel für die Lesefähigkeit einer Frau ist das Ostrakon Letellier, ein Brief des Schreibers *Qn-ḥr-ḫpš=f* an eine Frau. O. Turin 57431 belegt, dass die Frau oder das Mädchen *Ḥnw.t-nfr.t* als Schülerin die Lehre des Amenemhet kennen gelernt hat.[579] Wie viele Frauen lesen oder schreiben konnten, lässt sich nicht klären. Sicherlich war der Unterricht vorrangig für Jungen gedacht, die auf ihre Berufe in der Mannschaft vorbereitet werden sollten. Und in der Mannschaft des Grabes ist bislang keine Frau belegt.[580] Dennoch kann man vermuten, dass Grundkenntnisse in Lesen und Schreiben in Deir el-Medine verhältnismäßig weit verbreitet waren.[581] Sie gehörten zu den Grundlagen der Arbeit im Tal der Könige, und der enge soziale Kontakt ermöglichte die Verbreitung solcher Kenntnisse.

#### 2.3.4.1 Die weise Frau

Unter den Frauen von Deir el-Medine gab es eine Frau, die eine besondere Stellung innerhalb der Gesellschaft einnahm. Sie wird altägyptisch als *tꜣ rḫ.t* „die Wissende" oder „die weise Frau"[582] bezeichnet und wird in einigen Quellen genannt. Dieser Titel verbunden mit der Position, die er widerspiegelt, ist nur aus Deir el-Medine bekannt. Sie scheint eine Respektsperson gewesen zu sein. Frauen, die die Position der Wissenden einnahmen, wurden in dieser Funktion ausschließlich als *tꜣ rḫ.t* bezeichnet. Ihr Personenname oder ihr Status, ob Mutter, verheiratet oder ledig, spielte keine Rolle. Auch ihr Alter scheint nicht von Bedeutung gewesen zu sein. Vielleicht zeichneten sich die Frauen, die diese Rolle annahmen, durch eine bestimmte Gabe aus, die schon in der Jugend erkannt werden konnte. Toivari-Viitala nennt diese Gabe *„the art of knowing"*[583]. Sie nimmt an, dass es immer nur eine Wissende gab. Die Nennung ihres Titels ohne einen Personennamen anzuführen, betonte nach Toivari-Viitala die Wichtigkeit ihrer Rolle und die soziale Macht ihrer Position. Dabei lässt sich mittels der Quellen nicht deutlich unterscheiden, ob die soziale Rolle der Wissenden nur bei Bedarf von einer Frau angenommen wurde, oder ob ihre Inhaberin für immer eine neue soziale Position einnahm und von allen anderen weiblichen Pflichten und Tätigkeiten befreit wurde.[584]

Der Rat der weisen Frau wurde von Männern und Frauen angenommen. Offensichtlich suchten sogar die Schreiber bei ihr Rat. In einem Fall beauftragte der Schreiber *Qn-ḥr-ḫpš=f* eine Frau, sich bei der Wissenden über den Grund des Todes zweier Kinder zu erkundigen, möglicherweise seiner eigenen. Außerdem sollte sie

[578] J. J. Janssen, 1992b, S. 89–91. Vgl. hierzu auch D. Sweeney, 1998, S. 1116–1117.
[579] J. Toivari-Viitala, 2001, S. 189, A. G. McDowell, 2000, S. 225 und J. López, 1982, Tav. 183a.
[580] J. Toivari-Viitala, 2001, S. 189, Anm. 67 sowie S. 229.
[581] Ebd., S. 192.
[582] J. F. Borghouts, 1982, S. 24 und D. Karl, 2000, S. 131.
[583] J. Toivari-Viitala, 2001, S. 228 und 230–231.
[584] Ebd., S. 228.

etwas über sein Schicksal und das der Mutter der Kinder erfragen.[585] Weitere Dokumente zeigen, dass man oft den Rat der Wissenden suchte, wenn man Fragen zum Tod eines Mitmenschen, zum eigenen Verhalten und zu göttlichem Einfluss auf das eigene Leben hatte.[586] Hier spielen insbesondere Ptah und Taweret eine wichtige Rolle. Toivari-Viitala vermutet in der Wissenden *„the specialist in mythology and causation between the realms of the living, the dead, and the gods"*.[587] In diesem Sinne scheint sie die Rolle einer Schamanin als *„mediator between the human world and the world of spirits, between the living and the dead"*[588] übernommen zu haben. Sabine Neureiters Charakterisierung eines Schamanen trifft auf die weise Frau in einigen Punkten zu. Neureiter zufolge kennzeichnet einen Schamanen:

> *„(1) der Besitz spezieller Begabungen, Talente oder Kenntnisse, wie z. B. die Fähigkeit mit Geistern umzugehen, Kranke zu heilen oder magische Handlungen durchzuführen; (2) die Zurückführung solcher Fähigkeiten auf persönlichen Kontakt mit dem Übernatürlichen; (3) ein Auftreten als Individuum statt als Sprecher oder Repräsentant einer Gruppe beim Umgang mit dem Übernatürlichen und (4) fehlende Mitgliedschaft von formalen, bürokratischen religiösen Organisationen."*[589]

Joris F. Borghouts charakterisiert sie als eine Wahrsagerin und Heilerin.[590] Die Assoziation zu einer ‚Dorfhexe' oder der Hexe *„als Synonym für weise Frau* [...], *der mysteriöse, übernatürliche – magische – Kräfte zuerkannt werden* [...] *im positiven oder negativen Sinn"*[591], findet man auch in der ägyptologischen Literatur.[592] Doris Karl zufolge, die das Phänomen der *rḫ.t* in ihrem spezifisch soziokulturellen Umfeld umschrieben hat, trifft keine dieser Charakterisierungen vollends zu. Karl beschreibt die Rolle der weisen Frau als die einer Seherin und Heilerin, die vor allem im Bereich der psychologischen Betreuung den Mitmenschen half. Personen, die sich selbst unfähig zur Maat fühlten und von anderen als gemeinschaftsunfähig erachtet wurden, suchten bei der weisen Frau Hilfe bei der Ursachenfindung, um wieder in den *„Zustand der Ordnung"* zu kommen, *„d. h. maat wiederzuerlangen"*.[593] Der Ort ihres Wirkens ist unbekannt. Ob die weise Frau ihr Wissen in Deir el-Medine oder außerhalb der Siedlung weitergab, ist ungeklärt.[594]

585 Ebd., S. 229. Toivari-Viitala zitiert hier O. Letellier. Vgl. „O. Letellier" in: The Deir el-Medina Database.

586 D. Karl, 2000, S. 134–139.

587 J. Toivari-Viitala, 2001, S. 229– 231.

588 Vgl. B. S. D'Anglure, 2002, S. 505. Bernard Saladin D'Anglure führt die Rolle des Therapeuten als wichtige Aufgabe des Schamanen an. An eine solche Rolle erinnert auch die Hilfe der weisen Frau.

589 S. Neureiter, 2005, S. 283.

590 J. F. Borghouts, 1982, S. 26.

591 D. Karl, 2000, S. 133.

592 Ebd., S. 132–133.

593 Ebd., S. 159.

594 J. Toivari-Viitala, 2001, S. 230.

### 2.3.5 Die königliche Verwaltung

Obwohl die königliche Verwaltung für diese Untersuchung nur eine untergeordnete Rolle spielt[595], soll sie, der Vollständigkeit wegen, kurz umrissen werden.

Die höchste Autorität war Pharao als Gründer, Eigentümer und Begünstigter der Arbeiterschaft. Die Besichtigung der Baustelle durch den König ist nicht belegt, aber bei seinen Besuchen in Theben-West vorstellbar. Große lokale Feste und die Vergabe besonderer Belohnungen, wie Opfergaben oder Statuen für lokale Heiligtümer, waren möglicherweise ein Anlass für die Bewohner von Deir el-Medine, den König zu sehen. Inwieweit der König Streitigkeiten zwischen dem Wesir und der Arbeiterschaft persönlich regelte, ist nicht bekannt. Tod und Krönung des Königs waren entscheidend für die Arbeitsplanung der Mannschaft. Quellen zeigen, dass zumindest die Vorarbeiter bei der Grablegung eines Herrschers und seiner Familienmitglieder behilflich waren.[596]

Die Verwaltung der Baustelle des königlichen Grabes und der Nekropole oblag verschiedenen offiziellen Staatsdienern, die den König vertraten. Direkter Repräsentant des Königs und damit höchster Würdenträger vor Ort war der Wesir. Er vermittelte der Mannschaft die Anweisungen Pharaos, sicherte ihre Entlohnung, stärkte die staatliche Ordnung in der Region und war Empfänger der Berichte über den Arbeitsfortschritt und die Anliegen der Bewohner von Deir el-Medine. Ihm unterstanden die Bürgermeister von Theben und Theben-West und verschiedene Beamte der Zentralverwaltung, meist Schreiber, die den Wesir bei seiner Aufgabe unterstützten. Die Quellen nennen hier insbesondere den Schreiber des Wesirs und den Schreiber des Vorstehers des Schatzhauses.[597]

Neben der Zentralverwaltung gab es die thebanische Priesterschaft, die mit Deir el-Medine in Kontakt stand. Prominentester Vertreter des Klerus war der erste Prophet des Amun in Karnak, der vor allem gegen Ende der 20. Dynastie die Aufgaben des Wesirs, also die Regierungsgeschäfte Thebens, und somit die Verantwortung für die Mannschaft des Grabes übernahm.[598]

Die regionalen Institutionen der thebanischen Westseite, die Tempel und Millionenjahrhäuser der verstorbenen Könige, die an der Versorgung der Siedlung teilhatten, standen ebenfalls in direktem Kontakt zur Mannschaft. Sie spendeten Lebensmittel und die Mannschaftsmitglieder halfen bei anfallenden Tempelarbeiten. Gerade in den Jahren der Versorgungsknappheit und der Streiks wurden immer wieder Waren aus den Tempelmagazinen an die Mannschaft ausgeliefert. Im 29. Jahr Ramses' III. unterstützte sogar die Priesterschaft des Ramesseums die Arbeiter bei ihrem Streik und brachte ihre Klagen vor den ersten Propheten des Amun. Die Tempel dienten auch als juristische Bühne und Gefängnis. Medinet-Habu, das letzte große Bauwerk der thebanischen

[595] Siehe Kap. 2.3.
[596] D. Valbelle, 1985, S. 137.
[597] Ebd., S. 139–140.
[598] Ebd., S. 142 und S. Häggman, 2002, S. 378 und 381.

Westseite, wurde in der späten 20. Dynastie zum Sitz der lokalen Verwaltung unter der Autorität des ersten Propheten des Amun und bald darauf auch zum letzten Wohnsitz der Arbeiter von Deir el-Medine.[599]

Neben dem Klerus und der staatlichen Führungselite gab es dem Papyrus BM 10054 aus der Zeit Ramses' XI. zufolge einen *mr smjt n pꜣ ḫr* „Verwalter des Distrikts des Grabes". Ob er den *rwḏw n bnr* „Aufsehern von Außen"[600] angehörte, ob sein Amt unter einem anderen Titel vorher schon existiert hat und was genau seine Aufgabe war, ist nicht bekannt. Unter Ramses II. gab es nach Valbelle *„un intendant du district (de l'Ouest)"*, also einen Verwalter von Theben-West, der sich im Umfeld des Bürgermeisters von Theben-West und der Nekropolenpolizei befand. Möglicherweise ist dieser ein Vorläufer des Verwalters des Distriktes des Grabes.[601]

### 2.3.6 Das Organigramm

Das Organigramm (Falttaf. 1) gliedert sich von unten nach oben hierarchisch aufsteigend nach den Löhnen. Es dient als Anhaltspunkt für das Hauptthema der Arbeit, die Frage nach der Prestigevermittlung. Das Organigramm verdeutlicht die für die Prestigevermittlung grundlegenden Statusdifferenzen auf der Basis der Entlohnung.

Einige Berufsgruppen sind aufgrund mangelnder Informationen im Organigramm nur schwer zu verorten. Die *ꜣṯw.w*, die *mḏꜣj.w*, der Skorpionbändiger, die Frauen und der Schuster müssen aufgrund ihrer Aufgaben eingeordnet werden, und genau das fällt im Fall der letzteren schwer. Während das Wachpersonal m. E. aufgrund seiner Kontrollfunktion in der Nekropole der Führungsgruppe gleichgestellt werden kann, stellt die Positionierung der Frauen, des Schusters und des Skorpionbändigers innerhalb des Organigramms nur einen Vorschlag dar. Die Frauen gehören streng genommen nicht zur Mannschaft des Grabes. Als Ehefrauen, Mütter bzw. Töchter wurden sie jedoch vom Lohn der Arbeiter mitversorgt. Möglicherweise haben sie auch selbst etwas zum ‚Familienvermögen' beigetragen. Daher können sie in das Organigramm in den Bereich der Mannschaft des Grabes aufgenommen werden. Über den Schuster fehlen Informationen, die eine Einordnung zu lassen würden. Allein O. Cairo 25581[602], das die Schuster in einer Aufstellung direkt vor der Versorgungsmannschaft auflistet, bietet einen Anhaltspunkt für eine mögliche Positionierung im Organigramm. Spärlich ist auch die Informationslage für den Skorpionbändiger. Über seinen Verdienst ist nichts bekannt. Seine Position im Organigramm im Umfeld der Mannschaft resultiert aus Janssens[603] Annahme, dass der Skorpionbändiger wie ein Mannschaftsmitglied verdiente und für seine Arbeit ein zusätzliches Gehalt bekam. Für solche schwer einzuordnenden Gruppen lassen sich dementsprechend kaum Statusunterschiede herausarbeiten,

599 D. Valbelle, 1985, S. 144–146.

600 Im Gegensatz zu den *rwḏw n pꜣ ḫr*. Vgl. Kap. 2.3.2.1.

601 D. Valbelle, 1985, S. 135–136. Hierzu vgl. auch W. Helck, 1958, S. 245 und A. H. Gardiner, 1935, S. 143, Anm. 6.

602 Vgl. Kap. 2.3.3.6.

603 Vgl. Kap. 2.3.3.8.

die man für eine Untersuchung zu Prestige nutzen könnte. Die weise Frau oder der Skorpionbändiger müssen aber aufgrund ihrer Rollen in der Gesellschaft Möglichkeiten zur Ansehensgewinnung gehabt haben.

Die ausführliche Beschreibung der verschiedenen Berufsgruppen verdeutlicht m. E., dass die Löhne als Maßstab für eine gesellschaftliche Gegenüberstellung mit dem Ziel der Analyse der Prestigemöglichkeiten nicht ausreichen. Soziale Unterschiede definieren sich nicht nur über den Lohn. Gerade die Fähigkeit sich im sozialen Raum ‚richtig zu bewegen' und die individuellen Vorteile in Bezug auf Prestige, die durch Freundlichkeit, Vertrauenswürdigkeit und Zuverlässigkeit entstehen können, werden durch das Organigramm nicht wiedergegeben. Für eine Untersuchung von Prestige müssten die sozialen Fähigkeiten als grundlegender Bestandteil menschlichen Zusammenlebens aber m. E. genauso berücksichtigt werden. Soziale Fähigkeiten sind jedoch in den Quellen schwerer greifbar als die Statusdifferenzen, die durch Lohn- und Besitzunterschiede entstehen. Auf einer ideellen Ebene werden aber mittels Ethik und moralischen Vorstellungen Ansprüche deutlich, die die Gesellschaft an die Fähigkeiten des sozialen Umgangs gehabt haben könnte. Wie bereits im Vorhergehenden[604] angedeutet, können die moralischen Vorstellungen daher Aufschluss über moralisches Verhalten in Deir el-Medine und damit die Möglichkeit des Prestigegewinns der einzelnen Status durch das Ausfüllen ihrer gesellschaftlichen Rolle geben. Möglicherweise liefern die entsprechenden Quellen dadurch Informationen, die Statusdifferenzen auch im Bereich der sozialen Fähigkeiten beschreibbar machen. Daher sollen zum Schluss einige Überlegungen zu Ethik, moralischen Vorstellungen und Verhalten und ihrer Bedeutung für die Prestigevermittlung geboten werden.

## 2.4 Ethik, Moral und Verhalten in der Arbeitersiedlung

Inwiefern das Moralverständnis oder die ethische Prägung einer Gesellschaft das Streben nach Prestige und das Verleihen von Ansehen beeinflussen kann, wird durch Bourdieus Habitusbegriff deutlich. Einen wichtigen Teil der gesellschaftlichen Prägung, die für den Habitus und die soziale Orientierungsfähigkeit verantwortlich ist, macht das Verständnis der Moral oder die ethische Norm aus, die damit ebenfalls maßgeblichen Einfluss auf das soziale Verhalten hat.[605] Der Definition nach bezeichnet Moral „*aller eth*[ischen] *Reflexion vorausgehende,* [...] *grundlegende Verhaltensmuster menschl*[icher] *Gemeinschaften, deren normative Funktion auf Gewohnheit beruht und durch Erziehung vermittelt wird*".[606] Der Philosoph Otfried Höffe charakterisiert Moral als:

> „... *den für die Daseinsweise der Menschen konstitutiven normativen Grundrahmen für das Verhalten vor allem zu den Mitmenschen, aber auch zur Natur und zu sich*

[604] Siehe Kap. 1.5.
[605] Siehe Kap. 1.3.1.
[606] W. Schweidler, 2001, S. 836.

*selbst. Moral und Sitte bilden im weiteren Sinn einen der Willkür der einzelnen entzogenen Komplex von Handlungsregeln, Wertmaßstäben, auch Sinnvorstellungen. Sie bilden ein von inneren Spannungen nicht freies Ganzes, das in seiner jeweiligen Gestalt für Klein- und Großgruppen, auch für ganze Kulturkreise charakteristisch ist* [...]. *Sie werden durch Aufwachsen in der entsprechenden Gruppe, durch Vor- und Nachmachen, Leitbilder, verbale oder nichtverbale Billigung und Missbilligung angeeignet und zur persönlichen Haltung* [...].“[607]

Dementsprechend bezeichnet Ethik für Höffe die philosophische Disziplin, die sich mit der Idee eines sinnvollen menschlichen Lebens auseinandersetzt und so *„die mannigfachen Phänomene von Moral und Sitte der verschiedenen Gruppen, Institutionen und Kulturen zu beschreiben und in ihrer Herkunft und Funktion zu erklären und eventuell zu einer empirischen Theorie menschlichen Verhaltens zu verallgemeinern“* versucht.[608] Die Philosophin Susan Sontag versteht Moral als:

*„... ein gewohnheitsmäßiges oder chronisches Verhalten (in Gefühl und Tat). Die Moral ist ein Kodex der Handlung, des Wertens und der Gesinnung, durch den wir in gewisser Weise unseren Gewohnheiten und Handlungsweisen Nachdruck verleihen, ein Schema, nach dem wir unser Verhalten gegenüber anderen Menschen im allgemeinen (das heißt all denen gegenüber, die als menschlich anerkannt werden) ausrichten,* [...]. *Moral ist eine Form des Verhaltens und nicht ein spezifisches Repertoire von Entscheidungsmöglichkeiten.“*[609]

Alle diese Definitionen verdeutlichen die wichtige Rolle der Moral für die Frage nach Prestige. Moral ist kein Handlungskodex, kein *„spezifisches Repertoire“* von Handlungsanweisungen, sondern, und das ist entscheidend, eine verinnerlichte Gewohnheit, ein Gefühl, das jede Handlung und damit auch die Prestigevermittlung färbt. Moral ist, wie Sontag sagt, eine *„Entscheidung des Bewusstseins“*.[610] Man müsste vielleicht hinzusetzen „die unbewusst beeinflusst werden kann“, um den Habitusgedanken Bourdieus wieder aufzugreifen. Unbewusst dahingehend, dass der Entscheidungsmoment durch die Prägung beeinflusst wird, ohne dass diese in jeder neuen Situation bewusst gemacht und mit einbezogen werden muss. Wichtig für Sontag ist m. E. der Entscheidungsmoment, d. h. der Moment, in dem das moralische Verhalten gemessen an der Situation bewusst entschieden wird. Und daher ist das moralische Handeln für sie eine bewusste Entscheidung.

Moral ist flexibel. Sie kann ‚gedehnt‘ werden. Sie ist interpretierbar, *„ein von inneren Spannungen nicht freies Ganzes“* wie es Höffe im oben stehenden Zitat formulierte. Dieser Spielraum ist für die Frage nach der Prestigevermittlung in alten Kulturen ein Problem. Die Flexibilität des moralischen Handelns im alltäglichen Leben ist höchstens in Ansätzen rekonstruierbar. Für das Alten Ägypten ist nur

[607] O. Höffe, 2008b, S. 211.
[608] O. Höffe, 2008a, S. 72.
[609] S. Sontag, 1999, S. 33.
[610] Ebd., S. 34.

die Ethik als Ideal des moralischen Handelns fassbar. Daher kann die moralische Wertung von Handlungen, die in den Quellen dokumentiert sind, nur ausgehend von diesem rekonstruierten Ideal angenommen werden. Folglich wären Handlungen, die der moralischen Vorstellung folgen, gute Handlungen, die das persönliche Ansehen fördern konnten. Voraussetzung dieser Annahme ist, dass ein moralisch richtig geführtes Leben Ansehen verleiht.

Die Grundlage für das altägyptische Moralverständnis ist die Weisheitsliteratur, die Lehren, die Klagen und die Autobiographien. Nach Assmann basieren diese Texte auf der Thematik der *„Lehre vom rechten Leben"*.[611] Das rechte Leben zu führen charakterisiert Assmann folgendermaßen:

> *„Der richtige Weg ist der Weg der Schmerzfreiheit und Beständigkeit. Die Maximen der Weisheit sind Wegmarken, die vor den Gefahren des Aneckens, Mißlingens und Vergehens fortlenken. Was gut und böse ist bestimmt sich nach den Folgen. Gut ist, was gelingt und besteht, böse, was mißlingt und vergeht. „Gut" ist daher gleichbedeutend mit „nützlich", „förderlich". Der ägyptische Begriff dafür ist ꜣḫ. So ist auch die Lehre „nützlich (ꜣḫ) für den, der sie hören wird, aber schädlich für den, der von ihr abweicht"."*[612]

Die thematisierten Pole in den Lehren sind das Gelingen gegenüber dem Scheitern bzw. das Bestehen gegenüber dem Vergehen. Ohne Kenntnis der Weisheitsliteratur, kann man kein ordentliches Leben in der Gesellschaft führen. Man ist sozusagen nicht gesellschaftsfähig. Daher bezeichnet Assmann die Maat auch als eine *„Gemeinschaftskunst"*, die man zu erlernen hat.[613]

Der Papyrus Chester Beatty (IV. vso. 3,5-3,11) listet die ‚Klassiker' der Weisheitsliteratur auf, die zu dieser Zeit gelesen wurden.[614] Insgesamt wurden acht Autoren, von Hordjedef über Imhotep, Neferti, Cheti, Ptahemdjehuti, Chacheperreseneb und Ptahhotep bis Kairsu, kanonisch nebeneinander gestellt. Assmann weist darauf hin, dass es sich nicht um eine Auswahl handelt, die andere ähnliche Texte ausschließt, sondern dass in diesen Texten das Maßgebliche besonders hervorgehoben wird. Nicht alle dieser Texte sind bis heute erhalten geblieben. Aber die erhaltenen Texte geben ein gutes Bild davon, was als richtiges Verhalten verstanden wurde, d. h. welche Manieren und welche Moralvorstellungen vorherrschten.[615]

Assmann stellt dem gesellschaftlichen Verständnis von Moral und Manieren die Maat als einen allgemein kosmischen Richtungssinn voran.

> *„Maat ist das Prinzip der Beständigkeit, des Wahren, Rechten und Guten, das sich auf lange Sicht als solches erweist. Weisheit besteht darin, diese Maat zu erkennen und im eigenen Reden und Handeln zu realisieren.* [...] *Maat ist der*

[611] J. Assmann, 1991, S. 480.
[612] Ebd., S. 481–482.
[613] J. Assmann, 2006, S. 28.
[614] H. Brunner, 1988, S. 225–226.
[615] J. Assmann, 1991, S. 476–477.

*verborgene Richtungssinn der Welt, ihre (zeitlich gedachte) Tiefenstruktur. Wer sich in seinem Handeln diesem Richtungssinn anpaßt, scheitert nicht* [...] *Maat ist das Bauprinzip einer urbanen Welt von Takt, Rücksicht und Gegenseitigkeit, eine Kulturwelt, deren Ordnung Vertrauen, Kommunikation, Gemeinschaft und damit sowohl soziale Synthesis und Harmonie als auch Bestand und nachtodliche Fortdauer ermöglicht.*“[616]

Damit wird der Ägypter, der sich nicht an die gesellschaftlichen Vorstellung von Moral und Manieren hält, nicht nur zu einem gesellschaftlich unfähigen Mensch, sondern auch zu einem lebensunfähigen Menschen, der sich jeglichem sozialen Austausch und mehr noch, dem Lauf der Welt versagt. Z. B. werden Gier, Verstocktheit oder Eigenwilligkeit durch die Lehren als das Schlechte dargestellt, das der Gemeinschaft nicht nützt. Der Mensch ist also nur lebensfähig, wenn er gesellschaftsfähig ist, d. h. der Gemeinschaft nützt.[617]

Die Klagen präsentieren darüber hinaus ein Bild der Unordnung, das verantwortlich für das Scheitern der Gesellschaft ist. Und das Scheitern der Gesellschaft ist verantwortlich für die Unordnung, in die der Kosmos gestürzt wird. Wenn die Maat nicht mehr funktioniert, dann verliert die Welt für Assmann ihren Gemeinsinn.

„*Wenn die Ma'at aus der Welt verschwindet, hört das Zueinander-Reden und Aufeinander-Hören auf.*“[618]

Die Klagen formulieren damit, dass für ein richtiges Leben eine Ordnung notwendig ist, die den Gemeinsinn erhält und sichert, gemäß dem Verständnis, dass eine zivilisierte Gemeinschaft nur mit einer Ordnung, die durch und für die Gesellschaft entwickelt wurde, funktionieren kann. Assmann vergleicht diesen Aspekt mit Thomas Hobbes staatstheoretischer Feststellung, dass ohne staatliche Ordnung das Recht des Stärkeren regiert und der Mensch sich selbst zerfleischt: *homo homini lupus.*[619] Diesem Zustand tritt der Staat, d. h. der König, entgegen und bewahrt idealerweise die Ordnung zum Wohl seiner Untertanen.[620] Genauso sollte jeder Ägypter die Ordnung schützen, indem er sich in die Gesellschaft einfügt. So kann der Zustand der Unordnung abgehalten werden. Das ist die Basis des moralischen Verständnisses. Ägypten funktionierte nur, wenn der Einzelne sich und sein Handeln in die soziale, vom Staat vorgegebene Ordnung einfügte und dadurch die kosmisch vorgegebene Ordnung aufrechterhalten wurde. Morenz beschrieb das folgendermaßen:

„*Maat ist der im Schöpfungsakt gesetzte richtige Zustand in Natur und Gesellschaft, und von da aus je nachdem das Rechte, das Richtige und das Recht, die*

616 Ebd., S. 483 und 484.
617 Ebd., S. 485.
618 J. Assmann, 2006, S. 53.
619 J. Assmann, 1991, S. 486.
620 J. Assmann, 2006, S. 37.

*Ordnung, die Gerechtigkeit und die Wahrheit. Diesen Zustand gilt es allenthalben im großen wie im kleinen zu wahren oder herzustellen, so daß Maat, die zunächst als richtige Ordnung gesetzt ist, Ziel und Aufgabe menschlicher Tätigkeit wird. Indem die Maat aber dem Handelnden aufgegeben ist, tritt sie ihrerseits in Gestalt von Recht und Gerechtigkeit als Verheißung und Lohn vor ihn hin.*"[621]

Inwieweit nun dieser Hintergrund wirklich dem Handelnden bewusst war, ist schwer nachzuvollziehen. Sinnvoll scheint mir eher mit Bourdieu von einem unbewussten, angelernten Hintergrund auszugehen, der mittels Erziehung, Bildung und der ständigen Vergegenwärtigung der Ordnung durch den sozialen Umgang in die Gesellschaft getragen wurde. Das Aufwachsen und Leben in diesem System formte den Einzelnen zu einer sozial lebensfähigen Person. Der entsprechende Habitus wurde angenommen. Die Moralvorstellung des Einzelnen bildete sich aufgrund seiner Erfahrung orientiert an der gesellschaftlich anerkannten Ordnungsidee der Maat. Diese empirische Entwicklung der Ethik ist der Grund für Eberhard Ottos Benennung der altägyptischen Ethik als Sozialethik, die sich stark unabhängig von der Religion zeigen soll.

„*Ihre eigentlichen Fundamente beruhen auf einem die gesellschaftlichen Zustände erhaltenden, das geordnete menschliche Zusammenleben fördernden Verhalten; man könnte sie mit Recht eine Sozialethik nennen.*"[622]

Für Otto verleihen die Quellen, vor allem die Weisheitsliteratur, der Ethik einen gesellschaftlichen und damit sehr realen Anspruch.[623] Die altägyptische Ethik ist m. E. nur teilweise als Sozialethik zu verstehen. Gerade die Überlegungen Morenz' und Assmanns, dass sich die Maat als Grundlage der Ethik auf den Schöpfungsakt begründet, zeigen, dass die altägyptische Ethik auch eine wichtige mythologische Ebene hat, die sich im Bereich der religiösen Tätigkeit, Kult zur Sicherung der Ordnung, wieder findet.[624]

Dass diese ethische Grundlage des Zusammenlebens im Alltag dehnbar war, zeigen die vielen Quellen, die von gerichtlichen Auseinandersetzungen, Streitigkeiten und Grabraub in Deir el-Medine berichten. Darüber hinaus zeigen die Streiks, als Reaktionen auf das Ausbleiben der Bezahlung, dass sich auch der Staat nicht immer an die ethischen Grundsätze hielt. Die Reaktionen auf all diese ‚Verfehlungen', die gerichtlichen Sitzungen, die Anklagen, Verurteilungen und Streiks beweisen ein Rechtsverständnis, das jegliches Verhalten wider die Maat als ‚gesellschaftsfeindlich' verurteilt. Zusätzlich belegen solche Reaktionen den Wunsch nach einer funktionierenden Ordnung zum Wohl der Gesellschaft, den Wunsch nach einem allgemeingültigen Moralverständnis, einer Ethik zur sozialen Orientierung.

[621] S. Morenz, 1960, S. 120.
[622] Vgl. E. Otto, 1969, S. 60–61.
[623] Ebd., S. 60–61.
[624] S. Morenz, 1960, S. 120, J. Assmann, 1990, S. 33 und J. Assmann, 2006, S. 33 und 39.

*„Wofür Ethik? Das Ziel der Lehre ist offenbar, die Bedingungen des Zusammenlebens von Menschen zu verbessern, durch Verbesserung der Menschen selbst und durch Orientierung des Handelns an allgemeinen Verhaltensstilen. Die Probleme und Übel der Gesellschaft und der Welt können aus dieser hinausgeschafft werden, wenn man die Menschen besser machen kann.“*[625]

Um die Idee des funktionierenden Staates als Lebensgrundlage zu verbreiten, müsste die Weisheitsliteratur möglichst Vielen zugänglich gewesen sein. Wer waren die Rezipienten der Weisheitsliteratur? Nach Ansicht Hellmut Brunners waren die Lehren vor allem an die Beamten gerichtet, um diese auf eine erfolgreiche Laufbahn im Staat vorzubereiten.[626] Vermittelt wurden solche Texte vermutlich an den Tempel, wo die Schüler zu Schreibern und Beamten ausgebildet wurden. Der Papyrus Chester Beatty, der aus dem Archiv einer Schreiberfamilie aus Deir el-Medine stammt[627], legt nahe, dass auch dort einigen die Klassiker der Weisheitsliteratur ein Begriff waren. Textfunde aus der Umgebung der Arbeitersiedlung und die sogenannten ‚Schülerübungen‘ belegen außerdem, dass die Texte vor Ort gelesen wurden.[628] Geht man von einer größeren Verbreitung der Lesefähigkeit und einem häufigen Austausch in Deir el-Medine aus, dann wären die Voraussetzungen für die Verbreitung der ethischen Grundsätze in der Gesellschaft der Arbeitersiedlung gegeben. John Baines, Christopher J. Eyre und Janssen vermuten, dass 25 bis 30 Prozent der männlichen Bürger von Deir el-Medine lesen und schreiben konnten. Das wäre eine überdurchschnittlich hohe Anzahl an Literaten.[629] Die Lesefähigkeit beschränkte sich dabei nicht nur auf die Vorarbeiter und Schreiber.[630] Ein Austausch der Lehrinhalte ist schwer nachzuweisen. Die gemeinsame Bildungsgrundlage und das tägliche Miteinander der Arbeiterschaft auf engem Raum könnten diesen Austausch aber begünstigt haben, sodass die Mitglieder der Mannschaft eine gemeinsame Vorstellung von Bildung hatten.[631]

[625] F. Junge, 2003, S. 145.

[626] H. Brunner, 1988, S. 20–23.

[627] Vgl. P. W. Pestman, 1982.

[628] Zu den meisten Klassikern gibt es Textquellen aus Deir el-Medine. Vgl. z. B. G. Posener, 1952 (Hordjedef), W. Helck, 1970b, S. 1 (Neferti), W. Helck, 1970a, S. 1–3 (Cheti) und P. Vernus, 1996, S. 119 (Ptahhotep). Daneben umfasste die Schullektüre auch die Berufssatire, die Lehre des Amenemhet, das Buch Kemit, die Lehre eines Mannes für seinen Sohn, die Loyalistische Lehre, die Prophezeiungen des Neferti, die Geschichte des Sinuhe und die Lehren des Ani. Vgl. A. G. McDowell, 2000, S. 231 und F. Hagen, 2007, S. 38–39. Für Fredrik Hagen ist jedoch fraglich, inwiefern diese Texte letztendlich einen festgelegten Bildungskanon rekonstruieren lassen. Vgl. F. Hagen, 2006, S. 97.

[629] Vgl. J. Baines und C. J. Eyre, 1983, S. 90 und J. J. Janssen, 1992b, S. 82. John Baines und Christopher J. Eyre nehmen im Vergleich dazu an, dass im Alten Reich ein Prozent der Bevölkerung lesen und schreiben konnte. J. Baines und C. J. Eyre, 1983, S. 67.

[630] A. G. McDowell, 2000, S. 230. Vgl. auch Kap. 2.3.4.

[631] Ebd., S. 230–231. McDowell vermutet, dass die Lehrinhalte in dieser Zeit über ganz Ägypten gleich waren. Nur in Deir el-Medine wurden die Inhalte um weitere Texte ergänzt. *„The villagers were evidently united in their ideas on education and of the educated man.“*

In ihrem Werk *Moral Values in Ancient Egypt* formuliert Miriam Lichtheim drei Grundpfeiler, die für das Verhalten eines Ägypters ausschlaggebend sind. Das sind erstens sein Selbstwertgefühl und sein Selbstverständnis, zweitens sein ‚Gruppengefühl', sein Verständnis sich in die Gesellschaft einzufügen, und drittens die Kenntnis der grundlegenden Ordnung, der Maat. Da der Ägypter dazu angehalten ist, die Regeln der Maat zu kennen und sein Handeln danach auszurichten[632], beeinflussen sie maßgeblich das Selbstverständnis und das Eingliedern in die Gesellschaft. Sie produzieren als anerzogener und erlernter Habitus das Selbstbild und das Gruppenverhalten eines Individuums.

Belege aus dem Mittleren Reich zeigen, dass das Handeln nach der Maat, das Gutsein, als angeboren verstanden werden konnte. Lichtheim zitiert dazu Sarenput: *pr m ẖt* [sic] *jw=f m rḫ wḥ3-jb „One who came from the womb knowing and skilled."*[633] Neben dem Guten ist aber auch das Schlechte, das nicht maatgerechte Handeln, von Geburt an vorhanden. Um dem Menschen die richtige Lebensweise zu lehren und ihn gesellschaftsfähig zu machen, benötigt er Erziehung und Bildung,[634] die ihm die Weisheitsliteratur vermittelte.

Vor allem die Lehre des Ptahhotep[635] zeichnet eine klare Gesellschaftsordnung. Die Hierarchisierung ist einfach. Wohlstand und Autorität hatten die Menschen, die der sozial höchsten Schicht angehörten. Sie waren gleichzeitig verpflichtet, richtig und gerecht zu handeln und offen zu sein für die Wünsche der Untergebenen.[636]

> *„Wenn du in leitender Stellung bist, und die Angelegenheiten der breiten Masse lenkst, dann strebe nach fortwährend richtigem Handeln, damit dein Verhalten ohne Fehl ist."*[637]

> *„Wenn du ein Mann in leitender Position bist, dann höre geduldig auf das Wort des Bittstellers. Weise ihn nicht ab, bis er sein Herz ganz ausgekehrt hat, von dem, was er dir zu sagen beabsichtigte."*[638]

Die anderen Schichten sollten der höchsten Schicht im Sinne der Maat dienen, also richtig handeln, wie es z. B. die achte und zehnte Maxime bei Ptahhotep schildern.

> *„Wenn du ein Mann bist, dem man Vertrauen schenkt, den ein Großer zum anderen sendet, dann sei absolut zuverlässig, wenn er dich sendet, übermittle für ihn die*

[632] M. Lichtheim, 1997, S. 13.

[633] Ebd., S. 13, statt *ẖt* müsste hier *ẖ.t* „der Leib" stehen, und S. 14–15.

[634] Ebd., S. 16.

[635] Die Lehre des Ptahhotep wird im Folgenden häufig als Quelle für ethische Überlegungen genutzt. Als Vergleichsquelle für die Ramessidenzeit bietet sie sich an, da die Lehre auch im Neuen Reich, und vor allem in der Ramessidenzeit durchaus bekannt war und gelesen wurde. Außerdem berufen sich die meisten ägyptologischen Überlegungen zur Ethik auf die Lehre des Ptahhotep. Umfassende Bearbeitungen der Lehren des Neuen Reiches hinsichtlich ethischer Fragestellungen, die über die reine Textedition hinausgehen, gibt es meines Wissens noch nicht.

[636] M. Lichtheim, 1997, S. 23.

[637] G. Burkard, 1991, S. 200, 84–87.

[638] Ebd., S. 206, 264–267.

*Botschaft so, wie er sie gesagt hat. Hüte dich davor, Schlimmes anzurichten durch eine Rede, die zwei Große einander entzweit! Rede nicht schlecht über irgendeinen Menschen, ob groß oder gering, das ist Abscheu für den Ka.*"[639]

„*Wenn du arm bist, dann sei Gefolgsmann eines Reichen, und gut sei all dein Verhalten vor Gott.*"[640]

Der Aufstieg des Geringen zu einem Großen erscheint bei Ptahhotep möglich, wenn man die 14. Maxime liest.[641] Lichtheim sieht in dieser Passage den Beweis für eine kastenfreie Gesellschaft mit sozialer Mobilität, die allen gleiche Chancen, aber auch moralische Pflichten bietet.[642] Da es sich um einen literarischen Text handelt, dessen Inhalt in der Realität wurzelt, kann er dennoch im besten Fall nur ein Ideal wiedergeben, auch wenn sich ähnliche Tendenzen in anderen Texten, wie z. B. der Loyalistischen Lehre wieder finden. Nach Lichtheim verlangt die Lehre von der Oberschicht die Bauern gleichberechtigt zu behandeln, da durch ihre Arbeit der Rücken des Landes gestärkt wird.[643]

In ihrer Arbeit zur Weisheitsliteratur entwickelte Lichtheim sechs grundsätzliche Punkte, „*the main lines of moral thought*", die das moralische Verständnis vor allem des Mittleren Reiches widerspiegeln sollen:

1. Gerechtigkeit ist fundamentaler Bestandteil einer guten Regierung.
2. Die Loyalität des Volkes gegenüber dem Herrscher und die Loyalität des Untergebenen gegenüber dem Vorgesetzten sind Grundsätze, die eine friedliche Gemeinschaft ermöglichen.
3. Zwischenmenschliche Beziehungen sollten von kameradschaftlichem Wohlwollen geprägt sein.
4. Vorgesetzte, die Geringere unterdrücken, sind Feinde des Volkes. Es schadet allen, wenn Bauern und Bedienstete, die das Land bestellen, schlecht behandelt werden.
5. Streit sowie Verleumdung sind jedermanns Feind.
6. Gier ist die Untugend, die zu Unehrlichkeit und Gewalt führt.[644]

[639] Ebd., S. 202, 145–160.
[640] Ebd., S. 203, 175–176.
[641] Vgl. ebd., S. 205, §14.
[642] M. Lichtheim, 1997, S. 23.
[643] Ebd., S. 27.
[644] Ebd., S. 27. Im englischen Original lauten die Punkte: „*1. Justice is the cardinal requirement of good government. 2. Loyalty of the people toward the king, and loyalty of inferiors to superiors, are the essential attitudes that enable the society to function coherently and peaceably. 3. The fellowship of friendliness must govern interpersonal relations. 4. Superiors who oppress inferiors are enemies of the people. To mistreat peasents and serfs who work the land brings ruin to all. 5. Quarrelsomeness is everyone's enemy, and so is calumny. 6. Greed is the inclusive vice that engenders dishonesty and violence.*"

Diese Grundsätze haben sich nach Lichtheim im Neuen Reich nicht wesentlich geändert. Weiter wurde von der Oberschicht Gerechtigkeit und Wohlgesonnenheit den Schwächeren gegenüber erwartet. Die Handlung eines jeden sollte von Ehrlichkeit, Freundlichkeit, Fürsorge, Zurückhaltung und Taktgefühl geprägt sein.[645] Die Lehren des Ani z. B., die von Joachim F. Quack[646] in die frühe Ramessidenzeit datiert werden, zeichnen genau dieses Bild eines gesellschaftsfähigen Ägypters.

*„Hüte dich vor Falschheit und unwahrer Rede! Bezwinge das Unrecht in (deinem) Leib, oh rastloser Mann, der nicht ruht bis zum Morgen. Halt dich fern vom Rebellen, mach ihn dir nicht zum Gefährten. Befreunde dich mit dem wahrhaft Aufrichtigen, wenn du gesehen hast, was er (früher) getan hat, wenn deine Korrektheit seiner entspricht, damit eure Gemeinschaft ausgeglichen ist.“*[647]

*„Sitze nicht, wenn ein anderer steht, wenn er älter ist als du, oder wenn er ranghöher ist als du. Es gibt keinen Tadel für das gute Benehmen, er wird gegen das schlechte Benehmen gesprochen. Verhalte dich stets nach der Sitte. Nach der Position sollst du auftreten.* [...] *Sag nichts Böses gegen irgendeinen dir Nahestehenden am Tag deines Streits! Dann wird er sich dir wieder zuwenden und du wirst ihn in der Zeit deiner Freundschaft hilfreich finden.“*[648]

*„Dring in die Schriften ein, gib sie in dein Herz, damit alles, was du sagst, gut gerät.* [...] *Du sollst auswählen, was zu sagen gut ist, während das Schlechte in deinem Leib eingesperrt ist. Eine grobe Antwort trägt Schläge ein. Sag das angenehme Beliebte.“*[649]

Im letzten Satz des Zitats wird ein weiterer wichtiger Grundpfeiler des altägyptischen Moralverständnisses angesprochen, den Lichtheim als *„the do ut des principle of reciprocity“* bezeichnet.[650] Gemeint ist die grundsätzliche Erfahrung, dass dem, der gut handelt Gutes widerfährt und dem, der schlecht handelt Schlechtes widerfährt. Diese Erfahrung wird in vielen Texten unterschiedlich formuliert. In einer Passage des Denkmals memphitischer Theologie heißt es:

*„<Und so wird Ma'at gegeben dem>, der tut, was geliebt wird, <und so wird Isfet gegeben dem>, der tut, was gehaßt wird. Und so wird Leben gegeben dem Friedfertigen und Tod gegeben dem Rebellischen.“*[651]

[645] Ebd., S. 29–30.
[646] J. F. Quack, 1994, S. 62.
[647] Ebd., S. 99.
[648] Ebd., S. 105.
[649] Ebd., S. 107–109.
[650] M. Lichtheim, 1997, S. 36.
[651] J. Assmann, 1990, S. 64.

In der Geschichte des beredeten Bauern steht: *„Handle für den, der für dich handelt.“*[652] Und eine Inschrift aus der 13. Dynastie besagt: *„Der Lohn des Handelnden liegt darin, daß für ihn gehandelt wird. Das hält Gott für Ma'at.“*, sowie eine Passage aus einer Inschrift des Taharqa lehrt: *„Wie schön ist es, zu handeln für den Handelnden. Glücklich ist das Herz dessen, der handelt für den, der für ihn gehandelt hat“*.[653] Im funerären Bereich belegen die biographischen Texte, wie wichtig die Einhaltung des Prinzips der Reziprozität zumindest auf ideeller Ebene ist. Grabherren rühmen sich in bestimmten formelhaften Texten ihrer Gerechtigkeit, Mildtätigkeit und Großzügigkeit, wie z. B. in der Biographie des Rechmire:

> *„Ich habe Recht gesprochen zwischen dem Armen und dem Reichen, ich habe den Schwachen bewahrt vor dem Starken, ich habe die Wut des Bösen abgewehrt, ich habe den Habgierigen zurückgedrängt in seiner Stunde, [...] ich habe die Witwe beschützt, die keinen Gatten hat, ich habe den Sohn eingesetzt auf den Amtssitz seines Vaters, ich habe [Brot] gegeben [dem Hungrigen] und Wasser dem Durstigen, Fleisch, Salbe und Kleider dem, der nichts hat. Ich habe den Alten gestärkt, indem ich ihm einen Stock gab, ich veranlasste, dass die alten Frauen sagten: ‚das ist eine gute Sache'.“*[654]

Solche Formulierungen sind für Assmann Ausdruck des *do ut des principle of reciprocity*, das er selbst als *„vertikale Solidarität“* bezeichnet. Vertikale Solidarität bedeutet Maat bzw. Ordnung.[655] Solidarisches Verhalten ist vertikal wie horizontal Grundbedingung für die Maat und ist zugleich Maat. Es beinhaltet das gute Handeln im gemeinschaftlichen Sinn, das die Aufrechterhaltung der Ordnung garantiert. Ungeachtet der hierarchischen Gesellschaftsstruktur sollte jeder gegenüber jedem versuchen gut zu handeln.

> *„Die Machtausübenden sollen wissen, was sie tun, wenn sie handeln – ihren Sinn auf das allgemeine Wohlergehen richten und jede Willkür vermeiden, indem sie ihre Launen, Begierden und Leidenschaften unter Kontrolle halten, für ihre soziale Umgebung berechenbar bleiben und die Spielregeln beachten, kurzum: wohlhandeln, Vernunft zeigen und ihre Grenzen im Auge behalten. Und auch die Abhängigen sollen wissen, was sie tun – ihre Abhängigkeit und die mögliche Unberechenbarkeit ihrer Herren nicht aus den Augen verlieren, Regeln beachten und Distanz halten, Diskretion und loyale Verlässlichkeit unter Beweis stellen, kurzum: wohlhandeln, Vernunft zeigen und ihre Grenzen im Auge behalten.“*[656]

[652] Ebd., S. 64
[653] Ebd., S. 65–66.
[654] Ebd., S. 103–104.
[655] Ebd., S. 248.
[656] F. Junge, 2003, S. 43.

Junge verdeutlicht, wie sehr das Prinzip der Reziprozität einen pragmatischen, die von der gesellschaftlichen Elite intendierte Ordnung erhaltenden Sinn hat. Für das Zusammenleben ist eine gesellschaftliche Ordnung notwendig. Sie legt die Regeln des Zusammenlebens fest, die solidarisch sein sollen aber doch die Hierarchie nicht aus den Augen verlieren dürfen, da die Hierarchie die alles bestimmende Ordnung widerspiegelt.

Man kann, nach der Auffassung Quacks, „*rein theoretisch* [...] *davon ausgehen, dass die ägyptischen Autoren viel gelesen haben und mit der Literatur ihrer Kultur gut vertraut waren*".[657] Die textliche Beleglage von Deir el-Medine, die viele Quellen zu den einzelnen Weisheitstexten liefert, zeigt, dass die ethischen Maximen in der Siedlung bekannt waren. Nach Dorn wurden die Inhalte der Texte reflektiert und dienten als Inspiration zu eigenen Schriften.[658] Zwei Texte, die Lehre des Amunnacht[659] und die Lehre des Hori[660], verdeutlichen diesen Umgang mit moralischen Vorstellungen. Beide Autoren stammen aus Deir el-Medine. *Jmn-nḫ.t*[661], Sohn des *Jpwy*, war ab Jahr 16 der Regierungszeit Ramses' III. Schreiber des Grabes. Sein Sohn *Jmn-ḥtp* war mit einem gewissen *Ḥr-mnw* befreundet, der der Empfänger der Lehre gewesen sein könnte. Dieser *Ḥr-mnw* war möglicherweise der Schüler des Schreibers *Jmn-nḫ.t* und der Sohn eines anderen Schreibers namens *Ḥrj*.[662] *Ḥrj* ist seit dem Jahr 23 der Regierung Ramses' III. als Schreiber des Grabes belegt. Er verfasste nach dem Tod des *Jmn-nḫt* seine eigene Lehre. Susanne Bickel und Bernard Mathieu wollen diese als eine „*hommage littéraire*" an den verstorbenen Kollegen verstehen, die sich möglicherweise an dessen ältesten Sohn *Ḥr-šrj* richtete.[663] Von beiden Texten ist lediglich der Anfang erhalten.[664] Dennoch ist ihre Existenz m. E. ein deutlicher Hinweis auf einen selbstständigen, bewussten Umgang mit Verhaltensregeln und auf den Versuch, diese zu lehren. Das kann man Lichtheim entgegenhalten, wenn sie schreibt:

> „*The Egyptian had no idea what an "Ideal" was. To him all his thoughts, beliefs, and utterances were real. Moreover, the virtues which he ascribed to himself could very well have been present in all cases, because they are nothing more than ordinary decencies, the common virtues which all of us, you my colleagues and I, practice everyday. None of us lie, steal, cheat, and curse. All of us try to be polite to our neighbors, friends, and strangers. All of us are loyal to our families and dedicated to our work. The notion "ideal" is an entirely useless one in the Egyptian context.*"[665]

[657] J. F. Quack, 1994, S. 205.

[658] A. Dorn, 2009, S. 70, 73–74.

[659] G. Posener, 1955.

[660] H.-W. Fischer-Elfert, 1986.

[661] J. Černý, 2001, S. 196, Nr. 5.

[662] Ebd., S. 216–218 und B. G. Davies, 1999, S. 128. Davies sieht in *Ḥrj* den Amtsnachfolger des *Jmn-nḫt*, den er allerdings als *Amennakht (xxx)* bezeichnet. Dabei muss ein Druckfehler vorliegen und eigentlich *Amennakht (v)* gemeint sein. Die Aussage der Amtsnachfolge wäre sonst sinnlos. Vgl. B. G. Davies, 1999, S. 283–284.

[663] S. Bickel und B. Mathieu, 1993, S. 35–37 und 49–51.

[664] M. Lichtheim, 1997, S. 32 und 34.

[665] Ebd., S. 88.

Allein der Umgang mit einem ‚Ideal' in den Lehren und Klagen zeigt, dass in der Vorstellung ein Ideal durchaus existiert hat. Besonders die Klagen geben ein eindrucksvolles Bild, indem sie das Gegenteil dieses Ideals schildern. Mehr noch zeigen die juristischen Dokumente und die Streikberichte, dass das, was als Ideal beschrieben wird, eben keine alltägliche Selbstverständlichkeit war. Man darf auch bezweifeln, dass der Ägypter immer versucht hat freundlich mit seinem Umfeld umzugehen. Dass die Ethik als Ideal das Verhalten im Sinne des Habitusgedankens mitbestimmt hat und nach wie vor mitbestimmt, ist nichts Neues. Dass sie aber für jeden selbstverständlich ist und daher das alltägliche Verhalten grundsätzlich bestimmt, das dürfte ebenfalls eine Idealvorstellung sein.

### 2.4.1 Tugendhaftigkeit – moralisches Verhalten

Jan Assmann hat in seiner jüngsten Beschreibung der Maat einige Tugenden zusammengefasst, die in der altägyptischen Weisheitsliteratur für das Moralverständnis grundlegend waren.[666] Entscheidend für den richtigen Lebensweg war das ‚Hören', die Fähigkeit, aufmerksam zuzuhören. Die Wichtigkeit des Hörens wird bei Ptahhotep sehr deutlich:

> *„Nutzbringend ist das Hören für den hörenden Sohn, das Hören zieht ein in den Hörenden und der Hörende wird zum Hörer. Gutes Hören bedeutet gute Rede, der Hörende ist ein Besitzer von Nutzbringendem. Nutzbringend ist das Hören für den Hörenden, besser ist das Hören als alles andere, es entsteht große Beliebtheit."*[667]

> *„Der Dummkopf, der nicht hört, der wird nie etwas vollbringen. Er sieht Bildung in der Unbildung, und Nutzen im Schaden. Er tut alles Tadelnswerte, (nur) um täglich dafür getadelt zu werden. Er lebt von dem, an dem man stirbt, seine Nahrung ist das Verdrehen der Rede. Sein Charakter ist daher den Edlen bekannt, die sagen: >ein lebender Tod Tag für Tag<."*[668]

Das Hören setzt Assmann mit der *„Aufgeschlossenheit für die leitenden Impulse der Anderen"* durch die Fähigkeit des *„hörenden Herz*[ens]*"*[669] gleich. Er meint damit die Fähigkeit zur Wahrnehmung der gesellschaftlichen Ordnung durch einen wachen, aufmerksamen Verstand. Derjenige, der seinen Verstand nutzt, lernt aufmerksam zu sein und zu lernen, wie er sich sprachlich in der gesellschaftlichen Ordnung richtig verhält. Assmann erkennt diesen Aspekt des richtigen Handelns in der Phrase *„die Ma'at sagen"* und deutet es folgendermaßen:

[666] J. Assmann, 2006, S. 45–64.
[667] G. Burkard, 1991, S. 217, 534–54.
[668] Ebd., S. 219, 575–585.
[669] J. Assmann, 2006, S. 48. Vgl. auch F. Junge, 2003, S. 121–122.

*„Sprich solidarisch, im Einklang mit dem in deine Rede gesetzten Vertrauen. Zerstöre nicht mit deiner Zunge die Solidarität des Vertrauens, den sozialen Einklang.“*[670]

Die Maat zu sagen oder zu tun, solidarisch zu handeln, setzt nach Assmann ein *„soziales Gedächtnis“* voraus, *„d. h. einen Motivationshintergrund, der sich nicht immer neu von Tag zu Tag nach der jeweiligen Interessenslage konstituiert“*[671]. Der Handelnde muss sich an die Vergangenheit erinnern können und Geschehenes bewusst in seine Handlungsüberlegungen einbeziehen.[672] Damit beweist er Verantwortungsbewusstsein, Gewissenhaftigkeit und Verlässlichkeit. Unter verantwortlichem Handeln ist das *„Füreinander-Handeln“* zu verstehen, das bereits weiter oben als *the do ut des principle of reciprocity* bezeichnet wurde. Assmann sieht in diesem Füreinander-Handeln ein vergleichbares Verständnis zu dem anderer Ethiken, z. B. zu Kants kategorischem Imperativ oder anderen *„goldenen Verhaltensregeln“*, die alle lehren, dass sich das eigene Handeln in den Reaktionen der Mitmenschen widerspiegelt.[673]

Diesen Tugenden, dem aufmerksamen Zuhören, dem Verstehen, dem überlegten und aufmerksamen Handeln im Sinne des Gemeinschaftsverständnisses stehen ihre Gegenteile als Verfehlungen gegenüber. Der egoistische Mensch, der nicht zuhört, nicht lernt und auch nicht für die Gemeinschaft handelt oder gar nicht handeln kann, gefährdet das Gemeinwohl und die Ordnung. Durch sein ‚Nichthandeln‘ im Sinne von rein egoistischem Handeln schließt er sich selbst aus der Gemeinschaft und damit aus dem Lauf der Welt aus.[674]

### 2.4.2 Der Nutzen moralischen Verhaltens

Neben dem idealen Nutzen des lebenswerten Lebens und dem pragmatischen Nutzen der Aufrechterhaltung der Ordnung hatte ein tugendhaftes, moralisches Verhalten natürlich auch einen realen persönlichen Nutzen, der idealerweise spürbar sein sollte. Einige Maximen des Ptahhotep deuten diesen Nutzen an:

*„Wenn du auf einen Diskussionsgegner triffst bei dessen Auftritt, einen dir Gleichgestellten, der dir ebenbürtig ist, dann solltest du ihm überlegen werden durch – Schweigen, während er Schlechtes sagt. Dann wird die Zustimmung bei den Zuhörern groß sein, und dein Name wird gut und den Edlen bekannt sein.“*[675]

670 J. Assmann, 2006, S. 50.
671 Ebd., S. 55.
672 Hier liegt die Verknüpfung mit Bourdieus Habitusgedanken nahe. Auch wenn Assmann von einem bewussten Denkvorgang spricht, ist die Forderung nach der Integration der eigenen Erfahrung in die eigene Handlung, d. h. Handeln nach dem Habitus, Bourdieus Sicht sehr ähnlich. Einziger Unterschied ist die Betonung auf einer ‚Bewusstmachung‘ bei Assmann gegenüber einem ‚meist unbewusst‘ beeinflussten Handeln bei Bourdieu, das mit der Verinnerlichung und dem Lernen aus der eigenen Geschichte operiert. Vgl. Kap. 1.3.1.
673 J. Assmann, 2006, S. 55–56.
674 Ebd., S. 64.
675 G. Burkard, 1991, S. 199, 68–73.

*„Ein Vertrauter, der sich nicht um seine leiblichen Bedürfnisse besorgt (?), der wird selbst zu einem, der Befehle erteilt, zu einem wohlhabenden Mann, durch sein Verhalten. Dann wird (auch) dein Name gut sein, und man redet nicht über dich, dein Leib ist wohlgenährt, dein Gesicht zu deiner Umgebung geneigt, man preist dich, (auch) wenn man dich nicht kennt.“*[676]

*„Sei nicht habgierig gegen deine Umgebung, der Respekt vor dem Milden ist größer als der vor dem Strengen.“*[677]

*„..., der Ka (aber), mit dem man zufrieden ist, ist ein aufrichtiger Ka.“*[678]

Man war nicht nur Teil der Gemeinschaft, sondern man konnte neben Wohlstand vor allem gesellschaftliches Ansehen, Prestige, erringen und zwar, wie Junge schreibt, bei den *„gesellschaftlich maßgeblichen Personen, bei Freunden und Vertrauten, bei der Nachwelt“*. Junge merkt weiter an, dass Wohlstand und Ansehen als Lohn der Tugendhaftigkeit das tugendhafte Handeln an sich kaum mehr tugendhaft erscheinen lässt, sondern dem Handeln eher ein vernünftiger Pragmatismus unterstellt werden kann. Gerade das tugendhafte Verhalten gegenüber den Vorgesetzten erscheint außerordentlich sinnvoll, wenn man deren Wohlwollen und vielleicht den persönlichen Aufstieg vor Augen hat.[679] Aber auch die Antwort auf diesen berechtigten Zweifel formuliert Junge selbst:

*„Hinter dem so herausgestellten Nutzen liegt freilich noch eine tiefere Schicht. Das Ansehen etwa, das man erwerben und bewahren soll, schafft ja nicht nur gute Voraussetzungen für den gesellschaftlichen Aufstieg, es hat auch eine Qualität der Zuwendigkeit gegenüber seiner Umgebung – und, natürlich, eine des guten Andenkens,* [...]. *Das Ansehen, das man durch sein Verhalten, sein Vermögen und seine gesellschaftliche Stellung erwirbt, hat etwas mit der Einschätzung der eigenen Person zu tun, mit dem Gefühl oder Bewußtsein, man habe sich eine gewisse Achtung der anderen, der Mitmenschen verdient.“*[680]

Hier liegt m. E. der entscheidende Punkt in der Frage nach dem Sinn moralischen Verhaltens für den Prestigediskurs. Moralisches Handeln ist eine Respektsbezeugung gegenüber den Mitmenschen und der Ordnung des Zusammenlebens in der Hoffnung und dem Glauben, dass diese Wertschätzung des gesellschaftlichen Umgangs wahrgenommen und honoriert wird unabhängig davon, ob man sich unter Gleichen oder Ungleichen bewegt. Die Hoffnung auf Anerkennung motiviert die eigenen Handlungen und führt gesamtgesellschaftlich zu dem

[676] Ebd., S. 205, 234–242.
[677] Ebd., S. 208, 318–319.
[678] Ebd., S. 209, 344.
[679] F. Junge, 2003, S. 23.
[680] Ebd., S. 24.

Prinzip des Füreinander-Handelns im Sinne der erlernten Umgangsformen. Das Umfeld bestimmt die Form des Umgangs und die Art der Anerkennung. Hier ist die Schnittstelle zwischen Ideal und Realität zu sehen.

Das individuelle Ziel, Ansehen durch ein gemeinschaftsförderliches Verhalten zu erlangen, motivierte die Handlung. Entsprechend formuliert Junge Zweck und Nutzen eines moralischen Verhaltens:

> „..., *aber es ist natürlich auch von einiger Wichtigkeit zu erfahren, welche Eigenschaften und Handlungsweisen einerseits den Menschen das Gefühl vermittelt haben, dass man sie respektieren sollte, und welche Eigenschaften und Handlungsweisen andererseits als geeignet angesehen werden, öffentlichen Respekt zu erwerben* [...]. *Es geht somit um die Wahrnehmung der eigenen Befindlichkeiten und um die Vorstellung, die man von sich als Person hat und wie man meint, sein zu sollen, um die Achtung der anderen zu verdienen.*“[681]

Inwiefern die Orientierung am ethischen Ideal, das reale moralische Leben durch die Quellen nachvollziehbar wird, bleibt im Folgenden zu prüfen.

[681] Ebd., S. 67–68.

# 3. Prestige in Deir el-Medine durch Lohn und Besitz

## 3.1 Prestige oder Prestigeanspruch

Im Folgenden soll versucht werden, die theoretischen Überlegungen für die altägyptische Gesellschaft von Deir el-Medine zu prüfen. Bereits in der Einleitung wurde festgestellt, dass man versuchen muss, sich im Modell, das auf die materiellen wie geistigen Hinterlassenschaften Bezug nimmt, der Rolle von Prestige in der Arbeitersiedlung zu nähern. Status und das, wodurch sich ein Status von anderen distinguieren kann bzw. das, wodurch sich ein Status für andere interessant macht, wurde als einer der Annäherungspunkte an Prestige hervorgehoben.

In Gesprächen mit Günter Burkard wurde schnell klar, dass das, was wir untersuchen wollen – Prestige – oftmals gar nicht Untersuchungsgegenstand sein kann. Untersuchungsgegenstand ist meist der Prestigeanspruch, der in den materiellen und geistigen Hinterlassenschaften fassbar ist. Es ist der Anspruch auf Ansehen, den ein Status an sein Umfeld und an sich hat und der in den für den Status charakteristischen Objekten und Handlungen verdeutlicht wird. Inwiefern dieser Anspruch erfüllt wurde, bleibt m. E. immer Teil der Theorie. Folglich kann auch nur Prestigeanspruch präsentiert werden. Man darf aber davon ausgehen, dass dieser Anspruch, wenn er im richtigen Moment an die richtige Person gerichtet wird, auch Prestige zur Folge hatte.

Im Folgenden werden verschiedene Situationen und Objekte aufgegriffen, für die man Prestige beanspruchen könnte. Ziel ist die Herausarbeitung von Regelmäßigkeiten, von sozialen Mustern, die die Statusunterschiede als Vermittler von Prestigeanspruch belegen. Da Prestige als (meist unbewusstes) Nebenprodukt einer Handlung verstanden werden soll, ist jede Situation für die Vermittlung von Prestige denkbar. Handlungen, die auf die Erlangung oder Repräsentation von Prestige abzielen, könnten zwar als Gruppe ‚bewusster Prestigesituationen' zusammengefasst werden, eine solche Zusammenstellung würde aber nicht der Bandbreite des zu untersuchenden Phänomens gerecht werden.

Die Prestigevermittlung kann durch verschiedene Faktoren beeinflusst werden. Dazu gehören z. B. der eigene Verdienst und das, was man sich damit ermöglichen konnte, und das Handeln in der Gemeinschaft, das an den moralischen Vorstellungen gemessen wird. Die Arbeit beschränkt sich auf diese zwei großen gesellschaftlichen Bereiche. Daher soll der erste Bereich Prestigeanspruch durch Lohn und Besitz, der zweite Bereich Prestigeanspruch durch Verhalten und Vertrauen anhand einiger Beispiele behandeln.

## 3.2 Lohn und Besitz

Lohn kann zu Besitz und einer bestimmten Lebensqualität führen und mehr Lohn zu mehr Besitz bzw. mehr Lebensqualität. Damit ist offensichtlich, dass Besserverdienende mehr Möglichkeiten haben als andere ihren Status durch Quantität und/oder Qualität ihres Lohns und Besitzes zum Ausdruck zu bringen, um ihren Prestigeanspruch geltend zu machen und sich gesellschaftlich zu positionieren.

Im Fall der Arbeiterschaft von Deir el-Medine ergibt sich anhand der staatlichen Entlohnung eine klare Lohnstruktur. Mittels des erstellten Organigramms wird deutlich, dass die Führungsschicht und die Schreiber der *smd.t* mit rund 7,5 *ẖ3r* im Monat die Spitzenverdiener in Deir el-Medine waren. Ihnen folgte der Arzt, der durch seinen Zusatzverdienst eine ähnliche Lohnmenge, nämlich 6,75 *ẖ3r* verdiente. Möglicherweise ist auch der Skorpionbändiger in diesen Bereich einzuordnen, für dessen Verdienst aber jegliche Belege fehlen. Die ‚Mittelschicht' bildeten mit durchschnittlich 5,5 *ẖ3r* pro Monat die Stellvertreter der Vorarbeiter, die Mitglieder der Mannschaft und die Wächter. Danach fällt das Lohnniveau sehr stark ab. Unter den weniger gut Verdienenden waren mit rund 2 *ẖ3r* im Monat die Jungmänner der Mannschaft und die Torwächter und mit 1 *ẖ3r* die Alten. Das Schlusslicht bildeten die Mitglieder der *smd.t n bnr* mit 0,75 *ẖ3r* sowie die Dienerinnen mit durchschnittlich 0,17 *ẖ3r*. Über den Schuster, die *mḏ3j.w* und die *3ṯw.w* fehlen jegliche Informationen. Damit bestätigt sich die altbekannte Hierarchie von Deir el-Medine. Diese Gegenüberstellung des staatlichen Lohns lässt klare Unterschiede von Status zu Status erkennen.

Dass der Dienst in der Mannschaft des Grabes attraktiv war, zeigt O. Cairo 800, ein von Černý in *A Community of workmen at Thebes in the Ramesside Period* publizierter Bestechungsfall.[682] Hier versuchte ein Vater mittels einiger Waren die Vorarbeiter und den Schreiber des Grabes dazu zubringen seinen Sohn in die Mannschaft aufzunehmen. Die Mannschaft des Grabes war scheinbar so attraktiv, dass man nichts unversucht ließ, um die Position des eigenen Nachwuchses zu verbessern und diesen in den Genuss eines besseren Lebens kommen zu lassen. Die Alternative für den Nachwuchs der Siedlung war, die Familie und die Arbeiterschaft zu verlassen und außerhalb Deir el-Medines nach einem Auskommen zu suchen.[683] Dass die Aufnahme in die Mannschaft oder der soziale Aufstieg innerhalb der Gesellschaft von Deir el-Medine ungeachtet jeglicher Standesgrenzen möglich war, zeigt der Lebenslauf des Dieners *Ḥsy-sw-nb=f*.[684] *Ḥsy-sw-nb=f* wurde als *ḥm=f msw n pr=f* „sein Diener in seinem Haus" geboren. Bezug nimmt diese Aussage auf den Vorarbeiter *Nfr-ḥtp*[685], der in TT 216 bestattet wurde. *Ḥsy-sw-nb=f* war also Diener im Haus des *Nfr-ḥtp*. Janssen zufolge nahm der wohl kinderlose Vorarbeiter den Diener als seinen Schüler an und ermöglichte diesem damit ein Leben als einfacher Arbeiter. *Ḥsy-sw-nb=f* scheint sogar zum Ende seiner Karrie-

682 J. Černý, 2001, S. 115–116.
683 Vgl. Kap. 2.3.2.
684 B. G. Davies, 1999, S. 32–33.
685 Ebd., S. 32.

re das Amt eines Stellvertreters innegehabt zu haben.[686] Auch wenn der Fall des *Ḥsy-sw-nb=f* als Sonderfall zu betrachten ist, so zeigt er doch, dass es zwischen den Status von Deir el-Medine keine unüberwindbaren Standesgrenzen gab und dass die Mitmenschen einen solchen Aufstieg akzeptierten, zumal im Beispiel der Protégé des Dieners ein Vorarbeiter war.

Um nun die Möglichkeiten zu untersuchen, Prestigeanspruch mittels Besitz geltend zu machen, reicht es nicht, die Preislisten anzusehen und sich zu überlegen, was sich ein Besserverdiener gegenüber einem Normalverdiener mehr leisten konnte. Entscheidend ist, ob er sich tatsächlich mehr geleistet hat. Hinzu kommt die Tatsache, dass ein großer Teil der Menschen von Deir el-Medine die Familie mit versorgen musste. Folglich lässt sich der Verdienst lediger Jungmänner nicht mit dem Lohn eines Arbeiters mit Familie vergleichen. Außerdem wissen wir nicht, inwiefern ein Spezialist, wie der Arzt, Rohstoffe für die Heilmittel selbst bezahlen musste, sodass sich nicht erahnen lässt, wie viel er zum Repräsentieren seines Status übrig hatte.

Es ist auch schwierig, den zusätzlichen Verdienst durch Nebentätigkeiten abzuschätzen. Dass die Arbeiter ihre Fähigkeiten zur Verbesserung ihrer Einkünfte einsetzten, ist bekannt.[687] Kathlyn M. Cooney hat in ihrer kürzlich publizierten Dissertation *The Cost of Death*[688] gezeigt, dass neben der eigentlichen Arbeit, dem Fertigstellen der königlichen Grabstätte, die freie Zeit[689] genutzt wurde, um Grabbeigaben im Auftrag der thebanischen Bevölkerung und möglicherweise auch für einen freien Markt zu produzieren.[690] Die entsprechenden Arbeitsvorgänge auf dem privaten Sektor in Deir el-Medine rekonstruierte Cooney aus den verschiedenen Schriftquellen. Die Waren wurden ihr zufolge oft in gemeinsamer Arbeit hergestellt. Jeder Spezialist brachte seine Fähigkeiten mit ein. Ein Sarg z. B. wurde nach der Holzlieferung durch den Auftraggeber zuerst von einem oder mehreren Arbeitern, *ḥmw* oder *rmṯ-js.t*, gebaut, dann von einem Schreiber und/oder *sš-qdw.t* dekoriert und zum Schluss lackiert. Diese lose Interessensgemeinschaft von Fachleuten bezeichnet Cooney als „*Informal Workshop*“. Ein solcher Workshop wurde meist von einem Schreiber oder *sš-qdw.t* geleitet. Dieser nahm den Auftrag an, verhandelte den Preis, delegierte die Arbeit und übergab gegen Bezahlung die fertige Ware.[691] Die Rolle des Workshopleiters, die z. B. der Schreiber als hochrangiges Mitglied der Gemeinschaft einnahm, ist durch den Status bedingt und entspricht der Arbeitshierarchie auf der Baustelle. Damit hat der Schreiber die Verant-

686 Vgl. J. J. Janssen, 1982a, S. 109–115.

687 Vgl. Kap. 2.3.2.3.

688 K. M. Cooney, 2007a. Siehe dazu auch K. M. Cooney, 2006.

689 Wie viel Freizeit die Menschen in Deir el-Medine zur Verfügung hatten, ist nicht zu beantworten. Sicher scheint, dass sie jeden neunten (9, 19, 29) und zehnten Tag (10, 20, 30) sowie die Festtage frei hatten. Auch an Tagen, an denen die *qnb.t* tagte, wurde nicht gearbeitet. Vgl. S. P. Vleeming, 1982, S. 183 und 189 und W. Helck, 1964, S. 162–166.

690 K. M. Cooney, 2006, S. 43, Anm. 8 und 9 sowie S. 49–50, Anm. 39.

691 Ebd., S. 50–54.

wortung gegenüber dem Auftraggeber und nimmt auch eine Vertrauensposition gegenüber seinen Mitarbeitern ein. Als Zahlungsempfänger war letztlich er verantwortlich für eine gerechte Entlohnung der anderen Teilnehmer des Informal Workshop.

In diesem Nebenerwerb muss man einen wichtigen Faktor für die Anhäufung von Besitz sehen.[692] Daraus folgt auch, dass der Nebenerwerb für die gesellschaftliche Positionierung mittels der erworbenen Güter nicht zu unterschätzen ist.

„*The Deir el Medina artisans knew how to make a profit, save capital, and accumulate wealth in order to build their own decorated tombs, improve and enlarge their homes, commission funerary equipment, and thus support and enhance their social position among their neighbors.*“[693]

Trotz der Belege, die einen Nebenverdienst unbestreitbar und damit eine höhere Lebensqualität wahrscheinlich machen, lässt sich nicht klären, wie viel ein Arbeiter durchschnittlich in die Repräsentation seines Status investieren konnte. Da eine entscheidende Grundlage zur Vermögensbestimmung unbekannt ist, muss die Korrelation von Status und Besitz für Deir el-Medine mit Vorsicht behandelt werden.

Es gibt zu viele unbekannte Faktoren, um zu einer schlüssigen Aussage zu gelangen. Es bleibt nur der monatliche Lohn als Maßstab, an dem sich die Werte von Grabmobiliar messen lassen. Dennoch muss der nachweisbare Besitz in irgendeiner Form in ein Verhältnis zum Status und Lohn des Besitzers zu setzen sein.

Dem Reichtum der Menschen von Deir el-Medine hat Janssen einen kurzen Paragraphen[694] in seinem Werk *Commodity Prices from the Ramessid Period* gewidmet. Hier verknüpft er u. a. die Grabkultur mit dem Besitz und dem Status der Siedlungsbewohner.

„*For quite a different indication of the wealth of the workmen I would point to the relative luxury of their tombs.* [...] *In examining the tomb of Sennūdjem and its contents, for instance, one is struck by its quality. Even more impressive is the lay-out of tomb no. 216, that of the chief workmen Neferhotpe, with its ramp, its two courts and its chapel. The statues, now partly destroyed, still display something of the original magnificence.* [...] *One may observe that it was particularly the chiefs who built these more impressive tombs, the ordinary workmen being, at least during the Twentieth Dynasty, of simpler*

692 K. M. Cooney, 2007a, S. 130. Nach Kathlyn M. Cooney überstieg der Zusatzverdienst den staatlichen Lohn und ein Arbeiter konnte, wenn er hart arbeitete und es die Arbeitssituation am Königsgrab bzw. die wirtschaftliche und familiäre Lage zuließ, mehrere Waren im Monat herstellen. Die Kenntnis des durchschnittlichen Nebenverdienstes wäre für die Untersuchung von Besitz und finanzieller Möglichkeit entscheidend. Hierzu gibt es aber noch keine ausführlichen Untersuchungen, die für die hier behandelte Frage nutzbar wären.

693 K. M. Cooney, 2003, S. 188.

694 J. J. Janssen, 1975, S. 533–538.

*means. In other words, that there existed social stratification in the Village, which will have resulted in three layers: an upper class of chiefs and scribes, a middle class of ordinary workmen, and a proletariat of smdt, water-carriers, woodcutters, fishermen and gardeners, of whom the last two groups did even not dwell in the valley. It may be worth investigating whether the documents contain any indications confirming such stratification.*"[695]

Die Aufforderung im letzten Satz des Zitats soll aufgegriffen werden und ein Blick auf die Grabkultur, genauer den finanziellen Aufwand der Grabkultur geworfen werden, der notwendig war, um Särge und Sargensembles zu erlangen. Im Mittelpunkt soll die Suche nach Belegen für eine Korrelation zwischen Aufwand und Status stehen, die meist einer Hierarchisierung der Nekropole vorangeht. Kann man wirklich in den Quellen Hinweise finden, die eine solche Korrelation bestätigen und damit Unterschiede zwischen den Status aufzeigen, die wiederum eine Grundlage für den Prestigeanspruch bilden können?

Die Löhne stellen ein Maß dar, das die Hierarchisierung der einzelnen Status in einem Organigramm ermöglicht hat. Nun stellt sich die Frage, ob die Titel der Arbeiterschaft von Deir el-Medine mit einem bestimmten Aufwand an Qualität und/oder Quantität in dem Maße korrelieren, dass sich besser bezahlte Status durch eine höhere Qualität und/oder mehr Quantität ihres Besitzes von anderen Status abgrenzen.

## 3.3 Der funeräre Aufwand

Die Grabkultur wird gern als Spiegelung des sozialen Status und als Projektionsfläche für den Prestigeanspruch verstanden. Das zeigen Zitate verschiedener Autoren zur thebanischen Nekropole und Deir el-Medine, wie z. B. Stuart T. Smith:

„*It should be possible to test these competing models* [2-Klassengesellschaft versus komplexe, mehrstufige Gesellschaft mit sozio-ökonomischen Beziehungen zwischen den einzelnen Status] *by simply ordering the group into a rough continuum based on the wealth of grave goods, including both quality of materials as well as quantity and variety of object. This rests on an important assumption, that socio-economic status correlates directly, or at least approximately, with provision for the afterlife. Given the obvious importance of a proper burial reflected in the ancient sources, however, this does not appear to be an unwarranted notion.*"[696]

[695] Ebd., S. 535–536.

[696] S. T. Smith, 1992, S. 196. Cooney weist in *The Cost of Death* auf die Gefahren einer solchen unmittelbaren Korrelation für die Interpretation sozialer Strukturen hin. Vgl. K. M. Cooney, 2007a, S. 232–233.

Oder auch Lynn Meskell:

*„From the 19th Dynasty onward, expensive tomb decoration and tomb goods suggest a desire for prestigious, special-purpose items, directed towards representation and display. Such goods would have acted as visible markers of status and symbolic capital for the tomb owner.“*[697]

*„From the rich and varied suite of artefacts present in Deir el Medina tombs, it is possible to make social inferences based upon material inequalities. There are straightforward indices of variation, neatly summarized by Wason (1994: 93.4)* [P. K. Wason, The Archeology of Rank, Cambridge, 1994]: *differences based upon type, quality, raw material source material and purpose. Each of these taxonomic differences is present in the tomb data from Deir el Medina and potentially offers insight into individual experience and life histories.“*[698]

Meskell würde noch weiter gehen:

*„The statistical procedures provide a quantitative framework from which to discuss general social trends in New Kingdom society, predominantly on the basis of age, sex, class and socio-economic group.* [...] *In this way one can move reflexively from the case studies of individual people back to the larger society in which they were embedded – and they may correspond to, or contradict, that social picture.“*[699]

Bei Meskell wird die Gefahr eines Zirkelschlusses sehr deutlich. Die Vorstellung der Gemeinschaft, das „*social picture*“, wurde aus den individuellen Fallstudien gewonnen. Und diese sollen wiederum das so gebildete Verständnis von einer allgemeinen ägyptischen Sozialstruktur des Neuen Reiches bestätigen oder bestreiten.

Der Tod und die Vorbereitung auf den Tod waren für die Ägypter wichtige Themen, die zu Lebzeiten immer Hintergrund ihrer Entscheidungen sein sollten. So liest man z. B. in den für Deir el-Medine belegten Lehren des Ani[700]:

*„Geh nicht nach draußen aus deinem Haus, ohne zu wissen, dass du nicht untätig abwarten kannst. Mache jeglichen Platz, den du wünschst, bekannt. Mögest du erinnert werden, indem man dich kennt. Nimm es dir vor als einzuschlagenden Weg, während man deinen Fund bezeugt. Vervollkommne deinen Platz der im Tal ist, die „Unterwelt“, die deinen Leichnam verbirgt. Nimm es dir vor unter deinen Geschäften, die dir wichtig sind. Ebenso, was die Altvorderen betrifft,*

[697] L. Meskell, 1999b, S. 187.

[698] L. Meskell, 1999a, S. 178.

[699] Ebd., S. 138–139. Vgl. dagegen K. M. Cooney, 2007a, S. 231 und 234.

[700] G. Burkard und H. J. Thissen, 2008, S. 99–108. Die Lehre datiert in die Ramessidenzeit und ist auch durch Ostraka aus Deir el-Medine belegt.

*mögest du in ihren Grabkammern ruhen. Es gibt keinen Tadel dafür, (so) zu handeln. Gut hat es, wer derart gerüstet ist. Wenn dein (Todes)bote kommen wird, um dich zu holen, soll er dich bereit finden.*"[701]

Assmann fasst diese Stelle treffend zusammen mit: „*Der Mensch soll den Tod nicht ruhig abwarten, sondern sich tätig darauf vorbereiten, durch den Bau eines Grabes.*"[702] Gerade in dieser Aufforderung besteht ihm zufolge eine der Hauptaufgaben jedes Ägypters und zwar durch die gesamte altägyptische Geschichte hindurch. Das Grab ist nach Assmann der Ort, an dem der Grabherr „*über den Tod hinaus präsent bleibt und eingebunden in die Gemeinschaft der Lebenden.*"[703] Dementsprechend heißt es in dem Gespräch eines Mannes mit seinem Ba, dass der, dessen Name nach seinem Tod weiterlebt, glücklich ist.[704] Damit nimmt die Grabkultur ideell und kulturell einen hohen Stellenwert ein. Dass dieser hohe Stellenwert der Grabkultur nicht erst in der Ramessidenzeit, sondern auch vorher mehr oder minder bekannt und gültig war, zeigt ein Zitat aus der Lehre des Djedefhor, die vermutlich in das Mittlere Reich datiert und ebenfalls für Deir el-Medine belegt ist.[705] In der Lehre heißt es: „*Richte dein Haus in der Nekropole ordentlich ein und statte deinen Sitz des Westens aus*"[706]. Die oben zitierte Stelle aus den Lehren des Ani versteht Quack als unbewusstes Zitat des Satzes des Djedefhor, der bereits zu einer geläufigen Wendung geworden war.[707] Diese Wendung und damit die kulturell und ideell wichtige Bedeutung der Jenseitsvorbereitungen waren den Menschen von Deir el-Medine bekannt und gegenwärtig.

Die Gräber von Deir el-Medine, die die Siedlung einrahmen[708] und täglich den Hinterbliebenen präsent waren, mussten damit eine hervorragende Möglichkeit bieten, den kulturell und ideell geforderten Aufwand der Vorbereitung auf das Jenseits darzustellen. Möglicherweise spiegeln sich nicht nur in den Grabbauten, sondern auch in den Grabbeigaben Statusdifferenzen wider, deren Aufwand zu Lebzeiten Prestigeanspruch verdeutlicht hat. Einige der Kriterien der Prestigevermittlung treffen im Fall der Grabbauten und des funerären Aufwands zu. Der Aufwand der Jenseitsvorbereitungen und das Ergebnis dieser Vorbereitungen, das Grab, die Beigaben und die Bestattung waren wahrnehmbar. Die Kenntnis des Wertes, der in diesem Vorhaben lag, und die dadurch entstandene kulturelle Bedeutung eines Grabes, dürfen in der Gemeinschaft von Deir el-Medine als bekannt vorausgesetzt werden. Dass ein Grabbau oder Grabgüter eine bestimmte Attraktivität auf die

[701] J. F. Quack, 1994, S. 97. So ähnlich auch bei J. Assmann, 2001, S. 15.

[702] J. Assmann, 2001, S. 540, Anm. 26.

[703] Ebd., S. 15–16.

[704] Vgl. R. B. Parkinson, 1997, S. 156.

[705] G. Burkard und H. J. Thissen, 2003, S. 80–82. Zu den Textquellen der Lehre gehören auch Ostraka aus Deir el-Medine.

[706] W. Helck, 1984, S. 8. Vgl. auch die Übersetzung der Stelle bei G. Burkard und H. J. Thissen, 2003, S. 82: „*Mache trefflich Dein Haus in der Nekropole, statte Deinen Platz im Westen wirkungsvoll aus!*"

[707] J. F. Quack, 1994, S. 160–163 und 195.

[708] Vgl. Kap. 2.1.3.

Menschen ausübten, ist durch den hohen ideellen und kulturellen Stellenwert der Grabkultur begründet. Ob ein Grab als Statusobjekt gedient haben kann und mittels Qualität und/oder Quantität der Architektur und Grabausstattung als Distinktionsmittel fungiert hat und die Bewunderung anderer hervorgerufen haben könnte, muss im Einzelnen geprüft werden.

### 3.3.1 Särge

Die wichtige Bedeutung der Vorbereitung auf das Leben im Jenseits wurde bereits durch Zitate aus den Lehren des Djedefhor und des Ani deutlich. Jedes Mitglied der Arbeiterschaft war sich dieser Bedeutung bewusst und hat schon zu Lebzeiten die Vorbereitungen für sich und seine Familie getroffen. Einen Ansatzpunkt, der sich für die Untersuchung des Prestigeanspruchs bietet, bilden die Särge. Ein Sarg war für die Bestattung unerlässlich. Daher sollen Särge auf ihre Tauglichkeit als Distinktionsmittel untersucht werden.

Einen guten Überblick zu den Deir el-Medine Särgen stellt die bereits kurz angesprochene Arbeit *The Cost of Death* von Cooney dar. Cooney hat die textlichen und archäologischen Quellen zu Särgen der Ramessidenzeit, darunter hauptsächlich Texte und Särge aus dem Umfeld der Arbeitersiedlung, zusammengestellt und ausgewertet. Diese Zusammenstellung soll als Grundlage für die Untersuchung der distinktiven Fähigkeit von Särgen dienen. Die kulturelle und soziale Bedeutung der Särge formuliert Cooney wie folgt:

> *„Funerary objects, especially coffins, are multifunctional, holding social, economic and ideological meanings simultaneously. They play overlapping and sometimes conflicting roles, including but not limited to: 1) protection of the body and provision of surplus materiality for eternity, 2) acting as transformative magical aids for the soul on its dangerous journey into afterlife, 3) creating material means of pulling the dead into the sphere of the living, thus making offerings and communication possible, 4) transferring, or even enhancing, the wealth and status of the deceased from this life to the next and 5) granting prestige to the living family members in the context of public and socially competitive funerary rituals.“*[709]

> *„Sustained corporeality was essential to egyptian death rituals, and a coffin was a valuable item because it did not decay like the corpse. Most New Kingdom coffins related with Osiris, a god associated with seasonal rebirth and the sprouting of grain after planting. The dead were therefore linked with cyclical Osirian regeneration within the context of the egyptian agricultural economy, equating the rebirth of the deceased with the ability to grow and harvest new crops.“*[710]

[709] K. M. Cooney, 2007b, S. 273.
[710] Ebd., S. 275.

Diese Argumente sprechen für einen hohen rituellen wie kulturellen Stellenwert von Särgen. Sie machen einen hohen Aufwand für einen oder mehrere qualitätsvolle Särge wahrscheinlich, der sie wiederum als Distinktionsmittel und möglichen Prestigeanspruch ausweisen könnte. Cooney sieht den Prestigeanspruch und Prestigegewinn, der mittels des Sarges erzielt werden soll, nicht nur beim Grabherrn, sondern auch bei dessen Familie. Die Prestigevermittlung findet demnach für Cooney zum einen in einem öffentlichen Kontext, bei der Herstellung und beim Erwerb der Grabbeigaben[711], aber vor allem im Moment der *„socially competitive funerary rituals“* statt. Mit diesen Ritualen ist vermutlich vor allem der Bestattungsakt gemeint. Hier konnten die Vorbereitungen auf das Jenseits und damit der Prestigeanspruch Zuschauern präsentiert werden.

#### 3.3.1.1 *wt*-Särge

In ihrer Dissertation hat sich Cooney hauptsächlich mit den ökonomischen Wertvorstellungen der Privatbestattungen befasst.[712] Sie setzt eine Korrelation zwischen dem betriebenen Aufwand oder dem Ausmaß der Grabbeigaben und der sozialen Position des Grabherrn voraus. Demnach korrelieren auch eine bestimmte Art der Gestaltung und ein bestimmter preislicher Rahmen der Grabbeigaben mit einem bestimmten Status.[713] Sie folgt damit einer gängigen, logisch erscheinenden Annahme, die bereits oben angesprochen wurde.

Ihren Untersuchungen zufolge bestimmten drei Faktoren den ungefähren Preisrahmen von Grabbeigaben: Arbeitskraft oder Talent, Material und Ästhetik.[714] Vor allem das ästhetische Maß stellt einen in den Quellen nur schwierig zu greifenden Faktor dar. Cooney merkt an, dass die Preise keinen Hinweis auf die individuellen Handwerksfähigkeiten einzelner Arbeiter zulassen. Damit ist es nicht möglich einen Zusammenhang von Talent, Ästhetik und Preis zu belegen. Andere Faktoren, die den Preis beeinflusst haben dürften, wie die soziale Bedeutung bestimmter Materialien, sind ebenfalls schwer zu greifen.[715] Dennoch konnte Cooney die Durchschnittspreise für Grabmobiliar ermitteln. Zu bedenken bleibt immer, dass es sich bei den Durchschnittspreisen um Mittelwerte in einem manchmal stark variierenden Preisrahmen handelt.[716]

Wirft man einen Blick auf die Durchschnittspreise für die Sargherstellung und Dekoration, die in ihrer Arbeit tabellarisch aufgelistet werden[717], wird deutlich, dass alleine der *wt*-Sarg, der von Cooney als *„basic anthropoid coffin“* verstanden

[711] Ebd., S. 273. *„But material creation also reveal socioeconomic agendas, providing opportunities to display objects before an audience both in the context of preparation and in the eventual burial rites.“*

[712] K. M. Cooney, 2003 und K. M. Cooney, 2007a. Teile der Arbeit wurden als Vorträge konzipiert und publiziert: K. M. Cooney, 2006 und K. M. Cooney, 2007b.

[713] K. M. Cooney, 2007a, S. 4.

[714] Ebd., S. 78.

[715] Ebd., S. 80.

[716] Ebd., S. 83.

[717] Ebd., S. 83–110 und K. M. Cooney, 2006, S. 50, Anm. 48. Unter Berücksichtigung aller Belege kostete ein fertiger *wt*-Sarg im Durchschnitt 31,57 *dbn* (S. 87).

wird[718], den Monatslohn eines einfachen Arbeiters um ein Mehrfaches überstieg. Den Durchschnittspreis für einen *wt*-Sarg ermittelt Cooney bei 29,67 *dbn*.[719] O. DeM 146[720] belegt z. B., dass der *wt*-Sarg, der für den *jdnw Jmn-nḫ.t* hergestellt wurde, mit 25 *dbn* einen Preis hatte, der für die Menschen von Deir el-Medine einen hohen Wert im Vergleich zu anderen Waren darstellte.[721] Janssen listet überblickend einige Waren auf, die gewöhnlich im Haushalt eines Arbeiters vorkamen und gehandelt wurden.[722] So kosteten ein *hnw*[723]Öl und Fett zwischen 0,5 und 1 *dbn*, Sandalen wurden zwischen 0,5 und 3 *dbn* gehandelt und Korbwaren bzw. Flechtwerk erzielten Preise zwischen 0,5 und 5 *dbn*. Rasierklingen wurden mit durchschnittlich 1,5 *dbn* berechnet. Die *mss*-Tunika, ein in Deir el-Medine verbreitetes Gewand, bekam man für rund 5 *dbn*. Für einen Bund Gemüse bezahlte man zwischen 0,5 und 1 *dbn*. Nur wenige Waren erreichten Preise, die mit Sargpreisen vergleichbar sind. Dazu gehören Esel mit 25 bis 40 *dbn*, Möbel mit 12 bis 25 *dbn*, dicke wärmende *ḏ3yt*-Mäntel mit 20 bis 25 *dbn* und mit 20 bis 35 *dbn qbw*-Gefäße aus Bronze.[724] Bier wurde mit 1 bis 2 *dbn* pro einem *mḏqt*, um die 38 *hnw* (19l), berechnet.[725] Brot kostete nach Janssen zwischen 0,1 und 0,2 *dbn*.[726]

Wie lange ein einfacher Arbeiter für einen Sarg ‚sparen' musste, ist eine müßige Überlegung, da die Menge, die er von seinem monatlichen Lohn zurücklegen konnte, zum einen nicht bekannt ist und zum anderen sicherlich variierte. Dennoch reizt ein Gedankenspiel, das den von Janssen angenommenen Durchschnittsverbrauch einer Großfamilie von 4 *ẖ3r* im Monat nutzt. Demnach könnte das, was die 4 *ẖ3r* überstieg, zum Handeln genutzt worden sein. Folglich konnte ein einfacher Arbeiter im Monat ca. 1,5 *ẖ3r* oder 3 *dbn* ansparen, ein Mitglied der Führungsschicht sogar

[718] K. M. Cooney, 2007a, S. 18–20. Der *wt*-Sarg wird als Beispiel aus der Gruppe der untersuchten Grabbeigaben herausgenommen, da er anscheinend eine Art notwendiger Basisausrüstung für die Bestattung darstellt. Cooney schreibt: „*if only one anthropoid coffin is owned, it was simply called a wt*" (S. 121–122). Diese Reduzierung auf den Begriff *wt* ohne weitere Zusatzinformation zeigt, dass der *wt* als ‚Basissarg' oder Grundausstattung verstanden wurde.

[719] Ebd., S. 87. Hier ist der Durchschnittswert der „*secure prices*" gewählt, da dieser aufgrund der Beleglage einen festen Wert darstellt. Die „*secure prices*" umfassen Ostraka mit eindeutigen Preisangaben. Der Unterschied zum Durchschnittswert aller *wt*-Sargpreise, 31,57 *dbn*, ist relativ gering. Neben dem *wt* gibt es auch den *wt ꜥ3* und den *wt šrj*, die andere Preise erzielen, siehe Kap. 3.3.1.2.

[720] J. Černý, 1937a, S. 9, Pl. 18, A. G. McDowell, 1999, S. 80 und K. M. Cooney, 2007a, S. 323–324.

[721] K. M. Cooney, 2003, S. 88–89.

[722] J. J. Janssen, 1975, S. 524.

[723] Ein *hnw* „Hin" entspricht ungefähr einem halben Liter (0,48l). Vgl. ebd., S. 108.

[724] Vgl. ebd., S. 525–527.

[725] Vgl. ebd., S. 348 und R. Hannig und P. Vomberg, 1999, S. 665. Janssen setzt ein *mḏqt* mit 50 *hnw* gleich. Hannig berechnet ein *mḏqt* mit 38 *hnw*. Ich habe mich für die Umrechung Hannigs entschieden, da sein Werk zum einen das Neuere ist und zum anderen Janssen seine Überlegung mit einem Fragezeichen dokumentiert. Die Quelle für die Annahmen ist bei beiden nicht ersichtlich.

[726] J. J. Janssen, 1975, S. 346.

3,5 *ḫ3r* oder 7 *dbn*.[727] Ein *wt*-Sarg für 25 *dbn* konnte also rein rechnerisch von einem einfachen Arbeiter nach acht bis neun Monaten und von einem Vorarbeiter oder Schreiber schneller erworben werden. ‚Sparen' konnte demnach eigentlich nur die Mannschaft des Grabes und die, die ähnliche oder bessere Lohnverhältnisse hatten. Es müsste überprüft werden, ob jemand, der weniger verdiente, auch andere mitversorgen musste und wie viel Lohn nach Abzug des Lebensnotwendigen übrig blieb. Da aber die Löhne nach Janssen nie regelmäßig eintrafen und da die Größe der Familien oder die Menschen, die mitversorgt werden mussten, immer unterschiedlich war, bleibt diese Rechnung ein Gedankenspiel. Eine interessante Anregung zum ökonomischen Wertverständnis der Menschen von Deir el-Medine stellt sie dennoch dar.[728]

Demzufolge stellt z. B. ein *wt*-Sarg im Wert von 25 *dbn*, wie auf dem bereits erwähnten O. DeM 146, immerhin knapp mehr als die doppelte Menge des vollen Lohnes eines Mannschaftsmitgliedes dar. Ein anderes Beispiel zeigt, dass die Preise für *wt*-Särge noch deutlich höher ausfallen konnten. Auf Giornale 17B, einer von Thomas E. Peet und Guiseppe Botti publizierten und von Černý und später auch Cooney bearbeiteten Rechnung über drei Särge, die der Schreiber des Grabes *Ḥr-šrj* für *T3-nḏm*, die Sängerin des Amun-Re hergestellt hatte, wird ein dekorierter *wt*-Sarg mit 95 *dbn* berechnet.[729] Das war ein stolzer Preis, der den vollen Monatsverdienst eines Arbeiters um das Acht- bis Neunfache überstieg. Bei diesem Beispiel stellt sich die Frage, ob *T3-nḏm* ein Mitglied der Gemeinschaft von Deir el-Medine war. Anhand des Ostrakons kann ihre Herkunft nicht geklärt werden. In Benedict Davies' *Who's who in Deir el-Medina* findet sich eine Taynodjem (i), Tochter des Amenwa (i), der in die mittlere 20. Dynastie datiert wird. Möglicherweise ist sie mit der gesuchten *T3-nḏm* gleichzusetzen, da die Datierung des Giornale 17B in die späte 20. Dynastie weist.[730] Die Verknüpfung ist m. E. allerdings zu vage, um *T3-nḏm* als Bürgerin Deir el-Medines zu betrachten. Der Titel *šm3j.t n Jmn* „Sängerin des Amun" hilft auch nicht weiter. Ein solcher Titel ist für Deir el-Medine belegt. O. Gardiner 204 und O. DeM 679[731] nennen z. B. eine Sängerin des Amun. Auch archäologisch ist der Titel z. B. in der Grabkapelle des *Jmn-m-jpt* belegt, in der seine Frau *Ḥw-nw-r* als Sängerin des Amun bezeichnet wird.[732] *Wᶜb.t*, die Frau des Vorarbeiters *Jn-ḥr-ḫ3w* ist ebenfalls als Sängerin des Amun belegt.[733] Dagegen scheint der Titel „Sängerin des Amun" in der Arbeit Toivari-Viitalas über die Frauen von Deir el-Medine keine besondere Rolle zu spielen.[734] Es gibt also kaum Anhaltspunkte, die eine Zuordnung der *T3-nḏm* über ihren Namen oder ihren Titel

[727] Zur Umrechnung von *ḫ3r* in *dbn* vgl. Kap. 2.3.1 oder siehe J. Černý, 1954, S. 916.

[728] Vgl. J. J. Janssen, 1975, S. 455, 459 und 463. Janssens Großfamilie umfasst zehn Personen, darunter auch Kinder. Siehe auch Kap. 2.3.1 und 2.3.2.3.

[729] pTurin, Giornale 17B vs. 1–40, vgl. J. Černý, 2001, S. 229, K. M. Cooney, 2007a, S. 358–359 und G. Botti und T. E. Peet, 1928, S. 36 und Tav. 40 und 41.

[730] B. G. Davies, 1999, S. 171–172 und K. M. Cooney, 2007a, S. 358.

[731] K. M. Cooney, 2007a, S. 300 und 332.

[732] B. G. Davies, 1999, S. 76.

[733] Ebd., S. 21.

[734] J. Toivari-Viitala, 2001.

zu Deir el-Medine ermöglichen. Wenn *Tȝ-nḏm* nicht Deir el-Medine zugehörig war, stellt sich die Frage, ob der Sargpreis für Außenstehende höher war als für die Bewohner der Arbeitersiedlung.[735] Da es zu wenige Ostraka gibt, die einen Kauf dokumentieren, der eindeutig dem thebanischen ‚Außenbereich' zu zuordnen ist, lässt sich diese Frage nicht beantworten.

Betrachtet man Cooneys Zusammenstellung der Rechnungen über *wt*-Särge und schließt die Aufträge von Außen und die Aufträge aus, deren Auftraggeber unbekannt sind oder nicht sicher aus Deir el-Medine stammen[736], dann bleiben für den Deir-el-Medine-internen *wt*-Sarghandel die Belege O. DeM 146, O. Gardiner 44[737], O. Gardiner 162[738], O. Gardiner 204[739], O. Chicago OI 12073[740], O. Petrie 16[741] und pBulaq X[742], zu wenig Belege, um als repräsentativ gelten zu können (Anhang Tab. 1).[743]

Zwei Dinge werden durch diese Quellen deutlich: Die Preise für *wt*-Särge bewegen sich in allen Fällen zwischen 20 und 40 *dbn* und der Preis korreliert nicht in dem Maße mit dem Titel des Käufers, dass sich folgern ließe, ein Besserverdienender würde den qualitativ höherwertigen und teureren Sarg kaufen. Denn auf O. DeM 146 zahlt der *jdnw Jmn-nḫ.t* den gleichen Preis für einen Sarg wie der *sš n pȝ ḫr Ḥrj* auf O. Gardiner 44, nämlich 25 *dbn*. Und O. Gardiner 204 belegt, dass ein einfacher Arbeiter wie *Pn-njw.t* einen teureren Sarg, 30 *dbn*, besitzen konnte. Da er ihm von der Sängerin des Amun *Šdyt-m-dwȝ.t* mit anderen Gegenständen als Rückzahlung für eine ausstehende Schuld von 76 *dbn* überlassen wurde, sieht man, dass ein einfacher Arbeiter nicht nur einen teureren Sarg besitzen konnte als Personen, die eine zum Teil besser bezahlte und hierarchisch höhere Position einnahmen, sondern weit höhere Kupfermengen verleihen konnte, vermutlich ohne sich in finanzielle Bedrängnis zu bringen.[744] Außerdem haben die Särge des

[735] Diesen Gedanken formuliert auch Cooney: „*The textual records do not, for example, consistently provide a clear demarcation between craftwork porduced for neighbors and friends, perhaps at a significant discount, and goods that might have been produced for a wealthy Theban patron, or even for the open market.*" Vgl. K. M. Cooney, 2006, S. 44.

[736] Für dieses Kriterium zählt die Titelangabe, die den Betreffenden eindeutig dem Bereich der Nekropole zuordnet.

[737] J. Černý und A. H. Gardiner, 1957, S. 8, Pl. XXIV 1 und K. M. Cooney, 2007a, S. 287–288.

[738] K. A. Kitchen, 1989, S. 309–310, A. G. McDowell, 1999, S. 77 und K. M. Cooney, 2007a, S. 297.

[739] J. Černý und A. H. Gardiner, 1957, S. 15, Pl. L 1 und K. M. Cooney, 2007a, S. 300.

[740] J. Černý und A. H. Gardiner, 1957, S. 22, Pl. LXXVII und K. M. Cooney, 2007a, S. 343.

[741] J. Černý und A. H. Gardiner, 1957, S. 7, Pl. XXI 1 und K. M. Cooney, 2007a, S. 344–345.

[742] A. Mariette, 1872, S. 5 und Pl. 1–2 und K. M. Cooney, 2007a, S. 356–357.

[743] Cooney benutzt das Wort „*secure*", um die Belege zu kennzeichnen, die in ihrer Deutung keine unsicheren Faktoren wie zerstörte oder unlesbare Textstellen aufweisen. Tabellarisch werden ‚unsichere' Texte durch ein „*(?)*" gekennzeichnet. Vgl. z. B. K. M. Cooney, 2007a, S. 84–87, Table 4.1.

[744] *Pn-njw.t* hatte wohl einen recht guten Nebenverdienst, um solche Summen verleihen zu können. Hier zeigt sich ganz deutlich, dass der Nebenverdienst zur Vermögensbildung womöglich die wichtigste Rolle gespielt hat.

*jdnw* und des Schreibers den gleichen Wert, obwohl sich der Schreiber aufgrund seines Lohns theoretisch mehr hätte leisten können. Der teurere Sarg muss also nicht zwingend dem besser Bezahlten und Ranghöheren zugeschrieben werden, was in Anbetracht der Fragestellung nach Gütern als Status- und Prestigemarker durchaus vermutet werden könnte und Grundlage einer Korrelation von Status und Besitz ist. Dass die Preisunterschiede aufgrund unterschiedlicher Zeiträume und der jeweiligen wirtschaftlichen Lage zustande gekommen sind, widerlegt die Datierung der Texte. O. Gardiner 44, O. Gardiner 162, O. Chicago OI 12073 und Papyrus pBulaq X, die unterschiedliche Preise nennen, werden in den gleichen Zeitraum datiert, Ramses III. bis Ramses IV. Unter den genannten Preisen befinden sich sogar der höchste und der niedrigste Preis der Tabelle. Die zeitlich ähnlich datierenden Texte umfassen also das gesamte belegte Preisspektrum.

Da man Qualität, Material, Größe und Dekor als den Preis bestimmende Kriterien annehmen möchte, ist es nachvollziehbar, wenn man die qualitativ besseren, vermutlich teureren Särge der Oberschicht zuschreibt. Und das wird durch die oben genannten Quellen nicht bestätigt. Der Ranghöchste in diesen Quellen, der Schreiber *Ḥrj*, kauft einen deutlich billigeren Sarg als der rangniedrigere Arbeiter *S3-w3ḏyt* auf O. Petrie 16. Die Grundannahme von einer Korrelation zwischen Status und Güterwert wird dadurch widerlegt. Und die Menge der Schuldenrückzahlung an *Pn-njw.t* zeigt nicht nur, dass dieser hohe Summen verleihen konnte, sondern lässt außerdem vermuten, dass er sich einen entsprechenden Sarg hätte leisten können. Auch der Papyrus Bulaq X zeigt, dass die Status-Aufwand-Korrelation durch die textlichen Quellen nicht bestätigt wird. Hier wird der Kauf des mit 40 *dbn* teuersten Sarges aller in den Belegen aufgeführten Särge durch den Arbeiter *P3-ṯ3w-m-dj-jmn* dokumentiert. Letztlich gibt es zu wenige Informationen zu Sargtransaktionen, die ein rundes Bild bieten würden, um Besitz mit dem Ziel der Erarbeitung einer sozialen Schichtung auszuwerten.

Berechtigte Zweifel an einer *a priori* selbstverständlichen Verknüpfung von Status und funerärem Aufwand wurden immer wieder geäußert. Stefan Seidlmayer bemerkte, dass man „*den (grob gesagt) ideellen/kognitiven Aspekt von Status* [...], *d. h.* [die kollektive] *Einschätzung einer Rolle, die sich aus ihrer funktionellen und ideologischen Stellung im Gefüge der gesellschaftlichen Gliederung ergibt*", bedenken muss.[745] Dieser Aspekt kann, aber muss sich nicht zwingend im Material widerspiegeln.

Eine interessante Überlegung zu diesem Thema findet man in der unveröffentlichten Magisterarbeit von Hubertus Münch. Münch erwähnt, dass es Bereiche der Totenfeier gibt, die gänzlich unbekannt sind, wie die Anzahl der Teilnehmer und die tatsächliche Dauer einer solchen Feier.[746] Wieder steht man vor dem Problem der vielen Unbekannten. Wir wissen zu wenig über die Totenfeier und die Ausmaße der Vorbereitungen auf das Jenseits abseits der materiellen Ebene, um

[745] S. Seidlmayer, 1988, S. 47.

[746] H.-H. Münch, 1997, S. 42 und Anm. 178. Beide Bereiche dürften ebenfalls entscheidenden Einfluss auf die Präsentation des funerären Aufwands als Prestigeanspruch gehabt haben.

den funerären Aufwand wirklich quantifizieren und bewerten zu können. Münch formuliert zwar eine Möglichkeit die Problematik zu umgehen, indem man „*die noch feststellbaren Hinterlassenschaften* [quantifiziert] *und das so gewonnene Maß als den funerären Aufwand*“[747] definiert. Aber er ist sich bewusst, dass so höchstens eine theoretische Annäherung erreicht werden kann. Daher scheint eine Quantifizierung der archäologischen Funde hinsichtlich einer Statusbestimmung des Bestatteten äußerst fraglich. Geradezu positivistisch wirkt in diesem Zusammenhang die Aussage Smiths:

> „*It is likely that we will never know the full range of objects that might make up a burial, especially those of the highest elite. The intact tombs do, however, allow us to generalize about some of the basic attributes of the burial system during this period* [Neues Reich].“[748]

Dieses Zitat beschreibt das Problem in Bezug zu Deir el-Medine. Die Menge der oben aufgeführten Belege macht deutlich, dass der funeräre Aufwand, z. B. die Särge, nicht einmal für die Hälfte der Mannschaft quantifizierbar ist.

Vielleicht steht Status in einem ganz anderen Zusammenhang zum funerären Aufwand. Möglicherweise erhielten der *jdnw* und der Schreiber des Grabes die Särge billiger gerade wegen ihres höheren Status. Der *ḥrj-mḏꜣj* ist vielleicht nicht als direktes Mitglied der Gesellschaft von Deir el-Medine anerkannt worden und musste daher einen höheren Sargpreis zahlen. Möglich wäre auch der Gedanke, dass der *rmṯ-js.t Pn-njw.t* den im Vergleich teureren Sarg gerne als Schuldenkompensation entgegennahm, um seinen Status aufzuwerten, und dass der *jdnw* sowie der Schreiber es nicht ‚nötig‘ hatten, sich teure Särge zu beschaffen. Vielleicht hatten der *jdnw* und der Schreiber die Möglichkeit den jeweils gekauften Sarg durch eigene Arbeit aufzuwerten. Darüber hinaus belegen die Texte nur den Kauf von Särgen nicht deren Nutzung. Die Särge könnten später weiterverkauft oder für Familienmitglieder und Freunde genutzt worden sein. Man sollte auch bedenken, dass die Preise möglicherweise keine Festpreise waren, sondern ausgehandelt wurden. Damit könnten die Besitzer preiswerter Särge mehr Verhandlungsgeschick gehabt haben, eine Eigenschaft, die nicht unbedingt mit Status zusammenhängt.

Man sieht, dass die Texte mehrere mögliche Interpretationen zulassen, zumal die Anzahl der Quellen recht gering ist. Der Sarg kann nicht uneingeschränkt als Symbol verstanden werden, das als Distinktionsmittel für einen Status gilt und damit das Ansehen oder den Respekt anderer provoziert. Eine solche symbolische Funktion ist für einen Sarg anhand seines Preises nicht verifizierbar. Andere Kriterien könnten diese Funktion erfüllen. Allerdings beeinflussen nach unseren Vorstellungen die meisten messbaren Kriterien den ökonomischen Wert, wie z. B. die Qualität der Arbeit, die Qualität des Materials und die Größe, sodass sich diese im Preis niederschlagen müssten.

[747] Ebd., S. 36–37.
[748] S. T. Smith, 1992, S. 220.

Dass ein Sarg oder allgemein ein Bestattungsutensil als Statusmarker und Projektionsfläche für den Prestigeanspruch gedient hat, lässt sich nicht schlussfolgern. Man kann jedoch den Sarg als distinktives Mittel nicht grundsätzlich ausschließen. Wie die Quellen und Cooneys Untersuchung der verschiedenen Werte von Särgen zeigen, konnten Särge durchaus sehr teuer ausfallen und waren nicht immer für jeden erschwinglich. Man bedenke hier vor allem die Rechnung der *Ḥrj-šrj* über die drei Särge der *Tꜣ-nḏm* aus dem Giornale 17B, die insgesamt 329 *dbn* gekostet haben. Die Quellen zeigen m. E. aber, dass die Korrelation von Status und besserem Lebensstandard mit Vorsicht behandelt werden muss. Mittels Gegenüberstellung der Preise in den Sargrechnungen konnte ausgeschlossen werden, dass teurere Särge tendenziell von Besserverdienern gekauft wurden. Wenn nun die Qualität ein Preis bestimmendes Kriterium ist, und das kann vorausgesetzt werden, dann kann ebenfalls ausgeschlossen werden, dass qualitativ hochwertigere Särge tendenziell im Besitz von Besserverdienern waren. Das bedeutet, dass die Qualität eines Deir el-Medine Sarges nicht zwingend etwas über einen Status aussagt und damit keine eindeutige Statusunterscheidung ermöglicht, die für die hier angewandte Fragestellung nach der Prestigevermittlung auf der in Kapitel 1 dargestellten theoretischen Basis nutzbar wäre. Ein Sarg ist zwar bei der Totenfeier wahrnehmbar gewesen und sein kultureller Wert wurde sicherlich verstanden. Aber dass der Sarg eines Schreibers attraktiver war als der eines einfachen Arbeiters oder mehr Respekt provozierte, wird durch die genannten Quellen m. E. nicht bestätigt. Demnach lässt sich nicht sicher belegen, dass ein Sarg in der Gemeinschaft von Deir el-Medine als soziales Distinktionsmittel benutzt wurde.

#### 3.3.1.2 Sargensembles

Auch andere Särge oder Bestattungsgegenstände erzielten einen hohen Wert. Zu einem Sargensemble gehörten verschiedene Elemente wie der *mn-ꜥnḫ* oder *wt ꜥꜣ*, der große anthropomorphe *wt*-Sarg, der den äußeren Sarg eines Sargensembles bildete. Der innere *wt šrj*, der kleine anthropomorphe *wt*-Sarg, barg die Mumie. Daneben gab es noch das *swḥ.t*, das als Mumienmaske[749] oder „*mummy board*" gedeutet wird, und das *yti.t*, das wohl etwas Ähnliches wie das *swḥ.t* darstellte.[750] Der große *wt*-Sarg kostete durchschnittlich 40,8 *dbn*, ein *swḥ.t* 25,9 *dbn* und ein *yti.t* 23,3 *dbn*. Im Fall des *wt šrj* gibt es nur eine Quelle, die eine Wertangabe zum Sarg liefert, sodass die Aussage für sich stehen muss. Die Quelle nennt den Preis für die Dekoration eines kleinen *wt*-Sarges. Die kostete 21,25 *dbn*.[751] Folglich hatte jeder einzelne Sarg und jedes einzelne Bestattungsutensil einen Wert, der den durchschnittlichen Monatslohn überstieg. Das Gedankenspiel des ‚Sparens' gibt auch hier eine Vorstellung des ökonomischen Wertes. Von mindestens sieben Monaten bis

[749] R. Hannig, 2006, S. 680. Hannig übersetzt es auch als „Innensarg". Zur Diskussion zwischen Mumienmaske oder Mumienbrett und Innensarg siehe K. M. Cooney, 2007a, S. 22–25.

[750] Vgl. J. J. Janssen, 1975, S. 12–15 und auch K. M. Cooney, 2007a, S. 27.

[751] K. M. Cooney, 2007a, S. 99–100, Table 4.10.

zu einem ‚guten Jahr' erstreckt sich die angenommene Zeitspanne, die ein Arbeiter benötigte, um sich nur einen der oben aufgeführten Gegenstände leisten zu können.

Diese Wertvorstellung legt die Hypothese nahe, dass sich der Status in einer Kombination aus Särgen, einem Sargensemble, widerspiegelte. Sargensembles wären innerhalb der textlichen und archäologischen Quellen unabhängig von anderen möglichen Grabbeigaben quantifizierbar. Obwohl es nur wenige Quellen gibt, – denn auch in diesem Fall gibt es, ohne zu weit vorzugreifen, kaum auswertbare Texte und Särge – muss diese Hypothese m. E. auf eine mögliche Tendenz hin überprüft werden, ob Sargensemble als soziale Distinktionsmittel fungiert haben könnten. Cooney schreibt:

> *„The coffin was meant to function as the eternal embalmed body of the deceased. This link between wt meaning "coffin" and wt meaning "embalmed body" tell why an ancient Egyptian individual who could afford only one funerary piece chose to purchase the wt anthropoid coffin. Individuals with less income at their disposal, such as those found in the Saqqara cache in the tomb of 'Iw-rwḏ.f, chose to be buried in one cheap wt coffin as opposed to interment with only a mummy mask or mummy board."*[752]

Cooney bezieht sich hier auf die Arbeit Maarten J. Ravens[753], der in Saqqara eine Cachette mit ramessidischen Särgen untersuchte. Ihre Aussage setzt voraus, dass der Tote im besten Fall eine komplette Sargausstattung bekam, die aufgrund des Preises nicht alle erwerben konnten. Kontrolliert man bei Raven die Quelle für dieses Argument, wird man schnell ernüchtert. Die Arbeit Ravens am Grab des *Jw-rwḏ=f* lässt im Grunde keinerlei Schluss auf die soziale Stellung der Bestatteten zu. Es gibt keine Anhaltspunkte wie Titel, um den Sarg der sozialen Position seines Besitzers zu zuweisen. Raven fand hauptsächlich anthropomorphe Sarkophage, mehr oder weniger reich dekoriert, sowie rechteckige Holzsärge, in Palmfasermatten gewickelte und ungeschützte Leichen. Dass verschiedene Bestattungsarten unterschiedliche Preise gehabt haben dürften, wie Cooney in ihrer oben zitierten Aussage feststellt, ist grundsätzlich eine richtige Überlegung. Raven merkt aber an, dass das Grab durch Räuber gestört wurde und manche Mumien aus ihren Särgen geholt und ohne schützende Hülle in die Masse der Toten zurückgelegt wurden. Damit fehlen jegliche Spuren für eine stichhaltige Antwort auf die Frage nach dem sozialen Status der einzelnen Bestatteten. Gerade durch die Plünderung ist nicht gesichert, welche Leiche wie bestattet war.[754] Man darf außerdem annehmen, dass durch die Plünderung die wertvollsten und eindrucksvollsten Objekte abhanden gekommen sind.

Dennoch sollen die Quellen aus Deir el-Medine weiter geprüft werden. Ein möglichst umfassendes Sargensemble war eine teure Angelegenheit, für das viele Güter

[752] Ebd., S. 19.
[753] M. J. Raven, 1991.
[754] Ebd., S.10.

gespart und investiert werden mussten. Das galt nicht nur für die Bestattung des Familienoberhaupts, sondern auch für die meisten Mitglieder der Familie. Wenn die Qualität eines Sarges keine Rückschlüsse auf den Status des Sargbesitzers und dessen Prestigeanspruch zulässt, dann könnte eine Kombination aus Särgen, d. h. die Quantität, aussagekräftig sein. Hat ein Grabherr mit hohem Status wirklich mehr Aufwand betrieben, um seinen Status und seinen Prestigeanspruch mit einem Sargensemble statt nur einem Sarg zum Ausdruck zu bringen?

Besser gestellte Personen wie Vorarbeiter und Schreiber hatten es leichter, mehrere Särge zu kaufen. Die Frage bleibt, ob sich das in den Quellen widerspiegelt. Es gibt zum einen die von Cooney aufgearbeiteten Rechnungen über Sargensembles und zum anderen die archäologischen Spuren der einzelnen Gräber, die Deir el-Medine Särge.

#### 3.3.1.2.1 Rechnungen zu Sargensembles

Grundsätzlich nimmt Cooney an, dass der Kauf eines *wt šrj* mindestens einen größeren Sarg impliziert, der bereits gekauft wurde oder gekauft wird, da der Zusatz *šrj* einen anderen Sarg bedingt, in den der *wt šrj* eingesetzt wird.[755] Zur Erschließung möglicher Sargensembles sollten wieder die Textbelege ausgeschlossen werden, die nicht sicher dem internen Bereich von Deir el-Medine zugewiesen werden können oder deren Information aufgrund von Zerstörungen zu fragmentarisch ist. Erneut schrumpft die Quellenzahl auf eine kleine, unrepräsentative Menge: O. DeM 233, O. Gardiner 133 und 134 und O. Petrie 16. Es bleibt weiterhin zu bedenken, dass Rechnungen und Transaktionen nicht dokumentieren, ob der Grabguterwerb wirklich zur Mehrung des eigenen Besitzes oder den eigenen Vorbereitungen auf das Jenseits diente. Ein Arbeiter könnte auch einen Sarg für ein Familienmitglied oder im Auftrag eines anderen gekauft haben, sodass die textlichen Quellen keine auswertbaren Belege für die Status-Aufwand-Korrelation darstellen. Zusätzlich lassen sich aufgrund der unzureichenden Informationen der ersten drei Beispiele keine vergleichbaren Aussagen über den Wert der Sargensembles machen. Es bleibt nur der von Cooney ermittelte Durchschnittspreis.

O. DeM 233[756] belegt, dass das einfache Mitglied der Mannschaft *Ḏḥwtj-ḥr-m3ktw=f*, betitelt durch *wʿw n js.t*[757], einen Kollegen mit Arbeiten an seinem *ḏb3t*-Sarg[758] und seinem *wt ʿ3* beauftragte. Die Kosten für den Auftrag sind aufgrund des fragmentarischen Textes nicht vollends nachvollziehbar. Als Durchschnittspreis

[755] K. M. Cooney, 2007a, S. 121–122.

[756] J. Černý, 1937b, S. 11, Pl. 20 und K. M. Cooney, 2007a, S. 328–329.

[757] Vgl. hierzu J. Černý, 2001, S. 248.

[758] Der *ḏb3t* ist der äußerste, rechteckige Sarg, in den die anthropomorphen *wt*-Särge gelegt wurden. Vgl. J. J. Janssen, 1975, S. 238–239 und K. M. Cooney, 2007a, S. 21–22. Cooney weist daraufhin, dass in Deir el-Medine drei *ḏb3t*, zwei aus Holz (*Sn-nḏm* und *Ḫnsw*) und einer aus Kalkstein (*P3-šdw*), gefunden wurden. Auch die textlichen Quellen deuten daraufhin, dass die *ḏb3t*-Särge in Deir el-Medine oft aus Holz waren. Siehe O. Gardiner 133 und O. Černý 20. Vgl. hierzu K. M. Cooney, 2007a, S. 290–292 und 319–320. Zu *P3-šdw* vgl. Kap. 3.3.1.2.2, Anm. 766.

für einen *wt ꜥꜣ* nennt Cooney 40,8 *dbn*. Janssen präsentiert in seinem Werk *Commodity Prices* zwei Quellen, die Preise von *ḏbꜣt*, vermutlich aus Holz, nennen.[759] Hier kosten sie einmal 21 *dbn* und einmal 12,5 *dbn*. Der Mittelwert wäre 16,75 *dbn*. *Ḏḥwtj-ḥr-mꜥktw=f* besaß also Särge im Wert von durchschnittlich 57,55 *dbn*, also rund 58 *dbn*.

O. Gardiner 133[760], eine Rechnung über mehrere Transaktionen, nennt die Person *ꜥn-ḥtp*, die im Besitz eines *wt*-Sargstückes für 1 *dbn* und eines *ḏbꜣt* für 12,5 *dbn* ist. Leider fehlt eine Angabe zur Position des *ꜥn-ḥtp* innerhalb der Gesellschaft von Deir el-Medine. Cooney schreibt, dass es sich bei dem *wt*-Sargstück möglicherweise um „*an attachable part* [...], *such as wooden hands, beard, or wooden amulets placed in the hands*" handelt.[761] Zumindest kann das bedeuten, das *ꜥn-ḥtp* einen *wt* und einen *ḏbꜣt* im Wert von durchschnittlich 29,67 *dbn* + 12,5 *dbn* besaß.

Einen andere Rechnung, O. Gardiner 134[762], dokumentiert, dass sich ein Arbeiter namens *Pꜣ-ḫꜣrw*[763] von einem Kollegen seinen *wt* und sein *swḥt* dekorieren ließ. Der Wert dieser beiden Särge belief sich durchschnittlich auf 29,67 *dbn* + 25,9 *dbn* = 55,57 *dbn*, also rund 56 *dbn*.

Das vierte Beispiel, O. Petrie 16, listet die Güter auf, die das Mannschaftsmitglied *Sꜣ-wꜣḏyt* für die Bestattung seiner Mutter *Tꜣ-nḥsj* anfertigte. Der Wert des *wt* und des *swḥt* belief sich auf 55 *dbn*. O. Petrie 16 belegt zugleich, dass der Kauf oder die Herstellung eines Sarges nicht zwingend der eigenen Bestattung dienen musste. Problematisch ist auch die soziale Position der *Tꜣ-nḥsj*, die abgesehen von ihrer Ehe mit einem Arbeiter nicht abgeschätzt werden kann.

Von den vier Quellen sind drei aufgrund fehlender Informationen zum Wert und zwei aufgrund fehlender Informationen zum Status unbrauchbar. O. Gardiner 133 nennt weder Wert noch Status.

Diese Beispiele zeigen, dass es auch im Bereich der Sargensembles zu dürftige Informationen durch Textquellen gibt, die sich für die Frage nach der Korrelation von funärerem Aufwand und Status auswerten ließen. Die oben aufgeführten Werte unterscheiden sich zwar und rangieren zwischen 55 *dbn* und 58 *dbn*, aber der Unterschied ist so gering, dass man nicht auf Statusunterschiede schließen kann. Und da die Durchschnittswerte von Cooney genutzt werden mussten, um einen Wert zu ermitteln, hat dieses Ergebnis keine Aussagekraft. Genaue Preisangaben sind in den zitierten Quellen selten. Das Ergebnis wird auch nicht durch O. Gardiner 91[764] klarer, das auf der Rückseite eine kurze Abrechnung

759 J. J. Janssen, 1975, S. 238–239.

760 K. A. Kitchen, 1989, S. 182–183 und K. M. Cooney, 2007a, S. 290–292.

761 K. M. Cooney, 2007a, S. 291.

762 K. A. Kitchen, 1989, S. 345 und K. M. Cooney, 2007a, S. 292–293.

763 Vgl. B. G. Davies, 1999, S. 199, Anm. 109. Nach Davies war *Pꜣ-ḫꜣrw* ein einfaches Mitglied der Mannschaft, zumindest ist kein anderer Titel als „*servant in the Place of Truth*" von ihm bekannt. Warum Cooney *Pꜣ-ḫꜣrw* mit Davies *Pakharu (iii)* gleichsetzen möchte, ist aus ihren Angaben nicht ersichtlich. Die Datierung des Ostrakons in die Mitte der 20. Dynastie lässt auf jeden Fall mehrere Möglichkeiten zu. Vgl. K. M. Cooney, 2007a, S. 292, Anm. 67.

764 J. Černý und A. H. Gardiner, 1957, S. 17, Pl. 59,1 und K. M. Cooney, 2007a, S. 288–289.

über zwei *wt*/*swḥt*-Kombinationen präsentiert, die einmal mit 60 *dbn* und einmal mit 45 *dbn* berechnet wurden. Unglücklicherweise stellte Cooney fest, dass sich die Namen der Vorderseite nicht sicher mit der Abrechnung der Rückseite verknüpfen lassen, sodass die Besitzer der Sargkombinationen unbekannt bleiben müssen. Daher sind beide Werte für die Frage nach einer Korrelation zwischen dem Wert eines Sargensembles und dem Status des Besitzers unbrauchbar. Der einzige Spitzenwert findet sich auf der bereits oben erwähnten Rechnung Giornale 17B, die eine *wt*/*wt-šrj*/*swḥt*-Kombination mit 329 *dbn* berechnet. Aus Mangel an Vergleichen[765] ist diese Rechnung nicht sicher dem Deir-el-Medine-internen Sarghandel zuzuweisen, sodass die Quelle für die Korrelationsfrage ebenfalls unbrauchbar ist. Die textlichen Quellen bieten damit keinen Ansatzpunkt für eine Auswertung hinsichtlich einer Status-Aufwand-Korrelation bezüglich der Sargquantität.

#### 3.3.1.2.2 Sargfunde der Ramessidenzeit

Es bleiben noch die archäologischen Spuren, die Anhaltspunkte zu den Sargensembles geben könnten. Cooney zufolge gehören die ramessidischen Särge aus Deir el-Medine[766] „*high-ranking artisans from Deir el-Medina*“[767]. Anhand der Qualität der Särge ließe sich, so Cooney, die gesellschaftliche Position des Besitzers vage erahnen, daher die Zuweisung dieser Särge an hochrangige Status. Eine genaue soziale Positionierung der Sargbesitzer ist mangels Informationen nicht möglich.[768] Das dürfte vorrangig an den Titeln liegen, die keine genauere Einordnung zulassen. Man findet ausschließlich allgemeine Titel wie *sḏm-ʿš* und *nb.t pr*. Die Qualität der Särge, die sich z. B. in den verwendeten Materialien äußert, soll die internen sozialen Unterschiede widerspiegeln. Als ein weiteres Distinktionsmittel nennt Cooney neben der Qualität die Quantität:

> „*Those groups of purchasers who did not have the wealth to spend on additional materials of value* [...] *worried instead about the pieces in a set, the quality and amount of craftsmanship, and the quality of basic materials.*“[769]

Es stellt sich die Frage, inwiefern vor allem die Qualität des Handwerks bzw. die

[765] Vgl. Kap. 3.3.1.1.

[766] K. M. Cooney, 2007a, S. 240–245, Table 7.3. Für Deir el-Medine ist ein Steinsarkophag belegt. Zum Kalksteinsarkophag des *Pꜣ-šdw* vgl. A.-P. Zivie, 1979, S. 77–104. Vielleicht wurde der Status durch Stein im Gegensatz zu Holz ausgedrückt. Auch hier fehlen stichhaltige Parallelen, die eine solche Vermutung stützen würden.

[767] K. M. Cooney, 2007a, S. 240.

[768] Ebd., S. 231–232. Die fehlenden Informationen begründet Cooney wie folgt: „*1) because the corpus of evidence is too small and too restricted, 2) because the material culture used as evidence does not provide enough textual information about title and career of the owner, and finally 3) because the high-cost material evidence is already skewed towards the higher levels fo Egyptian society* [...]“.

[769] Ebd., S. 257.

Qualität des verwendeten Materials noch ausreichend nachprüfbar ist. Die Frage ist berechtigt, da eine umfassende Untersuchung der Qualität des Handwerks und des Materials für Cooney nicht bei allen Objekten gewährleistet war. Zum Teil musste sie ihre Quellen mittels Schwarz-Weiß-Fotografien studieren, um die notwendigen Informationen herauszuarbeiten.[770]

Es gilt herauszufinden, ob anhand der erhaltenen Särge nachvollziehbar ist, dass der Wunsch nach einem mehrteiligen Set für Personen in besserer gesellschaftlicher Position leichter zu erfüllen war. Haben Vorarbeiter und Schreiber gegenüber einfachen Arbeitern wirklich die mehrteiligeren Sargensembles, die dann als Distinktionsmittel fungierten? An dieser Frage lässt schon Cooneys Feststellung zweifeln, dass zu wenige textliche Spuren auf den Särgen erhalten sind, um eine soziale Positionierung greifbar zumachen. Ihr Kriterium für die Zuordnung der Särge zu Deir el-Medine ist zum einen der Fundort TT 1[771], das Grab des *Sn-nḏm*, und zum anderen ein zu Deir el-Medine zugehöriger Titel, wie *sḏm-ʿš m S.t-Mꜣʿ.t*.[772] Zwar ordnet dieser Titel zweifellos den Sargbesitzer der Arbeitersiedlung zu, er lässt aber keine weitere soziale Positionierung innerhalb der Arbeitergesellschaft zu.

An der Gegenüberstellung der ramessidischen Deir el-Medine Särge (Anhang Tab. 2) erkennt man, dass die Beleglage ein weiteres Mal zu dünn ist, um aus den archäologischen Spuren Informationen zur Korrelation von Status und funerärem Aufwand gewinnen zu können. Der Großteil der Sargensembles stammt aus Grab TT 1 und gehörte einer Familie, deren Familienoberhäupter nur als *sḏm-ʿš m S.t-Mꜣʿ.t* bekannt sind. Die Hälfte aller Sarginhaber sind Frauen, deren soziale Position in Deir el-Medine als Nicht-Lohn-Empfänger oder Sängerinnen des Amun nur schwer festzulegen ist. Dennoch wird häufig allein die Grabsituation von TT 1 bereits als Hinweis auf die soziale Struktur Deir el-Medines und den Status der Bestatteten verstanden. Insgesamt beherbergte TT 1 20 Mumien, von denen nur knapp die Hälfte, *Sn-nḏm*, seine Frau *Jy-nfr.tj*, sein Sohn *Ḫnsw*, dessen Frau *Tꜣ-mʿkt* sowie *Js.t* und die Mumien von *Pꜣ-rʿ-ḥtp*, *Tꜣ-šsn*, *Rʿ-msw* und dem Mädchen *Ḥw.t-ḥr*, deren Särge verschollen sind, in Särgen bestattet wurde.[773] Grundsätzlich kann TT 1 vielleicht Aufschluss über den Status der im Grab Bestatteten untereinander geben. Will man aber auf die soziale Struktur der Arbeitersiedlung schließen, benötigt man vergleichbare Situationen. Da in TT 1 ein ganzer Familienclan bestattet war, muss das Grab entweder ständig zugänglich gewesen oder immer wieder geöffnet worden sein.[774] Die Beigaben waren also ebenfalls immer zugänglich und konnten entfernt oder verändert werden. Der Fundzustand des Grabes stellt damit eher den letzten Moment der Grabnutzung dar. Aus diesen Gründen bietet er keine Anhaltspunkte, die hinsichtlich einer Korrelation von Status und funerärem Aufwand die Auswertung der sozialen Stellung der Grabinsassen zulassen würden. Die

770 Vgl. ebd., S. 244, Anm. 42.

771 Siehe Kap. 2.1.3, Anm. 193.

772 K. M. Cooney, 2007a, S. 183 und 232.

773 Vgl. B. Bruyère, 1959, S. 3, K. M. Cooney, 2007a, S. 233 und 240, A. G. Shedid, 1994, S. 15 sowie L. Meskell, 1999a, S. 204.

774 Vgl. auch L. Meskell, 2000, S. 265.

in Tabelle 2 (Anhang Tab. 2) aufgeführten Objekte, die nicht aus TT 1 stammen, geben in keiner Hinsicht Aufschluss darüber, ob und zu welchem Sargensemble sie gehört haben könnten.

In der Literatur findet man nicht selten das Argument, dass aufgrund des ‚großen Reichtums' von TT 1, dessen Grabinhaber „*high ranking artisans*" und „*more prestigious members of the village*"[775] wären. Die Annahme, dass *Sn-nḏm* ein hochrangiges Mitglied der Gesellschaft von Deir el-Medine gewesen sein muss, resultiert aus dem Reichtum des Grabes. Seine hohe soziale Stellung sei wiederum verantwortlich für den Reichtum des Grabes. Die Quellen würden belegen, dass die Grabinsassen von TT 1 das getan haben, was ihnen ihre Möglichkeiten vorschrieben, nämlich sich um eine respektable Anzahl an „*pieces in a set*"[776] zu bemühen. Davies listet den Arbeiter *Sn-nḏm* sogar bei den Vorarbeitern auf[777], ohne dass es irgendeinen Beleg für einen solchen Titel gibt. Diese Schlüsse sind Zirkelschlüsse, die man vermeiden sollte. Die Quellen beschränken sich auf TT 1, das einzige ungestörte ramessidische Grab[778], und eine einzige Familie, ohne dass es vergleichbare Gräber und Sargensembles zu geben scheint. Damit reicht die Quellenlage für weitreichende Interpretationen nicht aus. Auch das gesamte Grabinventar lässt sich aufgrund dessen hinsichtlich einer Status-Aufwand-Korrelation kaum auswerten.

Die Quellen, die nicht aus TT 1 stammen, können nicht als Vergleichsmaterial herangezogen werden, da ihr Kontext unbekannt ist. Außerdem stammt der einzige Titel, der Aufschluss über den Status eines Besitzers gibt, von einem Mumienbrett, dass König Leopold II. 1935 für die Musées royaux d'Art in Brüssel kaufte.[779] Dass ein Mitglied der Führungsgruppe, der Schreiber des Grabes *Ḫ*ꜥ*j* nur unter einem Mumienbrett bestattet wurde, scheint unwahrscheinlich, auch wenn sich die Situation in Anbetracht der Quellen so darstellt.

#### 3.3.1.2.3 Sargfunde der 18. Dynastie

Auch für die 18. Dynastie ist die Quellenlage dünn. Immerhin gibt es einige ungestörte oder teilweise gestörte Gräber, bei denen vor allem die Särge, unter der Status-Aufwand-Korrelation betrachtet werden können.[780] Zu prüfen ist, ob die gefundenen Grabbeigaben und Sargensembles einen Vergleich zulassen, der klare Statusunterschiede aufzeigen könnte.

[775] K. M. Cooney, 2007a, S. 240 und 241.
[776] Ebd., S. 257.
[777] B. G. Davies, 1999, S. 43ff.
[778] D. Valbelle, 1985, S. 293, A. G. Shedid, 1994, S. 9 und E. Toda, 1920, S. 145.
[779] K. M. Cooney, 2007a, S. 423, C.5.
[780] Von Museen angekaufte Objekte und innerhalb der Siedlung oder in gestörten Gräbern gefundene Grabbeigaben lassen sich in den wenigsten Fällen ihrem ursprünglichen Kontext zuführen, sodass eine Betrachtung dieser Gegenstände für eine Untersuchung des Grabinventars hinsichtlich der Frage einer Korrelation von funerärem Aufwand und Status nicht sinnvoll scheint.

Einen Überblick über die betreffenden Gräber der 18. Dynastie mit einer Auflistung des Inventars findet man in Valbelles *Les ouvriers de la tombe*.[781] TT 8, das Grab des *Ḫ*ʿ, wird in die Zeit Amenophis II. bis Amenophis III. datiert.[782] Das Grab des *Stȝw*, TT 1352, das in die Zeit Amenophis IV. datiert wird, weist zwar ein umfangreicheres Grabinventar auf, ist aber Valbelle zufolge bezüglich der Beigaben nicht vollständig.[783] Bruyère meint, dass zur Grabkammer S (TT 1352) ursprünglich die benachbarten Grabkammern K (TT 1346) und L gehört haben, die ramessidisch wiederbenutzt wurden. Grabkammer K ist von TT 1352 nur durch eine grobe Schuttwand getrennt.[784] Im Zuge dieser Wiederbenutzung des Areals wurden möglicherweise auch die Oberbauten wie Kapelle und Hof abgetragen. Valbelle erwähnt ein weiteres Grab, das gestört wurde und unter Ramses III. von einer Gruppe bestehend aus elf Mann unter der Leitung zweier Vorarbeiter inspiziert und wieder versiegelt wurde.[785] Das umfangreiche Inventar des Grabes ist vergleichbar mit dem Inventar von TT 8 und wird daher von Valbelle in die 18. Dynastie datiert.[786] In die späte 18. Dynastie wird auch TT 1159A, das Grab des *sḏm-ʿš m S.t-Mȝʿ.t Sn-nfr*, datiert. Die Grabkammer wurde 1928 von Bruyère entdeckt. Sie ist über einen Treppenabgang vom Inneren des Grabes des *Ḥr-msw*, TT 1159, zugänglich.[787] Das Grab des *Ḥr-msw* wird unterschiedlich interpretiert. Während sich Bruyère für eine Nachbenutzung durch *Ḥr-msw* ausspricht, sieht Černý in ihm den eigentlichen Grabherren.[788] Die Identifikation des *Ḥr-msw* mit dem Vorarbeiter der späten 20. Dynastie[789] spricht für Bruyères Idee. Ob *Ḥr-msw* sich im Grab des *Sn-nfr* nachträglich bestatten ließ oder ob *Sn-nfr* das Grab als Durchgang zu seinem eigenen Grab nutzte, spielt für diese Untersuchung keine Rolle. Wichtig ist die Unversehrtheit der Grabkammer des *Sn-nfr*.

Für die 18. Dynastie lassen sich vier Beispiele heranziehen, die untereinander verglichen werden können.[790] Kritisch müssen TT 1352 und das inspizierte Grab betrachtet werden, da das ursprüngliche Grabinventar sehr wahrscheinlich nicht mehr vollständig vorhanden ist. Darüber hinaus fehlen im inspizierten Grab jegliche Titelangaben, sodass der Besitzer unbekannt ist, und ein Vergleich des erhaltenen

781 D. Valbelle, 1985, S. 12–16 und 299.

782 Siehe Kap. 2.1.3, Anm. 174.

783 Siehe Kap. 2.1.3, Anm. 175. Smith schreibt zum Grab des *Stȝw*: „*It was badly disturbed in antiquity* [...]. *The coffins were all opened and some "tidying up" can be seen from some of the items held within them. The mummies all show some evidence of rifling, the mummy of Bakiset was badley damaged* [...] *at least one shabti from the tomb was sold at Luxor, suggesting possible modern disturbance.*" Vgl. S. T. Smith, 1992, S. 229.

784 Vgl. B. Bruyère, 1937a, S. 85, Fig. 39 und S. 95–96.

785 Vgl. O. Wien Aeg. 1, publiziert von L. M. J. Zonhoven, 1979.

786 D. Valbelle, 1985, S. 299.

787 Siehe Kap. 2.1.3, Anm. 176.

788 D. Valbelle, 1985, S. 15, B. Bruyère, 1929, S. 73 und J. Černý, 2001, S. 73–74, Anm. 1.

789 B. G. Davies, 1999, S. 28, Anm. 355.

790 Smith führt weitere 18.-Dynastie-Gräber in Deir el-Medine an, die seiner Ansicht nach „*substantially intact*" sind. Allerdings zeigen die Kurzbeschreibungen der Gräber im Appendix, dass diese zusätzlichen Gräber zu sehr gestört wurden, um der Frage nach der Status-Aufwand-Korrelation dienlich zu sein. Vgl. S. T. Smith, 1992, S. 194 und 229–231.

Grabinventars mit einem Titel, der den Status widerspiegelt, nicht möglich ist. TT 1352 soll dennoch zum Vergleich mit herangezogen werden, zumal hier der Besitzer bekannt ist und die Sargensembles erhalten sind. Für einen Inhaltsvergleich bleiben die Gräber des *Ḫˁ*, des *Stȝw* und des *Sn-nfr*, TT 8, TT 1352 und TT 1159A.

TT 1 kann nicht als Vergleich dienen, da das Grab wie bereits erwähnt eine größere Familiengruft ist und zeitlich schon zu weit entfernt liegt. Zwischen den beiden intakten Gräbern TT 1 und TT 8 liegen ungefähr hundert Jahre.[791] Außerdem liegen zwischen beiden Gräbern prägende Zeitabschnitte wie die Amarnazeit und die Neugestaltung sowie Wiederbesiedelung Deir el-Medines unter Haremhab, die neben architektonischen und organisatorischen Neuerungen auch soziale Veränderungen mit sich gebracht haben dürften.[792]

Der Status des *Ḫˁ* ist bekannt. Er war Vorarbeiter.[793] Damit gehörte er zu den wichtigsten Personen in der Siedlung. Das Grabinventar des *Ḫˁ* stellt ein Beispiel für die Möglichkeiten eines Vorarbeiters dar. *Stȝw* und *Sn-nfr* sind uns nur als *sḏm-ˁš m S.t-Mȝˁ.t* bekannt, sodass die Grundlagen für einen Vergleich in Hinblick auf Statusunterschiede fehlen. Auch Valbelle spricht dieses Thema nur sehr vorsichtig an:

> „*Il serait intéressant de comparer ces informations* [Grabbeigaben TT 8, TT 1352 und TT 1159A] *à d'autres, issues de divers sites contemporains. Mais, curieusement, les découvertes de tombes intactes, bien qu'assez rares, ont encore plus rarement fait l'objet des relations complètes.* [...] *Sans quitter Deir el-Médineh, on peut remarquer que, contrairement au mobilier des tombes du cimetière de l'Est, celui des tombes de ḫˁ, stȝw et sn-nfr semble, en grande partie, exécuté pour l'enterrement; indépendamment d'une sensible différence de période à l'intérieur de la dynastie, qui n'est certainement pas étrangère à une différence de style, un raffinement est perceptible dans l'exécution de certains objets contenus dans ces trois dernières tombes.*“[794]

Valbelle zieht als weitere Vergleichsmöglichkeit zu den Gräbern TT 8, TT 1352 und TT 1159A die Gräber und Inventare des Ostfriedhofs[795] heran. Ein Blick in Näsers Beitrag zum Ostfriedhof von Deir el-Medine zeigt, dass auch hier die meisten Gräber beraubt sind. Acht Gräber, 1370, 1371, 1379, 1380, 1381, 1382, 1388 und 1389, kommen für eine Untersuchung hinsichtlich Quantität und Qualität des

791 Vgl. J. v. Beckerath, 1997, S. 190. *Ḫˁ* datiert in die Zeit Thutmosis III. bis Amenophis III. (vgl. E. Schiaparelli, 1927, S. 189) und das Grab des *Sn-nḏm* in die Zeit Sethos I. (vgl. D. Valbelle, 1985, S. 293).

792 Vgl. auch L. Meskell, 1999a, S. 203–204.

793 D. Valbelle, 1985, S. 12.

794 Ebd., S. 16–17.

795 Vgl. Kap. 2.1.3. Dort wurde bereits die Problematik eines Vergleichs des Ostfriedhofs mit den anderen Gräbern von Deir el-Medine angesprochen. Die Ostnekropole datiert mit großer Wahrscheinlichkeit in die Zeit vor der Siedlungsgründung und kann daher auch nur bedingt zu einem Vergleich herangezogen werden. In der Literatur wurden beide Nekropolen öfter verglichen, und daher soll der Ostfriedhof auch in dieser Untersuchung eine Rolle spielen. Die Einbeziehung oder Vernachlässigung des Ostfriedhofs führt zu keiner Veränderung des Ergebnisses.

funerären Aufwands in Frage. Von diesen Gräbern sind nur drei intakt (1380, 1381 und 1389). Die anderen wurden Näser zufolge *„intrakulturell"* beraubt, *„d. h. in einem zeitlichen und sozialen Umfeld, in dem die religiösen Konzepte, die den Bestattungen zugrunde lagen, noch wirksam waren"*.[796] Bruyère konnte viele Grabbeigaben von dort bergen. Valbelle beschreibt die Beigaben als qualitativ durchschnittlich und ihre Zusammensetzung variiert von Grab zu Grab. Die Gräber waren teilweise reich ausgestattet, obwohl sie wahrscheinlich ihrer wertvollsten Gegenstände beraubt wurden.[797] Viele der hier gefundenen Objekte zeigen Spuren des Gebrauchs und waren damit nicht eigens für die Bestattung hergestellt worden.[798] Gegenüber den Beigaben des Ostfriedhofs weisen die Beigaben des *Ḫ*ʿ, des *Stȝw* und des *Sn-nfr* Valbelle zufolge deutliche Qualitätsunterschiede in der Ausarbeitung auf. Viele Objekte wurden im Unterschied zu den Inventaren des Ostfriedhofs eigens für die Bestattung angefertigt und stammen nicht aus dem alltäglichen Gebrauch.

Der Vergleich der Grabinventare von TT 8, TT 1352 und TT 1159A erbrachte nach Valbelle mehr Quantitätsunterschiede als Qualitätsunterschiede. Ihr zufolge unterscheidet sich das Grabinventar des *Ḫ*ʿ von den Inventaren des *Stȝw* und des *Sn-nfr* weniger durch die Qualität der Grabbeigaben, die für die Bestattung angefertigt wurden, als durch ihre Anzahl. Sie schreibt:

> *„Or, si la double fonction de chef des travaux et de scribe royal de ḫʿ est susceptible d'expliquer la présence, dans son caveau, d'un matériel parfois luxueux, voisinant d'ailleurs avec des produits artisanaux plus frustes, on ne peut en dire autant de stȝw et de sn-nfr qui sont des simples ouvriers et dont le mobilier funéraire, quoique moins riche, présente néanmoins un aspect soigné. En revanche, lorsqu'il s'agit d'objets d'un usage courant (meubles, céramique, vannerie ...), les différences sont moins sensibles entre les premières sépultures* [Ostfriedhof] *et celles de l'Ouest."*[799]

Nicht Qualität, sondern Quantität scheint die Grabbeigaben des *Ḫ*ʿ von den Grabbeigaben des *Stȝw* und des *Sn-nfr* zu unterscheiden. Hinsichtlich der Qualität zeichnet Meskell in ihren Untersuchungen ein anderes Bild. Ihr zufolge zeigen in

[796] C. Näser, 2001, S. 374–375. Bei dieser Unterscheidung der Plünderungsart ist für Näser der Umgang mit der Mumie entscheidend. Beraubte Gräber, deren Mumien und Särge nachweislich pietätvoll behandelt wurden, indem die Mumien ausgewickelt und später *„provisorisch wiederhergestellt wurden"* bzw. *„bei ihrer Auffindung die Särge sogar erneut mit Tüchern abgedeckt"* waren, bezeichnet Näser als intrakulturelle Plünderungen, die *„während der Bestattung, bei Folgebestattungen oder einige Zeit später"* stattfanden. Dagegen zeichnen sich moderne Plünderungen durch einen pietätlosen Umgang mit den Toten aus, da moderne Grabräuber im Gegensatz zu antiken Räubern durchaus auch an den Mumien als Beute interessiert sind.

[797] D. Valbelle, 1985, S. 9, Anm. 14. S. 8–9 bieten einen Überblick über die Fundstücke der Ostnekropole.

[798] A. G. McDowell, 1999, S. 19.

[799] D. Valbelle, 1985, S. 17.

bestimmten Bereichen die Grabbeigaben des *Ḫ*ᶜ eine deutlich höhere Qualität als die des *Sn-nfr* und des *Sn-nḏm*. Meskell zieht nun wieder TT 1 hinzu, das m. E. aus den oben genannten Gründen nicht mit den Gräbern der 18. Dynastie vergleichbar ist. Sie hebt hier vor allem die Werkzeuge des *Ḫ*ᶜ gegenüber denen der anderen Mannschaftsmitglieder hervor. Gearbeitet aus Ebenholz und Goldfolie, weisen die Werkzeuge einen außergewöhnlichen Wert bezüglich Handwerksfähigkeit und Kostenaufwand auf. Sie sind beschriftet. Ein Werkzeug ist ein Geschenk Pharaos und bezeugt für Meskell den hohen Status des Vorarbeiters. Die Arbeitsgeräte des *Sn-nḏm* und des *Sn-nfr* sind ebenfalls beschriftet worden „*though they seem not to have been of the same standard as Kha's*".[800] Obwohl Meskell an der Qualität des Werkzeugs einen Statusunterschied festmacht, betont sie immer wieder, dass die Auswahl der Grabbeigaben und der gesamte funeräre Aufwand eine individuelle Entscheidung war und, dass man bei der Erforschung des funerären Aufwandes nur individuelle Beispiele vor sich hat.[801] Auch der qualitative Unterschied zwischen den Werkzeugen kann eine individuelle Erscheinung sein, die mangels vergleichbarer Situationen kein soziales Paradigma darstellen kann. Aber das beansprucht Meskell auch nicht. Daher könnte man im Falle des *Ḫ*ᶜ gegenüber des Arbeiters *Sn-nfr* in den Werkzeugen des *Ḫ*ᶜ Objekte sehen, die einen individuellen Statusunterschied verdeutlichen und als Repräsentanten für den individuellen Prestigeanspruch des *Ḫ*ᶜ stehen könnten. Meskell, die in einer Hierarchie der Status das grundlegende Element sieht, das eine Sozialstruktur erst formt, kritisiert die archäologische Suche nach sozialen Paradigmen oder *institutionalisierten Statusunterschieden*. Sie betont die individuellen Unterschiede, die es genauso wert seien untersucht zu werden. Genau diese individuellen Unterschiede ließen schließlich Rückschlüsse auf ein größeres soziales Umfeld, auf allgemeine soziale Trends des Neuen Reiches zu.[802] Zum einen scheint Meskell durch ihre Betonung der individuellen Unterschiede die Status-Aufwand-Korrelation als repräsentativ für die Sozialstruktur einer Gemeinschaft abzulehnen, zum anderen sieht sie darin dennoch die Grundlage für das Verständnis der Sozialstruktur einer Gemeinschaft, eines sozialen Paradigmas.

Für Deir el-Medine bleibt noch die Berufsgruppenhierarchie, um die Sozialstruktur der Arbeitersiedlung beschreiben zu können. Inwieweit innerhalb dieser Hierarchie individuelle Unterschiede auf die Sozialstruktur schließen lassen, ist nicht zu entscheiden. Einzelbeispiele lassen keinen allgemeinen Rückschluss auf die Gemeinschaft zu. Ausschließlich institutionalisierte Statusunterschiede, die auf einer breiten Quellenbasis belegt sind, ermöglichen eine Aussage über die Sozialstruktur und könnten damit einen Hinweis auf ein ‚allgemeines' Prestigeverständnis geben. Wenn man nur von individuellen Unterschieden sprechen kann, weil die Materialbasis zu gering ist, können keine für die Gemeinschaft gültigen Aussagen getroffen werden.

800 L. Meskell, 1999a, S. 183.
801 Ebd., S. 177 und 183.
802 Vgl. Kap. 3.3 und ebd., S. 138–140.

Die Quantität, die Valbelle zufolge den entscheidenden Unterschied zwischen den Gräbern des *Ḫ*ʿ, des *St3w* und des *Sn-nfr* darstellt, charakterisiert auch innerhalb des Ostfriedhofs einen Statusunterschied und scheint daher eher ein allgemeines, soziales Muster zu stützen als die Qualität. Bruyère beschreibt, dass sich die Grabinventare von Erwachsenen gegenüber denen von Jugendlichen vor allem durch Quantität, weniger durch die Qualität der Objekte unterscheiden.[803] Dem oben genannten Zitat Valbelles zufolge finden sich Qualitätsunterschiede zwischen TT 8, TT 1352, TT 1159A und den Gräbern des Ostfriedhofs vor allem bei den Grabbeigaben, die nicht aus dem alltäglichen Gebrauch stammen. Möbel, Keramik und Korbwaren sowie andere Gegenstände des täglichen Gebrauchs bieten nach Valbelle keine signifikanten Unterschiede in Qualität und Quantität. Valbelles und Bruyères Ausführungen zu den Gräbern des Ostfriedhofs, des *Ḫ*ʿ, des *St3w* und des *Sn-nfr* führen erneut zu der Frage nach dem Maßstab für Qualität, einer zunächst subjektiven Kategorie. Valbelle wie Bruyère erläutern nicht, wie sich die qualitativ hochwertigeren Stücke von den einfachen unterscheiden und durch welche Vergleichsobjekte sie sich ihr Urteil über die Qualität der Inventare bilden. Meskell deutet in ihrem Beispiel zu den Werkzeugen des *Ḫ*ʿ und des *Sn-nfr* einen Qualitätsmaßstab an. Nach wie vor ist allerdings unbekannt, was in den gestörten Gräbern, TT 1352 und den Gräbern des Ostfriedhofs, fehlt. Interessant wäre auch, zu wissen, was man im Grab des *Ḫ*ʿ noch vorgefunden hätte, wäre es geplündert worden. Meskell hat hinsichtlich der Menge der Grabbeigaben die Gräber des Ostfriedhofs 1370, 1388 und 1389 den Gräbern des Westfriedhofs TT 8 und TT 1159A gegenübergestellt. 341 Objekte (1370), 248 Objekte (1388) und 225 Objekte (1389) stehen 506 Objekten (TT 8) und 121 Objekten (TT 1159A) gegenüber.[804] Meskell hat den Wert einiger Inventare in *dbn* errechnet. Demnach hatten *Ḫ*ʿ und *Mrj.t* ein Grabinventar im Wert von 4835 *dbn* (TT 8).[805] Die Inventare der Gräber 1370 und 1388 hatten einen Wert von 529,5 *dbn* und 575 *dbn.*[806] *Sn-nfr*, *Nfr.t-jrj* und das mit ihnen bestattete Kind hatten Beigaben im Wert von 727 *dbn*. Warum Meskell in ihrer Wertauflistung des Inventars von TT 1159A den Sarg des *Sn-nfr* genauso wie den Sarg der *Nfr.t-jrj* mit 95 *dbn* berechnet, obwohl sie schreibt, dass seine Beigaben weit beeindruckender sind als ihre und dass sie einen *„rather cheap ready-made coffin"* hatte, erläutert sie nicht.[807] Die Untersuchungen von Cooney zeigen jedoch, dass es sich bei 95 *dbn* für einen *wt*-Sarg um einen ungewöhnlich hohen Preis handelt, der nur in der Rechnung Giornale 17B vorkommt und für Deir el-Medine als Extremfall zu betrachten ist. Sie hat auch gezeigt, dass die Preise für anthropomorphe Särge sehr stark variieren.[808] Darüber hinaus berechnet Meskell die Särge der *Md3* und des mit ihr bestatteten Mannes (1370) mit jeweils 40 *dbn*, obwohl es sich um unterschiedliche

[803] B. Bruyère, 1937b, S. 15.
[804] L. Meskell, 1999a, S. 184.
[805] Ebd., S. 185.
[806] Ebd., S. 194–195 und 200–201.
[807] Ebd., S. 168–187.
[808] K. M. Cooney, 2007a, S. 358–369.

Sargarten handelt.[809] In Anbetracht der von ihr veranschlagten Sargpreise und der Ergebnisse Cooneys zu den Sargpreisen stellt sich m. E. die Frage, wie repräsentativ dann noch die anderen angegebenen Werte der Grabbeigaben sind. Folglich hätten die aufgelisteten Werte der einzelnen Inventare auch hinsichtlich der Status-Aufwand-Korrelation keine Aussagekraft mehr. Unabhängig davon fehlen in den Gräbern des Ostfriedhofs die notwendigen Titel[810], um das Kriterium der Quantität für die Status-Aufwand-Korrelation nutzbar machen zu können.

Alles, was auf dieser dünnen Grundlage bleibt, ist die Vermutung, dass sich für die 18. Dynastie eine Korrelation zwischen funerärem Aufwand und sozialem Status in der Masse der Grabbeigaben widerspiegelt. Diese Annahme ergibt sich aus der großen Beigabenmenge von 506 Objekten mit einem angenommenen Wert von 4835 *dbn* aus dem Grab des Vorarbeiters, die den anderen Gräbern mit durchschnittlich 233,75 Objekten in einem angenommenen Wertrahmen von rund 610 *dbn* gegenübergestellt wurde. Die Unterschiede in der Beigabenmenge der anderen Gräber können mangels Titel und aufgrund gestörter Befunde (1370, 1388, möglicherweise TT 1159A) nicht bewertet und auf die gesellschaftliche Einordnung ihrer Besitzer hin interpretiert werden.

#### 3.3.1.2.4 Sargensembles der 18. Dynastie

Auch die wenigen Sargensembles der 18. Dynastie (Anhang Tab. 3) scheinen das Kriterium der Quantität als möglichen Marker einer Status-Aufwand-Korrelation zu stützen. Die Mumien des Ostfriedhofs wurden jeweils nur in einem rechteckigen Kastensarg, einem Rischisarg oder einem anthropomorphen Sarg beigesetzt.[811] Ebenso wurde der Diener an der Stätte der Wahrheit *Stꜣw* und seine Mitbestatteten *Tꜣ-ꜥꜣ.t*, *Bꜣk-js.t* und eine unbekannte Frau, in jeweils einem Sarg beerdigt.[812] Auch *Sn-nfr* und seine Mitbestattete *Nfr.t-jrj* wurden je in nur einem Sarg bestattet. *Sn-nfr* trug eine Mumienmaske.[813] Der Vorarbeiter *Ḫꜥ* dagegen wurde in zwei anthropomorphen Särgen innerhalb eines Kastensarges und seine Frau *Mrj.t* mit Mumienmaske in einem anthropomorphen Sarg innerhalb eines Kastensarges bestattet.[814]

*Ḫꜥ* verdiente als Vorarbeiter im Vergleich am meisten. Er hebt sich nicht nur durch den hohen Gesamtwert der Grabbeigaben, sondern auch durch die Anzahl der Särge von den anderen Bestatteten ab. Folglich betrieb er den größten funerären Aufwand bezüglich der Quantität. Sein Status ist dadurch von den anderen distinguiert.

Es ist denkbar, dass einfache Arbeiter in nur einem Sarg und Ranghöhere in einem Sargensemble bestattet wurden. Dennoch ist dieses Ergebnis aufgrund der geringen Materialgrundlage und fehlender Parallelen in keiner Weise abgesichert.

809 Vgl. B. Bruyère, 1937b, S. 153–154, Fig. 79–80 und S. 157.
810 Siehe Kap. 2.1.3.
811 B. Bruyère, 1937b, S. 24, G. Pierrat-Bonnefois, 2003, S. 53 und C. Näser, 2001, S. 381–382.
812 B. Bruyère, 1937a, S. 96 und 102–107.
813 B. Bruyère, 1929, S. 47 und 59–64 sowie Fig. 30.
814 E. Schiaparelli, 1927, S. 17–31.

Quantität als möglicher Statusunterschied wäre auch bezüglich der Objekte aus Grabinventaren interessant, deren Fundumstand oder Kontext nur schwer oder gar nicht mehr rekonstruiert werden kann. Sind die anderen zum Inventar gehörigen Stücke nicht mehr bekannt, ist das betreffende Objekt im Verhältnis zum Inventar nicht mehr quantifizierbar. Eine einzelne Grabbeigabe kann für die Frage nach der Status-Aufwand-Korrelation nicht nutzbar gemacht werden, da nur das gesamte Grabinventar über die Quantität hier weiterhilft. Auch wenn ein Einzelobjekt subjektiv als qualitativ hochwertig verstanden werden kann, hat Valbelles Betrachtung der Inventare von TT 8, TT 1352 und TT 1159A gezeigt, dass die Qualität in Bezug auf Prestige nicht aussagekräftig ist.

Man kann zusammenfassen, dass Särge aus Deir el-Medine nach meinem Verständnis von Prestige nicht als Ausdruck von Statusunterschied und damit verbundenem Prestigeanspruch belegt werden können. Darüber hinaus kann m. E. angenommen werden, dass man auch mithilfe eines Grabinventars inklusive der entsprechenden Särge hinsichtlich einer Korrelation von Status des Bestatteten und dessen funerären Aufwand keine weiteren Aussagen machen kann. Es gibt auch in dieser Hinsicht für die Ramessidenzeit, aber auch für die 18. Dynastie zu wenige intakte Gräber, um ganze Inventare auswerten zu können, zumal man bedenken muss, dass der Ostfriedhof nicht der Besiedelungsphase Deir el-Medines zugerechnet werden kann. Eine breite Vergleichsbasis ist für die Paradigmenschaffung unablässig. Bei Meskells Werkzeugbeispiel und der Quantifizierung der Mengen an Beigaben von TT 8, TT 1159A, den Gräbern 1370, 1388 und 1389 bzw. der Wertauflistung von TT 8, TT 1159A, Grab 1370 und Grab 1388 wird zwar deutlich, dass durchaus qualitative und quantitative Unterschiede existieren, aber das betrifft allein die Situation des *Ḫꜥ* gegenüber allen anderen Grabinhabern. Dass *Ḫꜥ* eine höhere Position als der Rest in der Gemeinschaft innehatte, ist durch seinen Titel klar. Die Unterschiede zwischen den restlichen Grabinhabern können nicht mit der sozialen Struktur verglichen werden, da ihre Titel zu vage sind und keine exakte hierarchische Verortung ermöglichen. Aufgrund des Materials konnten aber nur Gräber verglichen werden, deren Grabinhaber keine Zeitgenossen waren. Folglich haben sie nicht untereinander ihre Ansprüche auf Prestige kommuniziert. *Ḫꜥ* wurde möglicherweise unter Amenophis III. bestattet. Das ist zumindest der letzte König, unter dem der Vorarbeiter belegt ist. Nach Beckerath wären das rund 50 Jahre nach den Bestattungen des Ostfriedhofs, deren späteste Datierung vermutlich in die Regentschaft der Hatschepsut oder Thutmosis' III. fällt.[815] Vermutlich wird *Ḫꜥ* seinen Status also im Vergleich zu anderen Bürgern von Deir el-Medine repräsentiert haben wollen, die innerhalb seiner eigenen Zeit lebten. Die Bestattung des *Sn-nfr* dagegen wird in die späte 18. Dynastie datiert, vermutlich in die Nachamarnazeit, d. h. vielleicht unter Haremhab zur Zeit der Wiederbesiedelung Deir el-Medines, möglicherweise etwas früher. Nach Beckerath könnte man zwischen der Bestattung

[815] J. v. Beckerath, 1997, S. 189–190. Für den ungefähren Zeitrahmen wurden die Jahre 1430 v. Chr. für Thutmosis III. und 1380 v. Chr. für Amenophis III. gewählt.

des *Ḫˁ* und der des *Sn-nfr* einen ungefähren Zeitraum von 30 Jahren annehmen.[816] *Sn-nfr* wäre dann etwa eine Generation jünger als *Ḫˁ* und damit nicht unbedingt jemand, gegenüber dem *Ḫˁ* seinen Status repräsentiert hätte. Demnach kann man nur vermuten, dass die Quantität des Inventars den Status eines jeden Grabinhabers in seiner Zeit markiert und ihn von seinen Mitmenschen unterschieden hat. Ohne zeitnahe Vergleiche kann diese Vermutung nicht verifiziert werden.

Das Beispiel des *Sn-nḏm* illustriert hervorragend, wie weit die Interpretation ohne Vergleichsmaterial und nur durch Einschätzung des Grabinventars als qualitativ hochwertig und quantitativ viel gehen kann. Die Einmaligkeit seines Inventars mag dazu verführen *Sn-nḏm* als ‚hochrangige' Persönlichkeit und sogar als Vorarbeiter zu betrachten. Aber Tutanchamun bewertet man auch nicht ausschließlich über sein Grabinventar. Sonst müsste man ihm einen bedeutenden Platz unter den Königen Ägyptens einräumen.

Man muss sich eingestehen, dass die Objektgruppe der Särge aus Deir el-Medine nicht als Untersuchungsgegenstand für die Prestigefrage geeignet ist. Trotzdem findet sich häufig in der Literatur eine Verknüpfung von Grabinventar, Status und dementsprechendem Prestige. Die Kriterien der Prestigevermittlung werden nur teilweise erfüllt. Die Wahrnehmbarkeit ist dadurch gegeben, dass der Grabinhaber und seine Familie die Särge im Rahmen der Bestattungsvorbereitungen und der Bestattung präsentieren konnten, und damit ihren Prestigeanspruch gegenüber den Mitmenschen ausdrückten. Die Vertrautheit mit der kulturellen Bedeutung von Särgen muss durch die wichtige Bedeutung der Bestattung vorausgesetzt werden. Eine Distinktionsfähigkeit von Särgen lässt sich nicht umfassend belegen. Nur in der 18. Dynastie lässt sich vermuten, dass die Anzahl der Särge einen Statusunterschied markiert haben könnte. Damit ist auch das Kriterium der Attraktivität und Respektabilität bei Särgen nicht belegbar und kann höchstens für die 18. Dynastie vermutet werden.

Grundsätzlich ist es möglich, dass Grabbeigaben und vor allem Särge Prestigegüter gewesen sind, aber die Quellenlage lässt keine Interpretation der Objekte als Prestigegüter zu, die Rückschlüsse auf die allgemeine soziale Situation erlauben würden. Theorie muss damit Theorie bleiben.

### 3.3.2 Gräber

Das Grab würde sich ebenfalls dazu eignen, Prestigeanspruch zum Ausdruck zu bringen, da es für alle sichtbar war. Möglicherweise ist hier die Quantität als Statusunterschied besser zu greifen. Die kulturelle Bedeutung eines Grabes wurde bereits durch die oben zitierten Lehren des Ani angesprochen. Auch in Bezug auf die Grabarchitektur findet sich in der ägyptologischen Literatur häufig eine Korrelation von Status und funerärem Aufwand. Über die Nekropole von Deir el-Medine schreibt z. B. Eva Hofmann in ihrem Band zur Kunst der ramessidischen Privatgräber:

[816] Ebd., S. 190. Für den ungefähren Zeitrahmen wurden die Jahre 1350 v. Chr. für Amenophis III. und das Jahr 1320 v. Chr. für die Zeit nach Amarna gewählt.

*„So kann die chronologische Belegung des Hangs während des Neuen Reiches von unten nach oben erkannt werden, wobei die Wahl der Architekturform zum einen von der Topographie, zum anderen von den finanziellen Möglichkeiten abhängig war. [...] Die Felskultkammern, die sich am oberen Hang entlangziehen, wurden vorwiegend von im Amt höher Gestellten oder von deren in Deir el-Medine beschäftigten Familienmitgliedern angelegt, und zwar so gut wie alle nicht vor Ramses II.“*[817]

Die Lage des Grabes und dessen Ausmaße scheinen nach Eva Hofmann den Status des Grabinhabers zu dokumentieren. Diese Annahme gilt es zu überprüfen, da Hofmann ihre Schlussfolgerung nicht näher erläutert und kein hilfreiches Kartenmaterial bietet. Vielmehr scheint sich ihre Vermutung auf Barbara Engelmann-von Carnaps Untersuchung *Zur Struktur des Friedhofs der ersten Hälfte der 18. Dynastie in Scheich Abd el-Qurna und Chocha*[818] zu stützen, die sie in ihrer Bibliographie aufführt. Engelmann-von Carnap erarbeitete am Beispiel der Beamtennekropole von Qurna und Chôcha einen Zusammenhang zwischen der sozialen Stellung des Grabinhabers, seinen finanziellen Mitteln, seiner Beziehung zum König und der Lage und Größe seines Grabes sowie der Menge des Grabinventars.[819] Aus verschiedenen Gründen ist Engelmann-von Carnaps Untersuchung sehr kritisch zu beurteilen. Ihre Quellenauswahl beschränkt sich auf eine Gruppe von 28 Gräbern, die sich im Areal der Nekropole verteilen, einen ähnlichen Grundriss aufweisen und ausschließlich in die Zeit Amenophis' I. bis Amenophis' II. datiert werden. Andere Gräber aus dem angesprochenen Zeitrahmen, die sich auch über andere thebanische Nekropolen verteilen, werden nicht berücksichtigt. Und der von ihr als „*T-Form*“ bezeichnete Grundriss ist nicht der einzig mögliche Grundriss in dieser Zeit. Nicht bei allen von ihr ausgewählten Gräbern ist die T-Form zwingend als solche erkennbar, denn die Querhalle kann sich bis in die Mitte der Längshalle verlagern, sodass der Grundriss eher an ein Kreuz erinnert. Die 28 Gräber orientieren sich nach Engelmann-von Carnap an einer gedachten Höhenlinie, die eine Grenze zwischen privilegierten und weniger privilegierten Grabinhabern darstellen soll. Sieben ‚Ausreißer‘, die sich nicht an die soziale Schichtung der Nekropole halten, werden als Ausnahme bezeichnet. Insgesamt handelt es sich um ein Viertel der Gräber. Es ist gewagt, bei dieser Menge von einer Ausnahme zu sprechen. Vielmehr könnten 25 Prozent darauf hindeuten, dass es die gedachte Regel gar nicht gab und die Strukturierung des Friedhofs nicht mittels sozialer Rangunterschiede zustande kam. Bei näherer Betrachtung weist Engelmann-von Carnaps Methodik zur Analyse der thebanischen Nekropole folglich Probleme auf. Eine kritische Auseinandersetzung mit der Arbeit Engelmann-von Carnaps findet sich in Janne Arps Dissertation *Zur Methodik der Analyse von Gräbern in der Ägyptologie*[820], die die Annahmen und Ergebnisse Engelmann-von Carnaps konstruktiv diskutiert.

[817] E. Hofmann, 2004, S. 67, Anm. 190.
[818] B. Engelmann-von Carnap, 1995.
[819] Ebd., S. 107 und 128.
[820] J. Arp, 2009, Kap. 1.1. Die Dissertation wird noch publiziert.

Es muss also geprüft werden, ob ein Zusammenhang zwischen Grabgröße sowie Grablage und sozialer Position des Grabherrn erkannt werden kann und die Status-Aufwand-Korrelation für die Nekropole von Deir el-Medine belegbar ist.

Um sich dem Grab und seiner ‚Prestigefähigkeit' zu nähern, sollen grundsätzlich nur die Gräber gegenübergestellt werden, die einem Besitzer zugewiesen werden können, der durch einen Titel bekannt ist, der im Organigramm verortet werden kann.

Cooney schreibt, dass es in Deir el-Medine 454 Gräber gibt, von denen 54 dekorierte bzw. beschriftete Grabkammern und Kultkapellen haben.[821] Hofmann präsentiert in *Bilder im Wandel. Die Kunst der ramessidischen Privatgräber* einen Überblick über die ramessidischen Gräber in Deir el-Medine, deren Besitzer namentlich bekannt sind.[822] Lise Manniche gibt, in Anlehnung an Porter-Moss, *The Theban Necropolis Part I + II*, eine weitere Übersicht über alle west-thebanischen Gräber, unter denen sich auch die Deir el-Medine Gräber befinden.[823] Diesen Auflistungen zufolge gilt es die Gräber[824] mit den TT-Nummern 1 bis 10, 210 bis 220, 250, 265 bis 268, 290 bis 292, 298, 299, 321 bis 323, 326 bis 330, 335 bis 340, 355 bis 357, 359 bis 361, 1069, 1126, 1138, 1159/1159A, 1164, 1166, 1281 und 1352 hinsichtlich einer möglichen Status-Aufwand-Korrelation zu vergleichen. Die Namen und Titel der Besitzer dieser 58/59 Gräber sind bekannt und können innerhalb des Organigramms verortet werden. Hinzu kommt das Grab des *sš m S.t-Mꜣ<sup></sup>ꜥ.t Jnpw-m-ḥb*, TT 206, das nicht in Deir el-Medine, sondern in el-Chôcha zu finden ist[825], und damit eine Sonderstellung einnimmt (Anhang Tab. 5).

Die aufgelisteten Gräber liegen vornehmlich in der Westnekropole. Wenige Ausnahmen befinden sich im Norden der Siedlung am Rande des sogenannten Kapellenareals. Nach Petra Barthelmess waren die Grabinhaber ...

> „... *in den meisten Fällen höhergestellte Personen* [...]. *Es sind die Gräber der Leute, die die Aufsicht über die Arbeiten in den Königsgräbern führten, die Vorarbeiter der linken und rechten Seite und die Schreiber des jeweiligen Königsgrabes, die vornehmlich administrative Aufgaben ausführten. Die meisten dieser Gräber wurden erst unter der Regierung Ramses II. angelegt. Zwischen den meist prachtvolleren Anlagen befinden sich aber auch die Gräber „einfacher Leute" wie Zeichner, Wächter und Handwerker.*"[826]

[821] K. M. Cooney, 2003, S. 190.

[822] E. Hofmann, 2004, S. 65–66.

[823] L. Manniche, 1987, S. 132–146. Vgl. auch Theban Tombs, a list of the tombs and tomb-chapels allotted numbers.

[824] B. Porter und R. L. B. Moss, 1960, S. 396 und B. Porter und R. L. B. Moss, 1964, S. 685–688. Ausgenommen sind das in PM I aufgeführte Grab TT 325, dessen Besitzer zwar namentlich aber nicht mit Titel bekannt ist und vier in PM II aufgeführte Gräber, zwei, deren Besitzer namentlich nicht bekannt sind (TT 1108 und TT 1166) und zwei, die nicht in die 18. Dynastie und die Ramessidenzeit datieren (TT 1200 und TT 2003).

[825] B. Porter und R. L. B. Moss, 1960, S. 305 und F. Kampp, 1996, S. 491–492.

[826] P. Barthelmess, 1992, S. 131.

Schon die Tabellen zu den Gräbern (Anhang Tab. 4 bis 6) zeigen, dass Barthelmess' Aussage nicht stimmt. Die meisten Grabinhaber in Deir el-Medine trugen den Titel *sḏm-ꜥš m S.t-Mꜥꜣ.t*. Es wäre auch nicht logisch, wenn der Großteil der rund 450 Grabanlagen der Gruppe gehört, die personell in der Siedlung am schwächsten vertreten ist, und die Tatsache, dass in den Vorarbeiter- und Schreibergräbern die entsprechenden Titel *ꜥꜣ-n-js.t* und *sš-n-pꜣ-ḫr/-m-S.t-Mꜣꜥ.t* festgehalten wurden, lässt m. E. vermuten, dass Vorarbeiter und Schreiber ihre Titel im Jenseits nicht einfach durch ein *sḏm-ꜥš* austauschten. Damit gab es keine ‚Gleichstellung' der Toten durch den Titel „Diener an der Stätte der Wahrheit".

Es bleibt die Frage, ob höherrangige Status größere Gräber und eine andere Grablage innerhalb der Nekropole gegenüber niedrigeren Status hatten, was einen Statusunterschied und ein Charakteristikum für den jeweiligen Status darstellen würde.

### 3.3.2.1 Grablage

Einen anregenden Gedanken zur Bedeutung der Grablage findet man in Meskells Werk *Archeologies of Social Life*. Meskell schreibt:

> *„The Egyptians held the west to be the sacred domain of the dead, so that one might imagine the Western Necropolis of Deir el Medina* [...] *as being the most ritually potent place to be buried. Being most desirable, it appears that there were constraints on exactly who was buried in this location, as in so many cultures where certain locales take on meaning for elite groups and are thus at a premium."*[827]

Demzufolge müsste die Westnekropole in Deir el-Medine aufgrund der wichtigen kulturellen Bedeutung des Westens ein besonderer Ort gewesen sein, der nur der Elite der Siedlung als Begräbnisstätte vorbehalten war. Das wäre allerdings ausschließlich für die erste Hälfte der 18. Dynastie möglich, da es in dieser Zeit konkrete Gegenstücke zur Westnekropole, nämlich die Ostnekropole und die Gräber im Norden und Süden der Siedlung gab. Die Gräber im Süden wurden durch die ramessidischen Siedlungserweiterung zu Kellern umfunktioniert, die Gräber im Norden sind in das Kapellenareal integriert und die Ostnekropole weist keine Belegung über die 18. Dynastie hinaus auf. Wenn diese bereits vor der Siedlungsgründung angelegt und während der Besiedelungsphase nicht mehr genutzt wurde, dann fällt ein entscheidendes Gegengewicht zur Westnekropole hinsichtlich einer Strukturierung nach Rang weg. In der 19. und 20. Dynastie lässt sich keine ernstzunehmende örtliche Trennung zwischen westlicher und restlicher Nekropole und damit privilegierter und unterprivilegierter Lage vollziehen, da alle Bestattungen in der Westnekropole stattfanden. Außerdem liegt Deir el-Medine am Fuß des thebanischen Westgebirges, also unmittelbar in der Nekropole. Hat damit eine räumliche Trennung zwischen den Arealen der Nekropole von Deir

[827] L. Meskell, 1999a, S. 143.

el-Medine, strukturiert nach der kulturellen und mythologischen Bedeutung des Westens, in den Köpfen der Bewohner überhaupt existiert? Wenn ja, wurden dann die Gräber des Ostfriedhofs als ‚echte Gräber' verstanden, da sie aus der Siedlungsperspektive nicht im Westen lagen? Spräche dieser Gedanke nicht eher gegen eine mythologische Strukturierung der Teile der Nekropole? Weiter müsste man die ausschließliche Benutzung der Westnekropole in der Ramessidenzeit erklären, die folglich einen Traditionsbruch darstellen würde. Wie sähe eine solche Erklärung aus? Könnte man die Erfahrungen der Amarnazeit für eine Veränderung der hierarchischen Gesellschaftsvorstellung verantwortlich machen und einen Wandel hin zur Gleichberechtigung vorschlagen? Denn das würde eine ausschließliche Nutzung der Westnekropole vermuten lassen. Außerdem ist die uns bekannte hierarchische Struktur der Arbeiterschaft auf die Quellen aus der Ramessidenzeit zurückzuführen und diese unterstützen keine Tendenz zur ‚Gleichheit' im Tod. Daher sollte man von einer Strukturierung der Nekropole nach dem Motto ‚der Westen ist am besten' Abstand nehmen.

#### 3.3.2.1.1 Die Grablage in der 18. Dynastie

Für die Untersuchung einer möglichen hierarchischen Bedeutung der Grablage eignet sich am besten der Westfriedhof, da wir über die Gräber in den anderen Friedhofsteilen zu wenig wissen. Vor allem wegen der unbekannten Status der Grabinhaber des Ostfriedhofs sind diese Gräber für die Untersuchung einer Korrelation zwischen einer bestimmten Grablage und einem bestimmten Status unbrauchbar.

Die Tabelle der Gräber der 18. Dynastie (Anhang Tab. 4) verdeutlicht die schwierige Beleglage hinsichtlich der Grablage. Für die 18. Dynastie gibt es acht Gräber mit den TT-Nummern 8, 291, 338, 340, 354, 1138, 1159A und 1352, die die Voraussetzung, dass der Status des Grabherrn bekannt sein muss, erfüllen. Von diesen acht Grabanlagen gehörte nur TT 8 einem hochrangigen Status, dem Vorarbeiter *Ḫꜥ*. Die restlichen Grabanlagen gehörten *sḏm.w-ꜥš* bzw. einem *sš-qdw.t*, der aber dem Organigramm zufolge als einfacher Arbeiter zu werten ist. Zeitlich verteilen sich die Gräber über die gesamte 18. Dynastie oder ihre genaue Datierung ist unklar, sodass sich nicht sicher sagen lässt, ob manche Grabinhaber untereinander ihren Prestigeanspruch kommuniziert haben. Der Blick auf die Karte *Westnekropole 18. Dynastie* (Falttaf. 2) zeigt, dass alle bekannten Gräber dieses Zeitraums flächenmäßig nahezu über die gesamte Nekropole verteilt sind.

Wenn man nun gezielt nach Auffälligkeiten in der Grablage sucht, dann könnte man festhalten, dass sich das Grab des Vorarbeiters *Ḫꜥ* am nördlichsten Punkt der Westnekropole befindet, während sich alle anderen Gräber weiter südlich befinden. Lediglich TT 338 und TT 291, die Gräber des *sš-qdw.t Mꜥy* und der *sḏm.w-ꜥš Nw* und *Nḫ.t-mjn*, befinden sich in unmittelbarer Nähe des Graboberbaus von TT 8. Beide werden in die Nachamarnazeit datiert und wurden damit erst deutlich nach der Anlage des *Ḫꜥ* gebaut. Wieder ist die Quellenlage zu gering, um ein positives Ergebnis hinsichtlich einer Korrelation von Grablage und Status des Grabinhabers zu formulieren. Außerdem ist TT 8 das einzige Grab eines Vorarbeiters. Man bräuchte im Norden der Westnekropole wenigstens ein weiteres Vorarbeitergrab, um diesen

Teil der Nekropole als einen Ort für privilegierte Grabbesitzer zu verstehen, die sich möglichst nah an der Königsnekropole bestatten durften. Die Gräber der *sḏm.w-ꜥš* konzentrieren sich auf kein bestimmtes Gebiet, sondern scheinen willkürlich über die Nekropole verteilt zu sein. Ein privilegierter nördlicher Teil der Westnekropole, der möglichst nah am Königsfriedhof lag, lässt sich aufgrund des Quellenmangels folglich nicht fassen.

Für einen Statusunterschied, der durch die unterschiedliche Höhenlage deutlich wird, gibt es ebenfalls keinen überzeugenden Beleg. Vielmehr zeigt das am höchsten gelegene Grab der 18. Dynastie, die Anlage TT 340 des *sḏm-ꜥš Jmn-m-ḥꜣt*, dass eine Höhenlinie zur Trennung zwischen privilegierten und weniger privilegierten Grabbesitzern in der 18. Dynastie für die Nekropole von Deir el-Medine nicht existiert hat. TT 340 wird in die frühe 18. Dynastie datiert und hat damit sehr wahrscheinlich schon vor der Anlage des *Ḫꜥ* existiert. Hätte es in der 18. Dynastie eine Höhenlinie zur Statusunterscheidung nach dem Verständnis von Engelmann-von Carnap gegeben, dann wäre der Vorarbeiter eigentlich gezwungen gewesen, sein Grab höher als TT 340 anzulegen. Das hat er nicht getan. Folglich ist für die 18. Dynastie keine räumliche Trennung von höherrangigen und niedrigeren Personen festzustellen. Eine Korrelation zwischen Grablage und Status des Grabinhabers ist nicht nachweisbar.

#### 3.3.2.1.2 Die Grablage in der 19. Dynastie

In der Ramessidenzeit, vor allem in der 19. Dynastie, scheint die Quellenlage mehr zu bieten. Die meisten der 44 in der Tabelle aufgelisteten Gräber (Anhang Tab. 5), nämlich 36, werden in die Regentschaft Sethos' I. und seines Sohnes Ramses' II. datiert. Damit lebten die Besitzer dieser Gräber zeitlich nahe beieinander. Innerhalb dieses Zeitrahmens lassen sich in vielen Fällen kollegiale und verwandtschaftliche Verhältnisse nachweisen, sodass anzunehmen ist, dass sich die Grabinhaber untereinander um Ansehen in der Gemeinschaft bemüht haben. Die Tabelle (Anhang Tab. 5) zeigt auch, dass unter den Grabinhabern mehrere hochrangige Status vertreten sind. Insgesamt 12 der 44 Anlagen, die TT-Nummern 6, 7, 211, 212, 215, 216, 250, 265, 266, 298, 360 und 1126, gehörten Vorarbeitern oder Schreibern. Wiederum neun der Vorarbeiter- und Schreibergräber, die TT-Nummern 6, 7, 212, 215, 250, 265, 298, 360 und 1126, werden in die Zeit Sethos' I. und Ramses' II. datiert. Folglich ist die Quellenlage für eine Untersuchung auf eine Korrelation von Grablage und Status dieser Zeit repräsentativ für die Siedlung.

Wirft man einen Blick auf die Karte *Westnekropole 19. Dynastie* (Falttaf. 3) wird deutlich, dass auch in der 19. Dynastie die Gräber über die gesamte Westnekropole verteilt sind. Trotzdem scheint sich mehr als die Hälfte der in der Tabelle aufgelisteten Gräber aus dieser Zeit auf die höchste und damit steilste Lage am Hang des Westgebirges zu konzentrieren. Noch einmal soll Hofmann zitiert werden:

> *„So kann die chronologische Belegung des Hangs während des Neuen Reiches von unten nach oben erkannt werden, wobei die Wahl der Architekturform zum einen von der Topographie, zum anderen von den finanziellen Möglichkeiten*

*abhängig war.* [...] *Die Felskultkammern, die sich am oberen Hang entlangziehen, wurden vorwiegend von im Amt höher Gestellten oder von deren in Deir el-Medine beschäftigten Familienmitgliedern angelegt, und zwar so gut wie alle nicht vor Ramses II.*"[828]

Die Karte (Falttaf. 3) bestätigt soweit einen Teil der Aussage Hofmanns. Die Gräber der höheren Lage des Westfriedhofs werden größtenteils in die 19. und weniger in die 18. Dynastie datiert. Über die Gründe dafür muss spekuliert werden. Vielleicht war das Areal durch die 18. Dynastie bereits so dicht besiedelt, dass man die Nekropole in die Höhe ausweitete. Vielleicht war auch der Wunsch nach einer bestimmten architektonischen Form Grund für die Belegung der steileren Hänge. Meskell interpretiert in ihrem Artikel *Spatial Analyses* die Veränderung der Grabkultur von der 18. Dynastie zur Ramessidenzeit. Sie sieht in der Entwicklung hin zu den Felsgräbern am oberen Hang den Wunsch einer Annäherung an die Felsgräber der Beamten der 18. Dynastie in den anderen thebanischen Nekropolen.

„*Superstructured tombs were quite commonplace in the burials of Egyptian nobles in the XVIIIth Dynasty and it is feasible to imagine some form of emulation taking place at a lower socio-economic level.*"[829]

Die obere Lage am Hang ermöglichte ihr zufolge die Erfüllung dieses architektonischen Wunsches. Hier konnten Gräber und Kapellen in den natürlichen Fels geschlagen werden. Durch den Fels waren sie haltbarer als Lehmziegelbauten.

„*The filtering-down process reached ist apex in the Ramesside Period, when many tombs of the Western Necropolis were integrated within a complex rather than being solitary shafts and vaults. This might explain why the later XIXth and XXth Dynasty tombs were concentrated along the western and northern escarpment where chapels could be hewn from the natural rock, thus being more permanent than the alternative mud brick structures.*"[830]

Den zweiten Teil der Aussage Hofmanns, dass die Gräber am oberen Hang Grabinhabern mit einem höheren Status gehörten, bestätigt die Karte (Falttaf. 3) allerdings nicht. Man muss die Vorarbeiter und Schreiber gegenüber den einfachen Arbeitern als die höherrangigen Status begreifen, da man von den wirklich niedrigen Status, den Mitglieder der Versorgungsmannschaft, den Dienerinnen und den Torwächtern, nicht weiß, wo sie bestattet wurden. Ihnen können keine Gräber in der Nekropole von Deir el-Medine zugewiesen werden. Es ist auch nicht bekannt, ob sie im Tod ebenfalls als *sḏm.w-ʿš* bezeichnet wurden.

[828] E. Hofmann, 2004, S. 67, Anm. 190. In der Anmerkung schreibt Hofmann, dass nur ein Grab der 18. Dynastie in diesem Areal zu finden ist, und zwar TT 340, das Grab des *Jmn-m-ḥꜣt*.

[829] L. Meskell, 2000, S. 261.

[830] Ebd., S. 261–262.

Isoliert man die Gräber der Vorarbeiter und Schreiber von den Anlagen der *sḏm.w-ˁš*, dann wird durch den Blick auf die Karte *Westnekropole Chefs 19. Dynastie* (Falttaf. 3a) deutlich, dass mit fünf Gräbern, TT 6, TT 216, TT 265, TT 266 und TT 1126[831], nur die Hälfte der Anlagen an der höchsten Linie des Hangs der Westnekropole liegt. Manche Grabanlagen werden einer einzigen Person zugewiesen, wie z. B. die Gräber TT 7, TT 212 und TT 250 des Schreibers *Rˁ-msw*. Es konnten auch mehrere Chefs in einer Anlage bestattet werden, wie z. B. in Grab TT 6, der Anlage der Vorarbeiter *Nfr-ḥtp* und *Nb-nfr*, sodass das Verhältnis unausgewogen ist. In Gräbern der höchsten Lage in der 19. Dynastie wurden nur fünf Schreiber und Vorarbeiter bestattet. Dagegen wurden im unteren Teil der Nekropole, in den Gräbern TT 211, TT 298, TT 326 (TT 3)[832] und TT 360, vier Chefs der 19. Dynastie bestattet. Zwei Chefs, die Schreiber *Rˁ-msw* und *Jmn-m-jp.t*, hatten mehrere Anlagen, die jeweils über die höher und niedriger liegenden Areale der Nekropole verteilt sind. *Jmn-m-jp.t* ist ebenfalls auf dem höheren Niveau des Hangs bestattet worden. Sein Grab TT 265 liegt im Hof der Felskapelle TT 7. Nur seine Kapelle TT 215 liegt auf niedrigerem Niveau.[833] Im Fall des Schreibers *Rˁ-msw* liegen zwei Gräber, TT 212 und TT 250, auf den niedrigeren Niveaus der Nekropole. Die höchste Anlage des Schreibers, TT 7, ist eine Grabkapelle, der jedoch keine Grabkammer zugeordnet wird[834]. Damit ist das Verhältnis von bestatteten Chefs zwischen der oberen und der unteren Lage der Nekropole sieben zu fünf (ca. 70 Prozent zu 30 Prozent). Soweit könnte man eine Tendenz der hochrangigen Status hin zur hohen Lage in der Westnekropole formulieren, auch wenn die absolute Grabverteilung, fünf Gräber auf der höchsten Linie und fünf bzw. sechs Gräber im unteren Areal diese Tendenz nicht unterstützt.

Im Vergleich mit den Anlagen der *sḏm.w-ˁš* der 19. Dynastie relativiert sich diese Aussage aber sehr schnell. Der Blick auf die Karte *Westnekropole 19. Dynastie* (Falttaf. 3) zeigt, dass auf der höchsten Lage oder einer ähnlich hohen Lage mit etwa zwölf Gräbern, die TT-Nummern 2, 3, 4, 9, 210, 213, 214, 217, 327, 335, 336 und 337, doppelt so viele Anlagen von einfachen Arbeitern wie von Chefs liegen. Demzufolge kann es auch in der 19. Dynastie in Deir el-Medine keine gedachte Höhenlinie gegeben haben, die privilegierte von weniger privilegierten Grabinhabern trennt.

Das stellt auch ein weiteres Ergebnis Hofmanns in Frage. In ihrer Untersuchung der Nekropole von Deir el-Medine kommt sie zu der Feststellung, „*dass die Ziegelkapellen von Personen niedrigen Ranges errichtet wurden*“[835], während

[831] Diesen stehen die Anlagen TT 211, TT 212/TT 250, TT 298, TT 326 und TT 360 gegenüber. TT 212 und TT 250 gehören dem Schreiber *Rˁ-msw*, der ja nur in einer der beiden Anlagen bestattet werden konnte.

[832] Bei TT 326 handelt es sich um die Grabkapelle des Vorarbeiters *P3-šdw*. Bestattet wurde er Černý zufolge in seinem Familiengrab TT 3, das er noch als *sḏm-ˁš* anlegen ließ. Vgl. J. Černý, 2001, S. 292–293.

[833] Vgl. G. Jourdain, 1939, S. 25–28 und B. Bruyère, 1926a, Pl. III.

[834] Vgl. B. Bruyère, 1925, S. 64–66, B. Bruyère, 1926a, Pl. II. und B. Bruyère, 1927, S. 59–74 und Pl. V.

[835] E. Hofmann, 2004, S. 76.

hochrangige Personen Felskultkammern bauten. Diese kategorische Unterscheidung, die sich auf die angenommene räumliche Aufteilung in Hochlage und unteren Teil der Nekropole stützt, kann nicht nachvollzogen werden. Im Gegenteil, einfache Arbeiter bauten genauso Felskultkammern, wie einige Chefs Oberbauten aus Lehmziegeln errichteten. Beispiele hierfür wären TT 217, das Felsgrab[836] des Bildhauers *Jpwy*, das in der Regierungszeit Ramses' II. gebaut, und die zeitgleiche Anlage TT 360 des Vorarbeiters *Q3-ḥ3*, dessen Kapelle hauptsächlich aus Ziegeln[837] errichtet wurde.

Schränkt man die Gräber der Chefs auf Schreiber und Vorarbeiter ein, die unter Ramses II. gedient haben – siehe Karte *Westnekropole Chefs Ramses II.* (Falttaf. 3b) – wird noch deutlicher, dass die Höhenlage kein Privileg war. Hier befindet sich nur die Anlage TT 1126, die wahrscheinlich einem Mitglied der Führungsschicht zugewiesen werden muss, auf der höchsten Lage, während die Anlage TT 360 des Vorarbeiters *Q3-ḥ3* und die Kapelle TT 326 des Vorarbeiters *P3-šdw* eine Art Gegenpol bilden. In diese Zeit fallen auch die drei Anlagen des *Rˁ-msw* und die zwei Gräber des *Jmn-m-jp.t*, die sich über die Nekropole verteilen. Unter Ramses II. wurden folglich die Grabanlagen der Chefs eher im unteren Nekropolenareal angelegt. Es gibt damit keine räumliche Trennung zwischen Chefs und *sḏm.w-ˁš*, die sich an einer Höhenlinie orientieren würde, die noch heute erkennbar wäre. Hofmanns Ausführungen müssen korrigiert werden. „*Die Felskultkammern, die sich am oberen Hang entlangziehen, wurden*" nicht „*vorwiegend von im Amt höher Gestellten oder von deren in Deir el-Medine beschäftigten Familienmitgliedern angelegt*"[838].

Auch hinsichtlich einer anderen räumlichen Trennung lassen die Karten (Falttaf. 3 bis 3b) keine tendenzielle Entwicklung vermuten. Die Gräber der Chefs befinden sich genauso wie die Anlagen der *sḏm.w-ˁš* von Süd nach Nord auf der gesamten Breite der Nekropole. Demnach stellt auch in der 19. Dynastie die Grablage keinen Statusunterschied dar und kann nicht als Repräsentationsmöglichkeit für den Prestigeanspruch verstanden werden.

#### 3.3.2.1.3 Die Grablage in der 20. Dynastie

Für die 20. Dynastie erübrigt sich die Frage nach einer Korrelation von Grablage und Status des Grabbesitzers. Es wurden kaum neue Gräber angelegt, sondern alte Gräber wieder- oder weiterverwendet. Eine räumliche Trennung zwischen privilegierten und weniger privilegierten Siedlungsbewohnern hätte nur aufrechterhalten werden können, wenn es eine solche Aufteilung zuvor gegeben hätte. Da es diese nicht gab, konnte auch keiner räumlichen Trennung Folge geleistet werden. Außerdem ist die Beleglage für die 20. Dynastie nach der Tabelle (Anhang Tab. 5) kaum repräsentativ. Nur sechs Gräber erfüllen die Voraussetzung, dass der Status des Grabherrn bekannt sein muss.

[836] Vgl. N. d. Davies, 1927, S. 34–35.
[837] B. Bruyère, 1933, S. 72.
[838] E. Hofmann, 2004, S. 67, Anm. 190.

Der Blick auf die Karte *Westnekropole 20. Dynastie* (Falttaf. 4) zeigt, dass sich auf der höchsten Lage drei Anlagen befinden, die des Vorarbeiters *Jn-ḥr-ḫ*ʿ*w*, die des Stellvertreters *Ḥ*ꜣ*y* und die des Arbeiters *Ḥ*ꜣ*y*. Inwieweit der Status des Stellvertreters tatsächlich höher als der eines *sḏm-*ʿ*š* einzuschätzen ist, kann anhand des Lohns nicht geklärt werden. Für jemanden, der den Chef vertritt, kann man das aber annehmen. Trotzdem können auch die beiden Anlagen TT 299 und TT 267 höherrangiger Grabinhaber nicht als Kennzeichen für eine Höhenlinie verstanden werden, wenn es ein solche nicht gab. Zumal der zweite Vorarbeiter namens *Jn-ḥr-ḫ*ʿ*w* die etwas tiefer liegende Anlage TT 359 baute. Eine räumliche Trennung in Nord und Süd ist ebenfalls aufgrund der Wiederbelegung existierender Gräber und der Nichtexistenz einer vorangehenden hierarchischen Schichtung der Nekropole abzulehnen. Es liegen auch in der 20. Dynastie die wenigen für die Untersuchung nutzbaren Gräber, TT 267, TT 299, TT 328, TT 355, TT 259 und TT 1159, zu willkürlich. Gerade das jüngste der aufgezählten Gräber, die Anlage TT 1159 des Vorarbeiters *Ḥr-msw*, bestätigt durch seine zentrale Lage in der Nekropole, dass eine hierarchische Schichtung nicht existiert hat.

Damit ist auch für die 20. Dynastie keine räumliche Trennung der Westnekropole in privilegierte und weniger privilegierte Grablagen greifbar. Die Bewohner von Deir el-Medine scheinen ihre Grablage frei von jeglicher hierarchischer Einschränkung gewählt zu haben.

Die Grablage kann demnach keinen Statusunterschied in Deir el-Medine verdeutlicht haben und bot damit auch keine Möglichkeit Prestigeanspruch zu präsentieren oder durch einen Status erhaltenes Prestige der Nachwelt zu übermitteln.

#### 3.3.2.2 Grabgröße

Die Untersuchung der Grabgröße als Prestigemarker stellt ein besonderes Problem dar. Man müsste die entsprechenden Raummaße der betreffenden Grabkammern, Kapellen und Höfe neu aufnehmen, um eventuellen Messfehlern der Ausgräber vorzubeugen. Da dies aber nicht Thema der Dissertation war und den Rahmen überstiegen hätte, werden die Grabmaße der Archäologen zugrunde gelegt, die Deir el-Medine untersucht haben.

Diese können sich allerdings massiv voneinander unterscheiden, wie es das Beispiel TT 8, das Grab des *Ḫ*ʿ zeigt. Der Arbeit Schiaparellis, der als erster einen Plan zu TT 8 publizierte, sind keine Raummaße zu entnehmen. Der Plan zeigt nur, dass das Grab aus zwei langen Kammern, verbunden durch einen kurzen Korridor, gefolgt von einer dritten breiten Kammer besteht.[839] Diese räumliche Aufteilung wird durch Bruyères Pläne bestätigt[840], aber Raummaße werden auch von ihm nicht angegeben. Es bleibt nun die Möglichkeit, die Raummaße mittels des von Bruyère mitgelieferten Maßstabes selbst zu ermitteln. Dass diese Methode aber zu keinem glaubhaften Ergebnis führt, belegen die publizierten Raummaße und Pläne der Kapelle des *Ḫ*ʿ. Die Kapelle besteht aus einem ummauerten Hof, in

[839] E. Schiaparelli, 1927, S. 8.

[840] B. Bruyère, 1925, Pl. II.

dessen hinteren Teil eine Lehmziegelpyramide mit Kapellenraum gebaut wurde. Die Maße der einzelnen Raumeinheiten gibt Jeanne Vandier d'Abbadie, die die Kapelle 1939 publizierte, wie folgt an: Der Hof hat eine Länge von ca. 8,50 m und eine Breite von ca. 6,26 m. Die Breite errechnet sich aus der Pyramidenseite und dem Abstand zwischen Pyramide und Hofmauer, also 4,66 m + 2 × 0,80 m (1,20 m) bis 1,00 m (2,00 m).[841] Diese Maße entsprechen jedoch nicht den Angaben von Bruyère. Bei ihm misst der Hof vor der Pyramide in der Länge 12,45 m und in der Breite 7,60 m.[842] Überprüft man nun diese Maße auf Bruyères Plan, wird man enttäuscht. Die Raummaße stimmen trotz oder vielleicht wegen des angegebenen Maßstabs nicht mit seinen Angaben im Text überein. Sie widersprechen aber auch den später publizierten Maßen Vandier d'Abbadies.[843] Auf ihrem Plan misst der Hof in der Länge 13 cm bis 14 cm, was getreu dem Maßstab 1/100 einer Länge von 13 m bis 14 m entspricht. Die Breite misst auf dem Plan 5 cm bis 5,50 cm, was einer realen Breite von 5 m bis 5,50 m entspricht. Folglich findet man in der Literatur Bruyères und Vandier d'Abbadies zwei verschiedene Raummaße. Ein drittes Raummaß kann man Bruyères Plan entnehmen. Auch für die Pyramide existieren verschiedene Maßangaben. Bruyères Plan zufolge hat sie eine Basis von 3,60 m × 3,50 m. Vandier d'Abbadie gibt die Pyramidenbasis mit eine Fläche von 4,66 m × 4,72 m an.[844] Auf einem anderen Plan Bruyères, der einen Maßstab von 3,2 cm angibt, die in der Realität 5 m entsprechen, hat die Pyramide des *Ḫ*ᶜ eine Basis von knapp 5 m × 5 m und der Hof auf dem Plan eine Länge von 11,8 cm, etwa 18 m, und eine Breite von 4,5 cm, etwa 7 m.[845] Letztlich liegen vier verschiedene Raummaße für Hof und Pyramidenkapelle des *Ḫ*ᶜ vor. Allein dieses Beispiel lässt an den Plänen und Textangaben als Quelle für Raummaße stark zweifeln. Auch die neueste umfassende Untersuchung der Gräber der thebanischen Nekropole durch Frederike Kampp hilft in dieser Frage nicht weiter. Kampp nimmt zwar die Gräber von Deir el-Medine in ihrem Katalog auf, beschreibt sie aber nicht näher, da die Gräber ihr zufolge *„nicht zum Untersuchungsbereich der Arbeit gehören"*.[846] Nur TT 8, TT 206 und TT 216 werden ausführlicher beschrieben. Es fehlen aber auch hier Maßangaben. Da Kampp die Abbildungen aus den Arbeiten von Vandier d'Abbadie und Bruyère übernommen hat, lassen sich auch aus ihnen keine weiteren Informationen über die Raummaße ableiten.[847]

Um die Grabgröße zu untersuchen, bleiben die Quantifizierung der Raumeinheiten und der relative Größenunterschied der auf den Grabungsplänen Bruyères

[841] J. Vandier d'Abbadie, 1939, S. 2–4. 4,66 m + 1,20 m = 5,86 m und 4,66 m + 2,00 m = 6,66 m, das Mittelmaß wäre also 6,26 m. Ich habe die kürzere Seite (4,66 m) gewählt – Vandier d'Abbadie misst die Pyramidenbasis mit 4,66 m × 4,72 m –, da in den Zeichnungen die kürzere Seite immer die Vorder- bzw. Rückseite der Pyramide darstellt.

[842] B. Bruyère, 1925, S. 55.

[843] Ebd., Pl. II.

[844] J. Vandier d'Abbadie, 1939, S. 2.

[845] B. Bruyère, 1926a, Pl. IV.

[846] F. Kampp, 1996, S. 186.

[847] Ebd., S. 188–190.

eingezeichneten Raumeinheiten zueinander, der zumindest einen Eindruck der Größenunterschiede unter den Gräbern geben kann. Die gesuchte Korrelation zwischen Grabgröße und Status würde bestätigt werden, wenn ein Vorarbeiter oder Schreiber im Verhältnis möglichst viele Räumlichkeiten oder möglichst große Raumeinheiten gegenüber einem einfachen Arbeiter besessen hätte. Aussagen, wie die von Petra Barthelmess stimmen in dieser Frage zuversichtlich.

> *„Die Felsgräber, vor allem die der einfachen Arbeiter, bestehen oft nur aus einem rechteckigen Raum mit gewölbter Decke. Dieser Kammer ist oft ein schmaler, langer Eingangskorridor vorgelagert, wogegen die Gräber höhergestellter Personen oft zwei oder drei aufeinanderfolgende Räume aufweisen."*[848]

Liest man weiter, wird deutlich, dass sich Barthelmess nicht nur auf Felsgräber, sondern ausschließlich auf ihre oberirdischen Kultbauten, also die Felskapellen, bezieht.

Schon das erste Grab TT 340 der 18. Dynastie (Anhang Tab. 4) zeigt, wie unsicher die Methode des räumlichen Vergleichs ist. Man muss jedoch berücksichtigen, dass es sich bei diesem Grab nicht um ein Felsgrab handelt. Die Anlage TT 340 des *sḏm-ʿš Jmn-m-ḥ3t* besteht aus einem möglichen Vorhof, von dem aus einige Stufen durch einen kurzen Korridor hinab in eine Lehmziegelkapelle führen, die eine Nische an der Rückwand aufweist. Die Grabkammern des *Jmn-m-ḥ3t* sind nicht gesichert. Nadine Cherpion, die das Grab untersucht und publiziert hat, schreibt, dass Bruyère den Schacht 1043[849] als den zur Kapelle gehörigen Grabeingang identifiziert hat. Dieser Schacht ist ihr zufolge heute nicht mehr sichtbar. Die durch diesen Schacht zugänglichen Kammern liegen nach Bruyère direkt unter dem Hof der Kapelle, sodass Cherpion eine Zuweisung der Räume zur Kapelle TT 340 als Grabkammern des *Jmn-m-ḥ3t* befürwortet.[850] Dennoch bleiben aufgrund der Beleglage berechtigte Zweifel. Die Kammern müssen nicht zu TT 340 gehören. Eine Quantifizierung der Raumeinheiten des *Jmn-m-ḥ3t* ist entsprechend unsicher. Das bedeutet wiederum, wie man im Folgenden an weiteren Beispielen sehen wird, dass aufgrund der Beleglage eine vollständige Quantifizierung der Raumeinheiten eines Grabes nicht in allen Fällen möglich ist. Es könnte so ein falscher Eindruck der Grabgröße einer bestimmten Anlage entstehen, der dann mit anderen, möglicherweise ebenfalls falschen Eindrücken verglichen werden soll.

Trotzdem bleibt zu prüfen, ob sich Barthelmess' Aussage für die Felsgräber bewahrheitet und gegebenenfalls auf andere Gräber übertragbar ist. Wie bei der Grablage, soll bei der Gegenüberstellung der Raumeinheiten der chronologischen Einteilung in Dynastien gefolgt werden. Mit der Auswertung der Gräber der 19. Dynastie wird Barthelmess' Aussage überprüft. Alle von ihr angesprochenen Felsgräber datieren in diesen Zeitraum.

848 P. Barthelmess, 1992, S. 133.

849 Vgl. B. Bruyère, 1926a, Pl. VII.

850 N. Cherpion, 1999, S. 6–9. Die Lage des Schachts und der Kammern auf Bruyères Plan VII (B. Bruyère, 1926a) sprechen auch für diese Zugehörigkeit.

Raumeinheiten mit Hilfe von Bruyères Beschreibungen, Zeichnungen und Plänen zu fassen und zu quantifizieren, ist nicht ganz einfach, da die Grabungsberichte über den großen Publikationszeitraum von 1926 bis 1959 variieren und nicht alle Gräber ausführlich behandelt wurden. Außerdem zeigen die Pläne auch nicht alle der untersuchten Grabanlagen mit allen Raumeinheiten. Oft wurde nur die Lage der Kapelle berücksichtigt, ohne die zugehörigen Grabkammern einzuzeichnen, sodass nicht nur die Anzahl der Raumeinheiten schwierig zu ermitteln, sondern auch ein Größenvergleich kaum möglich ist. Daher wird in der Arbeit als Raumeinheit gefasst, was auf den Plänen als Raumeinheit gewertet werden kann. Dazu sollen der (Vor)hof, die Räumlichkeiten der Kultkapelle, wobei Stelennischen nicht als eigene Raumeinheit gesehen werden, und die einzelnen Grabkammern zählen. Es ist vor allem schwer zu entscheiden, ob Gänge, die von Bruyère meist als „*couloir*" bezeichnet wurden, tatsächlich als Gänge oder besser doch als eigene Raumeinheit zu werten sind. Grabschächte oder Treppenzugänge zu den Grabkammern sowie lange schmale ‚Gänge', kurze Durchgangskorridore und ‚Türschwellen' werden nicht als eigene Raumeinheiten gewertet.

### 3.3.2.2.1 Die Grabgröße in der 18. Dynastie

Für die 18. Dynastie würde man erwarten, dass das Grab des *Ḫ*ˁ die Gräber der anderen in Größe und Anzahl der Raumeinheiten überflügelt. Zum Grab gehört wie bereits oben erwähnt, ein Hof, in dem eine Pyramidenkapelle steht. Gegenüber dieser Anlage, im Nordwesten der Siedlung an der Felswand befindet sich der Schacht, der zu insgesamt drei Grabkammern führt.[851] Der Vorarbeiter hatte mit Hof, Kapelle und Grabkammern fünf Raumeinheiten in seiner Grabanlage. Im Vergleich dazu hatte der *sḏm-ˁš Jmn-m-ḥ3t*, TT 340, mit seiner Kapelle und seinem Hof mindestens zwei, wahrscheinlich sogar durch die beiden Grabkammern von Schacht 1043 vier Raumeinheiten. Dass die Raumeinheiten dieses Grabes nicht sicher quantifiziert werden können, wurde im Vorhergehenden bereits erläutert.[852] Allerdings kann angenommen werden, dass *Jmn-m-ḥ3t* zumindest eine Grabkammer in der Nekropole hatte. Die Vermutung, dass diese vorzugsweise in der Nähe seiner Kapelle angelegt wurde, und Schacht 1043 demnach der wahrscheinlichste Zugang zu seinem Grab ist, liegt nahe. TT 1138, die Grabanlage der *sḏm.w-ˁš N3ḫj* und *Jmn-w3ḥ-sw*, besteht aus insgesamt sechs Raumeinheiten, einem Hof, der mit anderen Grabanlagen geteilt wird, einer Kapelle und vier Grabkammern.[853] Die Grabanlage des *St3w*, TT 1352, stellt den Forscher vor ein Problem. Es gibt nur eine nachweisbare Raumeinheit, die Grabkammer. Die Situation des Grabes wurde im Vorhergehenden angesprochen. Die Zerstörung der anderen zugehörigen Raumeinheiten, vor allem der Oberbauten, resultiert vermutlich aus der Wiederverwendung des Areals in der Ramessidenzeit.[854] Würde man also einen Hof und

[851] Vgl. J. Vandier d'Abbadie, 1939, S. 3, Fig. 1 und B. Bruyère, 1925, Pl. II.
[852] Vgl. Kap. 3.3.2.2.
[853] B. Bruyère, 1929, S. 12–16, Fig. 8–9 und Pl. I.
[854] Vgl. Kap. 3.3.1.2.3.

eine Kapelle als Kultstätte und die Kammern K und L als weitere Grabkammern annehmen, dann könnte man dem Grab vier bis fünf Raumeinheiten zuweisen. TT 291, die Anlage der *sḏm.w-ʿš Nw* und *Nḫ.t-mjn*, hatte fünf Raumeinheiten, einen Hof, eine Pyramidenkapelle mit zwei Räumen und zwei Grabkammern.[855] Die beiden letzten Gräber, TT 338 des *sš-qdw.t Mʿy* und TT 1159A des *sḏm.ʿš Sn-nfr*, sind problematisch. Die Ausmaße des Hofs und der Kapelle von TT 338 sind nicht mehr zu rekonstruieren. Der Kapellenraum ist jedoch erhalten, sodass diese Raumeinheit gesichert ist. Neben der Kapelle befinden sich zwei Grabkammern im Fels, die Bruyère TT 338 zuweist.[856] Die Grabanlage TT 338 hatte drei bis vier Raumeinheiten, je nachdem, ob man einen Hof annimmt oder nicht. TT 1159A wurde ebenfalls im Vorhergehenden schon angesprochen.[857] Da der Vorarbeiter *Ḥr-msw* das Grab wiederbenutzte, gehörte seine Grabkammer ursprünglich zum Grab des *Sn-nfr*. Damit hatte dieser zwei Grabkammern. Oberbauten sind nicht erhalten. Eine Kapelle als Kultstelle darf aber angenommen werden. TT 1159A hatte demzufolge mindestens zwei, möglicherweise drei Raumeinheiten. Nimmt man zusätzlich einen Hof vor der Kapelle an, muss man vier Raumeinheiten zählen.

Die Situation der Gräber in der 18. Dynastie stellt sich wie folgt dar: Als ‚intakt' wahrgenommene Anlagen wie TT 8, TT 291, TT 340 und TT 1138 haben zwischen vier und sechs Raumeinheiten. Die restlichen Anlagen haben weniger als vier Raumeinheiten. Nimmt man die Existenz der in allen Fällen fehlenden Oberbauten an und spricht man TT 1352 noch die Grabkammer K zu, die nur durch eine Schuttwand von der Kammer S getrennt ist, dann hätten alle Grabanlagen mindestens vier Raumeinheiten gehabt, einen Hof, eine Kapelle und zwei Grabkammern. Die Erwartung, dass der Vorarbeiter *Ḫʿ* mit einer signifikant höheren Anzahl an Raumeinheiten ausgestattet war, trifft folglich nicht zu. Das Grab mit den meisten Raumeinheiten, TT 1138, gehörte einfachen Arbeitern. Zu berücksichtigen ist, dass sich die zwei Grabanlagen mit fünf oder sechs Raumeinheiten, TT 291 und TT 1138, jeweils zwei einfache Arbeiter teilten. In den Anlagen mit mehr als vier Raumeinheiten liegen also entweder zwei *sḏm.w-ʿš* oder ein *ʿꜣ-n-js.t*.

Das könnte man als eine Mehrheit an Grabkammern für den Vorarbeiter deuten. Der Unterschied in der Anzahl der Raumeinheiten, fünf Räume für einen Vorarbeiter gegenüber vier Räumen für einen Arbeiter oder fünf bis sechs Räumen für zwei Arbeiter, ist dabei so gering, dass es gewagt wäre, hier einen Statusunterschied festzumachen. Vielmehr spricht die Anzahl von vier bis sechs Räumen eher für eine nahezu feste Grabform, die aus mindestens vier Raumeinheiten bestand. Variationen würden sich dann nur im Bereich der Grabkammern finden. *Ḫʿ* hätte drei Kammer vorzuweisen und die Grabanlagen, die mehr als zwei Grabkammern haben, sind wiederum die Anlagen, die sich je zwei *sḏm.w-ʿš* teilen. Damit könnte vielleicht die Anzahl der Grabkammern einen Statusunterschied verdeutlicht haben, der als Prestigemarker in der 18. Dynastie genutzt worden sein könnte. Dafür ist

[855] B. Bruyère und C. Kuentz, 1926b, Pl. I.
[856] B. Bruyère, 1926a, S. 193 und Pl. IV.
[857] Vgl. Kap. 3.3.1.2.3.

erneut die Beleglage zu dünn. Es gibt zum Grab des *Ḫ*ʿ keine Vergleichsmöglichkeit, um ein Mehr an Grabkammern bei Vorarbeitern als Muster festlegen zu können.

Vielleicht zeigen sich Statusunterschiede anhand der Größe der Raumeinheiten. Die Größe der Grabkammern, Höfe und Kapellen müsste auf Bruyères Plänen nachvollzogen und verglichen werden können. Da die Grabkammern meist auf unterschiedlichen Plänen eingezeichnet oder als Zeichnungen in den Text integriert wurden, ist das in diesen Fällen problematisch. Die Maßstäbe der Pläne sind wie oben erwähnt nicht immer gleich oder wurden zum Teil gar nicht angegeben[858], sodass ein Größenvergleich der Grabkammern ausgeschlossen ist. Der Großteil der oben angesprochenen Oberbauten findet sich auf Plan I in Bruyères *Rapport sur les Fouilles de Deir el Médine (1928)* von 1929.[859] Es ist kein Maßstab angegeben. Der Plan zeigt die Oberbauten der Gräber TT 8, TT 291, TT 338, TT 340 und TT 1138. Oberbauten von TT 1159A existierten zum Zeitpunkt der Grabung nicht. Der Schacht 1159 ist markiert. TT 1352 ist auf dem Plan nicht mehr eingezeichnet, da es zu weit südlich liegt. Aber Oberbauten sind auch hier nicht nachgewiesen. Auf Plan I erkennt man, dass die Ausmaße vor allem des Hofs und wohl auch der Pyramidenkapelle des *Ḫ*ʿ die Maße der Oberbauten der anderen Gräber deutlich übersteigen. Dementsprechend hatte der Vorarbeiter eine größere Anlage als die einfachen Arbeiter. Dieser Unterschied wäre ein bedeutendes, noch heute nachvollziehbares Merkmal für den Statusunterschied, das über den Tod hinaus für alle Mitglieder der Gesellschaft von Deir el-Medine präsent war. Mangels Vergleich lässt sich aber auch in diesem Fall kein Muster ‚größere Kultstelle entspricht bedeutendere Person' feststellen. Dennoch ist die Größe der Oberbauten womöglich der am ehesten fassbare Unterschied bezüglich der Bauten von Bewohnern niederer sozialer Ränge, der auch die Kriterien der Wahrnehmbarkeit, kulturellen Vertrautheit und Distinktion in der 18. Dynastie erfüllen kann. Wahrnehmbar war die Größe des Grabmals jederzeit für jede Person. Dass *Ḫ*ʿ erfolgreich für sein jenseitiges Leben gesorgt hatte, verdeutlicht der Bau ebenso. Die Tatsache, dass keiner der *sḏm.w-*ʿ*š* der 18. Dynastie ein ähnlich großes Kultgebäude gebaut hat, legt nahe, dass die herausragende Größe des Hofs und der Kapelle als Distinktionsmittel genutzt worden sein könnte. Vielleicht konnte auch die Größe der Kapelle als Zeichen seines Standes eine bestimmte Attraktivität oder Respektabilität auslösen. Ohne weitere Vergleichsobjekte sind diese Schlussfolgerungen nicht mehr als Spekulation. Vielleicht weisen sie auf eine Tendenz hin, die sich in den Folgeepochen ebenfalls feststellen lässt.

#### 3.3.2.2.2 Die Grabgröße in der 19. Dynastie

In der 19. Dynastie, vor allem der Regierungszeit Ramses' II., wurden die meisten der oben aufgelisteten Grabanlagen gebaut. Und wie im Fall der Grablage dürften auch für die Grabgröße die Quellen dieser Zeit die gesellschaftliche Situation von Deir el-Medine am besten repräsentieren. Es gibt genug Anlagen von Vorarbei-

858 Vgl. B. Bruyère, 1929, Pl. I.
859 Ebd., Pl. I.

tern und Schreibern, die denjenigen einfacher Arbeiter gegenübergestellt werden können, um mögliche Muster herauszuarbeiten.

Die Nekropole von Deir el-Medine hat insgesamt 14 Grabanlagen von Vorarbeitern oder Schreibern mit den TT-Nummern 3, 6, 7, 211, 212, 215, 216, 250, 265, 266, 298, 326, 360 und 1126, wobei sich manche TT-Nummer ausschließlich auf eine Kapelle, einen Hof mit Kapelle oder nur auf die eigentlichen Grabkammern bezieht. Die älteste dieser Grabanlagen, TT 6, gehörte dem Vorarbeiter *Nfr-ḥtp* und seinem Sohn und Amtsnachfolger *Nb-nfr*. Die Anlage beinhaltet einen Hof und eine in den Fels geschlagene Kapelle mit drei Räumen. Bruyère erwähnt, dass im Hof der Grabschacht ist. Über die Anzahl der Grabkammern erfährt man nichts.[860] In der topographischen Bibliographie der thebanischen Nekropole von Bertha Porter und Rosalind Moss[861] wird zumindest eine Grabkammer aufgeführt, sodass man sechs Raumeinheiten vermuten kann.

In TT 298 wurden ebenfalls zwei Personen bestattet, der Vorarbeiter *B3kj* und sein Vater, der *sḏm-ꜥš Wn-nfr*. Die Anlage bestand aus einem heute nicht mehr existenten Hof, zwei Kapellen, von denen Bruyère eine *B3kj* zuweist, während er den Besitzer der anderen Kapelle nicht mehr identifizieren konnte, und einem Grabkomplex aus fünf Kammern.[862] Das Grab bestand demnach aus sieben bis acht Raumeinheiten für zwei Personen, je nachdem ob man die anonyme Kapelle *Wn-nfr* zusprechen möchte oder nicht.

*P3-šdw* baute sich, als er zum Vorarbeiter ernannt wurde, die Kalksteinkapelle TT 326.[863] Zuvor hatte er sich bereits als *sḏm-ꜥš* das Grab TT 3 angelegt, das einen Hof, eine Kapelle und drei Grabkammern umfasst.[864] Inwiefern einer der Schächte und die anschließenden Grabkammern im Hof der Kalksteinkapelle TT 326 dem *P3-šdw* zuzuweisen sind, ist fraglich, sodass höchstens der Hof und die Kapelle als Raumeinheiten gewertet werden können.[865] Die Quantifizierung der Raumeinheiten stellt in diesem Fall ein Problem dar. Zählt man alle Räume von TT 3 und TT 326, dann erhält man sieben Raumeinheiten, zwei Höfe, zwei

[860] B. Bruyère, 1926a, Pl. II. Die angekündigte Publikation des Grabes beschränkt sich auf einen Tafelband (Wild, MIFAO 103), da Henri Wild den Textband nicht mehr fertigstellen konnte. Vgl. W. J. Murnane, 1987.

[861] B. Porter und R. L. B. Moss, 1960, S. 15.

[862] B. Bruyère, 1928, S. 87–89, Fig. 59 und 91–92. Die direkte Nachbarschaft zur Kapelle des *B3kj* würde für eine Zuweisung der anderen Kapelle an seinen Vater *Wn-nfr* sprechen.

[863] Vgl. B. Bruyère, 1924, S. 38–50 und Pl. II, A.-P. Zivie, 1979, S. 109 und 122–123. Zivie spricht von „*la tombe 326*". Eine zur Kapelle gehörige Grabkammer fehlt jedoch. Vgl. auch B. G. Davies, 1999, S. 2, Anm. 13, und J. Černý, 2001, S. 292–293. Dass ein Arbeiter nach seiner Ernennung zum Vorarbeiter sein Grab ausbaut oder ein neues Grab anlegt, ist nur im Fall des *P3-šdw* und der Kapelle TT 326 belegt. Vergleichbares lässt sich bei *P3-nb* vermuten. Der pSalt 124 (rt. II 5–6) berichtet davon, wie *P3-nb* Arbeitern befohlen hatte, Steine zu schlagen und daraus vier Säulen in seinem eigenen Grab zu errichten. Vgl. J. Cerný, 1929, S. 245. TT 211 weist jedoch keine Spuren von Säulen auf. Möglicherweise baute sich *P3-nb* als Vorarbeiter ein weiteres Grab, das wir nicht kennen. Für die Annahme, dass man bei der Ernennung zu einem Vorarbeiter auch ein neues Grab anlegte, ist damit die Beleglage zu gering.

[864] Vgl. A.-P. Zivie, 1979, S. 15–22 und Fig. 1.

[865] Vgl. B. Bruyère, 1924, S. 49–50.

Kapellen und drei Grabkammern. Konzentriert man sich ausschließlich auf die Kapelle TT 326, dann zählt man mit Hof und Kapelle zwei Raumeinheiten. Ergänzt man die Zahl um die Grabräume von TT 3, die in jedem Fall gezählt werden müssen, da sie die einzigen belegten Grabkammern des *Pꜣ-šdw* sind, erhält man fünf Raumeinheiten. Folglich hatte der Vorarbeiter zwischen fünf und sieben Raumeinheiten zur Verfügung.

Dass die Kultstelle und das eigentliche Grab räumlich getrennt sein konnten, zeigt die Anlage des Schreibers *Jmn-m-jpt*. Sie setzt sich aus Hof und Kapelle, TT 215, und den drei Grabkammern TT 265 inmitten des Hofs von TT 7 zusammen[866] und umfasst damit fünf, vielleicht sechs Raumeinheiten, wenn man den Hof von TT 7 als zusätzlichen Raum werten will.

Der *sš-n-pꜣ-ḫr Rꜥ-msw* legte TT 7, TT 212 und TT 250 an. Alle drei Anlagen haben Kultstellen. Grabkammern sind nicht immer vorhanden. TT 7 umfasst eine in den Fels geschlagene Kapelle und einen Vorhof.[867] TT 212 ist ebenfalls eine Felskapelle mit einem davor liegenden Hof. In der Kapelle wurde ein Schacht gefunden, der Bruyère zufolge zur Grabkammer der Anlage führt. Nicht erwähnt wird, wie viele Grabkammern zu TT 212 gehörten.[868] TT 250 ist die größte Anlage des *Rꜥ-msw*. Bruyère interpretiert sie als Familiengrab für den ‚Harem' des Schreibers. Sie umfasst einen Hof mit einer dreiräumigen Kapelle sowie drei Grabkammern.[869] Davies, der TT 250 ebenfalls als Anlage für die weibliche Dienerschaft versteht, möchte dementsprechend in TT 212 das Grab der männlichen Dienerschaft des *Rꜥ-msw* sehen und TT 7 zum eigentlichen Grab des Schreibers machen[870], obwohl die Grabkammer fehlt. Demnach ist es schwer, eine der Grabanlagen als tatsächliche Ruhestätte des *Rꜥ-msw* zu belegen und die für ihn verfügbaren Raumeinheiten genau zu quantifizieren. Addiert man alle Räume der drei Anlagen, erhält man elf bis zwölf Raumeinheiten je nachdem, ob man dem von Bruyère erwähnten Schacht in TT 212 eine Grabkammer folgen lässt oder nicht. TT 250 hat allein sieben, TT 212 zwei bis drei und TT 7 zwei Raumeinheiten. Damit hatte der Schreiber mindestens drei Räume, Hof, Kapelle und eine Grabkammer, und maximal zwölf Räume, TT 7, TT 212 und TT 250 zusammengezählt, zur Verfügung.

Die Grabanlage des *ꜥꜣ-n-js.t Qꜣḥꜣ*, TT 360, umfasst zwei Höfe, die er sich mit seinem Vater, dem Arbeiter *Ḫwy* (TT 361) teilte. In der 20. Dynastie legte auch der Vorarbeiter *Jn-ḥr-ḫꜥw* im ersten der beiden Höfe sein Grab TT 359 an. Zur Anlage des *Qꜣḥꜣ* gehören außerdem eine zweiräumige Kapelle sowie mindestens drei Grabkammern. Bruyère vermutet, dass die Kammer „*C*", die letzte der drei Grabkammern des *Qꜣḥꜣ*, in späterer Zeit usurpiert wurde, und dass die neuen Grabherren zwei weitere Kammern „*D*" und „*E*" anlegten.[871] Die Kultbauten des

[866] Vgl. G. Jourdain, 1939, S. 25–28 und Pl. XVIII und B. Bruyère, 1926a, Pl. III.

[867] B. Bruyère, 1926a, Pl. III.

[868] B. Bruyère, 1925, S. 64–66 und Pl. XVIII. Der Verweis auf Pl. XXII ist wohl als Druckfehler zu verstehen, da der entsprechende Plan nur Zeichnungen zu TT 292 enthält.

[869] B. Bruyère, 1927, S. 59–74 und Pl. V. Vgl. auch Kap. 3.5.

[870] B. G. Davies, 1999, S. 83.

[871] B. Bruyère, 1933, S. 71–77, S. 34–35, Fig. 17–18 und Pl. I und XXIV.

*Q3ḥ3* scheinen sich auch nicht ausschließlich auf seine Kapelle zu beschränken. Im ersten Hof steht eine Portikus, von Bruyère als „*Portique de Kaha*" benannt, mit zwei dahinter liegenden Kammern. In der größeren Kammer befindet sich der Schacht TT 359. Wenn diese Räumlichkeiten zum Kultbereich des *Q3ḥ3* zu zählen sind, dann hatte er fünf Raumeinheiten für den Kult. Zu TT 360 gehören damit zwei Höfe, eine Kapelle mit zwei Räumen und möglicherweise drei weiteren oberirdischen Raumeinheiten sowie drei Grabkammern. *Q3ḥ3* hatte sieben bis zehn Raumeinheiten in seiner Grabanlage.

Grab TT 211 des *P3-nb*, das er noch als Arbeiter anlegte, ist nach Bruyère entweder unfertig und es fehlen Hof und Kapelle, denn es existiert nur ein Schacht mit einer Grabkammer, oder die oberirdischen Kultbauten sind von der Grabanlage räumlich getrennt, was für Deir el-Medine nicht ungewöhnlich wäre.[872] Bezüglich *P3-nb* bleibt die Möglichkeit der räumlichen Trennung mangels Belege Spekulation.

Die Grabanlage TT 216 des Vorarbeiters *Nfr-ḥtp* beschreibt Bruyère als:

> *„...la plus grande et la plus riche des tombes de Deir el Médineh. Il semble que Nefer hotep, dont la famille s'apparente à toutes celles de l'endroit, ait occupé une situation très élevée parmi ses contemporains."*[873]

Vielleicht liegt in dieser Aussage sogar ein Grund für den vermuteten Zusammenhang zwischen der Grabgröße, der Lage des Grabes – das Grab liegt auf dem höchsten Niveau der Westnekropole – und der Repräsentation von Status. Die Anlage besteht aus einer Rampe, die zu einem kleinen Vorplatz führt. Darauf folgen zwei Höfe und eine in zwei Räume aufgeteilte Felskapelle, in deren hinterem Teil der Schacht zu den fünf Grabkammern liegt.[874] *Nfr-ḥtp* hatte demnach neun und wenn man die Rampe und den Vorplatz zählt, bis zu elf Raumeinheiten, die zu seiner Grabanlage gehörten.

Der Besitzer von TT 1126 hatte sechs Raumeinheiten in seiner Grabanlage. Sie besteht aus einem Hof, einer dreiräumigen Kapelle mit einem Schacht, der zu zwei Grabkammern führt. TT 1126 lässt sich nicht sicher einer bestimmten Person zuweisen. Bruyère nennt als mögliche Grabherren den Schreiber *Qn-ḥr-ḫpš=f* und den Vorarbeiter *Q3-ḥ3*.[875]

Das letzte Grab eines Chefs der 19. Dynastie in der Nekropole von Deir el-Medine, die Grabanlage des Vorarbeiters *Jmn-nḫ.t* TT 266[876], umfasst sechs Raumeinheiten. Den Hof teilte sich der Vorarbeiter mit der Anlage TT 267 seines

[872] B. Bruyère, 1952b, S. 66–70, Fig. 4. Siehe die Grabanlagen TT 215 und TT 265. Siehe auch Kap. 3.3.2.2.1.

[873] B. Bruyère, 1925, S. 36.

[874] Ebd., S. 36–40, Pl. IX und B. Bruyère, 1926a, Pl. II.

[875] B. Bruyère, 1928, S. 27–30, Fig. 19. Die Personenzuweisung basiert auf wenigen beschrifteten Funden. Zur Identifikation des Grabes siehe auch B. J. J. Haring, 2007, Sp. 142–143.

[876] B. G. Davies, 1999, S. 66. Für Davies ist Amennakht (x) Grabherr von TT 266, da in direkter Nachbarschaft in TT 267 sein Sohn *Ḥ3y* bestattet ist.

Sohnes *Ḥ3y* und einer Kapelle, deren Besitzer nicht bekannt ist. Die Kapelle des *Jmn-nḫ.t* wurde in den Fels geschlagen und hat zwei Räume. Der in der Kapelle liegende Schacht führt zu drei Grabkammern.[877]

Das Grab TT 206 muss hier noch erwähnt werden. Es liegt nicht in Deir el-Medine, sondern in der Nekropole von Chôcha. Das Grab gehörte einem *sš-m-S.t-Mꜥ3.t Jnpw-m-ḥb* und ist das einzige Grab eines Angestellten von Deir el-Medine, das nicht innerhalb der Nekropole der Siedlung angelegt wurde.[878] Der topographischen Bibliographie von Porter und Moss[879] zufolge sind wir nur über die zweiräumige Kapelle informiert.

Bei einer Auswertung dieser Gegenüberstellung sollte man neben TT 206 die Sonderfälle *Rꜥ-msw* und *P3-nb* vernachlässigen. Für den einen lässt sich nicht klären, in welchem seiner drei Gräber (TT 7, TT 212 und TT 250) er bestattet wurde, und die Anlage des anderen wurde mit nur einer Grabkammer von Bruyère als unfertig bezeichnet. Damit können die Raumeinheiten für beide nicht sicher quantifiziert werden. Alle anderen Grabanlagen haben zwischen fünf und elf Raumeinheiten. TT 216 ist mit neun bis elf Raumeinheiten tatsächlich, wie Bruyère schon schrieb, die größte Grabanlage eines Chefs in Deir el-Medine. Alle anderen sieben Anlagen (TT-Nummern: 3/326, 6, 215/265, 266, 298, 360 und 1126) haben durchschnittlich sechs bis sieben Raumeinheiten. Einzig für TT 360 könnten bis zu zehn Raumeinheiten vermutet werden.

Dieser Durchschnitt von sechs bis sieben Raumeinheiten in Grabanlagen von Vorarbeitern oder Schreibern soll nun den 29 Grabanlagen der *sḏm.w-ꜥš* aus der 19. Dynastie mit den TT-Nummern 1, 2, 4, 5, 10, 210, 213, 214, 217, 218, 219, 220, 268, 290, 292, 321, 322, 323, 327, 329, 330, 335, 336, 337, 339, 356, 357, 361 und 1164 gegenübergestellt werden.

Die Grabanlage TT 268[880] des *Nb-nḫ.tw* umfasst einen Hof, den er mit anderen Grabanlagen teilt, eine Kapelle und eine Grabkammer, die von Bruyère erwähnt wird. Insgesamt hätte das Grab damit drei Raumeinheiten.[881] Fünf Raumeinheiten hat das Grab TT 323 des *sš-qdw.t P3-šdw*. Es besteht aus einer Felskapelle mit einem Korridor und einem Raum, in dem der Schacht liegt, der zu drei Grabkammern führt. Möglichweise existierte auch ein Hof. Auf den Plänen Bruyères wurde er nicht eingezeichnet.[882] TT 361, die Anlage des *Ḫwy*, besteht aus zwei Höfen und einer Kapelle. Die Höfe teilt er sich u. a. mit der Grabanlage seines Sohnes *Q3ḥ3* TT 360. Eine Grabkammer ist bei Bruyère nicht belegt.[883] Die beiden Höfe sind möglicherweise erst von *Q3ḥ3* gebaut worden. Heute ist nicht mehr nachvollziehbar, wie die Anlage zur Bestattung des *Ḫwy* ausgesehen hat, sodass

[877] B. Bruyère, 1926a, Pl. II und III und J.-P. Corteggiani, 1984, S. 61–67, Fig. 2.
[878] B. G. Davies, 1999, S. 90, Anm. 126.
[879] B. Porter und R. L. B. Moss, 1960, S. 292 und 305.
[880] B. G. Davies, 1999, S. 239. TT 268 kann keinem der neun belegten *Nb-nḫ.tw* sicher zu gewiesen werden.
[881] B. Bruyère, 1934, S. 49–50.
[882] B. Bruyère, 1925, S. 80–86 und Pl. II.
[883] B. Bruyère, 1933, S. 82–84 und Pl. I.

man nur das quantifizieren kann, was man in Bruyères Aufzeichnungen findet. TT 361 besteht damit aus drei, vielleicht vier Raumeinheiten, wenn man eine Grabkammer annimmt. Sechs Raumeinheiten zählt die Anlage TT 292 eines anderen *P3-šdw*. Ein Hof, eine zweiräumige Felskapelle und drei Grabkammern bilden das Grab.[884] TT 1, das Grab des *Sn-nḏm*, umfasst fünf bis sechs Raumeinheiten. Das entspricht dem Durchschnitt. Das Grab besteht aus einem Hof, der insgesamt drei Kultkapellen enthält, die Kapelle des *Sn-nḏm*, eine weitere für seinen Sohn *Ḫnsw* und die dritte für einen weiteren Verwandten. Im Hof befindet sich der Schacht, der zu drei bis vier Grabkammern führt.[885] TT 290, die Grabanlage des *Jrj-nfr*, umfasst einen Hof, eine Kapelle und drei bis vier Grabkammern. Das sind fünf oder sechs Raumeinheiten.[886]

Der *ṯ3y-mḏ3.t Qn* stellt unter den *sḏm.w-ʿš* einen Sonderfall dar. Er legte die zwei Gräber TT 4 und TT 337 an. TT 4 umfasst einen Hof und eine Felskapelle, in der sich der Schacht zu den zwei Grabkammern befindet. Und TT 337 besteht aus einem Hof, einer Felskapelle und drei Grabkammern.[887] Davies erwähnt, dass man in der Literatur den Vorschlag findet, für die Grabinhaber von TT 4 und TT 337 zwei verschiedene Personen anzunehmen, und zwar den *ṯ3y-mḏ3.t Qn* und seinen Schwiegervater, der ebenfalls *Qn* hieß. Dafür gibt es Davies zufolge aber keine überzeugenden Belege, sodass man davon ausgehen muss, dass beide Grabanlagen einer Person gehörten.[888] Damit hätte *Qn* einmal vier und einmal fünf, also insgesamt neun Raumeinheiten in seinen Gräbern. Da er nur in einer Anlage bestattet gewesen sein konnte, hatte er vier bis fünf Raumeinheiten zur Verfügung.

Das Grab TT 9 des *Jmn-mss* besteht aus einem Hof, den er sich mit der Grabanlage TT 213 seines Bruders oder Schwagers *Pn-jmn* teilte, einer Felskapelle und vier Grabkammern, die über zwei Schächte, einen im Hof und einen in der Kapelle, erreichbar sind. Damit besteht TT 9 aus sechs Raumeinheiten. Die Grabanlage TT 213 seines Verwandten umfasst denselben Hof, eine Kapelle und drei Grabkammern. Damit hatte dieser fünf Raumeinheiten in seinem Grab.[889] TT 210 besteht aus einem Hof, einer Kapelle und vier Grabkammern.[890] Insgesamt umfasste das Grab des *Rʿ-wbn* sechs Raumeinheiten.

Ein weiterer Sonderfall ist das Grab TT 214 des *Ḥ3wj*. Es ist das einzige Grab in der gesamten Nekropole von Deir el-Medine, das einen *s3w* allein beherbergte. Da die Wächter aufgrund ihres Lohns auf die Stufe eines *sḏm-ʿš* gestellt werden

884 B. Bruyère, 1925, S. 66 und Pl. II.

885 B. G. Davies, 1999, S. 43 und A. G. Shedid, 1994, S. 16 und 22. Shedid sieht in der Kammer „*D*" zwei Möglichkeiten. Zum einen könnte sie ein zu Gunsten von Kammer „*C*" aufgegebener Raum sein, zum anderen könnte sie als zukünftiger Raum für die Bestattungen weiterer Familienmitglieder geplant gewesen sein.

886 B. Bruyère und C. Kuentz, 1926b, S. 70–92 und 113–116, Pl. XIII und XXI.

887 B. Bruyère, 1926a, S. 179 und Pl. VIII und X.

888 B. G. Davies, 1999, S. 178.

889 B. Bruyère, 1926a, S. 183 und 186 und Pl. X.

890 Ebd., S. 188 und Pl. X und B. Bruyère, 1928, S. 16, Fig. 15 und Pl. I.

können, kann man das Grab zum Vergleich heranziehen.[891] TT 214 umfasst einen Hof, eine zweiräumige Kapelle und vier Grabkammern. Je ein Schacht befindet sich im Hof und in der Kapelle.[892] Dem Wächter standen sieben Raumeinheiten zur Verfügung.

Die Grabanlage TT 217 des *Jpwy* umfasst einen Hof, eine Kapelle und mindestens sechs Grabkammern,[893] also um die acht Raumeinheiten. Bei der Anlage TT 218, TT 219 und TT 220 handelt es sich um ein Familiengrab des *Jmn-nḫ.t* und seiner beiden Söhne *Nb-n-mꜣꜥ.t* und *Ḫꜥ-m-trj*. Sie teilten sich einen Hof und einen Schacht, der zu ihrem Komplex aus insgesamt sechs Grabkammern führt. Im Hof steht für jeden Bestatteten eine Kapelle. *Jmn-nḫ.t* und *Ḫꜥ-m-tjr* haben je eine und *Nb-n-mꜣꜥ.t* zwei Grabkammern. Die anderen beiden Grabkammern dienten vermutlich allen Grabinhabern.[894] Insgesamt standen zehn Raumeinheiten zur Verfügung. Jeder einzelnen Person können fünf bis sechs Raumeinheiten zugeteilt werden. Das Grab TT 330 des *Kꜣ-rꜥ* umfasst eine in den Fels geschlagene Kapelle mit zwei größeren Räumen. Im hinteren Raum führt ein Schacht zu einer Grabkammer. Bruyère schreibt, dass der Kapelle ein Hof vorgelagert war.[895] Die Anlage bestand folglich aus vier Raumeinheiten. Die beiden Brüder *Nḫ.tw-jmn* und *Nfr-rnp.t* legten ihre Gräber TT 335 und TT 336 nahe zusammen. Sie teilten sich einen Hof. Während TT 335 aus einer Kapelle mit einem Raum und Schacht, der zu drei Grabkammern führt, besteht, umfasst TT 336 eine zweiräumige Kapelle und zwei Grabkammern.[896] Beide Brüder hatten damit jeweils fünf Raumeinheiten zur Verfügung. Das Grab des *Jmn-m-wjꜣ*, TT 356, ist Bruyère zufolge Teil einer Familiengrabanlage ähnlich wie TT 218 bis TT 220. Der Schacht zu den drei Grabkammern des *Jmn-m-wjꜣ* liegt in einem Hof, der zusätzlich drei Kapellen aufweist.[897] Nimmt man an, dass eine der Kapellen zu TT 356 gehört, dann umfasst die Grabanlage des *Jmn-m-wjꜣ* fünf Raumeinheiten. Das Grab TT 357 des *Ḏḥw.tj-ḥr-mktw=f* besteht aus einem Hof und einer zweiräumigen Kapelle mit einem Schacht, der zu einem Grabkammerverbund führt, der auch über andere Schächte erreichbar ist. Es ist schwierig, in den Plänen Bruyères die dem Grab zugehörigen Grabkammern nachzuvollziehen. Wahrscheinlich gehören zu TT 357 drei Grabkammern.[898] Folglich hätte das Grab sechs Raumeinheiten gehabt. Eine interessante Anlage ist TT 2, das Grab des *Ḫꜥ-bḫnt*, eines Sohnes des *Sn-nḏm*. Zur Anlage gehören ein Hof mit Schacht und zwei zweiräumige Kapellen, jeweils mit Schacht. Der eine Schacht führt zu undekorierten Kammern, dem anderen Schacht folgen vier Grabkammern.[899] Die Frage ist, welche Kapelle und welche Grabkammern für den Grabinhaber gedacht waren. Bruyère

[891] Vgl. Falttaf. 1.
[892] B. Bruyère, 1928, S. 42, Fig. 33 und Pl. I.
[893] N. d. Davies, 1927, S. 34 und Pl. XXI.
[894] C. Maystre, 1936, S. 1–4, Fig. 3 und B. Bruyère, 1928, S. 53, Fig. 54 und Pl. I.
[895] B. Bruyère, 1925, S. 93–95, Pl. I und XXVI.
[896] B. Bruyère, 1926a, S. 80 und 113, Pl. VIII.
[897] B. Bruyère, 1929, S. 75–76, Fig. 37–38.
[898] G. Andreu, 1985 und B. Bruyère, 1930, S. 70, Fig. 30 und 33.
[899] B. Bruyère, 1952b, S. 22 und B. Bruyère, 1928, S. 50 und Pl. I.

gibt hierüber keinen Aufschluss. Außerdem fehlt eine Angabe zur Anzahl der Kammern unter der ersten Kapelle. Insgesamt besteht TT 2 aus mindestens neun Raumeinheiten. Problematisch hinsichtlich der Quantifizierung der Räume ist auch TT 5, die Grabanlage des *Nfr-ꜥbt*. Sie besteht aus einem Hof, in dem der Schacht zu den Grabkammern liegt, einer zweiräumigen Kapelle und bis zu fünf Grabkammern.[900] Nach Jacques Vandier, der das Grab publizierte, ist TT 5 ursprünglich ein Grab der 18. Dynastie, das in der 19. Dynastie wiederbenutzt wurde.[901] Insgesamt besteht das Grab aus acht Raumeinheiten.

Das zweite Grab, in dem ein Wächter bestattet wurde, ist TT 10, die Grabanlage des *sꜣw Pn-bwy* und des *sḏm-ꜥš Kꜣ-sꜣ*, die nach Davies möglicherweise Schwäger waren.[902] Ihre Anlage umfasst eine Felskapelle mit zwei Räumen und einem Schacht, der zu zehn Grabkammern führt. Der Hof ist heute zerstört.[903] Insgesamt bestand TT 10 aus 13 Raumeinheiten, wenn man den Hof mitzählt. TT 339 ist das stark zerstörte Grab der Arbeiter *Ḫwy* und *Pꜣ-šdw*, das aus einem Hof, einer Felskapelle und zwei bis drei Grabkammern besteht. Anhand der Pläne Bruyères ist die Situation der Grabkammern nur schwer nachzuvollziehen.[904] Eventuell ergäben sich für TT 339 vier bis fünf Raumeinheiten. Die Grabanlage TT 1164 des *ꜥꜣ-mꜥk* besteht aus einem Schacht im Hof von TT 356, der zu vier Grabkammern führt.[905] Nimmt man an, dass eine der Kapellen des Hofs dem Grab TT 1164 zugehörig ist, dann umfasst die Anlage sechs Raumeinheiten.

TT 321, die Grabanlage des *Ḫꜥ-m-jpt*, besteht aus einem Schacht mit vier Grabkammern, der im Hof der Grabanlage TT 292 liegt. Demnach hatte die Anlage TT 321 fünf Raumeinheiten, vielleicht sechs, wenn *Ḫꜥ-m-jpt* seinen Kult durch die Kapelle von TT 292 erfuhr. Das Grab TT 322 des *Pn-šn-ꜥbw* ist eine Pyramidenkapelle am Nordhang der Westnekropole. Vor der Kapelle liegt ein Schacht, der zu drei bis vier Grabkammern führt. Ein Hof fehlt, wird aber von Bruyère angenommen.[906] TT 322 bestand folglich aus vier, vielleicht fünf Raumeinheiten. Die Grabanlage TT 327 des *Tw-rꜥ-bꜣy* besteht aus einem Hof, der mit der Anlage TT 328 geteilt wird, und einer Kapelle. Über die Grabkammern ist nichts bekannt, es dürfte aber mindestens eine angenommen werden.[907] Damit umfasst TT 327 mindestens drei Raumeinheiten.

Die letzte Grabanlage der 19. Dynastie, deren Besitzer *sḏm.w-ꜥš* waren, ist TT 329, das Grab der drei Arbeiter *Msw*, *Msw* und *Jpy*. Ob sie freundschaftlich oder verwandtschaftlich miteinander verbunden waren, ist nicht geklärt.[908] TT 329 hat einen Hof mit zwei Kapellen. In der einen liegt der Schacht und in der anderen ist eine Nische in der Westwand. Der Schacht führt zu drei Grabkammern. Bruyère

900 B. Bruyère, 1927, S. 85, Fig. 61.
901 J. Vandier, 1935, S. 6–7.
902 B. G. Davies, 1999, S. 194–195.
903 B. Bruyère, 1952b, S. 57 und B. Bruyère, 1925, S. 61 und Pl. II.
904 B. Bruyère, 1925, S. 73, Pl. II und XXII sowie B. Bruyère, 1926a, S. 51 und Pl. IV.
905 B. Bruyère, 1930, S. 75, Fig. 37–38 und Pl. I.
906 B. Bruyère, 1925, S. 56, Pl. I und XV.
907 Ebd., Pl. I und B. Bruyère, 1937a, S. 31.
908 B. G. Davies, 1999, S. 209.

zufolge handelt es sich bei diesen Räumen um das Grab eines der beiden *Msw*. Der andere *Msw* teilt sich einen Hof mit *Jpy*. In diesem Hof liegen zwei Kapellen, eine mit einem Raum und die andere mit zwei bis drei Räumen. Im Hof liegt ein Schacht, in Bruyères Plan Nummer 1108, der zu den acht Grabkammern der beiden Arbeiter führt.[909] Es scheint so, als handle es sich um zwei Anlagen, von denen TT 329 sechs Raumeinheiten für eine Person und die Grabanlage um Schacht 1108 zwölf Raumeinheiten für zwei Personen umfasst. Insgesamt könnte man für TT 329 18 Raumeinheiten für drei Personen rechnen.

In dieser Gegenüberstellung wird deutlich, dass die meisten Gräber der *sḏm.w-ˁš* vier bis sechs Raumeinheiten hatten. Bei Grabanlagen mit nur drei Raumeinheiten wie bei TT 268 und TT 327 ist die Anzahl der Grabkammern durch die ungeklärte archäologische Situation in den Grabungspublikationen nicht nachvollziehbar. Da man aber mindestens eine Grabkammer annehmen darf, erklärt sich die Anzahl von drei Raumeinheiten, Hof, Kapelle und angenommene Grabkammer. Anlagen mit einer zweistelligen Raumanzahl wie TT 10 oder TT 329 wurden von mehreren Grabinhabern genutzt. Teilt man in diesen Fällen die Zahl der Räume durch die Zahl der Grabinhaber, erhält man als Durchschnitt wieder vier bis sechs Raumeinheiten pro Grabinhaber. Die Gräber TT 2, TT 5, TT 214 und TT 217 haben eine überdurchschnittlich hohe Raumanzahl. Im Fall der Anlage des *Ḫˁ-bḫnt* TT 2 erklärt sich dies durch die zwei Kapellen, denen jeweils Grabkammern angeschlossenen sind. Hier kann anhand der Literatur nicht geklärt werden, welcher Bereich für die Bestattung des *Ḫˁ-bḫnt* entscheidend war. Wenn das bekannt wäre, könnte auch die Anzahl der Raumeinheiten reduziert werden. In den anderen Fällen muss die hohe Raumanzahl aufgrund der ungeklärten Situation einfach akzeptiert werden.

Wenn einfache Arbeiter durchschnittlich vier bis sechs Raumeinheiten und Chefs sechs bis sieben Raumeinheiten hatten, dann lässt sich dies als Statusunterschied werten, der in ähnlicher Weise auch schon für die 18. Dynastie feststellbar war. Die Vermutung, dass die hochrangigen Bewohner gegenüber den Bewohnern niedrigeren Ranges von Deir el-Medine größere Gräber hatten, ist auf der breiten Quellenbasis der Gräber der 19. Dynastie bestätigt.

Unbestätigt sind noch die Feststellungen, die Petra Barthelmess gemacht hat. Stimmt es wirklich, dass sich dieser Statusunterschied von einer höheren Anzahl an Raumeinheiten in den Felskapellen widerspiegelt? Haben die Felskapellen der Chefs mit den TT-Nummern 6, 7, 212, 216 und 266, gegenüber den Felskapellen der Arbeiter mit den TT-Nummern 4, 9, 10, 292, 323, 337, 330 und 339, tatsächlich mehr Räume?

Grundsätzlich stehen hier fünf Kapellen auf der einen Seite und acht Kapellen auf der anderen Seite. Von den Felskapellen der Chefs haben TT 6, TT 7 und TT 212 je einen Raum und TT 216 und TT 266 je zwei Räume. Bei den einfachen Arbeitern haben die Kapellen TT 4, TT 9, TT 323, TT 337 und TT 339 je einen Raum und TT 10, TT 292 und TT 330 je zwei Räume. Folglich haben in beiden Fällen etwas

[909] B. Bruyère, 1927, S. 74–81 und Fig. 55.

weniger als die Hälfte mehrräumige Felskapellen. Im Fall der Chefs sind es zwei aus fünf. Das sind 40 Prozent. Im Fall der einfachen Arbeiter sind es drei aus acht, also 37,5 Prozent. Das Verhältnis ist ausgeglichen. Damit kann man festhalten, dass eine Felskapelle mit mehreren Räumen kein Zeichen für einen hohen Status ist. Die Aussage von Barthelmess kann nicht bestätigt werden.

Im Fall der Grabanlagen mit Felskapellen spiegelt sich der Statusunterschied von vier bis sechs Raumeinheiten gegenüber sechs bis sieben Raumeinheiten nicht in den Kapellen wider. Damit repräsentieren die Felskapellen keinen Statusunterschied.

Weitet man die Auswertung auf alle Kapellen aus, dann stehen zwölf Kapellen auf Chefseite den 32 Kapellen einfacher Arbeiter gegenüber. Zählt man wieder die mehrräumigen Kapellen, dann ergibt sich für die Chefs, dass fünf aus zwölf Kapellen mehrräumig sind. Das entspricht etwa 42 Prozent. Die Arbeiter haben zehn mehrräumige Kapellen aus insgesamt 32 Kapellen. Das wären ungefähr 31,5 Prozent. Hier ist das Ergebnis schon deutlicher. Aber 31,5 Prozent der Arbeiterkapellen zeigen, dass im Bezug auf Fels- und Lehmziegelkapellen immer noch ein beachtlicher Teil, nämlich knapp ein Drittel mehrräumig ist. Das und der nicht deutlich genug ausfallende Unterschied von 42 Prozent gegenüber 31,5 Prozent bestätigen, dass eine höhere Anzahl an Räumen bei Kapellen nicht als Statusmarker gewertet werden kann. Es stellt sich also die Frage, ob sich der Statusunterschied in anderen Teilen der Grabanlage oder in ihrer Gesamtheit widerspiegelt?

Oft ist ein Hof der Grabkapelle und dem Grab vorgelagert. Aber auch mehrere Höfe können Grabkapelle und Grab vorgelagert sein. Manche Grabschächte liegen innerhalb eines Hofes, gehören aber nicht zur angeschlossenen Kapelle, sondern teilen sich den Hof mit einem anderen zur Kapelle gehörigen Grab. Im Vorhergehenden wurde in solchen Fällen den auf Schächte und Grabkammern beschränkten Gräbern der Hof, in dem sie liegen, angerechnet. Das soll so beibehalten werden. Ist eine Kapelle vorhanden, ist der Bezug zum Hof klar. Ein Vorhof scheint bis auf zwei Ausnahmen Standard. Die einzigen Grabanlagen, für die mehr als ein Vorhof nachweisbar ist, sind die Vorarbeiteranlagen TT 216 und TT 360. Im Fall der Arbeiteranlagen gibt es nur TT 361, das wie erwähnt, möglicherweise zwei Vorhöfe hat, da es in die Grabanlage TT 360 integriert worden ist. Das heißt, dass bei den Vorarbeitern und Schreibern zwei aus zwölf Gräbern und bei den Arbeitern keines oder ein Grab aus 29 Gräbern mehrere Höfe hatten. Das entspricht ca. 17 Prozent bei den Chefs und 0 Prozent oder 3,5 Prozent bei den Arbeitern. Der Unterschied ist klar, kann aber nicht als Muster gewertet werden. Er lässt eher auf eine individuelle Grabgestaltung bei *Nfr-ḥtp* und *Qꜣḥꜣ* schließen. Zwei aus zwölf Grabanlagen beschreiben kein Muster, sondern bilden einen Sonderfall.

Auch die Einzelauswertung der Grabkammerzahl pro Grab führt zu einem interessanten Ergebnis. 21 der 42 ausgewerteten Gräber, ob Chef oder einfacher Arbeiter, haben drei Grabkammern. Acht Gräber haben weniger als drei Grabkammern. Bei diesen Gräbern konnte durch die Literatur oft nicht ausreichend nachgeprüft werden, wie die archäologische Realität aussah. 13 Gräber haben mehr als drei Kammern, wobei hier alle Möglichkeiten zwischen vier und zehn Grabkammern zusammengenommen wurden. Folglich hatte ein Grab durchschnittlich drei Grabkammern. Bei den Chefs haben genau zwei Gräber, TT 216 und TT 298, mehr als drei Grabkammern und die Anlagen TT 212 und TT 1126, falls diese hier aufgrund dessen, dass der Grabinhaber unbekannt bleiben muss, gewertet werden kann, weniger als drei Kammern, also jeweils ca. 19 Prozent. Im Fall der Arbeiter haben elf Grabanlagen mehr als drei Kammern, ca. 36 Prozent, und sieben Anlagen weniger Kammern, ca. 22,5 Prozent. Bei der Anzahl der Grabkammern konzentrieren sich die großen Gräber eher auf die einfachen Arbeiter als auf die Vorarbeiter und Schreiber. Der Grund dafür könnte sein, dass große Gräber von mehreren Grabinhabern geteilt wurden. Das Teilen einer Grabanlage gab es aber bei Chefs genauso wie bei Arbeitern und im Fall der Arbeitergräber sind es nur zwei von 13 mehrräumigen Anlagen, TT 10 und vielleicht TT 329, die mehrere Grabinhaber hatten. Das sind zu wenige Anlagen, um die höhere Raumanzahl durch mehrere Grabinhaber zu erklären.

Die Verhältnisse fallen im Vergleich ähnlich und insgesamt zu undeutlich aus, als dass sich der Statusunterschied von vier bis sechs Raumeinheiten gegenüber sechs bis sieben Raumeinheiten in einem bestimmten Grabbereich wie Kapelle, Hof oder Grabkammerkomplex belegen ließe. Letztlich lässt sich ein möglicher Statusunterschied nur in der gesamten Anlage ablesen. Damit manifestiert sich in der 19. Dynastie ein Statusunterschied zwar in der Grabgröße, er kann jedoch nicht an einer mehr oder weniger repräsentativen Art des Raumes festgemacht werden. Wenn nun die Grabanlagen Ansehen erzeugen und repräsentieren sollten, dann müssten sowohl die unterirdischen Räumlichkeiten als auch die oberirdischen Kultanlagen in ihrer Gesamtheit immer zugänglich und einer breiten Öffentlichkeit bekannt gewesen sein, damit dem Besitzer Prestige zugesprochen werden konnte.

Wenn man die auf Bruyères Plänen eingezeichneten Gräber betrachtet, um sie anhand der eingezeichneten Form und Größe zu vergleichen, bleibt nur der Überblicksplan von 1929[910]. Der Plan zeigt jedoch nur einen Teil der angesprochenen Gräber der 19. Dynastie. Die Anlagen TT 216 des Vorarbeiters *Nfr-ḥtp* und TT 217 des *ṯ3y-md3.t Jpwy* stechen hier heraus und bestätigen das fast ausgeglichene Verhältnis zwischen Chefs und Arbeitern. Ein Blick auf die Karte *Westnekropole 19. Dynastie* (Falttaf. 3) zeigt, dass noch ein weiteres Grab in der Westnekropole auffällt. TT 1126 wirkt in seiner Fläche im Vergleich zu den anderen Anlagen ebenfalls größer. Mit einer Chefanlage und einer möglichen Chefanlage ist jedoch die Anzahl der auf den Plänen ‚groß wirkenden' Gräber ebenfalls zu klein, um eine Status-Größe-Korrelation zu vermuten. TT 216 (Vorarbeiter *Nfr-ḥtp*) und TT 1126 (?) wirken auch durch diesen Vergleich wie Sonderfälle in der Nekropole. Möglicherweise spiegeln sie ein individuelles Ansehen wider und könnten ihren Besitzern als Prestigeobjekt gedient haben. Das ließe jedoch keine Rückschlüsse auf die allgemeinen gesellschaftlichen Verhältnisse und die daraus entstehende Prestigesituation der Arbeitersiedlung zu.

Damit gibt es für die 19. Dynastie nur den Unterschied von vier bis sechs Raumeinheiten gegenüber sechs bis sieben Raumeinheiten zwischen den Gräbern der Arbeiter und ihrer Chefs, der als Statusmarker und damit als Prestigechance oder Prestigeanspruch verstanden werden kann.

910 B. Bruyère, 1929, Pl. I.

#### 3.3.2.2.3 Die Grabgröße in der 20. Dynastie

Für die 20. Dynastie ist die Größe der Gräber, deren Grabherren mit Namen und Titel bekannt sind, wieder übersichtlicher. Insgesamt sechs Grabanlagen, die TT-Nummern 267, 299, 328, 355, 359 und 1159, gilt es hinsichtlich der Korrelation zwischen Grabgröße und Status zu vergleichen.

Der Vorarbeiter *Jn-ḥr-ḫꜥw* legte das Grab TT 299 an, das aus einem Hof, der mit anderen Gräbern geteilt wird, einer zweiräumigen Kapelle und drei Grabkammern, also sechs Raumeinheiten, bestand.[911] Sein Enkel, der ebenfalls *Jn-ḥr-ḫꜥw* hieß und Vorarbeiter war, baute TT 359. Die Anlage umfasst einen Schacht, der im ersten Hof von TT 360 innerhalb des zugehörigen Kultbaus angelegt wurde. Zwei Grabkammern schließen sich an den Schacht an.[912] Demzufolge hatte dieser *Jn-ḥr-ḫꜥw* mit dem Hof drei Raumeinheiten. Wenn man die Kapelle wertet, umfasst sein Grab bis zu fünf Raumeinheiten. Der Sohn des zweiten *Jn-ḥr-ḫꜥw* war ebenfalls Vorarbeiter und hieß *Ḥr-msw*. Er nutzte das 18. Dynastiegrab TT 1159 des *sḏm-ꜥš Sn-nfr*. Oberbauten fehlen. Der Vorarbeiter hatte damit eine Grabkammer.[913] Nimmt man die fehlenden Oberbauten an, könnte er drei Raumeinheiten gehabt haben.

Neben den drei Vorarbeitergräbern gibt es TT 328 des *sḏm-ꜥš Ḥꜣy*, TT 355, das möglicherweise dem *sḏm-ꜥš Jmn-pꜣ-ḥꜥpj* zugeschrieben werden kann, und TT 267 des *jdnw Ḥꜣy*. TT 328 umfasst einen Hof, der mit der Anlage TT 327 geteilt wird, und eine Kapelle. Über die Grabkammern wird man in der Literatur nicht informiert.[914] Es darf jedoch die Existenz mindestens einer Kammer angenommen werden, sodass auf den Grabherrn von TT 328 mindestens drei Raumeinheiten kommen. Bei TT 355 dagegen fehlen jegliche Graboberbauten. Einzig fünf Grabkammern sind erhalten.[915] Das Grab dürfte mindestens fünf vielleicht sieben Raumeinheiten umfasst haben. TT 267, die Anlage des *jdnw Ḥꜣy*, bestand aus einer Felskapelle und einem Hof, den er sich mit der Anlage seines Vaters *Jmn-nḫt* TT 266 und einer Kapelle, deren Besitzer unbekannt ist, teilte. Auf Bruyères Plan wirkt es so, als ob die Felskapelle drei Räume hatte und der Schacht, der zum Grabkammersystem führt, fehlen würde. Vielleicht ist die Kapelle aber auch einräumig und über einen Treppenabgang folgen zwei Kammern. Eine Beschreibung der Anlage gibt Bruyère nicht.[916] In jedem Fall hatte die Anlage vier Raumeinheiten.

Bei der Auswertung der Grabanlagen, zeigt sich, dass die 20. Dynastie zu wenige greifbare Quellen hat, um eine Korrelation zwischen Grabgröße und Status der Grabherren herauszuarbeiten. Mit drei Chefgräbern gegenüber drei Arbeitergräbern gibt es sogar ein unübliches Verhältnis zwischen hochrangigen und niedrigeren Status, das die gesellschaftliche Verteilung nicht repräsentiert. Hinsichtlich der

[911] B. Bruyère, 1924, Pl. XIV und B. Bruyère, 1928, S. 30–36, Fig. 21 und Pl. I.
[912] B. Bruyère, 1933, S. 32–70, Fig. 17 und 18 und Pl. I und XXIV.
[913] B. Bruyère, 1929, S. 37–40, Fig. 24 und Pl. I.
[914] B. Bruyère, 1925, Pl. I.
[915] B. Bruyère, 1928, S. 115, Fig. 78.
[916] B. Bruyère, 1926a, Pl. II.

Anzahl der Raumeinheiten stehen bei den Chefs einmal sechs, einmal drei und einmal eine Raumeinheit gegenüber einmal drei, einmal fünf und einmal vier Raumeinheiten bei den Arbeitern. In den meisten Fällen, abgesehen von TT 299, kann die Anzahl der Räume der einzelnen Gräber nicht sicher festgestellt werden, sodass man von einer Auswertung Abstand nehmen muss. Es gibt einfach zu wenige Quellen und es bleiben zu viele Faktoren unbekannt, um etwas über eine mögliche Korrelation von Grabgröße und Status aussagen zu können.

Auch der Blick auf die Karte *Westnekropole 20. Dynastie* (Falttaf. 4) hilft nicht weiter. Da im Fall des Vorarbeitergrabes TT 299 und vielleicht auch bei TT 267 des *jdnw Ḥ3y* die Grabkammern eingezeichnet sind, wirken diese beiden Anlage etwas größer. TT 299 steht für die Chefs und TT 267 für die Arbeiter. Beschränkt man den Blick auf die Kultbauten, soweit vorhanden, scheint es hinsichtlich der Größe keine deutlichen Unterschiede zu geben. Folglich lässt für die 20. Dynastie die Grabgröße keine Aussage über den Status des Grabherrn zu, und sie kann nicht als Statusunterschied und Prestigemarker belegt werden.

Der Vollständigkeit halber seien hier noch die beiden undatierten Gräber TT 1069[917] und TT 1281[918] erwähnt, von denen das erste möglicherweise dem *sḏm-ʿš 3ny* gehörte, und das zweite dem *sḏm-ʿš S3-w3ḏy* zugeschrieben wird. Beide Gräber befinden sich ebenfalls im Westfriedhof (Falttaf. 5). Auch sie können mittels Lage und Anzahl der Raumeinheiten[919] sowie wegen ihrer auf den Plänen eingezeichneten Größe der Untersuchung keine weiteren Impulse geben. Sie passen sich in das ein, was anhand der datierten Gräber ausgesagt werden konnte.

Hinsichtlich der Grabgröße bleibt festzustellen, dass im Grunde eine neue umfassende Aufnahme der Maße der Grabanlagen unausweichlich ist, wenn man eine Korrelation zwischen der Größe eines Grabes und des Status des Grabinhabers nachzuweisen hofft. Die Gegenüberstellung der Grabanlagen konnte m. E. verdeutlichen, dass kein überzeugendes Muster herausgearbeitet werden kann, das eine Größe-Status-Korrelation belegt. Einzig für die breite Quellenbasis der 19. Dynastie, speziell der Regierungszeit Ramses' II., zeigte sich, dass die hochrangigen Status mehr Raum in ihren Gräbern hatten. Den entscheidenden Beweis könnte auch hier nur eine Neuaufnahme der Raummaße liefern. Zudem kann die Raumanzahl auch aus anderen Faktoren als Status resultieren. In TT 1 wurden rund 20 Personen bestattet. Vielleicht hatte auch die Anzahl und die soziale Stellung der Familienmitglieder oder die sozialen Verbindungen des Grabherrn entscheidenden Einfluss auf die Grabgröße. Sicherlich gab es vielfältige Möglichkeiten, die Grabgestaltung und damit die Größe zu beeinflussen, Möglichkeiten, die nicht unbedingt mit Status korrelieren müssen und ungleich schwieriger zu belegen sind als der Status des Grabinhabers. Angesichts dieser Überlegungen ist es kaum verwunderlich, dass die Zahlen kein einheitliches Muster liefern.

917 B. Bruyère, 1927, S. 27, Fig. 12 und Pl. II.

918 B. Bruyère, 1934, S. 46, Fig. 36 und Pl. I.

919 TT 1069: Hof, zwei Kapellen, zwei Grabkammern ergibt fünf Raumeinheiten. TT 1281: fünf Grabkammern, Oberbauten sind fraglich.

Gräber wie die Anlagen des *Ḫ*ʿ oder des *Nfr-ḥtp* nehmen durch ihre Präsenz, die sie heute in der Nekropole haben, eine besondere Rolle ein. Es fällt schwer zu verneinen, dass sie das nicht auch schon im Neuen Reich taten. Ein individueller Prestigeanspruch, der durch die Grabanlage ausgedrückt wurde, ist daher nicht wegzudenken. Aber ohne die Kenntnis des Prestigeverständnisses der Gesellschaft von Deir el-Medine, ist dieser Prestigeanspruch nicht fassbar und kann durch das Material der Nekropole nicht belegt werden. Das, was Prestige m. E. ausmacht und ein allgemeines Prestigeverhalten deutlich machen würde, ist nicht greifbar. Daher ist es auch falsch von individuellen Grabanlagen als Statusrepräsentanten und Prestigemarkern zu sprechen, und ausgehend von diesen ein allgemeines Prestigeverhalten zu rekonstruieren.

## 3.4 Esel

Das zweite Fallbeispiel, das für die Untersuchung von Prestigeanspruch durch Lohn und Besitz genutzt werden soll, ist der Besitz und die Vermietung von Eseln. In *Donkeys at Deir el-Medîna* spricht Janssen davon, dass der Besitz eines Esels einen Statusunterschied darstellt, der klar zwischen hochrangigen und niederen Mitgliedern der Gemeinschaft von Deir el-Medine trennt. Janssen schreibt:

> *„Almost all donkeys in our material belonged to workmen, a few to scribes or policemen, but none to a member of the service personnel."*[920]

Auch Eichler erwähnt in ihrem Artikel zu den Wasserträgern von Deir el-Medine, dass die Besitzer oder Vermieter von Eseln meist *„aus den wohlhabenderen Schichten von Deir el-Medineh (Arbeiter, Vorzeichner)"* stammen und ergänzt, dass selbst die Bezahlung der Eselsmieten ein Indikator für den Status des Zahlers sein kann, da die hierarchisch höher anzusiedelnden Eselsmieter auch mit *„hochwertigeren Zahlungsmitteln"* bezahlten.[921] Vieh scheint allgemein eher im Besitz der hochrangigen Status gewesen zu sein. Janssen schreibt in *Commodity Prices*, dass in Texten, die den Verkauf von Ochsen betreffen, meist führende Mitglieder der Gemeinschaft von Deir el-Medine genannt werden und folgert daraus:

> *„This contrast proves that cattle was, though not exclusively, at least chiefly the property of these officials. This is once more an indication of their relative prosperity."*[922]

Die Erkenntnisse der Quellenauswertung von Janssen und Eichler sprechen dafür, dass Eselsbesitz sowie die Situationen des Eselerwerbs und der Eselsvermie-

[920] J. J. Janssen, 2005, S. 99.
[921] S. Eichler, 1991, S. 177 und 185.
[922] J. J. Janssen, 1975, S. 538.

tung Statusunterschiede widerspiegeln, die als Ausdruck des Prestigeanspruchs betrachtet werden können. Natürlich zielen diese Erwerbs- und Vermietungsvorgänge nicht vorrangig auf die Prestigevermittlung ab. Aber sie verdeutlichen, wie sehr die Prestigevermittlung Teil der alltäglichen Begebenheiten und Handlungen war.

### 3.4.1 Besitz

Esel waren nicht billig. Zwischen 20 und 40 *dbn* musste man zahlen, wenn man ein solches Tier erwerben wollte. 1975 veröffentlichte Janssen diese Preisspanne anhand von insgesamt elf Quellen, von denen fünf einen Preis von 30 *dbn* belegen. Zwei Quellen dokumentieren einen Preis von 40 *dbn* und jeweils ein Beleg nennt einen Preis von 20 *dbn*, 25 *dbn*, 26 *dbn* und 27 *dbn*.[923] Diese Preisanalyse wurde 2005 überarbeitet und um weitere Quellen ergänzt. 30 *dbn* für einen Esel bleiben jedoch mit fünf Belegen der am häufigsten gezahlte Preis.[924] Folglich stellte ein Esel gemessen am Lohn und den Sparmöglichkeiten der einzelnen Berufsgruppen für die Bewohner von Deir el-Medine ähnlich wie Särge einen hohen Wert dar. Um einen Esel zu kaufen, musste ein *sḏm-ʿš* bei der möglichen Sparmenge von 3 *dbn* pro Monat[925] rund zehn Monate sparen. Schreiber, Vorarbeiter und ähnlich Verdienende konnten sich dementsprechend schneller einen Esel leisten. Auch hier bleibt zu bedenken, dass der Arbeiter, der in zehn Monaten den Gegenwert an Waren für einen Esel angespart hatte, sich sonst keine weiteren Ausgaben über das täglich Notwendige hinaus erlauben konnte. Mit weniger Lohn konnte man sich theoretisch keinen Esel leisten, was durch die vorangegangenen Zitate Janssens verdeutlicht wurde.

Die von Janssen präsentierte Tabelle[926] der Eselsbesitzer von Deir el-Medine zeigt, dass in 64 Quellen hauptsächlich Mitglieder der Mannschaft des Grabes im Besitz eines Esels waren. In 55 Quellen werden einfache Arbeiter als Eselsbesitzer genannt, davon ist knapp die Hälfte mit entsprechenden Titeln wie *rmṯ-js.t* versehen. Einige Namen wiederholen sich, sodass man annehmen darf, dass manche Quellen sich auf die gleiche Person beziehen. Vier Quellen zeigen, dass auch *mḏꜣj.w* Esel besitzen konnten, und zweimal werden Schreiber bzw. Vorarbeiter erwähnt. Das *Verso* des Ostrakons Ashmolean Museum 164 nennt möglicherweise – Janssen ist sich dieser Zuschreibung nicht ganz sicher – den Schreiber *Pꜣ-sr* als Eselsbesitzer, und O. IFAO 721 erwähnt den Schreiber *Ḥr-ms* als Besitzer eines Esels.[927] In zwei weiteren Quellen, O. Ashmolean Museum 140 und O. Turin 57236, wird der Vorar-

[923] Ebd., S. 168.

[924] J. J. Janssen, 2005, S. 87–88. Die Preise verteilen sich wie folgt: fünf Quellen nennen 30, zwei 40 und jeweils eine 20, 23, 26, 27, 35 und 90 *dbn*. Im Fall der 90 *dbn* umfasst der Preis zwei Tiere.

[925] Vgl. Kap. 3.3.1.1.

[926] J. J. Janssen, 2005, S. 103, Table VIII The Owners.

[927] Vgl. ebd., S. 17 und 53.

beiter *Ḫnsw* als Eselsbesitzer genannt.[928] Nur ein einziges Mal ist ein Mitglied der Versorgungsmannschaft erwähnt. Dem *Recto* des O. DeM 73 zufolge war *Ḥrw-nfr*, der Töpfer, Besitzer eines Esels.[929] Bei Eichler und Janssen findet sich eine Quelle, O. DeM 627, die einen *ꜥꜣ-nḫt* als Eselsbesitzer nennt. Janssen versteht ihn als einfachen Arbeiter, Eichler als *ꜣṯw* oder *ẖrtj-nṯr*.[930] Die Quelle lässt allerdings keine Rückschlüsse auf einen Titel zu. Das Ostrakon ist an dieser Stelle zerstört und der Text lückenhaft.[931] Daher möchte ich Janssen folgen und in der Quelle keinen Beleg für einen *ꜣṯw* als Eselsbesitzer sehen. Warum Janssen O. Berlin P 09412[932] nicht in seine Tabelle aufgenommen hat, ist nicht verständlich. Auf dem Ostrakon werden drei Eselsbesitzer, darunter der Vorarbeiter *Nḫw-m-mwt*, genannt. Schließlich zeigt O. IFAO 10044, dass ein Arbeiter auch mehrere Esel besitzen konnte.[933] Hier werden die Tiere des *Sn-nfr*, eine Eselin und vier Esel, namentlich aufgelistet.

Anhand Janssens Tabelle „*The Owners*" lässt sich sehr gut nachvollziehen, dass der Besitz eines Esels ein klarer Statusunterschied war. Er scheint das in zwei Richtungen zu sein. Eine einzige Erwähnung eines Mitgliedes der Versorgungsmannschaft als Eselsbesitzer in 64 bis 65 Quellen spricht dafür, dass Mitglieder der Gemeinschaft von Deir el-Medine, die schlechter als ein einfacher Arbeiter verdienten, keine Esel besaßen. Es sind auch kaum Eselsbesitzer belegt, die besser als ein einfacher Arbeiter verdienten. Nur vier Quellen benennen Mitglieder der Führungsgruppe. Das spricht nicht dafür, dass der Besitz von Eseln üblich für Besserverdiener war. Immerhin sind ein Schreiber und ein Vorarbeiter sicher in dieser Rolle belegt und von einem zweiten Schreiber nimmt Janssen dies an. Nun könnte man anmerken, dass das Verhältnis zwischen Eselsbesitzern der Führungsschicht und Eselsbesitzern unter den einfachen Arbeitern ungefähr dem Mengenverhältnis der einfachen Arbeiter zu den Schreibern und Vorarbeiter entspricht. Das würde dann bedeuten, dass die Mannschaft des Grabes Esel besaß, ohne dass es einen entscheidenden Unterschied zwischen einfachen Arbeitern und der besser verdienenden Führungsschicht gab. Und auch dann wäre der Eselsbesitz kein Charakteristikum der Vorarbeiter und Schreiber.

Der Besitz eines Esels scheint also ein Statusunterschied gewesen zu sein, der zumindest in Richtung der Versorgungsmannschaft als Prestigeanspruch hätte genutzt werden können. Esel waren wahrnehmbar. Der Besitz eines Esels sagte etwas über Statusverhältnisse aus. Er war damit kulturell verankert und als Statussymbol verstehbar. Daher bietet sich der Eselsbesitz als Distinktionsmittel an und könnte eine gewisse Attraktivität oder Respektabilität auf die Berufsgruppen ausgeübt haben, die schlechter als die *sḏm.w-ꜥš* verdienten und sich keine Esel leisten konnten.

[928] Vgl. ebd., S. 48 und 64.
[929] Vgl. ebd., S. 36.
[930] Vgl. ebd., S. 12 und 103 und S. Eichler, 1991, S. 176.
[931] J. Černý, 1970, S. 1–2 und Pl. 3.
[932] J. J. Janssen, 2005, S. 49 und 99. Vgl. auch „Berlin P 09412" in: Deir el-Medine online.
[933] J. J. Janssen, 2005, S. 55 und 99.

### 3.4.2 Miete

Im Fall der Eselsmieten sieht es ganz anders aus. Einen Esel zu mieten war deutlich billiger als einen Esel zu kaufen. Janssen ermittelte anhand der Quellen Mieten zwischen 0,2 *jp.t* und 0,5 *jp.t*[934], also 0,1 *dbn* bis 0,25 *dbn* pro Tag. Allerdings werden in den Texten konkret nur Tagesmieten von 0,25 *jp.t* und 0,5 *jp.t* genannt, was 0,125 *dbn* und 0,25 *dbn* entspricht. Auf der Basis einer täglichen Durchschnittsmiete von 1/3 *jp.t* ermittelte Janssen eine monatliche Durchschnittsmiete von 10 *jp,t* bzw. 2,5 *ẖ3r* oder 5 *dbn*. Es sind Mietzeiten von maximal 120 Tagen oder vier Monaten belegt.[935] Woher nahmen die Mieter, vornehmlich die Mitglieder der Versorgungsmannschaft, die Waren, um ihre Miete zu bezahlen, wenn ihr Lohn nicht ausreichte, um sich einen eigenen Esel zu kaufen, zumal nach ca. sechs Monaten die Miete den Preis eines Esels erreichte?[936] Auf diese Frage gibt es bisher keine Antwort.

Die Quellen zu Eselsmieten passen in das Bild, das die Quellen zum Eselsbesitz zeichnen. Während der Besitz fast ausschließlich bei der Mannschaft des Grabes und ähnlich gestellten Mitgliedern der Gesellschaft von Deir el-Medine liegt, nennen 78 Quellen ausschließlich Mitglieder der Versorgungsmannschaft, allen voran die Wasserträger, aber auch mehrere Holzschneider, zwei Wäscher und einen Schmied als Mieter.[937] Es sind genau 26 aus 78 Quellen, die ein Mietverhältnis dokumentieren. Für Janssen ist der Begriff *b3kw* der Hinweis auf einen Mietvorgang. Die Wendung *r b3kw=f/s* bedeutet ihm zufolge, dass der Esel zur Miete an eine Person gegeben wurde.[938] Daher können nur Texte mit dem Begriff *b3kw* als Hinweis auf ein Mietabkommen gewertet werden. Die 26 Quellen, die diesen Begriff beinhalten, erwähnen ausschließlich Wasserträger und Holzschneider.[939] Daraus würde sich ergeben, dass die Eselsmiete und der Eselsbesitz gegensätzliche Statusmarker darstellen. Die Mittel- und Oberschicht besitzt Esel, die Unterschicht mietet sie.

Neben diesen 26 Quellen listet Janssen unter dem Titel „*Table VII Other People who Obtained a Donkey*“[940] weitere 28 Quellen auf, die wiederum Arbeiter, Vorarbeiter, Stellvertreter, Schreiber, *mḏ3j.w*, *jrj.w-ꜥ3*, eine Frau sowie keiner Berufsgruppe zuzuweisende Personen nennen, die ebenfalls in irgendeiner Form an einer Transaktion eines Esels beteiligt waren. Aus dem Tabellentitel wird nicht ersichtlich, in welcher Rolle, ob als Mieter, Käufer oder Eigentümer, die Personen im Text auftreten. Daher wurden die einzelnen Texte hinsichtlich des Begriffes *b3kw* durchgesehen, um die Quellen herauszusuchen, deren Hintergrund ein Mietverhältnis ist.

934 Für *jp.t* „Oipe“ vgl. J. J. Janssen, 1975, S. 109–111 und 207. Eine *jp.t* entspricht 0,25 *ẖ3r*. Und da 1 *ẖ3r* 2 *dbn* entspricht, entsprechen 0,5 *dbn* einer Oipe.

935 J. J. Janssen, 2005, S. 86, Table II.

936 Ebd., S. 109–110.

937 Ebd., S. 101, Table VI.

938 Ebd., S. 81–82.

939 Ebd., S. 101, Table VI. Hier wurden nur noch die Texte der Kategorie I gewertet, da diese das Mietverhältnis durch den in allen Texten auftauchenden Begriff *b3kw* verdeutlichen. Vgl. auch S. 2.

940 Ebd., S. 102, Table VII.

Unter den zwölf Quellen, die einfache Arbeiter, Vorarbeiter, Schreiber und Stellvertreter nennen, lässt sich aufgrund des Inhalts keine einzige als Dokument eines Mietverhältnisses erkennen. O. Ashmolean Museum 165[941], die Quelle, die eine Frau in Bezug zu einer Eselstransaktion nennt, ist ein juristisches Protokoll, dem möglicherweise ein Mietverhältnis zugrunde liegt, das aber keinerlei konkrete Erwähnung findet. Von den sieben Quellen, die einen *mḏ3j* nennen, dokumentieren nur zwei sicher ein Mietverhältnis. Die Ostraka O. DeM 1068 und O. Petrie 4 belegen, dass Polizisten Esel mieten konnten.[942] In den anderen fünf Quellen wird nicht deutlich, ob der Polizist als Mieter, Käufer oder Eigentümer in das Geschehen involviert war. Zwei Texte erwähnen Torwächter im Zusammenhang mit Eseln. Aber nur einer, O. Strasbourg H182[943], dokumentiert ein Mietverhältnis. Und von sechs Quellen, die Personen nennen, die keiner Berufsgruppe zugewiesen werden können, betreffen genau drei das Mieten eines Esels. Da aber die Titel der Personen *P3-s3kt* (O. DeM 64), *Mḥ=f-t3-šnwt* (O. DeM 779) und *Ḥrj* (O. DeM 305) nicht bekannt sind, und die Ostraka in Davies' Prosopographie nicht als Quelle genutzt wurden, lässt sich ihr Status in der Gesellschaft von Deir el-Medine nicht klären.[944] Demnach sind die drei Quellen für diese Auswertung nutzlos, da die drei Männer nahezu jeden Beruf ausgeübt haben könnten.

Insgesamt bleiben damit nur drei Quellen, O. DeM 1068, O. Petrie 4 und O. Strasbourg H182, die das Mieten eines Esels durch ein Mitglied der Gesellschaft von Deir el-Medine dokumentieren, das nicht der *smd.t-n-bnr* angehörte. Diese geringe Menge an Belegen stützt aber die Annahme, dass das Mieten eher ein Charakteristikum der Niedrigverdiener und damit ein Statusunterschied ist, der dem Eselsbesitz entgegensteht.

Darüber hinaus sollten die Ostraka die Aussage Eichlers bestätigen, dass Personen, die besser als die Versorgungsmannschaft verdienten, die Miete mit hochwertigeren Waren bezahlten. Bei der geringen Quellenzahl von drei Ostraka, wächst Zweifel an dieser Vermutung. O. DeM 1068 nennt nur den Preis der Miete. Der Esel kostete den Polizisten *Jmn-ḫꜥw* 5 *dbn* im Monat. Er behielt ihn 42 Tage. Der Text informiert aber nicht, mit welchen Mitteln die Miete gezahlt wurde.[945] Genauso werden auf O. Strasbourg H182 nur der Mieter, die Mietdauer und der Mietpreis eines Esels genannt. Demzufolge hatte eine Person namens *Ḫꜥ-m-w3s.t* für eine

[941] Ebd., S. 31–32.

[942] Ebd., S. 15 und 57. O. Petrie 4 findet sich auch in der Auflistung von Eichler, die vier Ostraka als Beleg für Esel mietende Polizisten anführt: O. Petrie 4, O. Michaelides 19, O. DeM 133 und 242. Vgl. S. Eichler, 1991, S. 185, Anm. 62. O. Michaelides 19 muss hier versehentlich aufgeführt worden sein, da es keine Eseltransaktion dokumentiert (vgl. W. Helck, 2002, S. 225), und O. DeM 133 und 242 können nicht uneingeschränkt als Beleg für Esel mietende Polizisten herangezogen werden, da der Text nicht ausschließlich Rückschlüsse auf ein Mietverhältnis zulässt (vgl. J. J. Janssen, 2005, S. 36–37 und 60–61).

[943] J. J. Janssen, 2005, S. 16.

[944] Ebd., S. 7–8, 13–14 und 50 und vgl. B. G. Davies, 1999, S. 311–313.

[945] G. Posener, 1938, S. 18, Pl. 38 und 38a, 1068 recto col. II. und J. J. Janssen, 2005, S. 15.

Dauer von drei Monaten und zehn Tagen „*5 Sack 1 1/2 Oipe*“[946] zu zahlen.[947] Eine Angabe der Waren, mit denen die Miete bezahlt wurde, fehlt auch hier. Außerdem ist der Beruf des *Ḫ*ꜥ*-m-w*ꜣ*s.t* im Text nicht belegt. Parallelen lassen aber vermuten, dass es sich um einen *jrj-*ꜥꜣ handelt. Ein solcher wäre allerdings hierarchisch nicht auf der Seite der Besserverdiener einzuordnen und könnte daher gegenüber den Mitgliedern der *smd.t-n-bnr* auch nicht als solcher gewertet werden. Einzig O. Petrie 4 dokumentiert, dass ein Esel zusammen mit einer Ziege im Wert von 3 *dbn* durch den Polizisten *Jmn-ḫ*ꜥ*w*, der auch auf O. DeM 1068 einen Esel mietete, an seinen Besitzer zurückgegeben wurde. Ob hier die Miete beglichen oder angezahlt wurde, ist aus dem Text nicht ersichtlich. Das *Verso* zeigt, dass der Polizist zu weiteren 20 *dbn* verurteilt wurde. Bei der Interpretation dieses Textes ist man sich nicht ganz einig. Grundsätzlich scheint es jedoch so, dass der Polizist einen Esel mietete und bei seiner Rückgabe eine Ziege im Wert von 3 *dbn* übergab.[948] Unabhängig von den Interpretationsmöglichkeiten des Textes steht der Eselsmiete, deren Höhe unbekannt bleibt, nur die Ziege gegenüber. Abgesehen von dieser Ziege gibt es also keinerlei Aussagen darüber, mit welchen Waren Besserverdiener ihre Mieten zahlten. Damit gibt es auch keinen Beleg für eine Bezahlung der Mieten mit hochwertigeren Waren durch Besserverdiener. Man könnte nun die Ziege mit den Quellen zur Bezahlung von Eselsmieten durch Wasserträger und Holzschneider vergleichen. Da aber die Ziege das einzige Beispiel einer Mietzahlung mit Waren abseits der Eselsmieten der Versorgungsmannschaft ist und wichtige Textangaben wie Mietdauer und Mietpreis sowie die Interpretation des Ostrakons unklar sind, fehlt auf Seiten der Besserverdiener jegliche Vergleichsgrundlage.

Eichler belegt ihre Vermutung der Bezahlung mit hochwertiger Ware durch zwei Quellen. Einmal das eben angesprochenen O. Petrie 4 und zum anderen das O. DeM 242.[949] Wie problematisch die erste Quelle hinsichtlich ihrer Vermutung ist, wurde gezeigt. Auch die zweite Quelle[950] kann nicht zweifelsfrei als Beleg für ihre Vermutung gesehen werden. Das stark zerstörte Ostrakon dokumentiert, dass ein Polizist namens *Ḥ*ꜥ*pj-*ꜥꜣ als Person in einen Vorgang mit einem Esel involviert ist. Ob es sich um ein Mietverhältnis handelt, ist nicht ganz sicher. Janssen zufolge ist das aber aufgrund der Zeitangabe von „*2 full months*“ in der zweiten Zeile sehr wahrscheinlich.[951] Darauf folgen einige Waren wie drei *hnw* Öl, vier Paar Sandalen, Fleisch, Getreide und womöglich Kleidung. Der Inhalt des Textes lässt an einen Mietvorgang denken, und die Waren deuten auf eine Mietzahlung hin, auch wenn der Begriff *b*ꜣ*kw* nicht auftaucht. Die Zerstörung des Textes am Beginn jeder Zeile lässt jedoch keinen Rückschluss auf die Rolle des Polizisten zu. Und da Polizisten in beiden Rollen, der des Vermieters und des Mieters, belegt sind, lässt sich keine der beiden ausschließen.

946 M. Müller, 2000, S. 283.

947 Y. Koenig, 1997, S. 14 und 20, Pl. 93 und J. J. Janssen, 2005, S. 16.

948 J. Černý und A. H. Gardiner, 1957, S. 21 und Pl. LXXII/A, Nr. 3 und J. J. Janssen, 2005, S. 57. Bei Janssen findet sich auch ein kurzer Kommentar zur Diskussion um dieses Ostrakon.

949 S. Eichler, 1991, S. 185.

950 J. Černý, 1939, S. 1 und Pl. I, W. Helck, 1961–1970, S. 494.

951 J. J. Janssen, 2005, S. 60.

Eine Grundlage für die Vermutung, dass hierarchisch höher stehende Personen mit höherwertigen Waren zahlten, bieten die zwei Quellen O. Petrie 4 und O. DeM 242 nicht. Zum einen beinhalten sie zu wenige Informationen, die einen Vergleich zu anderen Texten zuließen, und zum anderen sind zwei Belege zu wenig, um diese allgemeinen Vermutungen zu bestätigen.

Der Besitz eines Esels erfüllt die Kriterien der Wahrnehmbarkeit und der kulturellen Vertrautheit. Die Quellen belegen die Distinktionsfähigkeit. Nur das Kriterium der Attraktivität ist schwieriger zu beurteilen. Ein solches Tier muss versorgt werden und stellt über den Kaufpreis hinaus einen laufenden Kostenfaktor dar, auch wenn man durch Vermietung den Kaufpreis relativ schnell wieder zurückgewinnen kann. Janssen schreibt, dass die Esel nur für bestimmte Zeiträume gemietet wurden, obwohl gerade Wasserträger die Tiere täglich für ihre Arbeit brauchten. Er nimmt daher an, dass der Versorgungsmannschaft eine Herde zur Verfügung stand und Esel nur in besonderen Fällen gemietet werden mussten.[952] Die Mitglieder der Versorgungsmannschaft sahen deshalb vielleicht keine Notwendigkeit im Eselsbesitz und er war für sie daher nicht attraktiv. Dagegen könnte man aber auch vermuten, dass der Besitz eines eigenen Tieres als Luxus verstanden wurde und damit wiederum attraktiv war, da man unabhängig von der Herde und den anderen Personen war, die Esel mieteten. Dagegen spricht wiederum, dass Esel eher als Nutztiere verstanden und als solche auch behandelt wurden.[953]

Wie man auch immer den Eselsbesitz interpretieren möchte, einen Statusunterschied, der für die Prestigevermittlung genutzt werden konnte, hat er dargestellt. Das verdeutlicht die Quellenlage, die für die Besitzerrolle hauptsächlich Mitglieder der Mannschaft und ihnen gleichgestellte oder höhergestellte Personen und für die Mieterrolle fast ausschließlich Mitglieder der Versorgungsmannschaft nennt. Dass aber hochrangige Mieter ihre Miete mit hochwertigen Waren beglichen hätten, wird nicht bestätigt. Dafür ist die Beleglage mit zwei Ostraka, die ausschließlich *mḏꜣj.w* nennen und nicht sicher ein Mietverhältnis dokumentieren, zu klein und zu speziell.

## 3.5 Privatpersonal

Neben der staatlich zur Verfügung gestellten Dienerschaft[954] gibt es Quellen, die persönliche Bedienstete belegen. Dieses Privatpersonal wurde Valbelle zufolge genauso wie die staatlich organisierte Dienerschaft mit den Titeln *ḥm* bzw. *ḥm.t* oder *bꜣk* bezeichnet.[955] Inwiefern sich das Privatpersonal auf bestimmte Status

952 Ebd., S. 110.
953 Ebd., S. 72–73.
954 Vgl. Kap. 2.3.3.7.
955 D. Valbelle, 1985, S. 256.

begrenzen und als Distinktionsmittel und attraktiver/respektabler Statusmarker erkennen lässt, soll mittels der von Valbelle in *Les Ouvriers de la tombe*[956] aufgeführten Quellen untersucht werden.

Privatpersonal scheint dem Vorarbeiter *Nfr-ḥtp* zur Verfügung gestanden zu haben. Es werden ein *ḥm* und eine *ḥm.t* in seinem Grab TT 216 genannt. Betritt man den ersten Raum des Grabes vom Vorhof kommend, wird nach Černý, Bruyère und Jean Jacques Clère an der linken zum Ausgang liegenden Wand (Paroi B) textlich eine *ḥm.t ms(w) n pr=f* erwähnt.[957] Im zweiten Grabinnenraum findet sich ein Hinweis auf einen Diener namens *Ḥsy-sw-nb=f*, der ebenfalls mit *msw n pr=f* „in seinem [Grabinhaber] Haus geboren" betitelt wurde. Janssen übersetzt *msw n pr=f* mit „*child of his house*".[958] Die so bezeichnete Person gehörte demnach zum Haushalt des *Nfr-ḥtp*. In Anbetracht des Lebenslaufes des *Ḥsy-sw-nb=f* könnte man vielleicht noch weiter gehen und den Titel als Charakterisierung eines Familienmitgliedes interpretieren. Sein Name steht auf einer Statue des Grabherrn und seiner Frau.[959] *Ḥsy-sw-nb=f* scheint hoch in der Gunst des *Nfr-ḥtp* gestanden zu haben. Janssen zufolge hat ihn der Vorarbeiter zu seinem Schüler gemacht und ihm so den Aufstieg vom *ḥm* zum vollwertigen Mitglied der Mannschaft des Grabes ermöglicht.[960] Dieser Lebensweg zeigt, dass es sich im Fall des *Ḥsy-sw-nb=f* nicht um einen einfachen Hausangestellten oder Sklaven handelte, der unter dem Begriff Privatpersonal subsumiert werden könnte. Über die genannte *ḥm.t* gibt es keine weiteren Informationen, die sie ebenfalls als Privatpersonal kennzeichnen. Die Nennung beider Diener im Grab ihres Herrn belegt, dass es in Deir el-Medine Privatpersonal gegeben hat. Die zusätzliche Titulierung *msw n pr=f* und der ungewöhnliche Lebensweg des *Ḥsy-sw-nb=f* unterstützen die Annahme, dass es sich um private Bedienstete handelte und nicht alle Personen, die als *ḥm* oder *ḥm.t* bezeichnet wurden, der staatlichen Dienerschaft zugerechnet werden können.

Ein anderes Beispiel, das Valbelle für privates Personal anführt, ist TT 250, ein Grab des Schreibers *Rꜥ-msw*, das er für seine weibliche Dienerschaft anlegte.[961] Hier finden sich in der Grabdekoration drei durch *ḥm.t* betitelte Darstellungen von mumifizierten Dienerinnen, die mit einer vierten Mumie, bei der die Inschrift zerstört ist, vor dem Westgebirge stehen und rituelle Handlungen von einer größeren Menschengruppe empfangen, unter denen sich ebenfalls eine *ḥm.t* befindet.[962] Die Vermutung, dass es sich bei dieser Anlage um das Grab der weiblichen Dienerschaft des Schreibers handelte, ist dementsprechend nahe liegend. Auch in diesem Fall sind die bestatteten Dienerinnen nicht der Gruppe der staatlichen *ḥm.wt* zuzuordnen, sondern eher als private Bedienstete des *Rꜥ-msw* zu interpretieren. Diese Annahme

956 Ebd., S. 256, Anm. 7–9.
957 J. Černý, B. Bruyère und J. J. Clère, 1949, S. 103.
958 Vgl. J. J. Janssen, 1982a, S. 109.
959 J. Černý, B. Bruyère und J. J. Clère, 1949, S. 107–108.
960 Vgl. J. J. Janssen, 1982a, S. 109–115 und B. G. Davies, 1999, S. 32–33.
961 Vgl. Kap. 3.3.2.2.2.
962 Vgl. B. Bruyère, 1927, S. 72–73 und Pl. V.

resultiert einzig aus der Überzeugung, dass eine solche Bestattung für vier *ḥm.wt* der staatlichen Dienerschaft weniger denkbar ist als für privates Personal, auch wenn keine der dargestellten Dienerinnen als *msw n pr=f* betitelt ist, wodurch eine persönliche Bindung suggeriert werden würde. Vielleicht ermöglichte der Schreiber auch einer in seiner Gunst hoch stehenden Gruppe von Frauen aus der staatlichen Dienerschaft eine Bestattung in der Nekropole des Ortes, in dem sie gearbeitet hatten. Keine der Möglichkeiten kann die Zuordnung dieser Dienerinnen zu den *ḥm.wt* oder dem privaten Bereich sicher belegen.

Valbelle nennt auch zwei Ostraka und einen Papyrus als Beleg für private Angestellte. Ostrakon Gardiner 90[963] wird als Beleg in beide Richtungen, staatlich und privat, verstanden. Während die Schriftquelle für Valbelle ein Beleg für Privatpersonal ist, nutzt Tobias Hofmann sie als Beleg für männliche Mitglieder in der staatlichen Dienerschaft. Beide Interpretationen stehen konträr zueinander. Im Text heißt es, dass der *ṯꜣy-mḏꜣ.t Qn* seinem Sohn *Pn-dwꜣw* die Arbeitstage (*hrw nb*) der *bꜣk.w* vermacht, die eigentlich der Mutter des *Qn* (*tꜣy=j mw.t*) zustehen. Im Folgenden werden die betreffenden *bꜣk.w* aufgelistet. Dabei handelt es sich um sechs männliche *ḥm*, eine *ḥm.t* und drei Kinder.[964] Was wird nun an den Sohn weitergegeben? Wären es die Diener, die der Mutter gehörten, dann könnte man annehmen, dass es sich um Privatpersonal handle. Das Geschenk umfasst aber weniger die *bꜣk.w* selbst als deren Arbeitszeit. Im Text steht *jr hrw nb n bꜣk.w „Was einen jeden Tag der bꜣk.w* [...] *anbetrifft“*.[965] Der Fokus liegt klar auf der Zeit, auf der Arbeitszeit, die weitergegeben wurde. Würde es sich um private Angestellte handeln, wäre die Fokussierung auf die Arbeitszeit wahrscheinlich nicht notwendig. Deswegen dürfte es sich um Mitglieder der staatlichen Dienerschaft handeln, die noch ein Kontingent an Arbeitszeit bei der Mutter des *Qn* hatten. Die Mutter bedurfte dieser Arbeitszeit nicht und könnte sie an ihren Sohn und Enkel weitergegeben haben. Das Ostrakon wäre dann kein Beleg für Privatpersonal, sondern im Sinne Hofmanns ein Beleg für männliche Mitglieder in der staatlichen Dienerschaft.

Das nächste von Valbelle aufgeführte Ostrakon ist O. BM 5631, das 1905 von Adolf Erman bearbeitet wurde.[966] Dass dieses Ostrakon aus dem Umfeld von Deir el-Medine stammt, lässt sich nur anhand zweier Bemerkungen im Text vermuten. In der elften Zeile werden Kupfergegenstände erwähnt, die gefunden wurden *„und die an die Nekropole gegeben waren“*[967] (*rdy.t n pꜣ ḫr*). In Zeile 14 bezeichnet sich der Erzähler selbst als „Kind des Grabes“ oder „Lehrling des Grabes“[968] (*jnk ms ḫr*). Der Text berichtet Erman zufolge von einem Auftrag, Werkzeuge aus einem Lager innerhalb eines Stalls zu holen, den der Erzähler des Textes und ein Begleiter erhielten. Bei der Suche nach den Werkzeugen stießen die beiden auf wertvolle Gegenstände, die bei den Werkzeugen gelagert wurden. Der Begleiter versuchte

963 J. Černý und A. H. Gardiner, 1957, S. 15 und Pl. LI,2.

964 T. Hofmann, 2005, S. 237–239.

965 Vgl. J. Černý und A. H. Gardiner, 1957, Pl. LI,2 und T. Hofmann, 2005, S. 237.

966 J. Černý und A. H. Gardiner, 1957, S. 24, Pl. LXXXVIII und A. Erman, 1905, S. 102–106.

967 A. Erman, 1905, S. 104–105.

968 Vgl. Kap. 2.3.2.5.

nun, den Erzähler zum gemeinsamen Diebstahl der Wertgegenstände anzustiften. Der Erzähler aber lehnte dieses Angebot entschieden ab. Im weiteren Textverlauf wird der Erzähler dennoch eines Diebstahls für schuldig befunden. Da man bei ihm kein Diebesgut gefunden hatte, wurden ihm zwölf Diener seiner Familie als Entschädigung genommen. In Zeile 13 heißt es: *jw=tw ḥr jṯ3y p3y=n 12 n b3kw r db3=sn* „und man begann unsere zwölf *b3k.w* als Ersatz für sie fortzunehmen".[969] Im weiteren Textverlauf wird deutlich, dass auch der Erzähler abgeführt wurde, bis er später von seinem Vater, der die Situation vermutlich klären konnte, wieder befreit wurde. Der Text scheint sich um eine Person aus der Mannschaft des Grabes zu drehen, deren Vater im Besitz von Privatpersonal war. Wären die zwölf *b3k.w* der staatlichen Dienerschaft zugehörig, hätte sie die Verwaltung nicht als Ersatz für gestohlene Beute nehmen können. Es handelte sich anscheinend um eine große Gruppe persönlicher Bediensteter. Der Beruf des Vaters des *ms ḫr* ist nicht bekannt. Ihm unterstanden aber die *b3k.w*, denn der Erzähler spricht von „unseren *b3k.w*" (*p3y=n 12 n b3k.w*). Erman vermutet, dass der Vater des Erzählers *„eine hohe Persönlichkeit unter den Nekropolenleuten* [gewesen] *sein muß*"[970], wenn er die Freilassung seines Sohnes vor dem König erwirken konnte. Welchen Posten er in Deir el-Medine tatsächlich inne hatte und ob er der Führungsschicht des Ortes angehörte, kann nicht geklärt werden. Damit ist die Quelle zwar ein Beleg für Privatpersonal, hilft aber bei der Frage nach Privatpersonal als Statussymbol nicht weiter, solange die gesellschaftliche Position des Besitzers der *b3k.w* unbekannt ist.

Die letzte von Valbelle aufgeführte Quelle ist der Anfang des *Recto* des bekannten Papyrus pSalt 124[971], in dem das Mannschaftsmitglied *Jmn-nḫt* den Kollegen *P3-nb* der Korruption und des Mordes am Vorarbeiter *Nfr-ḥtp* anklagt. *Jmn-nḫ.t* berichtet, dass nach dem Tod seines Vaters, des Vorarbeiters *Nb-nfr*, sein Bruder *Nfr-ḥtp* das Amt übernahm.[972] Dieser wurde nun der Ansicht des *Jmn-nḫ.t* zufolge von *P3-nb* umgebracht. Dem Ermordeten folgte *P3-nb* in das Amt des Vorarbeiters, obwohl diese Ehre *Jmn-nḫ.t*, dem Bruder des Toten, zugestanden hätte. Das Amt des Vorarbeiters erschlich sich *P3-nb* dadurch, dass er den zuständigen Wesir mit fünf Dienern aus dem Besitz des Vaters des *Jmn-nḫ.t* bestach. Diese fünf *b3k.w* (*n p3y=j jt*) müssen im Besitz des ermordeten *Nfr-ḥtp* gewesen sein, der sie von seinem Vater *Nb-nfr* geerbt hatte. In diesem Fall wurde dem Wesir vermutlich Privatpersonal zum Geschenk gemacht. Denn es ist schwer vorstellbar, dass *P3-nb* Mitglieder der staatlichen Dienerschaft verschenken konnte. Außerdem ist Privatpersonal des *Nfr-ḥtp*, wie oben geschildert, auch durch sein Grab TT 216 belegt. Inwiefern *P3-nb* befähigt war, einen Teil des Erbes des *Nfr-ḥtp* zu verschenken, ist schwer zu

969 Vgl. J. Černý und A. H. Gardiner, 1957, Pl. LXXVIII, Zeile 13. Erman übersetzt hier anders: *„man führte unsere zwölf(?) zu den Zwangsarbeiten ihres Herrn fort"*. Vgl. A. Erman, 1905, S. 105. Die Übersetzung Ermans resultiert aus seiner Transliteration. Ich habe mich an Černýs und Gardiners Transliteration orientiert, die die Arbeit Ermans ergänzt und korrigiert.

970 A. Erman, 1905, S. 105.

971 Vgl. J. Černý, 1929, S. 244–245, Pl. XLII und B. G. Davies, 1997, S. 344–345.

972 Vgl. B. G. Davies, 1999, S. 33.

beantworten. Er war zumindest eine Art Ziehsohn des Vorarbeiters.[973] Der Papyrus belegt, dass dem Vorarbeiter *Nfr-ḥtp* und auch seinem Vater *Nb-nfr* vorher private Bedienstete zur Verfügung standen.

Entsprechend dieser Quellen scheinen private Bedienstete auf die Führungsschicht von Deir el-Medine beschränkt zu sein. Nur die Informationen aus TT 216 und die des Papyrus Salt 124 lassen gesicherte Rückschlüsse auf privates Personal zu. Damit beschränken sich die Quellen auf eine einzige Familie, die der Vorarbeiter *Nb-nfr* und *Nfr-ḥtp*. Die anderen Quellen sind entweder nicht oder nicht sicher dem Bereich Privatpersonal zuzuordnen. O. Gardiner 90 dokumentiert die Weitergabe von Arbeitszeit der staatlichen Dienerschaft und ist kein Beleg für privates Personal. O. BM 5631 informiert zwar über private Angestellte, lässt aber keine gesicherten Rückschlüsse auf den Beruf ihres Besitzers zu. Man könnte aufgrund des Einflusses und der Verhandlungsmöglichkeit, die der Vater des *ms ḫr* gegenüber der königlichen Verwaltung hatte, auf ein Mitglied der Führungsschicht, einen Vorarbeiter oder Schreiber, schließen. Das würde in das von den Quellen suggerierte Bild der Führungsschicht als Besitzer von Privatpersonal passen.

Ähnlich verhält es sich mit dem Grab TT 250, das zwar vermutlich für Privatpersonal angelegt wurde, aber nicht sicher in diesen Bereich zu deuten ist. Auch dieses Grab würde die Vermutung ‚Führungsschicht hat Privatpersonal' unterstützen, da es dem Schreiber *Rˁ-msw* zugewiesen wird.

Im Fall der Quellen zu privaten Angestellten ist die Quellenlage zu dünn, um Privatpersonal als Statusmarker zu belegen. Es wäre positivistisch zu behaupten, dass private Angestellte nur im Bereich der Führungsschicht vorkamen, da sich andere diesen ‚Luxus' nicht leisten konnten. Die Quellen konzentrieren sich auf eine Familie, und dass diese Vorarbeiterdynastie etwas Besonderes in der Siedlung darstellte, zeigte schon die Betrachtung der Gräber. Folglich war die Familie des Vorarbeiters und speziell *Nfr-ḥtp* selbst für Deir el-Medine das, was man unter einer Persönlichkeit des öffentlichen Lebens versteht. Damit wäre das Privatpersonal in diese Richtung zu verstehen, als persönlicher Statusmarker des *Nfr-ḥtp* und Repräsentant seines Prestigeanspruches, aber nicht als Symbol der Statusunterschiede der gesellschaftlichen Struktur von Deir el-Medine.

[973] Ebd., S. 35.

# 4. Prestige in Deir el-Medine durch Verhalten und Vertrauen

## 4.1 Verhalten und Vertrauen

Neben den Statusunterschieden, die sich in Gütern und Besitz äußern und als Ausdruck des Prestigeanspruches eingesetzt werden können, gibt es eine weitere Möglichkeit Ansehen zu erlangen. Wie bereits durch die Kapitel zu Vertrauen und moralischem Verhalten[974] angedeutet wurde, darf das Verhalten, vor allem das vorbildhafte Verhalten, als ein wichtiger Faktor zur Erlangung von Prestige gelten. Vertrauen und moralisches Verhalten stehen dabei in engem Zusammenhang. Jemand, der Verlässlichkeit ausstrahlt, handelt der Erfahrung nach erwartungsgemäß, gewinnt deshalb Vertrauen und wird als verlässlich eingestuft. Es setzt hier ein Kreislauf ein, in dem durch weiteres erwartungsgemäßes Handeln Vertrauen bestätigt bzw. erzeugt, und das Ansehen des Handelnden aufgebaut wird.

Dieses Ansehen, das oft als soziales Prestige bezeichnet wird, ist eine individuelle, in den Quellen schwer greifbare Zuschreibung. Gesellschaftliche Phänomene wie Privilegien, Pflichten und bestimmte Aufgaben können zum eigenen Ansehen beitragen. Die richtige Ausführung von Aufgaben und Pflichten oder die gemeinschaftsdienliche Nutzung von Privilegien würde genau diese Funktion erfüllen. Da gerade Privilegien oder Pflichten sich aus strukturierten Gesellschaften ergeben, kann man hier von Statusunterschieden sprechen.

Solche Statusunterschiede sind auch in der Gemeinschaft von Deir el-Medine feststellbar. Privilegien wie der juristische Vorsitz in der *qnb.t* sind gute Beispiele für eine Rolle, die durch ‚richtige' Ausführung dem Prestigeanspruch dienlich gewesen sein könnte. Aber auch die Aufgaben der weisen Frau, die mit Rat zur Seite stand, und die Pflichten der Torwächter als ausführendes Organ der *qnb.t* oder als Überbringer von Nachrichten dürften bei zufriedenstellender Ausführung den Eindruck der Verlässlichkeit bei den Mitmenschen bestätigt und das Vertrauen in die Person und ihr Ansehen gestärkt haben. Demnach konnte jeder Beruf, der den Dienst an der Gemeinschaft umfasst, schon durch die zufriedenstellende Ausführung der berufstypischen Aufgaben zu einem gewissen Ansehen verhelfen. Das zeigt, wie alltäglich das Phänomen der Prestigevermittlung ist. Es gibt theoretisch in jedem Bereich die Möglichkeit, durch Verhalten Anerkennung zu erwerben. In Deir el-Medine sind nur die Aufgabenbereiche, die Privilegien und Pflichten der Bürger greifbar. Dass diese zu Prestige führen konnten, dürfte unbestreitbar sein.

[974] Vgl. Kap. 1.5 und 2.4.

Im Folgenden soll anhand einiger Beispiele untersucht werden, ob sich Privilegien, Pflichten und daraus resultierendes Verhalten als Statusunterschied erkennen lassen und als Prestigemarker gedient haben könnten. Der Untersuchung liegen die Annahmen zugrunde, dass eine zufriedenstellende Ausführung einer Aufgabe zu Vertrauen und zu Ansehen führt, und dass derjenige, der dem Handelnden Ansehen zuschreibt, dessen Handeln als richtig und sozial erfolgreich im Sinne eines allgemeinen ideologischen Gemeinschaftsverständnisses versteht. Für Deir el-Medine hieße das ein maatgerechtes Handeln, ein aufmerksames Zuhören, ein Verstehen und ein überlegtes Handeln im Sinne des reziproken Gemeinschaftsverständnisses, wie es in den Überlegungen zur Ethik beschrieben wurde.[975]

## 4.2 Prestige durch Privilegien – Der juristische Vorsitz

Verantwortlich für die Einhaltung der Regeln des Zusammenlebens war die *qnb.t*[976], ein lokales Gericht, das sich mit allen Rechtsfragen zu befassen hatte, die das Nekropolenareal, die Siedlung, ihre Bewohner und das Dienstpersonal betrafen.[977] Der Begriff *qnb.t* kann jegliche Art von gerichtlicher Versammlung, je nach Zusammensetzung auch höhere Instanzen meinen. Schafik Allam, der sich umfassend mit altägyptischen Rechtstexten beschäftigt hat, erwähnt in diesem Zusammenhang z. B. die „*Große Qenbet, die aus dem Fürsten (rpˁt) und den Oberrichtern (srw ˁ3yt)*“ bestand.[978] Die höchste für Deir el-Medine verantwortliche Instanz war der Wesir als direkter königlicher Vertreter, der in juristischen Fragen für die Siedlung tätig war. Im Folgenden soll ausschließlich die *qnb.t* (*n p3 ḫr*[979]) betrachtet werden, das aus Bewohnern der Siedlung zusammengesetzte Lokalgericht.

Wenn man Allam folgt, dann bestand die *qnb.t* meist aus „*angesehenen Siedlungsbewohnern*“[980] und der siedlungseigene juristische Apparat ist nach ihm oder Aristide Théodoridès, der sich ebenfalls eingehend mit der *qnb.t* beschäftigte, als Privileg für die Gemeinschaft zu werten.[981] Damit könnte man auch die Teilnahme an und insbesondere den Vorsitz in diesem Gremium als Privileg verstehen. Die *sr.w-n-qnb.t*, das „Richterkollegium“, bildeten in der Regel die beiden Vorarbeiter und der Schreiber, denen die Stellvertreter[982], die

[975] Vgl. Kap. 2.4.1.
[976] J. Černý, 1927, S. 204.
[977] S. Allam, 1973a, S. 25 und 31–32.
[978] Ebd., S. 30–31.
[979] D. Valbelle, 1985, S. 310.
[980] S. Allam, 1973a, S. 33.
[981] Ebd., S. 25 und A. Théodoridès, 1995, S. 141.
[982] Allam bezeichnet die Stellvertreter als Verwalter. Vgl. S. Allam, 1973b, S. 74. Der Verwalter *Jmn-ḫˁ* ist im hieroglyphischen Original ein *jdnw*. Vgl. J. Černý und A. H. Gardiner, 1957, Pl. 77.

Wächter, die Torwächter, die Vorsteher der *mḏ3j.w* sowie die Vorzeichner[983] und die *3ṯw.w*[984] und im Fall der Orakelentscheide *wꜥb*-Priester sowie die Trägerschaft des Gottes zur Seite gestellt waren. In den Texten werden unter den Richtern auch Namen ohne Berufsbezeichnung aufgeführt. Allam interpretiert diese als *sḏm.w-ꜥš*. Frauen konnten ebenfalls im Richtergremium sitzen.[985] In manchen Belegen wird die ganze Mannschaft als Teilnehmer an einer Gerichtssitzung vermerkt. Allam nimmt an, dass sie nicht am juristischen Entscheidungsprozess beteiligt waren, sondern vielmehr als „*Publizitätszeugen*" auftraten, als Zuschauer, die der öffentlichen Bezeugung des Vorgangs dienten.[986] Diese Breite an verschiedenen Teilnehmern erschwert die Frage, ob die Mitarbeit im juristischen Verfahren als Privileg, Statusmarker und Ausdruck für den persönlichen Prestigeanspruch zu werten ist. Die Situation stellt sich so dar, dass grundsätzlich jedes Mannschaftsmitglied als *sr-n-qnb.t* „Richter"[987] an einer Gerichtssitzung teilnehmen konnte. Die Auswahlkriterien für die Zusammenstellung des Richtergremiums sind nicht bekannt[988] und können aufgrund der Bandbreite der teilnehmenden Berufe auch nicht nachvollzogen werden. Damit muss man zunächst Allams Aussage, dass meist ‚angesehene Siedlungsbewohner' dem Richtergremium angehörten, relativieren.

Die Quellen lassen dennoch eine gewisse Hierarchisierung zu. In den Texten werden Allam zufolge die Vorarbeiter und Schreiber am häufigsten als Juroren genannt.[989] Es verwundert kaum, dass der Schreiber oft teilnahm, da er nicht nur die Protokolle schreiben, sondern als Kenner ethischer Regeln[990] auch großen Einfluss auf die Urteilsfindung ausüben konnte. Insgesamt hat Allam 284 ramessidische Textquellen, 259 Ostraka und 25 Papyri, ausgewertet. Davon beziehen sich nicht alle Texte auf Deir el-Medine, und weniger als die Hälfte auf die *qnb.t*. 38 bzw. 36 Texte (ca. 13 Prozent) erwähnen Vorarbeiter und Schreiber in juristischer Funktion, entweder als Teil der *qnb.t* oder als Zeugen der Urteilsausführung. Im Gegensatz dazu sind die anderen Berufsgruppen deutlich seltener am juristischen Prozess beteiligt. Zwar scheinen die *sḏm.w-ꜥš* mit Nennungen in 23 Texten (ca. 8 Prozent) ebenfalls stark vertreten zu sein. Aber deren Zusammen-

983 Allam bezeichnet die Vorzeichner als Maler. Vgl. S. Allam, 1973b, S. 59. Im Original steht der Titel *sš-qdw.t*. Vgl. G. Daressy, 1927, S. 162.

984 Allam bezeichnet die *3ṯw.w* als Vorsteher. Vgl. S. Allam, 1973b, S. 31 und 59. Die Vorsteher *Ḫꜥ-m-jp.t* und *Ḫnsw* sind im hieroglyphischen Original *3ṯw.w*. Vgl. für *Ḫꜥ-m-jp.t* A. H. Gardiner und G. Möller, 1911, Taf. 37a/b und für *Ḫnsw* siehe J. Černý, 1935a, S. 43* und Pl. 43.

985 S. Allam, 1973a, S. 33–34 und A. G. McDowell, 1990, S. 66–67, 143–144 und 160. Einzig O. Gardiner 150 scheint zu belegen, dass Frauen im Richtergremium sitzen konnten. Vgl. S. Allam, 1973b, S. 181.

986 S. Allam, 1973a, S. 34.

987 A. G. McDowell, 1990, S. 67.

988 A. Théodoridès, 1995, S. 210.

989 S. Allam, 1973a, S. 35.

990 Viele Ostraka zeigen, dass in Deir el-Medine das Lesen und Schreiben gelehrt wurde und dass zum Lehrinhalt und Repertoire verschiedene Weisheitstexte gehörten. Vgl. A. G. McDowell, 2000, S. 221–222.

setzung wechselt von Prozess zu Prozess, sodass die Beteiligung einzelner Arbeiter deutlich unter 8 Prozent liegen dürfte. Mit zwölf Nennungen sind in Texten auch die *ꜣṯw.w* häufiger vertreten. Die Beteiligung der anderen Gruppen an der *qnb.t* liegt zwischen acht Nennungen und einer Nennung.[991] Folglich gab es eine hierarchische Struktur der Teilnahme am juristischen Prozess. Das Richtergremium setzte sich aus zwei Gruppen zusammen. Eine Gruppe bestand aus den meist anwesenden Führungskräften, den Vorarbeiter und vor allem dem rechtskundigen Schreiber, und die andere Gruppe bildeten häufig wechselnde Teilnehmer wie Stellvertreter, Arbeiter, *ꜣṯw.w*, Wächter, Torhüter, Polizeivorsteher, Vorzeichner und Bürgerinnen. Die zweite Gruppe ermöglichte der Entscheidungsfindung eine breite Grundlage und förderte nach Allam *„eine volksnahe Rechtsprechung* [...] *und* [stärkte] *dadurch das Vertrauen der prozessierenden Parteien zum Gericht“*.[992] Auf diese Art wurden die Leitgedanken der Maat gewährleistet und umgesetzt.[993] Objektivität und Unparteilichkeit, vielleicht ausgeglichene Parteilichkeit, wurden nach Allam eher durch dieses Richtergremium als durch einen einzelnen Richter verwirklicht. Daneben scheint die mehr erfahrene erste Gruppe großen Einfluss auf die Entscheidung gehabt zu haben.[994] In einem von Allam publizierten Abschnitt aus pDeM 27 wird ein Arbeiter von einem Kollegen vor der *qnb.t* des Ehebruchs bezichtigt. Das Gericht scheint nicht von der Anklage überzeugt und verurteilt den Kläger. Dem Text zufolge schreitet aber ein Vorarbeiter gegen das Urteil ein und die *qnb.t* verlangt daraufhin dem Angeklagten einen Schwur ab, den Ehebruch zu unterlassen.[995] Anscheinend war der Zweifel eines Vorarbeiters an der Richtigkeit des gefällten Urteils ausreichend, um einen Fall noch einmal zu überdenken und eine neue Entscheidung herbeizuführen.

Die häufige Anwesenheit der Vorarbeiter und Schreiber und eine solche Einflussmöglichkeit lassen vermuten, dass die erste Gruppe des Richtergremiums den ‚juristischen Vorsitz‘ in der *qnb.t* ausübte. Bei Allam finden sich einige Quellen, die die Annahme, dass die Vorarbeiter und Schreiber die Prozessleitung innehatten, plausibel machen. In den Ostraka O. Cairo 25227, O. Cairo 25556 und

991 Da man bei Allam nur eine Andeutung vorfindet (S. Allam, 1973a, S. 35), habe ich die 284 Textquellen statistisch ausgewertet. Von 284 Texten – nicht alle beschäftigen sich mit dem juristischen Apparat von Deir el-Medine – werden die Vorarbeiter in 38 (13,4 %), die Schreiber in 36 (12,7 %), die *sḏm.w-ꜥš* in 23 (8,1 %), die *ꜣṯw.w* in 12 (4,2 %), die *sš.w-qdw.t* in 8 (2,8 %), die Wächter in 7 (2,5 %), die Polizeivorsteher und Stellvertreter in je 6 (2,1 %), *wꜥb*-Priester in 5 (1,8 %), die Torwächter und die Trägerschaft des Gottes in je 2 Texten (0,7 %) und Frauen in einem Text (0,4 %) genannt. Auch wenn sich nicht alle Texte auf die Siedlung beziehen, sehe ich in diesem Verhältnis ein repräsentatives, das sich durch die Wegnahme von Texten, die nicht die Arbeit der *qnb.t* betreffen, oder Hinzunahme von Texten, die die *qnb.t* betreffen, kaum verändern dürfte. Das Verhältnis verdeutlicht, dass die Führungskräfte am häufigsten am juristischen Prozess beteiligt waren.

992 Ebd., S. 37.

993 Ebd., S. 37–38.

994 McDowell vermutet, dass die wichtigeren Mitglieder der Gesellschaft mehr Einfluss auf das Urteil hatten, bemerkt aber, dass es keine direkten Belege dafür gibt. Vgl. A. G. McDowell, 1990, S. 170.

995 S. Allam, 1973b, S. 301–302.

O. Nash 2 treten zweimal ein Vorarbeiter und einmal ein Schreiber als Sprecher der *qnb.t* auf. Sie ordnen den Prozessverlauf und richten Fragen an die streitenden Parteien.[996] McDowell erwähnt in *Jurisdiction in the workmen's communitiy of Deir el-Medina*, dass die Aussagen der prozessierenden Parteien zum Teil durch Wendungen wie *„reported to me"* direkt an den Schreiber gerichtet wurden, was dessen vorsitzende Rolle verdeutlichen würde.[997] Inwiefern die zweite Richtergruppe derart auf eine gerichtliche Entscheidung Einfluss nehmen, einen Prozess leiten oder Angesprochener einer prozessierenden Partei sein konnte, wird durch die Quellen nicht dokumentiert.[998] Die Nichtexistenz dieser Informationen spricht für den ausschließlichen juristischen Vorsitz der Führungskräfte. Im Fall von pDeM 27 könnte man fragen, ob es sich um einen Prozess handelte, der den Vorarbeiter persönlich betraf, und ob er daher das erste Urteil anzweifelte. Nach Allam scheint es, dass die Bewohner, die persönlich von einem Fall betroffen waren, nicht als Mitglied des Richtergremiums berufen wurden. Vorarbeiter und Schreiber, die einer prozessierenden Partei angehörten, konnten nämlich nicht gleichzeitig zur *qnb.t* gehören. Allam wertet dies als Versuch, Parteilichkeit bei Entscheidungen zu mindern.[999] Eine objektive Haltung ist aufgrund der Enge der Gemeinschaft und der vielen verwandtschaftlichen Beziehungen trotz solcher Versuche vermutlich nicht zu erwarten.[1000]

Zwei Punkte werden deutlich. Zum einen war das Richtergremium hierarchisch in Prozessleitung und teilnehmende Richter gegliedert, zum anderen kann man den Versuch der Unparteilichkeit annehmen. Das nach mehrheitlichem Standpunkt richtig handelnde Richtergremium konnte so das Vertrauen in den juristischen Prozess und in die an der Urteilsfindung beteiligten Personen stärken. Hier setzt die Frage nach der Prestigevermittlung an. Die Mitglieder des Richtergremiums konnten durchaus Ansehen durch ihr rechts- und gemeinschaftsförderliches Verhalten beanspruchen. Dass das Richteramt und diese Möglichkeit des Prestigeerwerbs an einen bestimmten Status gebunden waren, bestätigen die Quellen offensichtlich nur zum Teil. Zumindest ist die häufige Teilnahme der Führungsschicht, ihr gewichtiger Einfluss auf das Urteil sowie der juristische Vorsitz ein Indiz für deren juristische Kompetenz, und dass diese von ihnen erwartet wurde. Sie konnten also häufiger als andere Dorfbewohner ihr Ansehen über den juristischen Vorsitz beeinflussen. Damit ist die Teilnahme an der *qnb.t* theoretisch eine allgemein zugängliche Möglichkeit, Prestigeanspruch zu äußern. Die Häufigkeit dieser Möglichkeit, der juristische Vorsitz, ist mit der Position innerhalb der Gesellschaft verknüpft und damit im Zugang beschränkt.

[996] S. Allam, 1973a, S. 57–58 und S. Allam, 1973b, S. 55–56, 61–63 und 217–219.
[997] A. G. McDowell, 1990, S. 167.
[998] A. Théodoridès, 1995, S. 204–207.
[999] S. Allam, 1973a, S. 45–46.
[1000] Vgl. auch A. G. McDowell, 1990, S. 245.

### 4.2.1 Korruption und Tugend

Eine Stelle aus dem Papyrus Anastasi II zeigt, dass die Gerichtssitzungen in der Realität keineswegs ideal von statten gingen, und dass natürlich jeder seine Interessen wahren wollte und die Mitglieder des juristischen Apparates durchaus bestechlich waren. Hier wird Amun gebeten dem armen Mann vor Gericht zu Hilfe zu eilen, der sich gegenüber dem Reichen, der das Gericht mit Silber, Gold und Kleidern bestechen kann, benachteiligt sieht. Amun soll in der Gerichtsverhandlung als Wesir erscheinen, den Armen aus seiner Lage befreien und zum Sieg der Armut über den Reichtum verhelfen.[1001]

Korruption, Bestechlichkeit und das Stellen des eigenen Wohlergehens über das der Allgemeinheit sind in ägyptischen Quellen häufig bezeugt und demnach vermutlich keine Seltenheit gewesen. Verschiedene Texte sprechen mal mehr, mal weniger direkt die zu Bestechlichkeit und Korruption führende Habgier der Menschen, insbesondere der Personen mit Einfluss und Entscheidungsgewalt an. Die Lehre des Ptahhotep z. B. verurteilt die Habgier als Untugend, als Wurzel alles Bösen.[1002] Dort heißt es:

> *„Wenn du möchtest, daß dein Leben gut ist, dann halte dich fern von allem Schlechten. Hüte dich vor dem Laster der Habgier, sie ist eine schlimme und unheilbare Krankheit, der man nicht beikommen kann. Sie hat schon Väter und Mütter entzweit, und auch die Brüder der Mütter, und sie trennt Mann und Frau. Sie ist ein Bündel von allem Schlechten, ein Sack von allem Hassenswerten. [Nur] der Mann wird Bestand haben, der die Maat bewahrt, indem er sich gemäß seinem Rang verhält. Er schafft ein Vermächtnis dadurch, für den Habgierigen (aber) gibt es kein Grab.“*[1003]

Die Habgier ist der Urgrund vieler sozialer Übel. An den Habgierigen wird sich niemand erinnern. Der aber, der der Gier widersteht, schafft ein Vermächtnis, eine Erinnerung an sich. Man kann den Bezug zu Prestige, zu sozialem Ansehen hier direkt greifen. Habgier und das, was sie produziert, Bestechlichkeit und Korruption, schaffen kein Ansehen und kein Vermächtnis, sondern genau das Gegenteil. Idealerweise gewinnt man Ansehen durch das Befolgen der Maat, das aufmerksame Zuhören und das selbstlose Verhalten auf der eigenen sozialen Position, das für Junge vor allem die Mitmenschlichkeit als Handlungsorientierung umfasst.[1004]

Hassan El-Saady nennt in seinem kurzen Artikel über Bestechung im Alten Ägypten die Klagen des Bauern einen frühen Hinweis auf Bestechlichkeit und Korruption. Der Übeltäter *Nmty-nḫ.t*, der den Bauern drangsalierte und seiner

[1001] Vgl. R. A. Caminos, 1954, S. 56–58, A. Théodoridès, 1995, S. 207–208, G. Posener, 1971, S. 60 und H. Brunner, 1982, S. 72–73.

[1002] F. Junge, 2003, S. 29 und 50–52.

[1003] G. Burkard, 1991, S. 207–208, §19 298–315.

[1004] F. Junge, 2003, S. 52 und 58–60.

Habe beraubte, wird durch die Beamten gedeckt. El-Saady nimmt an, dass diese mit einem Teil der Beute bestochen und zur Verschwiegenheit überredet wurden.[1005] Im Rahmen seiner Klagen umschreibt der Bauer die Richter dann als *„greasy baskets"*[1006].

*„Die, die Verhör abhalten: ihre Lieblingsbeschäftigung ist es, Lüge zu sagen: es ist leicht für ihr Herz."*[1007]

Die Problematik des Bauern wird deutlich. Er kämpft gegen ein System aus Bestechung und erkaufter Loyalität. Auch in der Lehre des Amenemope finden sich mahnende Worte, die sich gegen die Bestechlichkeit der Richter wenden und stattdessen das göttliche Geschenk der Maat, die ‚objektive' Gerechtigkeit, fordern.

*„Benachteilige nicht einen Menschen im Gericht, und schiebe nicht den Gerechten beiseite. Gib nicht dein Augenmerk auf das leuchtende Kleid, und weise ihn nicht ab, wenn er zerlumpt ist. Nimm nicht die Bestechung eines Starken, und bedränge nicht seinethalb den Schwachen. Die Maat / das ist die große Gabe des Gottes; er gibt sie, wem er will."*[1008]

Die Lehre des Amenemope fordert allgemein soziale Gerechtigkeit vor Gericht. Kein äußerer Schein und keine Bestechung sollen den Richter in seinem Amt beeinflussen. Auch dieses Zitat lässt vermuten, dass es Korruption im Gericht gab. Der gerechte Richter hatte folglich die Möglichkeit, sich durch sein maatgerechtes Handeln auszuzeichnen. Während die Lehre des Amenemope noch vor Bestechlichkeit und sozialer Ungerechtigkeit als Untugend warnt, wird das *Edict of Haremhab* deutlicher. Es verurteilt Korruption als Verbrechen. Haremhab wendet sich an die Richter mit mahnenden Worten:

*„Do not associate with others of the people, do not receive the reward of another, not hearing ... How then shall those of you judge others, while there is one amongst you commiting a crime against justice."*[1009]

Hier wirkt es fast so, als hätten die Gerichte zu Regierungsbeginn des Haremhab nur aus korrupten, sich selbst bereichernden Richtern bestanden. Mehrere Beispiele zeigen, dass das Übel der Korruption auch vor Deir el-Medine nicht halt gemacht hat. Ein typisches Beispiel ist der Fall des Arbeiters und späteren

[1005] H. El-Saady, 1998, S. 269.
[1006] M. Lichtheim, 1973, S. 175.
[1007] F. Vogelsang, 1913, S. 119.
[1008] I. Shirun-Grumach, 1991, S. 243–244.
[1009] J. H. Breasted, 1906, S. 31. Vgl. auch B. G. Davies, 1995, S. 81. Davies übersetzt die Stelle: *„Do not associate with other people, and do not receive the reward of another (person) ... See, each one of you who shall mingle with others – that will be for you doing wrong against right."* El-Saady ersetzt den Begriff *reward* direkt durch den Begriff *bribery*. Vgl. H. El-Saady, 1998, S. 297.

Vorarbeiters *P3-nb*. Der bereits angesprochene und von Černý übersetzte Papyrus Salt 124[1010] suggeriert, dass *P3-nb* nur mittels Bestechung in das wichtigste Amt der Mannschaft des Grabes gekommen war.

„*(1) [The workman] Amennakht [says]: I am the son of the chief-workman Nebnufer. My father died (2) [and the chief-workman] Neferhotep, my brother, [was put] in his place. And the enemy killed Neferhotep (3) [and (although) I am (?)] his brother, Peneb gave five servants of my father to Preemhab who was the Vizier (4) ... [and he put him in the place of?] my father, although, indeed, it was not his place.*“[1011]

Hinsichtlich dieser Klage muss bedacht werden, dass *P3-nb* von seinem Vorgänger, dem Vorarbeiter *Nfr-ḥtp*, nach dem frühen Tod des Vaters adoptiert wurde.[1012] Das wirft die Frage auf, ob *P3-nb* nicht doch als rechtmäßiger Nachfolger gesehen werden muss. Die Schrift des *Jmn-nḫ.t* ist damit seinerseits der Versuch einer Einflussnahme auf die Entscheidungen des Wesirs, auch wenn die restlichen im pSalt 124 aufgelisteten Taten *P3-nb* als Verbrecher klassifizieren.[1013] Ein anderer Fall aus dem direkten Umfeld der Gemeinschaft von Deir el-Medine bestätigt die Bestechlichkeit verschiedener Beamter. In Papyrus Leopold II berichtet ein Steinmetz des Tempels des Amun von den Grabplünderungen, die er und einige Gefährten im Auftrag eines Priesters begangen haben. Er wurde gefasst, konnte sich aber mit einem Teil seiner Beute wieder frei kaufen. Er bestach einen Beamten, der ihn daraufhin laufen ließ.[1014]

Diese beiden Fälle aus dem nahen und weiteren Umfeld der Arbeitersiedlung sowie die anderen genannten Beispiele zeigen, dass sich Bestechlichkeit und Korruption als soziale Übel in vielen Bereichen der altägyptischen Gesellschaft wieder finden lassen. Es überrascht deswegen nicht, dass diese auch Thema ethischer Überlegungen waren. Sie stützen aber auch die Annahme, dass man denjenigen, der sich diesen Übeln widersetzte, schätzte und ihm soziales Ansehen zusprach. Meines Wissens fehlen Textquellen, die das gute Handeln am realen Beispiel reflektieren.[1015] Es scheint damit keine Belege zu geben, die die Annahme des juristisch ordentlichen Handelns als Möglichkeit der Erlangung von Prestige direkt stützen. Aber die dokumentierte Korruption belegt, dass sich Möglichkeiten boten, Unrecht entgegenzustehen und im Sinne des allgemeinen Wohls zu richten. Dass auf diesem Weg die Vertrauenswürdigkeit und das Ansehen gesteigert werden konnte, darf angenommen werden.

1010 J. Černý, 1929, S. 243–258. Vgl. auch Kap. 3.5.
1011 Ebd., S. 244.
1012 B. G. Davies, 1999, S. 35.
1013 Ebd., S. 33–34.
1014 J. Capart, A. H. Gardiner und B. van de Walle, 1932, S. 171–172.
1015 McDowell führt das auf die lückenhafte Beleglage und die formell nüchtern gehaltenen Texte bzw. Gerichtsprotokolle zurück. Vgl. A. G. McDowell, 1990, S. 167.

### 4.2.2 Der Orakelentscheid

Der Vollständigkeit halber sollte der Orakelentscheid als gerichtliches Element der Gemeinschaft von Deir el-Medine, von Allam als *„Gottesgericht“*[1016] benannt, Erwähnung finden. Eine unmittelbare Verbindung zur interpersonalen Prestigevermittlung lässt sich im Bereich des juristischen Prozesses kaum vermuten, da die Entscheidungsfindung beim angerufenen Gott liegt. Aber die Quellen zum Rechtsleben der Menschen von Deir el-Medine zeigen, dass auch der Orakelentscheid nicht ohne menschliche Beteiligung auskam. Unter den Mitwirkenden finden sich häufig acht einfache Arbeiter in der Rolle von *wꜥb*-Priestern, die als Trägerschaft des Gottes die Götterbarke trugen. McDowell vermutet hier ein Privileg, das nur bestimmten Familien vorbehalten war.[1017] Neben diesen agierten beim Orakelentscheid Vorarbeiter und Schreiber sowie Wächter, Torwächter und die Aufseher der *mḏꜣj.w*. Zwei Quellen, die Ostraka O. Cairo 25555 und O. Gardiner 4, nennen unbetitelte Personen, die Allam als einfache Arbeiter versteht.[1018] Die Teilnehmer des Orakelentscheids sind oft dieselben Personen wie im Richtergremium der *qnb.t*.

Ihre Aufgabe war das Tragen der Götterbarke, das Bezeugen der göttlichen Urteile und, im Fall der Schreiber, das Protokollieren des gerichtlichen Prozesses.[1019] Die Entscheidungsfindung lag allein beim angerufenen Gott und nicht mehr bei den weltlichen Beteiligten. Einen möglichen Prestigeanspruch, der hier zum Ausdruck kommen kann, muss man vielmehr in der Beteiligung am Ablauf des Orakelentscheids sehen. Diese Rolle bedeutet nach Allam vor allem *„die Vorbereitung des Verfahrens* [und die Gewährleistung des] *ordnungsgemäßen Ablauf*[s]“.[1020] Inwieweit die aufgelisteten Personen tatsächlich am Ablauf des Orakelprozesses über das reine Bezeugen des Urteils hinaus beteiligt waren, ist schwer zu klären. Die Mannschaft des Grabes dürfte die Rolle von Publizitätszeugen gehabt haben. Abgesehen von der Trägerschaft des Gottes und dem protokollierenden Schreiber scheint keine weitere distinktive Aufgabe im Ablauf greifbar, die eine Hervorhebung einzelner gegenüber der gesamten Mannschaft rechtfertigt. Über die Nennung ihres Titels werden Vorarbeiter und Schreiber, Wächter, Torwächter und *ḥrj.w-mḏꜣj.w* aus der Masse hervorgehoben und vermutlich so von einfachen Arbeitern unterschieden. Inwieweit diese Personen auch bestimmte Aufgaben im juristischen Prozess des Orakelentscheids übernahmen, wird in den Quellen nicht deutlich. Die Texte nennen ferner Namen ohne Titel. Vermutlich beziehen sich diese auf einfache Arbeiter, die damit in der Liste eine Sonderstellung einnehmen. Auf O. Cairo 25555 wird eine Person namens *Jpwy* ohne Titel nach dem *ꜣṯw* und vor den *wꜥb*-Priestern aufgezählt. Die Mannschaft wird erst ganz am Schluss der Personenauflistung genannt.[1021] O. Gardiner 4 nennt nach einem

[1016] Vgl. S. Allam, 1973a, Abschnitt VIII. und IX., S. 73–97.

[1017] A. G. McDowell, 1990, S. 109.

[1018] S. Allam, 1973a, S. 77 und S. Allam, 1973b, S. 59–61 und 151–152.

[1019] S. Allam, 1973a, S. 76–78.

[1020] Ebd., S. 89.

[1021] J. Černý, 1935a, S. 43*, 25555 verso, 4–7.

Schreiber vier titellose Namen, denen wiederum ein Wächter und die Mannschaft folgen.[1022] Ob diese Hervorhebungen nun mit einer bestimmten Rolle im Ablauf des Orakelentscheids zusammenhängen, bleibt unklar.

Prestige konnte sicherlich auch für eine zur Zufriedenstellung ausgeführte Aufgabe an einem Orakelentscheid verliehen werden. Es ist schwer diese Aufgabe als einen Statusunterschied zu fassen bzw. Rollen abseits der Trägerschaft des Gottes und der des Protokollführers zu greifen, die eine besondere Distinktionsfähigkeit gegenüber den übrigen Zuschauer vermuten lassen. Vielleicht war auch die Teilnahme an der *qnb.t* oder am Orakelentscheid eine Pflicht, die als ‚ehrenvolle' Aufgabe innerhalb der Gesellschaft von Deir el-Medine wahrgenommen und als Möglichkeit zum Prestigeerwerb genutzt werden konnte.

## 4.3 Prestige durch Arbeit – Die Aufgaben der Torwächter

Ein anderes Beispiel für die Erlangung von sozialem Ansehen ist der Aufgabenbereich der Torwächter, der an das vorangehende Beispiel anknüpft. Die Torwächter fungierten als *šms-n-qnb.t* „Gerichtsdiener"[1023] mit der Aufgabe, die gerichtlichen Urteile auszuführen oder die Urteilsausführung zu überwachen. Auch andere Aufgaben wie die Übermittlung von Schriftstücken oder die Bezeugung von Transaktionen unter den Bewohnern boten zahlreiche Gelegenheiten durch bestimmtes Handeln die eigene Vertrauenswürdigkeit und den Eindruck der Verlässlichkeit zu stärken.

Gerade im juristischen Bereich gibt es mehrere Quellen, die ein Bild der verschiedenen Aufgaben der Torwächter zeichnen. Sie sind in einigen Texten als Zeugen belegt, die der Leistung eines Eides beiwohnten[1024] wie z. B. Ostrakon Berlin P 10655[1025], dessen Text eine Klage des Arbeiters *Jmn-m-jp.t* gegen den Wasserträger *P3-n-njwt* vor der *qnb.t* dokumentiert. Der Angeklagte schwört einem Vorarbeiter, einem Schreiber und dem Torwächter *Pn-p3-mr*, dass er dem gefällten Urteil nachkommen und seine Schulden innerhalb einer bestimmten Frist zurückzahlen wird.

In einigen anderen Fällen den Polizisten *Jmn-ḫʿw* betreffend ist der *jrj-ʿ3 ʿn-ḥtp* als Zeuge tätig. Auf Ostrakon Gardiner 137[1026] bezeugt er den Eid des *Jmn-ḫʿw*, dass er innerhalb eines bestimmten Zeitraums eine bestimmte Warenmenge an *Ḥr-mnw* liefern wird. O. DeM 133[1027] dokumentiert drei Fälle, in denen er erneut mit Angelegenheiten des *Jmn-ḫʿw* zu tun hatte. Auf dem *Recto* sind zwei Schwüre des Polizisten belegt. Beim zweiten ist *ʿn-ḥtp* mit seinem Kollegen *Pn-p3-mr* Teil

[1022] J. Černý und A. H. Gardiner, 1957, Pl. XXVII,3.
[1023] A. G. McDowell, 1990, S. 49.
[1024] M. Goecke-Bauer, 2003, S. 113–115.
[1025] S. Allam, 1973b, S. 30–32.
[1026] Ebd., S. 179–180.
[1027] Ebd., S. 100–101.

einer Gruppe von Zeugen. *Jmn-ḫꜥw* schwört in diesem Fall, *Ḥr-mnw* einen Esel zu überlassen, nachdem er anscheinend die Frist, seinen ersten Schwur zu erfüllen, hatte verstreichen lassen. Zur Zeugengruppe gehörten neben den beiden Torwächtern auch einige *wꜥb*-Priester sowie die Vorarbeiter, zwei Schreiber, die beiden *ꜣṯw.w* und die Mannschaft des Grabes. Möglicherweise handelte es sich aufgrund der Anwesenheit der *wꜥb*-Priester um einen Orakelentscheid. Auf dem *Verso* bezeugt der Torwächter *ꜥn-ḥtp* dann die Übergabe eines Esels durch einen Wasserträger an den Polizisten *Jmn-ḫꜥw*, der damit seinen letzten Eid erfüllte und seine Schuld bei *Ḥr-mnw* beglich. In allen Fällen bleibt unklar, ob die Torwächter auch Teil des juristischen Entscheidungsprozesses der *qnb.t* waren oder nur als Zeugen für die Urteilsannahme durch die Beklagten dienten. Der letzte Fall auf dem *Verso* desselben Ostrakons ist eines von mehreren Beispielen, in denen ein Torwächter als Gerichtsdiener auftritt, der die Urteilsausführung überwacht.[1028]

In dieser Funktion handelt auch der Torwächter *Ḫꜥj-m-wꜣst* im Text von O. Gardiner 54[1029]. Das Ostrakon schildert einen Streitfall zwischen einem Wasserträger und einer weiteren Person um eine Eselin. Die *qnb.t* schickte den Torwächter zum Wasserträger, der anscheinend im Unrecht war, um dessen Besitz zu beschlagnahmen. Der *jrj-ꜥꜣ* erhielt jedoch nur Prügel anstatt der beschlagnahmten Ware.

In seiner Funktion als Gerichtsdiener konnte der Torwächter auch als Eskorte für Angeklagte fungieren. O. Berlin P 14124[1030] berichtet, wie der Torwächter *Ḫꜥj-m-wꜣst* eine Frau vor die *qnb.t* des Ramesseums begleitete, wo sie zu einer Zahlung von 30 *dbn* verurteilt wurde. Dass dies der *jrj-ꜥꜣ* in offiziellem Auftrag tat, wird nach Goecke-Bauer durch die volle Nennung seines Titels *jrj-ꜥꜣ Ḫꜥj-m-wꜣst n pꜣ ḫr* verdeutlicht.[1031]

Alle diese Fälle zeigen, dass Torwächter in offiziellen juristischen Angelegenheiten wichtige Funktionen übernehmen konnten.

Ihr Status wird in der Literatur oft als gering erachtet.[1032] Das resultiert aus ihrer hierarchischen Stellung, die sich auf ihren Lohn gründet, und ihren Aufgaben, die sie wie einfache Laufburschen wirken lassen. Es ist durchaus vorstellbar, dass jede beliebige Person einen Eid bezeugen konnte. Aber in manchen juristischen Texten wie O. DeM 133 werden die Torwächter in der Zeugenliste vor den Mitgliedern der Mannschaft genannt, die hierarchisch höher anzusiedeln sind. Das spricht dafür, dass sie eine tragende Rolle hatten und nicht einfache Zuschauer oder Publizitätszeugen waren. Torwächter sind ein gutes Beispiel dafür, dass Fragen zu sozialen Strukturen und Prestige nicht immer mittels Lohn und anhand der am Lohn orientierten hierarchischen Stellung erklärbar sind. Die Torwächter bezeugten Eide für die *qnb.t*, erledigten die Urteilsvollstreckung und andere Aufgaben für das Gericht. Diese Rolle verlangte nicht nur Loyalität gegenüber der *qnb.t*, sondern vor allem Zuverlässigkeit und Vertrauenswürdigkeit.

[1028] M. Goecke-Bauer, 2003, S. 115–116.
[1029] S. Allam, 1973b, S. 159–160.
[1030] Ebd., S. 38–39.
[1031] M. Goecke-Bauer, 2003, S. 116.
[1032] Vgl. auch Kap. 2.3.3.2.

Die Bedeutung der Zuverlässigkeit und Vertrauenswürdigkeit ist auch in anderen Bereichen wichtig. Diese beiden Eigenschaften werden vor allem in ihrer Tätigkeit als Boten und Lieferanten von Waren verlangt. In mehreren Quellen wird ein *jrj-ꜥꜣ* als Überbringer von Waren genannt.[1033] Auf den Schultern der Torwächter lastete Verantwortung. In O. Turin 57105 überbringt der *jrj-ꜥꜣ Ṯꜣ-ꜥꜣ* das Rind des *Jmn-m-jpt* der Sängerin *Bꜣk-stẖ*.[1034] Auch in O. DeM 779 ist *Ṯꜣ-ꜥꜣ* der Überbringer eines Tieres, diesmal einer Eselin, und in O. Colin Campbell 32 lieferte er einer unbekannten Person verschiedene Waren.[1035] Neben O. Berlin P 11290, O. IFAO 1022 und O. AG 62 dokumentieren vor allem die Vorder- und Rückseite des O. Michaelides 5, dass der Torwächter *Pn-pꜣ-mr* als Überbringer von Waren tätig war. Überbracht wurde ein Esel an eine Person, die das Tier von einem Arbeiter mietete. Der Torwächter kümmerte sich auch um die Rückgabe.[1036]

Verschiedene Quellen zeigen, dass die Torwächter auch Lebensmittel an die Mannschaft lieferten und ausgebliebenen Lohn an den Tempeln und bei der königlichen Verwaltung einforderten.[1037] O. DeM 10007 z. B. beschreibt, wie 1924 *ꜥqw*-Brote unter der Aufsicht des Torwächters *Pn-pꜣ-mr* waren, die er an die Mannschaft lieferte.[1038] Möglicherweise war diese Brotmenge ein Ausgleich für ausgebliebenen Lohn. O. Cairo 25611[1039] belegt, wie der Torwächter *Ḫꜥj-m-wꜣst* eine Warenlieferung für die Mannschaft des Grabes entgegennahm und vermutlich an diese weitergab. Aber auch bei Lieferungen an Einzelpersonen konnte der Torwächter die Lieferung überwachen und entgegennehmen, wie bei einer Holzlieferung an den Nekropolenschreiber *Ḥrj*.[1040] Folglich vertrauten die Bewohner von Deir el-Medine den Torwächtern die Sorge für ihr Hab und Gut an.

Daneben wurden Torwächter auch als Boten zwischen Deir el-Medine und der Verwaltung eingesetzt. In den meisten Fällen sind die Art der Botschaft oder der Auftrag nicht mehr bekannt.[1041] Dass es sich aber um wichtigere Botschaften handelte, die den Arbeitsablauf in der Nekropole betreffen konnten, zeigt pTurin Cat. 2074[1042]. Der Papyrus berichtet wie die Torwächter dem Wesir und einem Schreiber einen Brief überbrachten, der die Forderung der Mannschaft nach Getreiderationen, Kupfer und Arbeitsmaterial enthielt. Der Wesir sandte mit ihnen einen Brief an die Arbeiter, der sie vor feindlichen Libyereinfällen warnen sollte.

1033 M. Goecke-Bauer, 2003, S. 105–106.

1034 Es gibt verschiedene Übersetzungen dieser Quelle, die in der Sängerin mal die Empfängerin, mal den Absender des Rindes sehen. Vgl. ebd., S. 106, W. Helck, 2002, S. 238 oder J. Černý, 2001, S. 172–173. Die Übergaberichtung ist in unserem Zusammenhang ohne Bedeutung.

1035 M. Goecke-Bauer, 2003, S. 105–106.

1036 Ebd., S. 104 und 106.

1037 Ebd., S. 96–97 und 99.

1038 Vgl. „O. DeM 10007“ in: The Deir el-Medina Database, oder J. Černý, 2001, S. 173 und M. Goecke-Bauer, 2003, S. 102, hier als O. IFAO 1239 aufgelistet.

1039 M. Goecke-Bauer, 2003, S. 102 und 147, Anm. 594.

1040 Vgl. „Berlin P 10632“ in: Deir el-Medine online.

1041 M. Goecke-Bauer, 2003, S. 97–99.

1042 Ebd., S. 98.

Die Torwächter hatten im Auftrag der Gemeinschaft von Deir el-Medine zu den höchsten staatlichen Autoritäten Kontakt, die die Vorgesetzten der Arbeiterschaft waren. Vertrauenswürdigkeit und Zuverlässigkeit sind insbesondere in diesem Zusammenhang für ‚einfache Laufburschen' notwendige und schätzenswerte Eigenschaften.

Zwei Beispiele sollen besondere Erwähnung finden. Sie verdeutlichen, dass die Torwächter bei der Mannschaft Vertrauen und Ansehen genossen, auch wenn sie schlechter bezahlt wurden als andere Arbeiter. Auf der Rückseite des Ostrakon Berlin P 12654[1043] wird von der Verringerung der Mannschaftsstärke auf 60 Mann im Auftrag des Wesirs berichtet. Diejenigen, die nach diesem Einschnitt nicht mehr Teil der Mannschaft des Grabes waren, sollten der Versorgungsmannschaft zugeteilt werden. Die Entlassungen wurden vermutlich durch die Vorarbeiter und den Schreiber vollzogen. Die verbliebenen Mannschaftsmitglieder sandten nun durch ihren Torwächter *ꜥn-ḥtp* zwei silberne Meißel an den Wesir. Möglicherweise handelte es sich um ein Geschenk als Zeichen der Dankbarkeit, noch Teil der Arbeiterschaft zu sein. Obwohl man erwarten würde, dass die Führungskräfte als Repräsentanten des Dorfes das Geschenk überreichen, vertrauten es die Dorfbewohner dem Torwächter an. Ob die Führungskräfte zu diesem Zeitpunkt an ihrem Arbeitsplatz unabkömmlich waren, der Wesir auf Reisen und nur durch Hinterherreisen erreichbar war[1044] oder ob die Vorarbeiter und der Schreiber zu faul für diesen Weg waren, mag offen bleiben. Die Verantwortung für ein wertvolles Geschenk als Ausdruck der Dankbarkeit, dass vermutlich eine notwendige Geste war, wurde dem Torwächter anvertraut.

Das Vertrauen in die Arbeit des Torwächters belegt auch der Turiner Streikpapyrus, der u. a. davon berichtet, wie der *jrj-ꜥꜣ Ḫꜥj-m-wꜣst* neue Arbeiter für die *smd.t-n-bnr* rekrutierte.[1045] Der Torwächter schwört in Gegenwart des Nekropolenschreibers und der beiden Vorarbeiter, dass er für jede Seite der Mannschaft zwölf Wasserträger, zehn Fischer, sieben Holzschneider, sechs Gärtner, einen Dattelsammler, vier Töpfer und vier Wäscher einstellen werde. Auch diese Aufgabe verlangt Gewissenhaftigkeit und Zuverlässigkeit und spricht für das Vertrauen, dass die Führungskräfte in ihre Torwächter setzten. Die *smd.t-n-bnr* hatte sich um all die Dinge zu kümmern, die zur umfassenden Versorgung der Mannschaft des Grabes benötigt wurden. Das lässt vermuten, dass die Rekrutierung der Mitglieder der *smd.t* eine heikle Aufgabe war. Die Folgen einer Fehlbesetzung in der Versorgungsmannschaft bekam sicherlich die ganze Gemeinschaft unmittelbar zu spüren. Bei der hier zitierten Stelle aus dem pTurin Cat. 1880 handelt es sich um eine Besonderheit. Diese Quelle ist der einzige

1043 Ebd., S. 126 und „Berlin P 12654" in: Deir el-Medine online.

1044 Diese Möglichkeit wird bei Goecke-Bauer als Erklärung für die Auswahl des Torwächters als Überbringer des Geschenks genutzt. Im Text heißt es *jw ṯꜣtj m ḫdj pꜣj hrw* „während der Wesir nordwärts fuhr an diesem Tage." Vgl. M. Goecke-Bauer, 2003, S. 126.

1045 Vgl. Kap. 2.3.3.5, J. Černý, 2001, S. 188–189, J. J. Janssen, 1997, S. 38–39 und M. Goecke-Bauer, 2003, S. 123.

Beleg zur Rekrutierung der Versorgungsmannschaft. Janssen merkt an, dass die Rekrutierung der Arbeiterschaft der Nekropole eher die Aufgabe des Wesir und seiner Beamten gewesen sein dürfte.[1046] Umso mehr muss es verwundern, dass man in der einzigen Quelle zu diesem Vorgang einen Torwächter vorfindet. Es stellt sich die Frage, ob hier eine typische Aufgabe der Torwächter oder nur einen besonderer Einzelfall dokumentiert wurde. Möglicherweise handelte der Torwächter auch im Auftrag des Wesirs. In jedem Fall zeigt die Quelle, dass den Torwächtern genug Vertrauen entgegengebracht wurde, um solche wichtigen Aufgaben auszuführen.

Der Aufgabenbereich der Torwächter bat genug Möglichkeiten, sich durch gewissenhafte Ausführung der Pflichten ein bestimmtes Ansehen zu erwerben. Bei vielen der Aufgaben mussten die Bewohner von Deir el-Medine auf die Zuverlässigkeit des Handelnden vertrauen. Obwohl die Torwächter in der Hierarchie im unteren Bereich anzusiedeln sind, berührten ihre Pflichten viele Bereiche der Dorfgemeinschaft. Ein Torwächter, der zur allgemeinen Zufriedenheit handelte, dürfte also das Vertrauen seiner Mitmenschen und soziales Ansehen genossen haben. Das Bild des einfachen Handlangers ist in dieser Hinsicht nicht zu halten. Die auch von Goecke-Bauer attestierte *„hohe Vertrauenswürdigkeit“*[1047] gegenüber der gesamten Gemeinschaft von Deir el-Medine und den hohen Autoritäten sollte als wichtige Eigenschaft der Torwächter bedacht werden. Die Möglichkeiten Prestige zu erlangen, waren für Torwächter allgegenwärtig.

Im Vorhergehenden wurde bereits der Vergleich des *jrj-ꜥꜣ* mit dem modernen arabischen *bawwab* angesprochen.[1048] Der Aufgabenbereich der beiden Berufe scheint sich in vielerlei Hinsicht zu decken. Die Aufgaben des *jrj-ꜥꜣ* waren für ihn überlebensnotwendig, ebenso wie sie es heute für den *bawwab* sind. Fehler konnte er sich vermutlich kaum erlauben. Folglich ist ein erfolgreicher *jrj-ꜥꜣ* ebenso wie ein erfolgreicher *bawwab* eine gern gesehene Person, aber schon der kleinste Fehler kann ihn dieses Ansehen und die Existenzgrundlage kosten. Daher wird man im Fall des Torwächters mit einer anderen Art des sozialen Prestiges konfrontiert als bei den Vorsitzenden der *qnb.t*, die durch nicht zufriedenstellendes Verhalten nicht gleich ihre Lebensgrundlage riskierten. Der Torwächter war so gesehen zu zufriedenstellendem Verhalten gezwungen, und Ansehen erscheint in diesem Rahmen nur noch als Begleiterscheinung und weniger als Anspruch.

[1046] J. J. Janssen, 1997, S. 38.
[1047] M. Goecke-Bauer, 2003, S. 140.
[1048] Vgl. Kap. 2.3.3.2.

## 4.4 Prestige durch Rat – Die Hilfe der weisen Frau

Der Fall der weisen Frau (*tꜣ rḫ.t*) umfasst einen Bereich in der Frage nach sozialem Prestige, der in der Hierarchisierung durch Lohn nicht greifbar ist. Sie ist innerhalb des Organigramms nicht einzuordnen. Die Quellen geben keine Auskunft über ihre Lebensverhältnisse. Trotzdem handelt es sich um eine Person, die in der Gemeinschaft von Deir el-Medine vermutlich eine wichtige Rolle gespielt hat und deren Prestigeanspruch oder ihre Möglichkeiten, Ansehen durch ihre gemeinschaftsdienliche Tätigkeit zu erlangen, in den wenigen Quellen deutlich werden.

Ihre Rolle wurde als die einer Seherin und Heilerin charakterisiert, die vor allem eine Art psychologische Hilfe darstellte.[1049] Die Bewohner der Siedlung suchten ihren Rat, wenn sie sich anscheinend hilflos fühlten. Der Ratschlag der weisen Frau bezog sich Karl zufolge auf negative Auswirkungen, die durch eine göttliche Manifestation im eigenen Verhalten hervorgerufen wurden. Diese Manifestation, die *bꜣ.w* eines Gottes, verstanden die Menschen als göttliche Strafe für ein vorangegangenes Fehlverhalten, für einen Verstoß gegen die Maat.[1050] Der Betroffene war nach Karl durch die Strafe handlungsunfähig, unfähig die Maat auszuüben, unfähig zum gesellschaftlichen Leben. Diesen Zustand galt es nun möglichst schnell zu ändern, um wieder in der Gemeinschaft Fuß fassen und menschenwürdig leben zu können. Man musste die Quelle der göttlichen Strafe erkennen und ‚besänftigen'. In diesem Fall half die weise Frau.[1051] Karl beschreibt sie als:

> *„... eine Art Anker für die Geplagten, da sie durch ihre Hilfestellung diesen die Möglichkeit an die Hand gab, wieder zu Handelnden zu werden, um aktiv die Wiedererlangung der göttlichen Gnade betreiben zu können, was für sie selbst aber auch für den Erhalt von maat gleichermaßen notwendig war."*[1052]

Nur wenige Quellen deuten auf diese Hilfe hin und dokumentieren den Respekt vor dem ‚Zorn der Götter', wie z. B. das möglicherweise aus Deir el-Medine stammende, bereits angesprochene Ostrakon Letellier[1053]. Hier richtet sich der Schreiber *Qn-ḥr-ḫpš=f* an die Frau *Jnr-*(...) und fragt sie, warum sie nicht die weise Frau bezüglich des Todes zweier Kinder konsultiert, für die sie die Aufsichtspflicht hatte. *Jnr-*(...) soll für *Qn-ḥr-ḫpš=f* Erkundigung zum Todesumstand einholen und dabei *„vorsichtig in bezug auf* [sein] *Leben (und) das Leben der Mutter"* der Kinder sein. Die weise Frau würde ihr den Namen eines Gottes nennen und bestimmte Handlungsanweisungen geben. Diese soll *Jnr-*(...) ausführen und ihrem Auftraggeber den Namen des für ihn noch unbekannten Gottes nennen.[1054] Offensichtlich möchte der Auftraggeber das Schicksal der verstorbenen Kinder

[1049] Vgl. Kap. 2.3.4.1.
[1050] J. F. Borghouts, 1982, S. 28 und 29–30.
[1051] D. Karl, 2000, S. 153–155.
[1052] Ebd., S. 155.
[1053] B. Letellier, 1980, S. 127–133, J. Toivari-Viitala, 2001, S. 229. Vgl. auch Kap. 2.3.4 und 2.3.4.1.
[1054] D. Karl, 2000, S. 134.

erfragen und erfahren, ob deren Tod Folge der *b3.w* eines bestimmten Gottes ist und ob diese göttliche Strafe weiter auf ihm und der Mutter der Kinder lastet. Falls die weise Frau dies durch ihre Aussagen bestätigt, müssen bestimmte durch sie angewiesene Handlungen ausgeführt werden, damit die Situation geklärt wird.[1055]

Auf O. DeM 1690[1056] wird das, was sich die Bewohner von Deir el-Medine von der weisen Frau erhoffen, noch deutlicher dokumentiert. Auftraggeber und Auftragsempfänger bleiben in dieser Quelle anonym. Der oder die Empfängerin soll die *rḫ.t* aufsuchen, um nach den *b3.w* zu fragen, die einer Frau innewohnen und gegen sie handeln. Weiter soll sie in Erfahrung bringen, warum die *b3.w* gegen ihr Opfer handeln. Vor allem darf sie den Ratschlag der weisen Frau *„nicht unbeachtet lassen"*, der sich vom Ratschlag einer weiteren Person unterscheiden wird.[1057] Hier wird wie in O. Letellier die weise Frau wegen einer für die Betroffenen offensichtlich negativen und unlösbar erscheinenden Situation konsultiert. Nur sie kann ergründen, warum die göttliche Strafe eine Frau ereilte, welcher Gott sich *„in [ihren] Augen"*[1058] manifestierte und wie man diese Strafe wieder abwendet. Außerdem hatte eine weitere Person eine Möglichkeit vorgeschlagen, die Strafe abzuwenden. Anscheinend ist dieser Ratschlag im Gegensatz zu dem der weisen Frau falsch. Ausschließlich die weise Frau konnte den richtigen Rat geben.

Die aus Deir el-Medine stammenden Ostraka O. Cairo 25674[1059] und O. Gardiner 149[1060] berichten im Gegensatz zu den ersten beiden Beispielen direkt von der Aussage der weisen Frau. Sie zeigen wie O. DeM 1690, dass die Bewohner auch Vermutungen zum göttlichen Ursprung der Strafe hatten, die sich aber immer gegenüber dem Rat der *rḫ.t* als falsch erweisen. Auf O. Gardiner 149 werden die *b3.w* des Ptah und nicht wie vermutet die Manifestation des Seth als Quelle der seelischen Geplagtheit benannt. Auf O. Cairo 25674 sind es die *b3.w* der Thoeris und nicht die des Nemti.[1061] O. DeM 1688[1062] dagegen belegt, dass auch ein Dritter zwischen der weisen Frau und den Ratsuchenden vermitteln konnte. Die Benennung der *b3.w* als *b3.w* des Ptah durch die weise Frau, die vom Protagonisten des Ostrakons wegen eines Toten konsultiert wurde, übermittelt hier ein gewisser *P3-šdw*.[1063]

Die weise Frau ist schwer zu werten. Die Quellen informieren nicht über eine Entlohnung für ihren Ratschlag. Es gibt keine Aussage über das gesellschaftliche Verständnis ihrer Hilfe. Hatte sie mit Menschen zu tun, die sich in ihrer Situation als Außenseiter betrachteten und hilflos ihrer Situation gegenüber standen? Oder war der Gang zur weisen Frau nur eine obligatorische Handlung, die getätigt werden musste?

1055 Ebd., S. 148.
1056 A. Gasse, 1990, Nr. 1690.
1057 D. Karl, 2000, S. 135.
1058 Ebd., S.135 und 143. Karl sieht in der göttlichen Strafe eine Erblindung des/der Betroffenen.
1059 J. Černý, 1935a, S. 56 und 75*-76* und J. F. Borghouts, 1982, S. 24.
1060 J. F. Borghouts, 1982, S. 24–25 und Anm. 114.
1061 D. Karl, 2000, S. 136–137.
1062 A. Gasse, 1990, Nr. 1688.
1063 D. Karl, 2000, S. 135–136.

Die Ostraka O. Cairo CG 25674, O. Gardiner 149 und O. DeM 1690 zeigen, dass die Rolle der weisen Frau nicht jeder übernehmen konnte. In allen drei Fällen können die richtigen *b3.w* nur durch sie benannt werden, und die Vermutung anderer stellt sich als falsch heraus.

Der Wert der Hilfe der *rḫ.t* lässt sich vor allem mittels der ethischen Überlegungen zur Maat und zu gesellschaftlichen Verhalten verstehen. Der Rat der weisen Frau half Mitgliedern der Gesellschaft, die sich in ihrer gewohnten Lebensweise beeinträchtigt sahen. Ihr Rat scheint in dieser Hilflosigkeit das einzig Richtige zu sein. Karls Charakterisierung der weisen Frau als *„Anker für die Geplagten“*[1064] umschreibt am besten ihre tragende Rolle für die Gemeinschaft. Die Hilfeleistung ist ein nützlicher Dienst auf zwei Ebenen. Zum einen ist es eine direkte Hilfeleistung für das Opfer, das erst durch den Rat wieder Hoffnung auf eine Besserung seiner Situation erhält. Zum anderen ist ihre Hilfe im Sinne der Maat eine Hilfe für die Allgemeinheit. Denn die Erhaltung der Ordnung des reziproken Lebens ist die Grundlage für eine funktionierende Gesellschaft. Ein zur Maat unfähiges Gesellschaftsmitglied kann die reziproke Ordnung der gesamten Dorfgesellschaft beeinträchtigen. Folglich ist die weise Frau dafür zuständig, dass die Dorfgemeinschaft erhalten bleibt und funktioniert.

Hier konstituiert sich ihr Ansehen und lässt sich der Prestigeanspruch der *rḫ.t* vermuten. Ihre Rolle ist für die funktionierende Gemeinschaft wichtig, ähnlich wie die Rolle eines Arztes oder Therapeuten.[1065] Um mit den Kriterien der Prestigevermittlung zu sprechen: Ihre Hilfe ist für alle wahrnehmbar und aus dem kulturellen Verständnis heraus wichtig. Es ist nicht zu klären, ob die *rḫ.t* eine bestimmte Frau war oder ob ihre Aufgabe von verschiedenen Frauen gleichzeitig übernommen werden konnte. Die Quellen lassen aber vermuten, dass nicht jede Frau den Rat einer *rḫ.t* geben konnte. Man vertraute nur ihr, wenn man Hilfe im Umgang mit einer göttlichen Strafe suchte. Ihre Rolle distinguiert sie damit von anderen Frauen. Inwiefern ihre Position in der Gemeinschaft für Frauen attraktiv war, ist fraglich. Dafür wissen wir zu wenig über den persönlichen Gewinn aus ihrer Hilfe. Aber das man ihr gegenüber Respekt hatte, lässt sich aufgrund der für die Gesellschaft wichtigen Bedeutung und des Vertrauens in die Richtigkeit ihrer Lösung kaum leugnen.

Alle drei Beispiele zeigen, dass Prestige in vielen verschiedenen alltäglichen und nicht alltäglichen Situationen der Interaktion eine Rolle spielen kann. Die Vermittlung von und der Anspruch auf Ansehen lassen sich nicht auf bestimmte Situationen eingrenzen, sondern sind immer Teil des gesellschaftlichen Lebens. Gerade hinsichtlich des sogenannten sozialen Prestiges ist es fast unmöglich, mithilfe der Kriterien der Prestigevermittlung zu argumentieren und die Anwesenheit von Prestigeerwerbsmöglichkeiten zu belegen. Wahrnehmung und kulturelle Kompetenz sind den meisten Fällen immanent. Eine Distinktionsfähigkeit lässt

[1064] Ebd., S. 155.

[1065] Der Arzt und der Skorpionbändiger hatten durch ihre Rolle und ihre soziale Position vermutlich ähnliche Möglichkeiten Prestige zu erwerben. Vgl. Kap. 2.3.2.4 und 2.3.3.8.

sich ebenfalls immer finden. Eine hierarchisch gegliederte Gesellschaft weist immer Unterschiede zwischen den verschiedenen Rollen und Status auf. Dass diese im täglichen Umgang bewusst und unbewusst mittels des Habitus eingesetzt und kommuniziert wurden, ist ebenfalls kaum zu widerlegen.

Es bleiben Attraktivität und Respektabilität einer Rolle. Die erste Eigenschaft lässt sich nur schwer fassen, da eine Gegenleistung für soziale Handlungen in den Quellen nicht greifbar ist. Man kann nur vermuten, dass derjenige, der seine Aufgaben zur allgemeinen Zufriedenheit ausführt gern gesehen ist, Vertrauen genoss und man ihm freundlich begegnete. Da lediglich Gegenbeispiele wie die Anlässe für juristische Prozesse bekannt sind, muss aus diesen Belegen für ‚schlechte Lebensführung' und aus den Texten über die ‚ideale Lebensführung' auf die gute Lebensführung geschlossen werden. Dasselbe gilt für die Respektabilität. Dieses Kriterium scheint besser fassbar, da es die bekannten Status und ihre hierarchische Einteilung gibt. Aber das Beispiel der Torwächter und das der weisen Frau zeigen, dass man sich nicht allein auf eine Hierarchie verlassen darf. In jedem Bereich kann Prestige erworben, vermittelt und repräsentiert werden, ohne dass man sich auf elitäre Status beschränken müsste. Vertrauenswürdigkeit könnte als Lohn eines richtigen Verhaltens verstanden werden, und ein solches Verhalten beschränkt sich nicht auf die Oberschicht, sondern betrifft in verschiedener Form die gesamte Gesellschaft.

# 5. Ergebnis und Ausblick

Ziel der Arbeit war es, das Phänomen Prestige als zwischenmenschliche Bewertung zu beschreiben, das aufgrund einer bestimmten, kulturell determinierten Wahrnehmung entsteht und durch soziale Muster geformt wird. Mir war es wichtig, Prestige nicht auf rein materielle Werte zu beziehen, sondern in einen gesellschaftlichen Zusammenhang zu stellen, der das Wirken und die Bedeutung von Prestige in einer Gemeinschaft erkennbar macht.

In diesem Sinn habe ich versucht, den eingangs zitierten Aufforderungen von Morenz, Bernbeck und Müller zu folgen und Prestige im Rahmen kultureller sowie sozialer Strukturen und der Wechselbeziehungen sozialer Positionen zu untersuchen. Dabei sollte Prestige nicht von Begriffen wie Status und Rolle getrennt werden, wie es Bernbeck und Müller für die Archäologie gefordert haben.[1066] Es sollte vielmehr gezeigt werden, dass Wahrnehmung und Ausdruck von Prestige durch die Kultur und damit die Sozialstruktur bedingt werden, und dass folglich Prestige von Status und Rolle nicht trennbar ist.

Wie eng die soziale Position, d. h. ein Status oder eine Rolle, mit Prestige verknüpft ist, hat die dem Wörterbuch der Soziologie entnommene Definition gezeigt: Prestige ist *„das typische Ausmaß an sozialem Ansehen, sozialer Anerkennung bzw. Wertschätzung, das Merkmalen bzw. Merkmalsträgern – Personen, Gruppen, sozialen Positionen – entgegengebracht wird“*.[1067] Daher war es notwendig, das soziale Wirken von Prestige zu beschreiben und Kriterien zu finden, die Objekte und Handlungen als Möglichkeiten ausweisen können, die Prestigeanspruch vermitteln sollen. Diese Kriterien wurden zum einen als Wahrnehmbarkeit, kulturelle Kompetenz und zum anderen als Attraktivität, Respektabilität und Distinktionsfähigkeit bezeichnet. Die Vertrautheit mit dem kulturell geprägten Symbolgehalt eines Objektes oder einer Handlung wurde für Deir el-Medine als Voraussetzung verstanden. Attraktivität und Respektabilität entstehen durch Zugehörigkeit der Objekte und Handlungen zu bestimmten sozialen Positionen und durch Wahrnehmung und Wertung dieser Positionen. Es wurde angenommen, dass die gesellschaftliche Orientierung an einem attraktiven Lebensstil auch zu einer Wahrnehmung der Objekte und Handlungen dieses Lebensstils als attraktiv oder zumindest respektabel führt. Die Distinktionsfähigkeit ergibt sich aus der Beschränkung der Zugänglichkeit zu oder der Verfügbarkeit von solchen Objekten und Handlungen.

Bezüglich zwischenmenschlicher Handlungen kam ein weiteres wichtiges Kriterium hinzu, das für Prestige eine Rolle spielt: das Vertrauen. Ein Akteur kann über seine Handlung Vertrauen aufbauen und Ansehen aufgrund seiner

[1066] R. Bernbeck und J. Müller, 1996, S. 1.
[1067] Vgl. S. Lamnek, 2002a, S. 413.

Vertrauenswürdigkeit erwerben. Damit Objekte und Handlungen als Ausdruck von Prestigeanspruch und dadurch als Möglichkeit der Prestigevermittlung gewertet werden können, müssen sie diese Kriterien erfüllen.

Als Untersuchungsgrundlage für Prestige wurden Statusunterschiede gewählt, und zwar Objekte und Handlungen, die bestimmten sozialen Positionen vorbehalten oder von diesen auf charakteristische Art und Weise genutzt worden sind. Den Überlegungen von Bernbeck, Müller und Elias[1068] zufolge generieren solche Objekte und Handlungen Prestige. Sie können auf andere attraktiv, respektabel oder distinguierend wirken und als Ausdruck des Prestigeanspruches eines Status in der Kommunikation eingesetzt werden.

Die Kultur begrenzt die Möglichkeiten, Prestige zu vermitteln, durch die gesellschaftlichen Gewohnheiten und Sichtweisen. Diesen kulturellen Rahmen bestimmte für die altägyptische Gesellschaft die Maat als Ordnungsprinzip und Ideal, das die soziale Struktur und die Verhaltensregeln begründet und formt. Diese Überlegungen bildeten den theoretischen Hintergrund für die Untersuchung von Prestige im Alten Ägypten am Beispiel Deir el-Medine.

Statusunterschiede resultieren aus einer strukturierten Gesellschaft. Das wurde im zweiten Kapitel näher beschrieben. Ohne Kenntnis und Darstellung der sozialen Verhältnisse kann Prestige den theoretischen Überlegungen zufolge nicht untersucht werden. Daher wurden die Berufsgruppen von Deir el-Medine im Einzelnen betrachtet und ihr Verhältnis zueinander mittels eines Organigramms dargestellt. Diese hierarchische Gegenüberstellung beruht auf der durchschnittlichen Entlohnung der Berufsgruppen. Die Statusunterschiede, die hier widergespiegelt werden, beziehen sich dementsprechend nur auf die Besitzverhältnisse. Soziale Fähigkeiten und die gemeinschaftsförderliche Bedeutung einer Rolle konnten aufgrund des Fehlens eines entsprechenden Maßstabs nicht abgebildet werden. Manche Berufe wie der des Skorpionbändigers oder manche Rollen wie die der weisen Frau konnten aufgrund mangelnder Informationen zum Gehalt im Organigramm nicht vergleichend verortet werden, auch wenn ihre Arbeit ein hohes Maß an gemeinschaftsförderlichem Einfluss vermuten ließ. Damit ist der Statusvergleich auf dieser Ebene hinsichtlich nutzbarer Unterschiede für die Prestigefrage deutlich schwieriger. Überlegungen zur Moral und zum Nutzen moralischen Handelns konnten zwar in dieser Hinsicht einen Anhaltspunkt bieten, erlaubten jedoch nicht die Berufe untereinander auf ethisch korrektes Verhalten hin zu vergleichen, um eine entsprechende Rangordnung zu erstellen, zumal moralisches Handeln dehnbar und keine Eigenschaft einer Berufsgruppe, sondern einzelner Individuen ist.

Damit wurde deutlich, dass Prestige an sich nicht mehr nachvollzogen werden kann. Es bestand ausschließlich die Möglichkeit, Prestigeanspruch und nicht Prestige zu untersuchen. Jede Gruppe hatte ihre Mittel und Wege, diesen Anspruch, der mittels Statusunterschieden kommunikativ ausgedrückt werden kann, darzustellen. Folglich ist die Bandbreite an möglichen Beispielen sehr groß. Die gewählten Beispiele sollten mehrere gesellschaftliche Bereiche ansprechen, um

[1068] Vgl. Kap. 1.1 und 1.6.

die Vielfalt an Möglichkeiten aufzuzeigen, die in einer komplexen Gesellschaft entstehen können. Die einfache Unterteilung in die beiden Prestigebereiche Lohn und Besitz und Verhalten und Vertrauen erschienen mir sinnvoll, da sie zwei gegensätzliche Formen des sozialen Ausdrucks darstellen. Für beide Bereiche wurden je drei Beispiele untersucht, die jeweils die theoretisch erarbeiteten Kriterien der Prestigevermittlung erfüllen. Die Beispiele sollten dabei Regelmäßigkeiten oder soziale Muster erkennbar machen, die Möglichkeiten der Prestigevermittlung formulieren lassen.

Da man oft in der Literatur mit der Korrelation von funerärem Aufwand und sozialem Status konfrontiert wird, bot sich die Untersuchung des funerären Aufwands als erstes Fallbeispiel an. Der Korrelation zufolge dürfte sich hier ein für die Prestigevermittlung nutzbarer Statusunterschied widerspiegeln. Doch die Gegenüberstellung der Sargrechnungen und der Särge sowie der Grablage und der Grabgröße haben gezeigt, dass eine solche Korrelation für Deir el-Medine nicht uneingeschränkt belegbar ist, und dass ein hoher funerärer Aufwand einer Person keineswegs bedeutet, dass diese Person einen hohen Status in der Gemeinschaft innehaben musste. Einzig für die Sargensembles, die Grabinventare und die Grabgröße in der 18. Dynastie konnte herausgearbeitet werden, dass die Quantität tendenziell einen Statusunterschied darstellt, der zum Ausdruck des Prestigeanspruches genutzt worden sein könnte. Allerdings ließ die Quellenlage diese Tendenz höchstens für einzelne Personen erkennen. Für die Herausarbeitung sozialer Paradigmen gibt es zu wenig stichhaltige Quellen, anhand derer in einem umfassenden Vergleich diese Tendenz auf die gesamte Gemeinschaft ausgeweitet werden könnte. Der Vergleich der Grabgröße durch die Quantifizierung der Raumeinheiten hat gezeigt, dass diese Tendenz auch für die 19. Dynastie angenommen werden kann. Hier wurde deutlich, dass Vorarbeiter und Schreiber durchschnittlich mehr Raumeinheiten in ihren Gräbern zur Verfügung hatten als einfache Arbeiter, sodass man diesbezüglich von einem Statusunterschied sprechen kann, der für die Vermittlung von Prestige eine Rolle gespielt haben könnte. Für die 20. Dynastie konnte die Quellenlage diese Tendenz nicht mehr bestätigen.

Das zweite Fallbeispiel sollte untersuchen, inwiefern der Besitz und das Mieten von Eseln als Statusunterschied und damit als Darstellung des Prestigeanspruches verstanden werden könnte. Der Besitz hatte sich auf die Mannschaft des Grabes und das Mieten hauptsächlich auf die Versorgungsmannschaft beschränkt. Dementsprechend ist der Eselsbesitz als Statusunterschied zu werten, der der Vermittlung von Prestige gedient haben könnte.

Das letzte Fallbeispiel im Bereich Lohn und Besitz betraf das Privatpersonal. Zwar lassen die Quellen vermuten, dass sich Privatpersonal nur auf die Führungsschicht der Siedlung beschränkt hat, aber auch in diesem Fall sind die Quellen nicht ergiebig genug, um ein soziales Muster belegen zu können. Vielmehr scheint das Privatpersonal einen individuellen Statusmarker darzustellen.

Das dritte Kapitel zeigte insgesamt, dass in vielen gesellschaftlichen Bereichen, die mit Lohn und Besitz in Verbindung stehen, die Quellen für Untersuchung von Prestigeanspruch meist zu gering ausfallen, um Regelmäßigkeiten im Umgang mit Statusunterschieden als Vermittler von Prestige formulieren zu können. In Anbetracht dieses Ergebnisses ist es umso fraglicher, was eine Bearbeitung der Wohnarchitektur bezüglich des Begriffes Prestige hätte leisten können. Die Gegenüberstellung der Hauseigentümer und der kurze Abschnitt Haus und sozialer Status haben gezeigt, dass es auch in diesem Bereich zu wenig Quellen gibt.

Das erste Fallbeispiel des zweiten Bereichs, Prestigeanspruch durch Verhalten und Vertrauen, stellte der juristische Vorsitz dar, der zum einen als ein Privileg und zum anderen als eine Pflicht verstanden werden konnte. Dass es sich beim juristischen Vorsitz um einen Statusunterschied handelte, zeigte die Häufigkeit der Teilnahme verschiedener Berufsgruppen am Prozess. Die Führungsschicht war am häufigsten vertreten. Sie übernahm die Prozessleitung. Dieses Privileg und damit die beste Chance, Prestigeanspruch durch ein gemeinschaftsförderliches Verhalten zum Ausdruck zu bringen, waren folglich den Schreibern und Vorarbeitern vorbehalten. Es war die Aufgabe des guten Richters, die Maat im Prozess zu wahren und zu verwirklichen. In diesem tugendhaften Verhalten konnte der Ausdruck von Prestigeanspruch vermutet werden, der von einer Vertrauensperson erwartet wird und erfüllt werden muss, um die eigene Vertrauenswürdigkeit zu bestätigen und Ansehen zu erlangen.

Ähnlich verhält es sich mit der Arbeit des Torwächters, der als zweites Fallbeispiel übergreifend für die beruflichen Aufgaben und deren Prestigechancen gewählt wurde. Die Aufgaben der Torwächter boten nachweislich Möglichkeiten, durch Verhalten Vertrauen zu erzeugen und so Prestigeanspruch zum Ausdruck zu bringen. Die enge Verknüpfung der Arbeit der Torwächter mit den täglichen Bedürfnissen der Mannschaft machte für beide Gruppen ein gutes Vertrauensverhältnis notwendig. Die Torwächter waren durch ihre Arbeit von der Mannschaft abhängig und die Mannschaft brauchte für die zu bewerkstelligenden Dienste verlässliche Torwächter. Erfolgreiche Torwächter waren vertrauenswürdig, konnten Ansehen aufbauen und sicherten so ihren Unterhalt.

Als drittes Beispiel wurde die weise Frau gewählt. Ihre Rolle deutete einen Bereich des sozialen Prestiges an, der sich von den ersten beiden Beispielen absetzt. Für die weise Frau ist nicht geklärt, ob ihre Rolle als Pflicht, Privileg oder Arbeit, die die Existenz zu sichern half, verstanden werden muss. Damit ist sie in der sozialen Hierarchie der Siedlung kaum zu verorten. Trotzdem zeigten die wenigen Quellen, dass sie eine ‚Respektsperson' war. Sie bot wertvolle psychologische Hilfe in ausweglos erscheinenden Situationen, und diese Hilfe war für den Einzelnen und für die Gemeinschaft notwendig. Ebenso wie der Arzt oder der Skorpionbeschwörer half die weise Frau dem Kranken, einen Weg zurück in den Alltag zu finden, um aus einem ‚gesellschaftsunfähigen' in einen ‚gesellschaftsfähigen' Zustand zu kommen. In diesem Sinne war es ihre Aufgabe, die Maat zu erhalten. Hierin spiegelte sich die Wichtigkeit ihrer Rolle wider, die bei guter Erfüllung Chancen zur Erlangung von Ansehen bot. Dabei ist zu berücksichtigen, dass die weise Frau sich von anderen Frauen distinguierte, da ihre Rolle nicht jede übernehmen konnte.

In Deir el-Medine, m. E. auch in der gesamten altägyptischen Gesellschaft, war Prestige ein entscheidender Faktor für die Dynamik des Verhaltens innerhalb der sozialen Strukturen. Diese Annahme legen die theoretischen Überlegungen des ersten Kapitels Prestige nahe. Sie lässt sich aber durch die untersuchten Quellen nur ansatzweise belegen. Dabei boten die Statusunterschiede, die durch Lohn und Besitz erzeugt werden und aufgrund unserer heutigen Erfahrung eine vielversprechende Quelle zur Untersuchung der Thematik vermuten ließen, kaum Anhaltspunkte. Die Statusunterschiede, die durch Verhalten und Vertrauen erzeugt werden und die aufgrund der Schwierigkeit, sie zu fassen, weniger vielversprechend schienen, boten dagegen Möglichkeiten, Prestigeanspruch zu belegen. Hier gilt es jedoch zu bedenken, dass die Quellen für soziales Prestige schwieriger zu bewerten sind, da ein Bewertungsrahmen fehlt. Es hilft keine Gesellschafts- oder Lohnstruktur als Wertmaßstab. Für den Bereich des Ansehens durch Verhalten und Vertrauen fehlen konkrete Aussagen, die das gesellschaftliche Handeln kritisch reflektieren.

Damit bietet auch der Bereich des sozialen Prestiges ebenso wie der Bereich des Prestiges durch Lohn und Besitz zu wenige nutzbare Quellen, um gesellschaftlich anerkannte Möglichkeiten oder Mechanismen der Prestigevermittlung, des Prestigeerwerbs und der Prestigerepräsentation anhand sozialer Muster konkret nachweisen zu können. Andere Beispiele aus Deir el-Medine wie der Dienst als *wꜥb*-Priester oder die bereits erwähnte Führung eines *informal workshop* könnten vielleicht weitere Impulse geben. Die Betrachtung historischer Persönlichkeiten mag zudem einen individuellen Einblick in die Lebensweise und den Repräsentationsaufwand bestimmter Personen bieten. Ihre Güter, Familien und sozialen Verbindungen könnten weitere hilfreiche Informationen über Prestigeerwerb und Prestigeerhalt liefern. Jede gesellschaftliche Position oder Rolle wäre gleichermaßen geeignet, der Frage nach Prestige in der Gesellschaft von Deir el-Medine nachzugehen.

Die Ergebnisse zeigen aber, dass Prestige etwas ist, das sich als Wahrnehmungs- und Bewertungsphänomen nicht in eindeutigen Mustern fassen lässt, und dass dies für antike Kulturen ungleich schwieriger ist als für das eigene Umfeld. Meine Intention war es, einen Eindruck des gesellschaftlichen Verständnisses von Prestige zu vermitteln, der über individuelle Einblicke hinausgeht, und diesen anhand einiger Beispiele darzustellen, die dementsprechend die gesamte Bevölkerung von Deir el-Medine betreffen. Erst dadurch können m. E. individuelle Einblicke kulturell eingeordnet und die vielen Nuancen, die Flexibilität der Prestigevermittlung im Alltag über die hypothetische Annahme hinaus belegt werden. Die gewählten Beispiele konnten jedoch aufgrund der lückenhaften bzw. vielfältig interpretierbaren Beleglage soziale Muster nicht überzeugend aufzeigen. Eine Verfestigung des angenommenen Verständnisses von Prestige konnte daher letztlich nicht geleistet werden. Es bleibt die Frage, ob andere Quellen oder eine Kombination aus Quellen diesem Anspruch gerecht werden könnten.

Da eine Gesellschaft kein starres Gefüge ist, sondern sich entwickelt und ständig weiter bewegt, bezweifle ich, dass andere Quellen eine eindeutige überindividuelle Struktur der altägyptischen Prestigevermittlung belegen können.

Man muss sich auf Hypothesen beschränken. Es sind verschiedene Blickwinkel, aus denen man das gesellschaftliche Leben von Deir el-Medine betrachten kann, sogar betrachten muss. Daher kann es keine wissenschaftliche Eindeutigkeit in solchen Fragen geben.

> *„Auch im Erkennen, nicht nur im Handeln, ist der Mensch ein Wesen, das immer auch anders kann; nicht nur anders handeln, sondern auch die Dinge anders sehen. Der Mensch lebt in Möglichkeiten."*[1069]

[1069] R. Szafranski, 2007, S. 77.

# 6. Anhang

## 6.1 Tabellen

Tab. 1 Beleg für den DeM-internen *wt*-Sarghandel

| Quelle | Käufer | Preis | Datierung |
|---|---|---|---|
| O. DeM 146 | *jdnw Jmn-nḫ.t* | 25 *dbn* | Ramses IX. |
| O. Gardiner 44 | *sš n pꜣ ḥr Ḥrj* | 25 *dbn* | Ramses III. |
| O. Gardiner 162 | *rmṯ-js.t Ḫnm-msw* | 20 *dbn* | Ramses III. bis IV. |
| O. Gardiner 204 | *rmṯ-js.t Pn-njw.t* | 30 *dbn* | Ramses V. |
| O. Chicago OI 12073 | *ḥrj-mḏꜣj Mnṯw-ms* | 35 *dbn* | Ramses III. bis IV. |
| O. Petrie 16 | *rmṯ-js.t Sꜣ-wꜣḏyt* | 33 *dbn* | späte 19. oder frühe 20. Dynastie |
| pBulaq X | *sḏm-ʿš Pꜣ-ṯꜣw-m-dj-jmn* | 40 *dbn* | Ramses III. |

Tab. 2 Ramessidische Sargensembles[1070]

| Besitzer | Titel | Sargensemble | Herkunft |
|---|---|---|---|
| *Sn-nḏm* | *sḏm-ʿš m S.t-Mꜣʿ.t* | Sarkophag – Sarg – Mumienbrett – Mumienmaske | TT 1 |
| *Ḫnsw* | *sḏm-ʿš m S.t-Mꜣʿ.t* | Sarkophag – äußerer und innerer Sarg – Mumienmaske | TT 1 |
| *Jy-nfr.tj* | *nb.t pr* | Sarg – Mumienbrett – Maske | TT 1 |
| *Tꜣ-mʿk.t* | - | Sarg – Mumienbrett | TT 1 |
| *Js.t* | *nb.t pr* | Sarg – Mumienmaske | TT 1 |
| *Pn-dnjt* | - | Mumienbrett | unbekannt |
| *Wr.t-wꜣḥs.t* / *Bn-sw-jp.t* | *nb.t pr* / *šmʿj.t n Jmn* | Sarg – (Mumienbrett, neu beschriftet für *Bn-sw-jp.t*) | unbekannt |
| *Ḥʿj* | *sš m S.t-Mꜣʿ.t* | Mumienbrett | unbekannt |
| *Pꜣ-ḥrj-pḏ.t* | *sḏm-ʿš m S.t-Mꜣʿ.t* | Sarg | Deir el-Bahari |

1070 Die Informationen für diese Tabelle entstammen K. M. Cooney, 2007a, S. 244–245 und 418–456.

Tab. 3 Sargensembles der 18. Dynastie

| Besitzer | Titel | Sargensemble | Herkunft |
|---|---|---|---|
| *Ḫꜥ* | *jmj-rꜣ-kꜣ.t m S.t-ꜥꜣ* *ḥrj(-m)-S.t-ꜥꜣ*[1071] | Kastensarg – anthropoider äußerer Sarg – anthropoider innerer Sarg | TT 8 |
| *Mrj.t* | *nb.t pr*[1072] | Kastensarg – anthropoider Sarg – Mumienmaske | TT 8 |
| *Sn-nfr* | *sḏm-ꜥš m S.t-Mꜥꜣ.t*[1073] | anthropoider Sarg – Mumienmaske | TT 1159A |
| *Nfr.t-jrj* | (weibl.) - | anthropoider Sarg | TT 1159A |
| *Stꜣw* | *sḏm-ꜥš m S.t-Mꜥꜣ.t*[1074] | anthropoider Sarg | TT 1352 |
| *Tꜣ-ꜥꜣ.t* | (weibl.) - | anthropoider Sarg | TT 1352 |
| *Bꜣk-js.t* | (weibl.) - | anthropoider Sarg | TT 1352 |
| anonym | (weibl.) - | anthropoider Sarg | TT 1352 |
| *Mḏꜣ* | (weibl.) - | anthropoider Sarg | 1370[1075] |
| - | (männl.) - | Kastensarg | 1370 |
| *Nbw/Nb-tꜣ-wj* | (weibl.) - | anthropoider Sarg | 1371 |
| (...)-*nbw* | (weibl.) - | anthropoider Sarg | 1379 |
| - | (männl.) - | Kastensarg | 1379 |
| *Ḥmn...* (?) | (weibl.) - | anthropoider Sarg | 1380 |
| - | (weibl.) - | anthropoider Sarg | 1381 |
| - | (weibl.) - | Kastensarg | 1382 |
| *Nbw-jj.tj* | (weibl.) - | Kastensarg | 1382 |
| - | (männl.) - | Kastensarg | 1382 |
| *Sꜣ.t-rꜣ* | (weibl.) - | Kastensarg | 1388 |
| - | (weibl.) - | Kastensarg | 1388 |
| - | (männl.) - | Rischisarg | 1389 |

1071 B. Bruyère, 1925, S. 53, B. Bruyère, 1925, E. Schiaparelli, 1927, S. 184 und Fig. 32 und J. Vandier d'Abbadie, 1939, S. 9–14. Valbelle betitelt *Ḫꜥ* auch mit *„scribe royal"*. Vgl. D. Valbelle, 1985, S. 12. Allerdings habe ich hierfür keinen Beleg gefunden.

1072 E. Schiaparelli, 1927, Fig. 31 und J. Vandier d'Abbadie, 1939, S. 12–14.

1073 B. Bruyère, 1929, S. 48 und 57.

1074 B. Bruyère, 1937a, S. 98.

1075 Zu Informationen zu Särgen und Sargbesitzer der Gräber des Ostfriedhofs (1370–71, 1379–82, 1388–89) siehe B. Bruyère, 1937b, S. 24–44 (vor allem 41) sowie C. Näser, 2001, S. 376–379 und 384–395, Tab. 4. Zur Diskussion der möglichen Namen siehe insbesondere C. Näser, 2001, S. 384–385.

Tab. 4 Gräber der 18. Dynastie (chronologisch geordnet)

| Grabherr | Titel | TT | Datierung (nach PM I/II, B. Bruyère) |
|---|---|---|---|
| *Jmn-m-ḥ3t* | *sḏm-ˁš* | 340 | Anfang 18. Dynastie (Amosis – Amenophis I.)[1076] |
| *Ḫˁ* | *ˁ3-n-js.t* | 8 | Amenophis II. bis Amenophis III. |
| *N3ḫj*<br>*Jmn-w3ḥ-sw* | *sḏm-ˁš* | 1138 | Amenophis IV. |
| *St3w* | *sḏm-ˁš* | 1352 | Amenophis IV. |
| *Nw*<br>*Nḫ.t-mjn* | *sḏm-ˁš*<br>*sḏm-ˁš* | 291 | nach Amarna |
| *Mˁy* | *sš-qdw* | 338 | nach Amarna |
| *Sn-nfr* | *sḏm-ˁš* | 1159A | späte 18. Dynastie |

Tab. 5 Gräber der Ramessidenzeit (chronologisch geordnet)

| Grabherr | Titel | TT | Datierung (PM I/II, Hofmann 2004) |
|---|---|---|---|
| *Nb-nḫ.tw* | *sḏm-ˁš* | 268 | 19. Dynastie |
| *Nfr-http*<br>*Nb-nfr* | *ḥrj-n-js.t*<br>*(ḥrj) ˁ3-n-js.t* | 6 | Haremhab bis Ramses II. 1. Hälfte |
| *B3kj*<br>*Wn-nfr* | *ˁ3-n-js.t*<br>*sḏm-ˁš* | 298 | Sethos I. |
| *P3-šdw* | *sš-qdw* | 323 | Sethos I. |
| *Ḫwy* | *sḏm-ˁš* | 361 | Sethos I. |
| *P3-šdw* | *sḏm-ˁš* | 292 | Sethos I. bis Ramses II. Anfang |
| *Sn-nḏm*<br>*Ḫnsw* | *sḏm-ˁš*<br>*sḏm-ˁš* | 1 | Ramses II. Anfang |
| *P3-šdw* | *sḏm-ˁš*<br>*ˁ3-n-js.t* | 3<br>326 | Ramses II. Anfang |
| *Jmn-m-jp.t* | *sš-nswt m S.t-Mˁ3.t* | 215<br>265 | Ramses II. Anfang |
| *Jrj-nfr* | *sḏm-ˁš* | 290 | Ramses II. Anfang |
| *Qn* | *t3y-md3.t* | 4<br>337 | Ramses II. 1. Hälfte |
| *Rˁ-msw* | *sš-n-p3-ḥr* | 7<br>212<br>250 | Ramses II. 1. Hälfte<br><br>Ramses II. 2. Hälfte? |
| *Jmn-mss* | *sḏm-ˁš*<br>*ḫrp-srq.t* | 9 | Ramses II. 1. Hälfte |
| *Rˁ-wbn* | *sḏm-ˁš* | 210 | Ramses II. 1. Hälfte |
| *Pn-jmn* | *sḏm-ˁš* | 213 | Ramses II. 1. Hälfte |
| *Ḥ3wj* | *s3w* | 214 | Ramses II. 1. Hälfte |

[1076] N. Cherpion, 1999, S. 35.

Tab. 5 Fortsetzung

| Grabherr | Titel | TT | Datierung (PM I/II, Hofmann 2004) |
|---|---|---|---|
| *Jpwy* | *ṯ3y-mḏ3.t* | 217 | Ramses II. 1. Hälfte |
| *Jmn-nḫ.t* | *sḏm-ʿš* | 218 | Ramses II. 1. Hälfte |
| *Nb-n-m3ʿ.t* | *sḏm-ʿš* | 219 | Ramses II. 1. Hälfte |
| ? (*Q3-ḥ3/Qn-ḥr-ḫpš=f*) | (*ʿ3-n-js.t/sš-n-p3-ḥr*) | 1126 | (Ramses II. 1. Hälfte oder Ende 19. Dynastie, Siptah[1077]) |
| *Ḫʿ-bḫnt* | *sḏm-ʿš* | 2 | Ramses II. Mitte |
| *Nfr-ʿbt* | *sḏm-ʿš* | 5 | Ramses II. Mitte |
| *Pn-bwy*<br>*K3-s3* | *s3w*<br>*sḏm-ʿš* | 10 | Ramses II. Mitte |
| *Ḫwy*<br>*P3-šdw* | *sḏm-ʿš*<br>*sḏm-ʿš* | 339 | Ramses II. |
| *ʿ3-mʿk* | *sḏm-ʿš* | 1164 | Ramses II. |
| *P3-nb* | *ʿ3-n-js.t* | 211 | Sethos II. |
| *Nfr-ḥtp* | *ʿ3-n-js.t* | 216 | Sethos II. |
| *Jmn-nḫ.t* | *ʿ3-n-js.t* | 266 | Ende 19. Dynastie |
| *Ḫʿ-m-jp.t* | *sḏm-ʿš* | 321 | ramessidisch |
| *Pn-šn-ʿbw* | *sḏm-ʿš* | 322 | ramessidisch |
| *Tw-rʿ-b3y* | *sḏm-ʿš* | 327 | ramessidisch |
| *Msw*<br>*Msw*<br>*Jpy* | *sḏm-ʿš*<br>*sḏm-ʿš*<br>*sḏm-ʿš* | 329 | ramessidisch |
| *Jnpw-m-ḥb* | *sš-m-S.t-Mʿ3.t* | 206 | ramessidisch |
| *Ḥ3y* | *sḏm-ʿš* | 328 | 20. Dynastie |
| *Jmn-p3-ḥʿpj* (?) | *sḏm-ʿš* | 355 | 20. Dynastie |
| *Ḥ3y* | *jdnw* | 267 | Ramses IV. |
| *Jn-ḥr-ḫʿw* | *ʿ3-n-js.t* | 299 | Ramses IV. |
| *Jn-ḥr-ḫʿw* | *ʿ3-n-js.t* | 359 | Ramses III.–VII. |
| *Ḥr-msw* | *ʿ3-n-js.t* | 1159 | späte 20. Dynastie (Sohn von *Jn-ḥr-ḫʿw* TT 359) |

Tab. 6 Undatierte Gräber

| Grabherr | Titel | TT | Datierung |
|---|---|---|---|
| *3ny* (?) | *sḏm-ʿš* | 1069 | - |
| *S3-w3ḏy* | *sḏm-ʿš* | 1281 | - |

[1077] B. G. Davies, 1999, S. 84–85.

## 6.2 Literaturverzeichnis

*S. Allam, 1973a*
Schafik Allam, Das Verfahrensrecht in der altägptischen Arbeitersiedlung on Deir el-Medineh, Untersuchungen zum Rechtsleben im Alten Ägypten I, Tübingen 1973.

*S. Allam, 1973b*
Schafik Allam, Hieratische Ostraka und Papyri aus der Ramessidenzeit, Untersuchungen zum Rechtsleben im Alten Ägypten I, Tübingen 1973.

*G. Andreu, 1985*
Guillemette Andreu, La Tombe de Thothermaktouf à Deir el Medina (TT 357), in: BIFAO 85, 1985, S. 1-21.

*G. Andreu, 2002*
Guillemette Andreu, Le site de Deir el-Médineh, in: G. Andreu (Hrsg.), Les artistes de Pharaon, Deir el-Médineh et la Vallée des Rois, Louvre 15.04-05.08.2002, Paris 2002, S. 19-41.

*J. Arp, 2009*
Janne Arp, Zur Methodik der Analyse von Gräbern in der Ägyptologie, Dissertation, München 2009.

*J. Assmann, 1989*
J. Assmann, Die Macht der Bilder, Rahmenbedingungen inkonischen Handelns im Alten Ägypten, in: Visible Religion 7, 1989, S. 1-20.

*J. Assmann, 1990*
Jan Assmann, Ma'at, Gerechtigkeit und Unsterblichkeit im Alten Ägypten, München 1990.

*J. Assmann, 1991*
Jan Assmann, Weisheit, Schrift und Literatur im Alten Ägypten, in: A. Assmann (Hrsg.), Weisheit, Archäologie der literarischen Kommunikation III, München 1991, S. 475-500.

*J. Assmann, 2001*
Jan Assmann, Tod und Jenseits im Alten Ägypten, München 2001.

*J. Assmann, 2006*
Jan Assmann, Ma'at - Gemeinschaftskunst im Alten Ägypten, in: J. Assmann, H. Schmidt-Glintzer und E. Krippendorff (Hrsg.), Ma'at - Konfuzius - Goethe, Frankfurt a.M., Leipzig 2006, S. 23-69.

*J. Austen, 1997*
Jane Austen, Stolz und Vorurteil, München 1997.

*A. Baier, 2001*
Annette Baier, Vertrauen und seine Grenzen, in: M. Hartmann und C. Offe (Hrsg.), Vertrauen, Die Grundlage des sozialen Zusammenhalts, Theorie und Gesellschaft 50, Frankfurt a.M. 2001, S. 37-84.

*J. Baines und C. J. Eyre, 1983*
John Baines und Christopher J. Eyre, Four notes on literacy, in: GM 61, 1983, S. 65–96.

*P. Barthelmess, 1992*
Petra Barthelmess, Der Übergang ins Jenseits in den thebanischen Beamtengräbern der Ramessidenzeit, SAGA 2, Heidelberg 1992.

*J. v. Beckerath, 1997*
Jürgen v. Beckerath, Chronologie des pharaonischen Ägypten, Die Zeitbestimmung der ägyptischen Geschichte von der Vorzeit bis 332 v. Chr., MÄS 46, Mainz 1997.

*H. Benesch, 1987*
Hellmuth Benesch, Dtv-Atlas Psychologie I, München 1987.

*R. Bernbeck und J. Müller, 1996*
Reinhard Bernbeck und Johannes Müller, Prestige und Prestigegüter aus kulturanthropologischer und archäologischer Sicht, in: R. Bernbeck und J. Müller (Hrsg.), Prestige - Prestigegüter - Sozialstrukturen, Beispiele aus dem europäischen und Vorderasiatischen Neolithikum, Bonn 1996, S. 1–27.

*S. Bickel und B. Mathieu, 1993*
Susanne Bickel und Bernard Mathieu, L'Écrivain Amennakht et son Enseignement, in: BIFAO 93, 1993, S. 31–51.

*C. Bonnet und D. Valbelle, 1975*
Charles Bonnet und Dominique Valbelle, Le Village de Deir el-Médineh, Reprise de l'étude archélogique, in: BIFAO 75, 1975, S. 430–446.

*C. Bonnet und D. Valbelle, 1976*
Charles Bonnet und Dominique Valbelle, Le Village de Deir el-Médineh, Étude archélogique (suite) (1), in: BIFAO 76, 1976, S. 317–342.

*J. F. Borghouts, 1982*
Joris F. Borghouts, Divine Intervention in Ancient Egypt and its Manifestation, in: R. J. Demarée und J. J. Janssen (Hrsg.), Gleanings from Deir el-Medîna, Egyptologische Uitgaven I, Leiden 1982, S. 1–70.

*G. Botti und T. E. Peet, 1928*
Guiseppe Botti und Thomas Eric Peet, Il Giornale della Necropoli di Tebe, Turin 1928.

*P. Bourdieu, 1976*
Pierre Bourdieu, Entwurf einer Theorie der Praxis, Auf der ethnologischen Grundlage der kabylischen Gesellschaft, Frankfurt a.M. 1976.

*P. Bourdieu, 1982*
Pierre Bourdieu, Die feinen Unterschiede, Kritik der gesellschaftlichen Urteilskraft, Frankfurt a.M. 1982.

*P. Bourdieu, 2000*
Pierre Bourdieu, Die zwei Gesichter der Arbeit, Interdependenzen von Zeit- und Wirtschaftsstrukturen am Beispiel einer Ethnologie der algerischen Übergangsgesellschaft, Konstanz 2000.

*J.-L. Bovot, 2002*
Jean-Luc Bovot, Les Tombes de Deir el-Médîna, in: Egypte, Afrique & Orient 25, 2002, S. 49–58.

*J. H. Breasted, 1906*
James Henry Breasted, Ancient Records of Egypt III, Chicago 1906.

*H. Brunner, 1982*
Hellmut Brunner, Die religiöse Antwort auf die Korruption in Ägypten, in: W. Schnuller (Hrsg.), Korruption im Altertum, Konstanzer Symposium Oktober 1979, München, Wien 1982, S. 71–91.

*H. Brunner, 1988*
Hellmut Brunner, Altägyptische Weisheit, Lehren für das Leben, München, Zürich 1988.

*E. Brunner-Traut, 1963*
Emma Brunner-Traut, Altägyptische Märchen, Düsseldorf, Köln 1963.

*B. Bruyère, 1924*
Bernard Bruyère, Rapport sur les Fouilles des Deir el Médineh (1922–1923), FIFAO I,1, Kairo 1924.

*B. Bruyère, 1925*
Bernard Bruyère, Rapport sur les Fouilles des Deir el Médineh (1923–1924), FIFAO II,2, Kairo 1925.

*B. Bruyère, 1926a*
Bernard Bruyère, Rapport sur les Fouilles des Deir el Médineh (1924–1925), FIFAO III,3, Kairo 1926.

*B. Bruyère, 1927*
Bernard Bruyère, Rapport sur les Fouilles des Deir el Médineh (1926), FIFAO IV,3, Kairo 1927.

*B. Bruyère, 1928*
Bernard Bruyère, Rapport sur les Fouilles des Deir el Médineh (1927), FIFAO V,2, Kairo 1928.

*B. Bruyère, 1929*
Bernard Bruyère, Rapport sur les Fouilles des Deir el Médineh (1928), FIFAO VI,2, Kairo 1929.

*B. Bruyère, 1930*
Bernard Bruyère, Rapport sur les Fouilles des Deir el Médineh (1929), Deuxième Partie, FIFAO VII,2, Kairo 1930.

*B. Bruyère, 1933*
Bernard Bruyère, Rapport sur les Fouilles des Deir el Médineh (1930), FIFAO VIII,3, Kairo 1933.

*B. Bruyère, 1934*
Bernard Bruyère, Rapport sur les Fouilles des Deir el Médineh (1931–1932), FIFAO X,1, Kairo 1934.

*B. Bruyère, 1937a*
Bernard Bruyère, Rapport sur les Fouilles des Deir el Médineh (1933–1934), Première Partie: la Nécropole de l'ouest, FIFAO XIV, Kairo 1937.

*B. Bruyère, 1937b*
Bernard Bruyère, Rapport sur les Fouilles des Deir el Médineh (1934–1935), Deuxième Partie: la Nécropole de l'est, FIFAO XV, Kairo 1937.

*B. Bruyère, 1939*
Bernard Bruyère, Rapport sur les Fouilles des Deir el Médineh (1934–1935), Troisième Partie: le Village, les Décharges publiques, la Station de repos du col de la Vallée des Rois, FIFAO XVI, Kairo 1939.

*B. Bruyère, 1948*
Bernard Bruyère, Rapport sur les Fouilles des Deir el Médineh (1935–1940), FIFAO XX, Kairo 1948.

*B. Bruyère, 1952*
Bernard Bruyère, Rapport sur les Fouilles des Deir el Médineh (Années 1945–1946 et 1946–1947), FIFAO XXI, Kairo 1952.

*B. Bruyère, 1952a*
Bernard Bruyère, Rapport sur les Fouilles des Deir el Médineh (Années 1945–1946 et 1946–1947), FIFAO XXI, Kairo 1952.

*B. Bruyère, 1952b*
Bernard Bruyère, Tombes Thébaines de Deir el Médineh à décoration monochrome, MIFAO 86, Kairo 1952.

*B. Bruyère, 1953*
Bernard Bruyère, Rapport sur les Fouilles des Deir el Médineh (Années 1948 à 1951), FIFAO XXVI, Kairo 1953.

*B. Bruyère, 1959*
Bernard Bruyère, La Tombe No 1 de Sen-nedjem á Deir el Médineh, MIFAO LXXXVIII, Kairo 1959.

*B. Bruyère und C. Kuentz, 1926b*
Bernard Bruyère und Charles Kuentz, Tombes Thébaines, la Nécropole de Deir el-Médineh, MIFAO 54, Kairo 1926.

*G. Burkard, 1991*
Günter Burkard, Die Lehre des Ptahhotep, in: O. Kaiser (Hrsg.), Weisheitstexte II, TUAT III/2, Gütersloh 1991, S. 195–221.

*G. Burkard, 2006*
Günter Burkard, Das *ḫtm n pꜣ ḫr* von Deir el-Medine, Seine Funktion und die Frage seiner Lokalisierung, in: A. Dorn und T. Hofmann (Hrsg.), Living and Writing in Deir el-Medine, Social-historical Embodiment of Deir el-Medine Texts, Basel 2006, S. 31–42.

*G. Burkard und H. J. Thissen, 2003*
Günter Burkard und Heinz J. Thissen, Einführung in die altägyptische Literaturgeschichte I, Altes und Mittleres Reich, Einführungen und Quellentexte zur Ägyptologie 1, Münster, Hamburg, London 2003.

*G. Burkard und H. J. Thissen, 2008*
Günter Burkard und Heinz J. Thissen, Einführung in die altägyptische Literaturgeschichte II, Neues Reich, Einführungen und Quellentexte zur Ägyptologie 6, Berlin 2008.

*V. G. Callender, 2004*
Vivienne G. Callender, Queen Tausret and the end of Dynasty 19, in: SAK 32, 2004, S. 81–104.

*R. A. Caminos, 1954*
Ricardo A. Caminos, Late-Egyptian Miscellanies, Brown Egyptological Studies I, Oxford 1954.

*J. Capart, et al., 1932*
Jean Capart, Alan H. Gardiner und Baudouin van de Walle, New Light on the Ramesside Tomb-Robberies, in: JEA XXII, 1932, S. 169–193.

*J. Černý, 1927*
Jaroslav Černý, Ostraca hiératiques inédits de Thèbes au Musée du Caire, in: ASAE 27, 1927, S. 183–210.

*J. Černý, 1929*
Jaroslav Černý, Papyrus Salt 124 (Brit. Mus. 10055), in: JEA XV, 1929, S. 243–258.

*J. Černý, 1934*
Jaroslav Černý, Fluctuations in Grain Prices during the Twentieth Egyptian Dynasty, in: Arch. Or. VI, 1934, S. 173–178.

*J. Černý, 1935a*
Jaroslav Černý, Ostraca Hiératiques, Catalog Général des Antiuqités Égyptiennes du Musée du Caire I, Kairo 1935.

*J. Černý, 1935b*
Jaroslav Černý, Catalog des Ostraca Hiératiques non littéraires de Deir el Médineh (Nos 1 à 113), DFIFAO III, Kairo 1935.

*J. Černý, 1937a*
Jaroslav Černý, Catalog des Ostraca Hiératiques non littéraires de Deir el Médineh, Tome II (Nos 114 à 189), DFIFAO IV, Kairo 1937.

*J. Černý, 1937b*
Jaroslav Černý, Catalog des Ostraca Hiératiques non littéraires de Deir el Médineh, Tome III (Nos 190 à 241), DFIFAO V, Kairo 1937.

*J. Černý, 1939*
Jaroslav Černý, Catalog des Ostraca Hiératiques non littéraires de Deir el Médineh, Tome IV (Nos 242 à 339), DFIFAO VI, Kairo 1939.

*J. Černý, 1946*
Jaroslav Černý, Studies in the Chronology if the Twenty-First Dynasty, in: JEA 32, 1946, S. 24–30.

*J. Černý, 1954*
Jaroslav Černý, Prices and Wages in Egypt in the Ramesside Period, Cahiers d'histoire mondial, I/4, Paris 1954, S. 903–921.

*J. Černý, 1970*
Jaroslav Černý, Catalog des Ostraca Hiératiques non littéraires de Deir el-Médinéh, Nos 624–705, DFIFAO XIV, Kairo 1970.

*J. Černý, 1973*
Jaroslav Černý, The Valley of the Kings, Fragments d'un Manuscrit inachevé, BdÉ 61, Kairo 1973.

*J. Černý, 1975*
Jaroslav Černý, Egypt: from the Death of Ramesses III to the End of the twenty-first Dynasty, in: I. E. S. Edwards, C. J. Gadd, N. G. L. Hammond und E. Sollberger (Hrsg.), The Cambridge Ancient History, II/2, Cambridge 1975, S. 606–657.

*J. Černý, 2001*
Jaroslav Černý, A Community of Workmen at Thebes in the Ramesside Period, BdÉ 50, Kairo 2001.

*J. Černý, et al., 1949*
Jaroslav Černý, Bernard Bruyère und Jean Jacques Clère, Répertoire Onomastique de Deir el-Médineh, DFIFAO XII, Kairo 1949.

*J. Černý und A. H. Gardiner, 1957*
Jaroslav Černý und Alan H. Gardiner, Hieratic Ostraca I, Oxford 1957.

*N. Cherpion, 1999*
Nadine Cherpion, Deux tombes de la XVIIIe dynastie à Deir el-Medina, MIFAO 114, Kairo 1999.

*K. M. Cooney, 2003*
Kathlyn M. Cooney, The Value of Private Funerary Art in Ramesside Period Egypt, Ann Arbor 2003.

*K. M. Cooney, 2006*
Kathlyn M. Cooney, An Informal Workshop: Textual Evidence for Privat Funerary Art Production in the Ramesside Period, in: A. Dorn und T. Hofmann (Hrsg.), Living and Writing in Deir el-Medine, Socio-historical Embodiment of Deir el-Medine Texts, AH 19, Basel 2006, S. 43–55.

*K. M. Cooney, 2007a*
Kathlyn M. Cooney, The Cost of Death, the social and economic value of ancient egyptian funerary art in the Ramesside Period, Egyptologische Uitgaven XXII, Leiden 2007.

*K. M. Cooney, 2007b*
Kathlyn M. Cooney, Functional Materialism of Death in Ancient Egypt: A Case Study of Funerary Materials from the Ramesside Period, in: IBAES VII, 2007, S. 273–299.

*J.-P. Corteggiani, 1984*
Jean-Pierre Corteggiani, La Tombe d'Amennakht [No 266] à Deir el-Medina, in: BIFAO 84, 1984, S. 61–80.

*B. S. D'Anglure, 2002*
Bernard Saladin D'Anglure, Shamanism, in: A. Barnard und J. Spencer (Hrsg.), Encyclopedia of Social and Cultural Anthropolgy, Oxon, New York 2002, S. 504–508.

*G. Daressy, 1927*
Georges Daressy, Quelques Ostraca de Biban el Molouk, in: ASAE 27, 1927, S. 161–182.

*B. G. Davies, 1993*
Benedict G. Davies, O. Berlin P. 11239 and the Coppersmiths at Deir el-Medina, in: GM 137, 1993, S. 39–47.

*B. G. Davies, 1995*
Benedict G. Davies, Egyptian Historical Records of the later Eighteenth Dynasty, fasc. VI, Warminster 1995.

*B. G. Davies, 1997*
Benedict G. Davies, Egyptian Historical Records of the Nineteenth Dynasty, DMA 2, Jonsered 1997.

*B. G. Davies, 1999*
Benedict G. Davies, Who's who at Deir el-Medina, A Prosopographic Study of the Royal Workmen's Community, Egyptologische Uitgaven XIII, Leiden 1999.

*N. d. Davies, 1927*
Norman deGaris Davies, Two Ramesside Tombs at Thebes, Publications of the Metropolitan Museum of Art Egyptian Expedition, RPTMS V, New York 1927.

*A. Dorn, 2009*
Andreas Dorn, Ein Literatenwettstreit und das Ende der Diglossie als sprachgeschichtliche Quelle, in: D. Kessler, R. Schulz, M. Ullmann, A. Verbovsek und S. Wimmer (Hrsg.), Texte – Theben – Tonfragmente (FS Günter Burkard), ÄAT 76, Wiesbaden 2009, S. 70–82.

*R. Drenkhahn, 1976*
Rosemarie Drenkhahn, Die Handwerker und ihre Tätigkeit im Alten Ägypten, ÄA 31, Wiesbaden 1976.

*S. Eichler, 1990*
Selke Eichler, Untersuchungen zu den Wasserträgern von Deir el-Medineh I, in: SAK 17, 1990, S. 135–175.

*S. Eichler, 1991*
Selke Eichler, Untersuchungen zu den Wasserträgern von Deir el-Medineh II, in: SAK 18, 1991, S. 173–205.

*N. Elias, 1997*
Norbert Elias, Über den Prozeß der Zivilisation, Soziogenetische und psychogenetische Untersuchungen, Zweiter Band, Wandlungen einer Gesellschaft, Entwurf zu einer Theorie der Zivilisation, Amsterdam 1997.

*N. Elias, 2002*
Norbert Elias, Die höfische Gesellschaft, Untersuchungen zur Soziologie des Königtums und der höfischen Aristokratie, Amsterdam 2002.

*H. El-Saady, 1998*
Hassan El-Saady, Considerations on Bribery in Ancient Egypt, in: SAK 25, 1998, S. 295–304.

*M. Endress, 2001*
Martin Endress, Vertrauen und Vertrautheit, in: M. Hartmann und C. Offe (Hrsg.), Vertrauen, Die Grundlage des sozialen Zusammenhalts, Theorie und Gesellschaft 50, Frankfurt a.M. 2001, S. 161–203.

*M. Endress, 2002*
Martin Endress, Vertrauen, Bielefeld 2002.

*G. Endruweit, 2002*
Günter Endruweit, Kommunikation, in: G. Endruweit und G. Trommsdorff (Hrsg.), Wörterbuch der Soziologie, Stuttgart 2002, S. 280–281.

*B. Engelmann-von Carnap, 1995*
Barbara Engelmann-von Carnap, Soziale Stellung und Grabanlage, Zur Struktur des Friedhofs der ersten Hälfte der 18. Dynastie in Scheich Abd el-Qurna und Chocha, Thebanische Beamtennekropolen, Neue Perspektiven archäologischer Forschung, Internationales Symposium Heidelberg 9. –13.6.1993, SAGA 12, Heidelberg 1995, S. 107–128.

*A. Erman, 1905*
Adolf Erman, Aus dem Volksleben des neuen Reiches, in: ZÄS 42, 1905, S. 100–106.

*A. Erman und H. Grapow, 1928*
Adolf Erman und Hermann Grapow, Wörterbuch der Ägyptischen Sprache, Zweiter Band, Leipzig 1928.

*A. Erman und H. Grapow, 1929*
Adolf Erman und Hermann Grapow, Wörterbuch der Ägyptischen Sprache, Dritter Band, Leipzig 1929.

*A. Erman und H. Grapow, 1930*
Adolf Erman und Hermann Grapow, Wörterbuch der Ägyptischen Sprache, Vierter Band, Leipzig 1930.

*A. Erman und H. Grapow, 1931*
Adolf Erman und Hermann Grapow, Wörterbuch der Ägyptischen Sprache, Fünfter Band, Leipzig 1931.

*C. J. Eyre, 1980*
Christopher J. Eyre, An Accounts Papyrus from Thebes, in: JEA 66, 1980, S. 108–119.

*H.-W. Fischer-Elfert, 1986*
Hans-Werner Fischer-Elfert, Anfang einer Erziehungslehre, in: H.-W. Fischer-Elfert (Hrsg.), Literarische Ostraka der Ramessidenzeit in Übersetzung, Kleine Ägyptische Texte Wiesbaden 1986, S. 1–4.

*H.-W. Fischer-Elfert und A. Grimm, 2003*
Hans-Werner Fischer-Elfert und Alfred Grimm, Autobiographie und Apotheose, Die Statue des Zs(s)n Z3-Hw.t-Hrw im Staatlichen Museum Ägyptischer Kunst München, in: ZÄS 130, 2003, S. 60–80.

*P. J. Frandsen, 1989*
Paul John Frandsen, A word for ‚causeway' and the location of ‚the five walls', in: JEA 75, 1989, S. 113–123.

*E. Frood, 2003*
Elizabeth Frood, The Potters: Organization, Delivery, and Product of Work, Woodcutters, Potters and Doorkeepers, Sevice Personnel of the Deir el-Medina Workmen, Egyptologische Uitgaven XVII, Leiden 2003, S. 29–62.

*D. Gambetta, 2001*
Diego Gambetta, Können wir dem Vertrauen vertrauen?, in: M. Hartmann und C. Offe (Hrsg.), Vertrauen, Die Grundlage des sozialen Zusammenhalts, Theorie und Gesellschaft 50, Frankfurt a.M. 2001, S. 204–237.

*A. H. Gardiner, 1935*
Alan H. Gardiner, A lawsuit arising from the purchase of two slaves, in: JEA XXI, 1935, S. 140–146.

*A. H. Gardiner, 1948*
Alan H. Gardiner, Ramesside Administrative Documents, London 1948.

*A. H. Gardiner und G. Möller, 1911*
Alan H. Gardiner und Georg Möller, Hieratische Papyrus aus den königlichen Museen zu Berlin III, Leipzig 1911.

*A. Gasse, 1990*
Annie Gasse, Catalogue des Ostraca hiératiques littéraires de Deir el-Médina, Nos 1676–1774, Tome IV - Fasc. 1, DFIFAO 25, Kairo 1990.

*M. Godelier, 1999*
Maurice Godelier, Das Rätsel der Gabe, Geld, Geschenke, heilige Objekte, München 1999.

*M. Goecke-Bauer, 2003*
Maren Goecke-Bauer, Untersuchungen zu den „Torwächtern" von Deir el-Medine, in: J. J. Janssen, Woodcutters, Potters and Doorkeepers, Sevice Personnel of the Deir el-Medina Workmen, Egyptologische Uitgaven XVII, Leiden 2003, S. 63–153.

*P. Grandet, 1993*
Pierre Grandet, Ramsès III, Histoire d'un Règne, Paris 1993.

*P. Grandet, 2000*
Pierre Grandet, Ouvriers et „Esclaves" de Deir el-Medina, quatre Ostraca inédits de l'IFAO, in: R. J. Demarée und A. Egberts (Hrsg.), Deir el-Medina in the third Millenium AD, a tribute to Jac. J. Janssen, Egyptologische Uitgaven XIV, Leiden 2000, S. 121–127.

*M. Gutgesell, 1989*
Manfred Gutgesell, Arbeiter und Pharaonen, Wirtschafts- und Sozialgeschichte im Alten Ägypten, Hildesheim 1989.

*S. Häggman, 2002*
Sofia Häggman, Directing Deir el-Medina, The external Administration of the Necropolis, Uppsala Studies in Egyptology 4, Uppsala 2002.

*F. Hagen, 2006*
Fredrik Hagen, Literature, Transmission, and the Late Egyptian Miscellanies, in: R. J. Dann (Hrsg.), Current Research in Egyptology 2004, Proceedings to the Fifth Annual Symposium, University of Durham 2004, Oxford 2006, S. 84–99.

*F. Hagen, 2007*
Fredrik Hagen, Ostraca, Literature and Teaching at Deir el-Medina, in: R. Mairs und A. Stevenson (Hrsg.), Current Research in Egyptology 2005, Proceedings to the Sixth Annual Symposium, University of Cambridge 2005, Oxford 2007, S. 38–51.

*R. Hannig, 2006*
Rainer Hannig, Die Sprache der Pharaonen, Großes Handwörterbuch Ägyptisch - Deutsch (2800–950 v. Chr.), Mainz 2006.

*R. Hannig und P. Vomberg, 1999*
Rainer Hannig und Petra Vomberg, Wortschatz der Pharaonen in Sachgruppen, Mainz 1999.

*K. P. Hansen, 2003*
Klaus P. Hansen, Kultur und Kulturwissenschaften, Tübingen, Basel 2003.

*R. Hardin, 2001*
Russel Hardin, Die Alltagsepistemologie von Vertrauen, in: M. Hartmann und C. Offe (Hrsg.), Vertrauen, Die Grundlage des sozialen Zusammenhalts, Theorie und Gesellschaft 50, Frankfurt a.M. 2001, S. 295–332.

*B. J. J. Haring, 1992*
Ben J. J. Haring, A Systematic Bibliography on Deir el-Medîna 1980-1990, in: R. J. Demarée und A. Egberts (Hrsg.), Village Voices, Leiden 1992, S. 111–137.

*B. J. J. Haring, 2004*
Ben J. J. Haring, Hieratic varia, in: JEA 90, 2004, S. 215–221.

*B. J. J. Haring, 2006*
Ben J. J. Haring, Scribes and Scribal Activity at Deir el-Medina, in: A. Dorn und T. Hofmann (Hrsg.), Living and Writing in Deir el-Medine, Social-historical Embodiment of Deir el-Medine Texts, Basel 2006, S. 107–112.

*B. J. J. Haring, 2007*
Ben J. J. Haring, HÄGGMAN, S. - Directing Deir el-Medina. The External Administration of the Necropolis (Rezension), in: BiOr 64, no. 1–2, 2007, S. 138–145.

*M. Hartmann, 2001*
Martin Hartmann, Einleitung, in: M. Hartmann und C. Offe (Hrsg.), Vertrauen, Die Grundlage des sozialen Zusammenhalts, Theorie und Gesellschaft 50, Frankfurt a.M. 2001, S. 7–34.

*W. Helck, 1958*
Wolfgang Helck, Zur Verwaltung des Mittleren und Neuen Reichs, Probleme der Ägyptologie Dritter Band, Leiden, Köln 1958.

*W. Helck, 1961–1970*
Wolfgang Helck, Materialien zur Wirtchaftsgeschichte des Neuen Reiches, Mainz 1961–1970.

*W. Helck, 1964*
Wolfgang Helck, Feiertage und Arbeitstage in der Ramessidenzeit, in: JESHO 7, 1964, S. 136–166.

*W. Helck, 1970a*
Wolfgang Helck, Die Lehre des Dua-Cheti, Kleine Ägyptische Texte Wiesbaden 1970.

*W. Helck, 1970b*
Wolfgang Helck, Die Prophezeiung des Nfr.tj, Kleine Ägyptische Texte Wiesbaden 1970.

*W. Helck, 1984*
Wolfgang Helck, Die Lehre des Djedefhor und die Lehre eines Vaters an seinen Sohn, Kleine ägyptische Texte Wiesbaden 1984.

*W. Helck, 2002*
Wolfgang Helck, Die datierten und datierbaren Ostraka, Papyri und Graffiti von Deir el-Medineh, ÄA 63, Wiesbaden 2002.

*O. Höffe, 2008a*
Otfried Höffe, Ethik, in: O. Höffe, M. Forscher, C. Horn und W. Vossenkuhl (Hrsg.), Lexikon der Ethik, München 2008a, S. 71–73.

*O. Höffe, 2008b*
Otfried Höffe, Moral, in: O. Höffe, M. Forscher, C. Horn und W. Vossenkuhl (Hrsg.), Lexikon der Ethik, München 2008b, S. 211–213.

*E. Hofmann, 2004*
Eva Hofmann, Bilder im Wandel, die Kunst der ramessidischen Privatgräber, Theben 17, Mainz 2004.

*T. Hofmann, 2005*
Tobias Hofmann, Zur sozialen Bedeutung zweier Begriffe für <Diener>: b3k und hm, Aegyptiaca Helvetica 18, Basel 2005.

*T. Hofmann, 2006*
Tobias Hofmann, Arbeitseinsätze und Löhne der sogenannten Sklavinnen von Deir el-Medine, in: A. Dorn und T. Hofmann (Hrsg.), Living and Writing in Deir el-Medine, Social-historical Embodiment of Deir el-Medine Texts, Basel 2006, S. 113–118.

*G. Hollender, 2009*
Gabi Hollender, Amenophis I. und Ahmes Nefertari, Untersuchungen zur Entwicklung ihres posthumen Kultes anhand der Privatgräber der thebanischen Nekropole, SDAIK 23, Berlin 2008.

*K. Jansen-Winkeln, 1992*
Karl Jansen-Winkeln, Das Ende des Neuen Reiches, in: ZÄS 119, 1992, S. 22–37.

*J. J. Janssen, 1975*
Jacobus J. Janssen, Commodity Prices from the Ramessid Period, an Economic Study of the Village of Necropolis Workmen at Thebes, Leiden 1975.

*J. J. Janssen, 1980*
Jacobus J. Janssen, Absence from Work by the Necropolis Workmen of Thebes, in: SAK 8, 1980, S. 127–152.

*J. J. Janssen, 1982a*
Jacobus J. Janssen, Two Personalities, in: R. J. Demarée und J. J. Janssen (Hrsg.), Gleanings from Deir el-Medîna, Egyptologische Uitgaven I, Leiden 1982, S. 109–131.

*J. J. Janssen, 1982b*
Jacobus J. Janssen, The Mission of the Scribe Pesiur, in: R. J. Demarée und J. J. Janssen (Hrsg.), Gleanings from Deir el-Medîna, Egyptologische Uitgaven I, Leiden 1982, S. 133–147.

*J. J. Janssen, 1992a*
Jacobus J. Janssen, A New Kingdom Settlement, The Verso of Pap. BM. 10068, in: Altorientalische Forschungen 19/1, 1992, S. 8–23.

*J. J. Janssen, 1992b*
Jacobus J. Janssen, Literacy and Letters at Deir el-Mednîna, in: R. J. Demarée und A. Egberts (Hrsg.), Village Voices, Texts from Deir el-Medîna and their interpretation (Leiden, May 31– June 1, 1991), Leiden 1992, S. 81–94.

*J. J. Janssen, 1997*
Jacobus J. Janssen, Village Varia, Ten Studies on the History and Administration of Deir el-Medina, Egyptologische Uitgaven XI, Leiden 1997.

*J. J. Janssen, 2003*
Jacobus J. Janssen, The Woodcutters, Woodcutters, Potters and Doorkeepers, Sevice Personnel of the Deir el-Medina Workmen, Egyptologische Uitgaven XVII, Leiden 2003, S. 1–28.

*J. J. Janssen, 2005*
Jacobus J. Janssen, Donkeys at Deir el-Medîna, Egyptologische Uitgaven XIX, Leiden 2005.

*J. J. Janssen und R. M. Janssen, 2002*
Jacobus J. Janssen und Rosalind M. Janssen, The Laundrymen of the Theban Necropolis, in: ArOr 70, 2002, S. 1–12.

*F. Jonckheere, 1958*
Frans Jonckheere, Les Médecins de l'Égypte Pharaonique, Essai de Prosopographie, Brüssel 1958.

*G. Jourdain, 1939*
G. Jourdain, Deux Tombes de Deir el-Médineh, Deuxième Partie, La Tombe du Scribe Royal Amenemopet, MIFAO 73/II, Kairo 1939.

*F. Junge, 1996*
Friedrich Junge, Titel, Ämter und Funktionen in Deir el-Medina, in: F. Junge (Hrsg.), Neuägyptisch, Einführung in die Grammatik, Wiesbaden 1996, S. 316–320.

*F. Junge, 2003*
Friedrich Junge, Die Lehre des Ptahhotep und die Tugenden der ägyptischen Welt, OBO193, Freiburg Göttingen 2003.

*W. Kaiser, 1990*
Werner Kaiser, Zur Büste als einer Darstellungsform ägyptischer Rundplastik, in: MDAIK 46, 1990, S. 269–285.

*F. Kampp, 1996*
Frederike Kampp, Die thebanische Nekropole, Zum Wandel des Grabgedankens von der XVIII. bis zur XX. Dynastie, Theben 13, Mainz 1996.

*D. Karl, 2000*
Doris Karl, Funktion und Bedeutung einer weisen Frau im Alten Ägypten, in: SAK 28, 2000, S. 131–160.

*D. Kessler, 2009*
Dieter Kessler, Die Interpretation der ägyptischen Kultstele in Der el Medine, in: D. Kessler, R. Schulz, M. Ullmann, A. Verbovsek und S. Wimmer (Hrsg.), Theben und Texte (FS Günter Burkard), ÄAT 76, Wiesbaden 2009, S. 254–270.

*K. A. Kitchen, 1972*
Kenneth A. Kitchen, Ramesses VII and the twentieth Dynasty, in: JEA 58, 1972, S. 182–194.

*K. A. Kitchen, 1983*
Kenneth A. Kitchen, Ramesside Inscriptions, Historical and Biographical, VI, Oxford 1983.

*K. A. Kitchen, 1989*
Kenneth A. Kitchen, Ramesside Inscriptions, Historical and Biographical, VII, Oxford 1989.

*K. A. Kitchen, 1996*
Kenneth A. Kitchen, The Third Intermediate Period in Egypt (1100–650 BC), Warminster 1996.

*N. Kleinke, 2007*
Nira Kleinke, Female Spaces: Untersuchungen zu Gender und Archäologie im pharaonischen Ägypten, Göttinger Miszellen Beihefte 1, Göttingen 2007.

*R. Klemm und D. Klemm, 2009*
Rosemarie Klemm und Dietrich Klemm, Der „Grand Puits“ in Theben-West, in: D. Kessler, R. Schulz, M. Ullmann, A. Verbovsek und S. Wimmer (Hrsg.), Texte – Theben – Tonfragmente (FS Günter Burkard), ÄAT 76, Wiesbaden 2009, S. 271–280.

*H. Kluth, 1957*
Heinz Kluth, Sozialprestige und sozialer Status, Stuttgart 1957.

*Y. Koenig, 1997*
Yvan Koenig, Les Ostraca hiératiques inédits de la Bibliothèque national et universitaire des Strasbourg, DFIFAO 33, Kairo 1997.

*K.-H. Kohl, 2003*
Karl-Heinz Kohl, Die Macht der Dinge, Geschichte und Theorie sakraler Objekte, München 2003.

*J. Kraus, 2004*
Jürgen Kraus, Die Demographie des Alten Ägypten, Eine Phänomenologie anhand altägyptischer Quellen, Dissertation, Göttingen 2004.

*O. Lagerspetz, 2001*
Olli Lagerspetz, Vertrauen als geistiges Phänomen, in: M. Hartmann und C. Offe (Hrsg.), Vertrauen, Die Grundlage des sozialen Zusammenhalts, Theorie und Gesellschaft 50, Frankfurt a.M. 2001, S. 85–113.

*K. Lahn, 2005*
Kristina Lahn, Qedeschet, Genese einer Transfergottheit im ägyptisch-vorderasiatischen Raum, in: SAK 33, 2005, S. 201–237.

*S. Lamnek, 2002a*
Siegfried Lamnek, Prestige, in: G. Endruweit und G. Trommsdorff (Hrsg.), Wörterbuch der Soziologie, Stuttgart 2002, S. 413–415.

*S. Lamnek, 2002b*
Siegfried Lamnek, Status, in: G. Endruweit und G. Trommsdorff (Hrsg.), Wörterbuch der Soziologie, Stuttgart 2002, S. 575–576.

*W. Lauterbach, 2002*
Wolfgang Lauterbach, Interesse, in: G. Endruweit und G. Trommsdorff (Hrsg.), Wörterbuch der Soziologie, Stuttgart 2002, S. 255–256.

*V. Lepper, 2008*
Verena Lepper, Untersuchungen zum pWestcar, Eine philologische und literaturwissenschaftliche (Neu-) Analyse, ÄA 70, Wiesbaden 2008.

*L. Lesko, 1994*
Leonard Lesko, Introduction, in: L. Lesko (Hrsg.), Pharaoh's workers, the villagers of Deir el-Medina, Ithaca 1994, S. 1–8.

*L. H. Lesko und B. S. Lesko, 2002*
Leonard H. Lesko und Barbara S. Lesko, A Dictionary of Late Egyptian I, Providence 2002.

*L. H. Lesko und B. S. Lesko, 2004*
Leonard H. Lesko und Barbara S. Lesko, A Dictionary of Late Egyptian II, Providence 2004.

*B. Letellier, 1980*
Bernadette Letellier, La Destinée de deux Enfants, un Ostracon ramesside inédite, in: J. Vercoutter (Hrsg.), Livre du Centenaire, 1880–1980, MIFAO 104, Kairo 1980, S. 127–133.

*M. Lichtheim, 1973*
Miriam Lichtheim, Ancient Egyptian Literature I, Berkeley, London, Los Angeles 1973.

*M. Lichtheim, 1997*
Miriam Lichtheim, Moral Values in Ancient Egypt, OBO 155, Fribourg, Göttingen 1997.

*A. v. Lieven, 2000*
Alexandra von Lieven, Kleine Beiträge zur Vergöttlichung Amenophis I., I. Amenophis I. auf schildförmigen Mumienamuletten, in: RdÉ 51, 2000, S. 103–121.

*J. López, 1978*
Jesús López, Ostraca ieratici N. 57001-57092, Catalogo del Museo Egizio di Torino III/1, Mailand 1978.

*J. López, 1982*
Jesús López, Ostraca ieratici N. 57320-57449, Catalogo del Museo Egizio di Torino III/3, Mailand 1982.

*N. Luhmann, 2001*
Niklas Luhmann, Vertrautheit, Zuversicht und Vertrauen: Probleme und Alternativen, in: M. Hartmann und C. Offe (Hrsg.), Vertrauen, Die Grundlage des sozialen Zusammenhalts, Theorie und Gesellschaft 50, Frankfurt a.M. 2001, S. 143–160.

*C. Maderna-Sieben, 1991*
Claudia Maderna-Sieben, Der historische Abschnitt des Papyrus Harris I, in: GM 123, 1991, S. 57–90.

*L. Manniche, 1987*
Lise Manniche, City of the Dead, Thebes in Egypt, Over Wallop 1987.

*A. Mariette, 1872*
Auguste Mariette, Les Papyrus Égyptiens du Musée de Boulaq, Tome deuxième Papyrus Nos 10–20, Paris 1872.

*G. Maspero, 1884*
Gaston Maspero, Les Momies Royales de Déir el-Baharî, MMAF I/4, Kairo 1884.

*M. Mauss, 1990*
Marcel Mauss, Die Gabe, Form und Funktion des Austauschs in archaischen Gesellschaften, Frankfurt a.M. 1990.

*C. Maystre, 1936*
Charles Maystre, Tombes de Deir el-Médineh, La Tombe de Nebenmât (No 219), MIFAO 71, Kairo 1936.

*A. G. McDowell, 1990*
Andrea G. McDowell, Jurisdiction in the workmen's communitiy of Deir el-Medîna, Egyptologische Uitgaven V, Leiden 1990.

*A. G. McDowell, 1999*
Andrea G. McDowell, Village Life in Ancient Egypt, Laundry Lists and Love Songs, Oxford 1999.

*A. G. McDowell, 2000*
Andrea G. McDowell, Teachers and Students at Deir el-Medina, in: R. J. Demarée und A. Egberts (Hrsg.), Deir el-Medina at the third Millenium A.D., a tribute to Jac. J. Janssen, Egyptologische Uitgaven XIV, Leiden 2000, S. 217–233.

*D. Meeks, 1980*
Dimitri Meeks, Année Lexicographique 1 1977, Paris 1980.

*L. Meskell, 1999a*
Lynn Meskell, Archeologies of Social Life: Age, Sex, Class et cetera in Ancient Egypt, Oxford 1999.

*L. Meskell, 1999b*
Lynn Meskell, Archeologies of Life and Death, in: AJA 103, 1999, S. 181–199.

*L. Meskell, 2000*
Lynn Meskell, Spatial Analyses of the Deir el-Medina Settlement and Necropoleis, in: R. J. Demarée und A. Egberts (Hrsg.), Deir el-Medina in the third Millenium AD, a tribute to Jac. J. Janssen, Egyptologische Uitgaven XIV, Leiden 2000, S. 259–275.

*D. Michaux-Colombot, 2007*
Danielle Michaux-Colombot, Qui sont les Medjay et où se situait leur territoire?, in: M. C. Bruwier (Hrsg.), Pharaons Noirs, sur la piste des quarante jours, Mariemont 2007, S. 83–93.

*S. Morenz, 1960*
Siegfried Morenz, Ägyptische Religion, Die Religionen der Menschheit 8, Stuttgart 1960.

*S. Morenz, 1969*
Siegfried Morenz, Prestige-Wirtschaft im alten Ägypten, München 1969.

*K. P. Moritz, 2006*
Karl Phillipp Moritz, Anton Reiser, Ein psychologischer Roman in vier Teilen, Düsseldorf 2006.

*D. M. Mostafa, 2000*
Doha M. Mostafa, Remarks on the architectural Development in the Necropolis of Deir el-Medina, in: Memnonia XI, 2000, S. 210–225.

*M. Müller, 2000*
Matthias Müller, Yvan Koenig, Les Ostraca Hiératiques Inéidts de la Bibliothèque National et Universitaire des Strasbourg (Rezension), in: LingAeg 7, 2000, S. 271–288.

*H.-H. Münch, 1997*
Hans-Hubertus Münch, Gräber – Spiegel des Lebens?, Untersuchungen zur Verteilung des

funerären Aufwandes anhand geschlossener Funde des Alten Reihes aus der Nekropole von Giza, unveröffentlichte Magisterarbeit, Göttingen 1997.

*W. J. Murnane, 1987*
William J. Murnane, Wild, Henri. La tombe de Nefer-hotep (I) et Neb-nefer à Deir el Medina [No. 6] et autres ducumemts [sic] les concernat, in: JNES 46, 1987, S. 236.

*C. Näser, 2001*
Claudia Näser, Zur Interpretation funerärer Praktiken im Neuen Reich: Der Ostfriedhof von Deir el-Medine, in: C.-B. Arnst, I. Hafemann und A. Lohwasser (Hrsg.), Begegnungen, Antike Kulturen im Niltal, Leipzig 2001, S. 373–398.

*G. Neunert, 2006*
Gregor Neunert, Untersuchungen zu den „Carter-Carnarvon-Ostraka" aus dem Tal der Könige, in: A. Dorn und T. Hofmann (Hrsg.), Living and writing in Deir el-Medina, Socio-historical Embodiement of Deir el-Medine Texts, Aegytiaca Helvetica 19, Basel 2006, S. 119–133.

*S. Neureiter, 2005*
Sabine Neureiter, Schamanismus im Alten Ägypten, in: SAK 33, 2005, S. 281–330.

*A. Niwinski, 1992*
Andrzej Niwinski, Bürgerkrieg, militärischer Staatsstreich und Ausnahmezustand in Ägypten unter Ramses XI., ein Versuch neuer Interpretation der alten Quellen, in: I. Gamer-Wallert und W. Helck (Hrsg.), Gegengabe (FS Brunner-Traut), Tübingen 1992, S. 235–262.

*C. Offe, 2001*
Claus Offe, Wie können wir unseren Mitbürgern vertrauen?, in: M. Hartmann und C. Offe (Hrsg.), Vertrauen, Die Grundlage des sozialen Zusammenhalts, Theorie und Gesellschaft 50, Frankfurt a.M. 2001, S. 241–294.

*E. Otto, 1969*
Eberhard Otto, Wesen und Wandel der ägyptischen Kultur, Berlin, Heidelberg, New York 1969.

*R. B. Parkinson, 1997*
Richard B. Parkinson, The Tale of Sinuhe and other Egyptian Poems 1940–1640 BC, Oxford 1997.

*E. Paulin-Grothe und T. Schneider, 2001*
Elena Paulin-Grothe und Thomas Schneider, New workmen's huts in the Valley of the Kings, in: EA 19, 2001, S. 3–5.

*T. E. Peet, 1930*
Thomas Eric Peet, The great Tomb-Robberies of the Twentieth Egyptian Dynasty, Oxford 1930.

*P. W. Pestman, 1982*
P. W. Pestman, Who were the owners, in the „community of workmen", of the Chester Beatty Papyri, in: R. J. Demarée und J. J. Janssen (Hrsg.), Gleanings from Deir el-Medîna, Leiden 1982, S. 155–172.

*G. Pierrat-Bonnefois, 2003*
Geneviève Pierrat-Bonnefois, Cimetière est du village ou cimetière á l'est de Deir el-Médineh?, in: G. Andreu (Hrsg.), Deir el-Médineh et la Vallée des Rois, La vie en Égypte au temps des pharaons du Nouvel Empire (Actes du colloque, Louvre, 3.–4.05.2002), Paris 2003, S. 49–65.

*D. Polz, 2007*
Daniel Polz, Der Beginn des Neuen Reiches, Zur Vorgeschichte einer Zeitenwende, SDAIK 31, Berlin, New York 2007.

*B. Porter und R. L. B. Moss, 1960*
Bertha Porter und Rosalind L. B. Moss, The theban Necropolis, Part 1. Privat Tombs, Topographical Bibliography of ancient egyptian hieroglyphic Textes, Relief, and Paintings I, Oxford 1960.

*B. Porter und R. L. B. Moss, 1964*
Bertha Porter und Rosalind L. B. Moss, The theban Necropolis, Part 2. Royal Tombs and smaller Cemeteries, Topographical Bibliography of ancient egyptian hieroglyphic Textes, Relief, and Paintings I, Oxford 1964.

*G. Posener, 1938*
Georges Posener, Catalogue des Ostraca hiératiques littéraires de Deir el Médineh, Tome I (Nos 1001 à 1108), DFIFAO I, Kairo 1938.

*G. Posener, 1952*
Georges Posener, Le début de l'Enseignement de Hardjedef, in: RdÉ 9, 1952, S. 109–120.

*G. Posener, 1955*
Georges Posener, L'Exorde de l'instruction éducative d'Amennakhte, in: RdÉ 10, 1955, S. 61–72.

*G. Posener, 1971*
Georges Posener, Amon juges de pauvre, in: Beiträge zur Ägyptischen Bauforschung und Altertumskunde, zum 70. Geburtstag von Herbert Ricke 12, 1971, S. 59–63.

*R. Posner, 1991*
Roland Posner, Kultur als Zeichensystem, Zur semiotischen Explikation kulturwissenschaftlicher Grundbegriffe, in: A. Assmann und D. Harth (Hrsg.), Kultur als Lebenswelt und Monument, Frankfurt a.M. 1991, S. 37–74.

*J. F. Quack, 1994*
Joachim Friedrich Quack, Die Lehren des Ani, Ein neuägyptischer Weisheitstext in seinem kulturellen Umfeld, OBO 141, Freiburg, Göttingen 1994.

*M. J. Raven, 1991*
Maarten J. Raven, The Tomb of Iurudef, a memphite official in the reign of Ramesses II, EEF 57, London 1991.

*N. Reeves und R. H. Wilkinson, 1997*
Nicholas Reeves und Richard H. Wilkinson, Das Tal der Könige: Geheimnisvolles Totenreich der Pharaonen, Düsseldorf 1997.

*B. Rehbein, 2006*
Boike Rehbein, Die Soziologie Pierre Bourdieus, Konstanz 2006.

*H. Ricke, 1932*
Herbert Ricke, Der Grundriss des Amarna-Wohnhauses, Leipzig 1932.

*E. Roik, 1988*
Elke Roik, Das altägyptische Wohnhaus und seine Darstellung im Flachbild, Teil 1: Text, Europäische Hochschulschriften XXXVIII 15, Frankfurt a.M., Bern, New York, Paris 1988.

*F. M. Sabbahy, 1986*
Fattah Mohammed Sabbahy, Prelude to the Empire: ancient egyptian military policy and activity in the early New Kingdom, Berkeley 1986.

*E. Schiaparelli, 1927*
Ernesto Schiaparelli, Relazione sui Lavori della Missione Archeologica Italiana in Egitto (Anni 1903–1920), Volume Secondo, La Tomba intatta dell'Architetto Cha nella Necropoli di Tebe, Turin 1927.

*F.-J. Schmitz, 1978*
Franz-Jürgen Schmitz, Amenophis I., HÄB 6, Hildesheim 1978.

*L. Schneider, 1979*
Lambert Schneider, Zeichen – Kommunikation – Interaktion, Zur Bedeutung von Zeichen-, Bedeutungs- und Interaktionstheorie für die Klassische Archäologie, in: Hephaistos 1, 1979, S. 7–41.

*W. Schweidler, 2001*
Walter Schweidler, Moral, Sitte, Ethos, in: V. Drehsen, H. Häring, K.-J. Kuschel und H. Siemers (Hrsg.), Wörterbuch des Christentums, München 2001, S. 836.

*M. Schwingel, 1995*
Markus Schwingel, Pierre Bourdieu zur Einführung, Hamburg 1995.

*S. Seidlmayer, 1988*
Stefan Seidlmayer, Funerärer Aufwand und soziale Ungleichheit, in: GM 104, 1988, S. 25–51.

*I. Shaw, 2004*
Ian Shaw, Identity and Occupation the New Kingdom Egypt, in: J. Bourriau und J. Phillips (Hrsg.), Invention and Innovation, The Social Context of Technological Change 2, Egypt, the Aegean and the Near East, 1650–1150 BC, Oxford 2004, S. 12–24.

*A. G. Shedid, 1994*
Abdel Ghaffar Shedid, Das Grab des Sennedjem, Ein Künstlergrab der 19. Dynastie in Deir el-Medineh, Mainz 1994.

*I. Shirun-Grumach, 1991*
Irene Shirun-Grumach, Die Lehre des Amenemope, in: O. Kaiser (Hrsg.), Weisheitstexte II, TUAT III/2, Gütersloh 1991, S. 222–250.

*S. T. Smith, 1992*
Stuart Tyson Smith, Intact Tombs of the Seventeenth and Eignteenth Dynasties from Thebes and the New Kingdom Burial System, in: MDAIK 48, 1992, S. 193–231.

*S. Sontag, 1999*
Susan Sontag, Kunst und Antikunst, 24 literarische Analysen, Frankfurt a.M. 1999.

*W. Spiegelberg und B. Pörtner, 1902*
Wilhelm Spiegelberg und B. Pörtner, Aegyptische Grabsteine und Denksteine aus süddeutschen Sammlungen I, Strassburg 1902.

*N. Strudwick, 1995*
Nigel Strudwick, The population of Thebes in the New Kingdom, Some preliminary thoughts, in: J. Assmann, E. Dziobek, H. Guksch und F. Kampp (Hrsg.), Thebanische Beamtennekropolen, SAGA 12, Heidelberg 1995, S. 97–105.

*N. Strudwick und H. Strudwick, 1999*
Nigel Strudwick und Helen Strudwick, Thebes in Egypt, A Guide to the Tombs and Temples of Ancient Luxor, London 1999.

*D. Sweeney, 1998*
Deborah Sweeney, Woman & Language in the Ramesside Period, in: C.J. Eyre (Hrsg.), Proceedings of the Seventh International Congress of Egyptologists, OLA 82, Leuven 1998, S. 1109–1117.

*R. Szafranski, 2007*
Rüdiger Szafranski, Romantik, München 2007.

*A. Théodoridès, 1995*
Aristide Théodoridès, Les ouvriers-"magistrats" en Égypte à l'époche ramesside, in: A. Théodoridès und J.-M. Kruchten (Hrsg.), Vivre de Maât, Travaux sur le Droit égyptien ancien, Première Partie, Acta Orientalia Belgica I, Brüssel, Louvain-la-Neuve, Leuven 1995, S. 133–220.

*E. Toda, 1920*
Eduardo Toda, La Découverte et l'Inventaire du Tombeau de Sen-nezem, in: ASAE XX, 1920, S. 145–160.

*J. Toivari-Viitala, 2001*
Jaana Toivari-Viitala, Women at Deir el-Medina, a study of the status and roles of the fe-

male inhabitants in the wokmen's community during the ramesside period, Egyptologische Uitgaven XV, Leiden 2001.

*M. Tosi und A. Roccati, 1972*
Mario Tosi und Alessandro Roccati, Stele e Altre epigrafi di Deir el Medina, n. 50001–n. 50262, Catalogo del Museo Egizio di Torino, Serie Seconda – Collezioni I, Torino 1972.

*E. P. Uphill, 2000*
Eric P. Uphill, Some Matters relating to the Growth and Walls of Deir el-Medina, Deir el-Medina in the third Millenium a.D., A tribute to Jac. J. Janssen, Egyptologische Uitgaven XIV, Leiden 2000, S. 325–330.

*D. Valbelle, 1985*
Dominique Valbelle, Les Ouvriers de la tombe, Deir el-Médineh à l'époche ramesside, BdÈ 96, 1985.

*J. Vandier d'Abbadie, 1939*
Jeanne Vandier d'Abbadie, Deux Tombes de Deir el-Médineh, Première Partie, La Chapelle de Khâ, MIFAO 73/I, Kairo 1939.

*J. Vandier, 1935*
Jacques Vandier, Tombes de Deir el-Médineh, La Tombe de Nefer-Abou, MIFAO 69, Kairo 1935.

*R. Ventura, 1986*
Raphael Ventura, Living in a City of the Dead, A Selection of Topographical and Administrative Terms in the Documents of the Theban Necropolis, OBO 69, Freiburg 1986.

*P. Vernus, 1996*
Pascal Vernus, Le début de l'Enseignement de Ptahhotep: un nouveau manuscrit, in: CRIPEL 18, 1996, S. 119–140.

*S. P. Vleeming, 1982*
Sven P. Vleeming, The Days on which the Knbt used to gather, in: R. J. Demarée und J. J. Janssen (Hrsg.), Gleanings from Deir el-Medîna, Leiden 1982, S. 183–192.

*F. Vogelsang, 1913*
Friedrich Vogelsang, Kommentar zu den Klagen des Bauern, Untersuchungen zur Geschichte und Altertumskunde Aegyptens 6, Leipzig 1913.

*E. F. Wente, 1961*
Edward F. Wente, A Letter of complaint to the Vizier To, in: JNES 20, 1961, S. 252–257.

*E. F. Wente, 1966*
Edward F. Wente, The Suppression of the High Priest Amenhotep, in: JNES 25, 1966, S. 73–87.

*R. Wiehl, 1988*
Reiner Wiehl, Kultur und Vergessen, in: T. H. Jan Assmann (Hrsg.), Kultur und Gedächtnis, Frankfurt a.M. 1988, S. 20–49.

*A.-P. Zivie, 1979*
Alain-Pierre Zivie, La Tombe de Pached à Deir el-Médineh [No 3], MIFAO 99, Kairo 1979.

*L. M. J. Zonhoven, 1979*
Louis M. J. Zonhoven, The Inspection of a Tomb at Deir el Medîna (O. Wien Aeg. 1), in: JEA 65, 1979, S. 89–98.

*L. M. J. Zonhoven, 1982*
Louis M. J. Zonhoven, A Systematic Bibliography on Deir el-Medîna, in: R. J. Demarée und J. J. Janssen (Hrsg.), Gleanings from Deir el-Medîna, Egyptologische Uitgaven I, Leiden 1982, S. 245–290.

Internet:
Das digitale Wörterbuch der Deutschen Sprache des 20. Jhs.
Berlin-Brandenburgische Akademie der Wissenschaften, Das digitale Wörterbuch der Deutschen Sprache des 20. Jahrhunderts [Internet].
http://www.dwds.de

Deir el-Medine online
Günter Burkard, Stefan Wimmer und Maren Goecke-Bauer, Deir el-Medine online [Internet], München 1999–2004.
http://obelix.arf.fak12.uni-muenchen.de/cgi-bin/mmcgi2mmhob/mho-1/hobmain

Theban Tombs, a list of the tombs and tomb-chapels allotted numbers
UCL, Theban Tombs, a list of the tombs and tomb-chapels allotted numbers [Internet], London 2003.
http://www.digitalegypt.ucl.ac.uk/thebes/tombs/thebantomblist.html

The Deir el-Medina Database
Koen Donker van Heel, Rob J. Demarée, Ben J. J. Haring und Jaana Toivari-Viitala, The Deir el-Medina Database [Internet], Leiden, 1998-2006.
http://www.leidenuniv.nl/nino/dmd/dmd.html

## 6.3 Indizes

**Deir el-Medine-Personenindex** (mit Konkordanz zu Davies,1999)


| **Personenname** | **Davies, 1999 (Seitenzahl)** | **Seitenzahl** |
|---|---|---|
| *ꜥꜣ-pḥty* | Apehty (i) (34–40 und 288) | 57 |
| *ꜥꜣ-mꜥk* | Amek (i) (206–208 und 285) | 38, 176, Tab. 5 |
| *ꜣny* | | 181, Tab. 6 |
| *ꜥꜣ-nḫt* | | 184 |
| *ꜥn-ḥtp* | Anhotep (i) (158, 160 und 287) | 144 |
| *ꜥn-ḥtp* | | 202, 203, 205 |
| *ꜥḥꜣwtj-nfr* | | 101 |
| *Jy-nfr.tj* | Iyinofreti (iii) (43–45, 293) | 146, Tab. 2 |
| *Jpy* | Ipy (i) (209 und 292) | 176, 177, Tab. 5 |
| *Jpwy* | Ipuy (i) (179 und 292) | 46, 55, 162, 175, 179, Tab. 5 |
| *Jpwy* | Ipuy (ii) (105 und 292) | 122 |
| *Jpwy* | Ipuy (iii) (152 und 292) | 201 |
| *Jmn-wꜥ* | Amenwa (i) (172–173 und 287) | 76, 137 |
| *Jmn-wꜣḥ-sw* | *Amenwahsu (i) (67 und 287)*[1078] | 167, Tab. 4 |
| *Jmn-m-jp.t* | Amenemope (i) (76–78 und 285) | 55, 137, 162, 163, 170, Tab. 5 |
| *Jmn-m-jp.t* | | 202 |
| *Jmn-m-jnt* | | 76 |
| *Jmn-m-wjꜣ* | Amenemwia (i) (207 und 286) | 175, Tab. 5 |
| *Jmn-m-ḥꜣt* | | 160, 161, 166, 167, Tab. 4 |
| *Jmn-m-ḥb* | | 38 |
| *Jmn-pꜣ-ḥꜥpj* | Amenpahapi (i) (58 und 287) | 180, Tab. 5 |
| *Jmn-mss* | Amenmose (i) (7 und 286) | 174, Tab. 5 |
| *Jmn-nḫ.t* | | 38 |
| *Jmn-nḫ.t* | Amennakht (xxxi) (135 und 287) | 63 |
| *Jmn-nḫ.t* | Amennakht (v) (105, 283 und 286) | 58, 106[1079], 122 |
| *Jmn-nḫ.t* | Amennakht (xii) (49 und 287) | 136, 138, Tab. 1 |
| *Jmn-nḫ.t* | Amennakht (xxi) (236 und 287) | 175, Tab. 5 |
| *Jmn-nḫ.t* | Amennakht (x) (66 und 287) | 172, 173, 180, Tab. 5 |
| *Jmn-nḫ.t* | Amennakht (vii) (33 und 286) | 56, 191, 200 |


[1078] Die Zuordnung ist unsicher (daher in der Konkordanz *kursiv* aufgeführt). *Jmn-wꜣḥ-sw* ist der Sohn des *Nꜣḫj*. Beide sind in TT 1138 bestattet, das in die Zeit Amenophis' IV. datiert wird. Vgl. Kap. 3.3.2.2.1 und Tab. 4. Davies nimmt wohl daher die beiden Grabinhaber nicht auf, zumindest wird TT 1138 nicht erwähnt. Vgl. B. G. Davies, 1999, S. 317. Mario Tosi und Alessandro Roccati bringen aber die Turiner Stele N. 50010, die einen *Nꜣḫj* und seinen Sohn *Jmn-wꜣḥ-sw* nennt, mit TT 1138 in Verbindung. Vgl. M. Tosi und A. Roccati, 1972, S. 43–44. Die Stele nimmt Davies in seiner Prosopographie auf und nennt die betreffenden *Nꜣḫj* und *Jmn-wꜣḥ-sw* Nakhy (iii) und Amenwahsu (i). Auf eine genauere Datierung der beiden Personen geht er nicht ein. Vgl. B. G. Davies, 1999, S. 67, Anm. 62.

[1079] Der Datierung entsprechend könnte dieser *Jmn-nḫ.t*, Schreiber und Vater einer Tochter (vgl. Kap. 2.3.4), Davies' Amennakht (v) sein. Vgl. B. G. Davies, 1999, S. 283.

[1080] Nach Davies war Amenkhau (i) Stellvertreter in der Zeit Ramses' III. und Ramses' IV. Sein Nachfolger ist erst in den frühen Regierungsjahren Ramses' V. belegt. Vgl. ebd., S. 49. Dementsprechend könnte der in Kap. 4.2, Anm. 982 erwähnte *Jmn-ḫꜥ* dieser Amenkhau (i) sein.

[1081] Vgl. K. M. Cooney, 2007a, S. 426, Anm. 2.

| | | |
|---|---|---|
| *Pꜣ-šdw* | Pashedu (xv) (227 und 301) | 176, Tab. 5 |
| *Pꜣ-šdw* | | 208 |
| *Pꜣ-ṯꜥw-m-dj-jmn* | Patjauemdiamun (i) (225, 301) | 139, Tab. 1 |
| *Pn-jmn* | Penamun (ii) (3 und 301) | 174, Tab. 5 |
| *Pn-ꜥnqt* | Penanuqet (iv) (302)[1082] | 59 |
| *Pn-bwy* | Penbui (i) (194–195 und 302) | 176, Tab. 5 |
| *Pn-pꜣ-mr* | Penpamer (i) (201 und 302) | 202, 204 |
| *Pn-mn-nfr* | Penmennefer (i) (198 und 302) | 38 |
| *Pn-njw.t* | Penniut (i) (261, 302) | 138–140, Tab. 1 |
| *Pn-šn-ꜥbw* | Penshenabu (ii) (181 und 302) | 176, Tab. 5 |
| *Pn-tꜣ-wr.t* | Pentaweret (i) (70 und 302) | 76 |
| *Pn-tꜣ-wr.t* | | 96 |
| *Pn-dwꜣw* | Pendua (i) (302) | 190 |
| *Pn-dnjt* | | Tab. 2 |
| *Ptḥ-msjw* | | 92 |
| *Mꜥy* | | 159, 168, Tab. 4 |
| *Mnṯw-ms* | Montumose (164, 295) | 87, Tab. 1 |
| *Mrj.t* | | 152–153, Tab. 3 |
| *Mrj-sḫmt* | Merysekhmet (i)/(ii)/(iii) (162 und 295) | 38 |
| *Mḥy* | *Mahuhy (i) (8 und 294)*[1083] | 102 |
| *Mḥ=f-tꜣ-šnwt* | | 186 |
| *Msw* | Mose (iv) (209 und 295) | 176, 177, Tab. 5 |
| *Msw* | Mose (vii) (209 und 296) | 176, 177, Tab. 5 |
| *Mḏꜣ* | | 152, Tab. 3 |
| *Nꜣḫj* | *Nakhy (iii) (67 und 296)*[1084] | 167, Tab. 4 |
| *Nw* | | 159, 168, Tab. 4 |
| *Nb-jmn* | Nebamun (iii) (271 und 297) | 38 |
| *Nb-jmnt.t* | Nebamentet (i) (271 und 296) | 38 |
| *Nbw (Nb-tꜣ-wj)* | | Tab. 3 |
| *Nbw-jjtj* | | Tab. 3 |
| *Nb-nfr* | Nebnefer (i) (31 und 297) | 38, 162, 170, 191, 192, Tab. 5 |
| *Nb-n-mꜣꜥ.t* | Nebenmaat (ii) (263 und 297) | 175, Tab. 5 |
| *Nb-nḫ.tw* | Nebnakht (i)–(ix) (239 und 297) | 173, Tab. 5 |
| *Nb-smn* | | 58 |
| *Nb-ḏfꜣw* | *Nebdjefa (i) (87 und 197)*[1085] | 38 |
| *Nfr-ꜥbt* | Neferabu (i) (158 und 298) | 176, Tab. 5 |
| *Nfr-rnp.t* | Neferronpet (ii) (183 und 298) | 38, 175, Tab. 5 |
| *Nfr-ḥtp* | | 76 |
| *Nfr-ḥtp* | Neferhotep (i) (31 und 298) | 38, 162, 170, Tab. 5 |


[1082] Die Zuordnung beruht auf der familiären Verbindung zu *Pꜣ-nb* / Paneb (i). Vgl. D. Valbelle, 1985, S. 192.

[1083] Vgl. B. G. Davies, 1999, S. 8, Anm. 88.

[1084] Siehe Anm. 1078.

[1085] Aufgrund der Seltenheit des Namens *Nb-ḏfꜣw* scheint hier eine Zuweisung zu Nebdjefa (i) möglich. Vgl. B. G. Davies, 1999, S. 87.

1086 Die Zuweisung erfolgt aufgrund der Datierung der Quelle. Vgl. Kap. 3.4.2, Anm. 932 und „Berlin P 09412" in: Deir el-Medine online.

1087 Die Zuordnung basiert ebenfalls auf der Seltenheit des Namens des Vaters *Nb-ḏf3w*. Vgl. B. G. Davies, 1999, S. 289.

1088 Khay (iii) ist der einzige Schreiber namens *Ḫʿj*, den Davies aufführt. Vgl. ebd., S. 294.

[1089] Die Zuweisung basiert auf der Datierung der Quellen. Vgl. Kap. 3.4.1 und „O. Ashmolean Museum 140“ und „O. Turin 57236“ in: The Deir el-Medina Database.

## Quellenindex